正 誤 表

書名『スクールソーシャルワーク実践技術』

ISBN978-4-7628-2912-3

平素より弊社書籍をお引き立ていただき厚く御礼申し上げます。本書におきまして，巻末の執筆者一覧の一部に誤りの箇所がございました。下記の内容にて，ご確認いただきますようお願い申し上げます。

ご愛読の皆さまには，ご迷惑をおかけしたことを深くお詫び申し上げます。

巻末[執筆者一覧(執筆順)]

米川和雄（編者）
1章／2章7節・章末資料①／3章1節3，3節／4章（6節は一口メモのみ）／5章1節1・2・5，2節2・4(4)・5(3)，3節4／6章6節／7章1節1・3，2節10／8章／9章1節，2節，3節6・章末資料／11章・章末資料②③

土屋佳子（武蔵大学・福島県教育委員会）
4章4節／5章3節7／7章2節6

大谷洋子（横浜市西部児童相談所）
4章5節／7章2節4／11章4節1

入海英理子（自由学園）
4章5節／5章2節5(1)／7章2節10

岩崎久志（流通科学大学人間社会学部）
5章2節4(1)～(3)／9章3節1～5

馬場幸子（東京学芸大学総合教育科学系）
5章2節4(5)

中川祥子（三重県四日市市教育委員会）
5章2節5(2)

更科幸一（自由学園）
5章2節5(2)

中島 淳（JUN教育事務局）
5章3節1～3

比嘉昌哉（沖縄国際大学総合文化学部）
6章1節・2節，章末資料

星 茂行（葛飾区総合教育センター）
7章1節4～6

瀬戸口祥愛（練馬区子ども家庭支援センター）
7章2節5

新井直江（練馬区主任児童委員）
7章2節7

望月弘子（練馬区主任児童委員）
7章2節7

大島登志子（練馬区主任児童委員）
7章2節7

木寅典恵（練馬区主任児童委員）
7章2節7

蔦谷賢人（東京都船形学園）
7章2節8

川口正義（独立型社会福祉事務所 子どもと家族の相談室 寺子屋お～ぷん・どあ）
7章2節9

丸山里奈（NPO法人ストレス対処研究所）
11章4節1・章末資料①

以上

米川和雄 編著
Kazuo Yonekawa

スクールソーシャルワーク実践技術

認定社会福祉士・認定精神保健福祉士
のための実習・演習テキスト

北大路書房

はじめに

　2008年度，全国的に導入されたスクールソーシャルワーカー（以下，SSWr）は，毎年，増員が認められている。近年では，子どもの貧困対策推進法や生活困窮者自立支援法などの様々な施策と関わるだけでなく，教員と同様に基幹職員として学校に配置すべきとの方向性等もあり，今後もさらなる増員が見込まれている。また年間360万円以上の給与を支払う自治体も少しずつ出てきた。これまでのSSWrにより1つずつ紡がれた効果が理解されつつある結果とも言えよう。またこれまでの経験主義中心のソーシャルワーカーを，認定社会福祉士制度などより科学性を踏まえた専門職業人として育成する場も構築され，これに連動しスクールソーシャルワーク（以下，SSW）を学ぶ機会が増えた。さらに厚生労働省の公表した「新たな時代に対応した福祉の提供ビジョン」（2015年9月）による総合的な福祉人材育成からの肯定的な影響も予測される。SSWr養成に携わる者からすれば，大いに喜ぶべき時期が訪れていると言えよう。

　このように全国的にSSWrが求められているが，その採用の現場では「求める人材がいない」「力量が伴っていない」など様々な指摘がなされている。人材不足にはSSWrに用意されている雇用形態（雇用契約内容・労働環境）がまだまだ不安定なことも大いに関係すると考えられる。一方で，この点を捉え，創意工夫する自治体においては，力量のあるSSWr採用から力量のあるSSWr育成をしようとする動きへ至ってもいる。一般にどんなに重いケースを扱う社会福祉現場であろうが新卒採用はしているのだから，SSWにおいても重要な動きと言えよう。

　他方，ソーシャルワーカー側では，メディアで示される表面的事実だけを捉え，また自らの偏った信念だけを携え，安易にSSWrとして教育の場に関わろうとする者も少なくない。つまり，教育現場の実際やSSWとは何かを理解していないのにSSWをできると自負してしまうのである。とりわけ，このようなソーシャルワーカーほど，自分の思い通りに動かない周囲へ怒りや不信感を抱き，短期で辞めていくことや継続的にSSWチームに迷惑をかけることが多い。時に経験，資格，所属，派閥，地域による考えの違いからなる不統一なSSWのあり方や指導のあり方，差別，ハラスメントが生まれてしまうことがある。つまり，そこにはソーシャルワーカーらしい「客観性（科学性）」や「『謙虚さ』や『感謝』の言動（芸術性）」（これらを合わせたカッコよさ）は生まれないのである。さらに言えば，ビジネス（ソフト）的に結果を示そうが，ソーシャルワーカーとしての価値（OS）を抱いていないならば，それはSSWとは成り得ず，単なるビジネスの延長なのである。

　そのため，本書では，2014年7月に新しくなったソーシャルワークの定義などSSWの根幹となる点を踏まえつつ，わが国で唯一の包括的なSSWr養成課程である

はじめに

　一般社団法人日本社会福祉士養成校協会認定のSSW教育課程における"実習・演習"科目や，さらに認定社会福祉士養成に関わるSSW（児童）のカリキュラムも捉え，様々な事項からSSWr・SSW実践技術について紹介した。

　とりわけSSWの専門性を示し得る1つであるアセスメント項目には力を入れており，地域や活動形態の違うSSWrなど第一線で活躍される方々で内容の議論を重ね，数多あるテキストのように単一の著者による観点だけで構成しなかった。さらに，SSWの専門家でなければ語れない点も大いに増やしていることは言うまでもないが，これまでのようにソーシャルワーカーだけに著されたSSWrのための本ではなく，各分野の専門家により著されたSSWrのための本となるような構成もなされている。

　この理由としては，ソーシャルワーカー側のみの観点では，今後の専門職としてのあり方の広がりや重みに寄与できないと感じた点が多いからである。とりわけ，これまでの書物では，実務的な点の記載が少なく，SSWr側からだけの偏った情報提供が多く，その思いとは異なる現実に戸惑ってしまう初任SSWrが少なくなかった。例えば，採用側の自治体担当者や連携先の担当者等がどのような観点でいるか知らずしてSSWrの価値を一方的に語ってもしょうがないという視点，非常勤など雇用体制が脆弱であってもSSWrは"公務員"であるという視点，実は子どもよりも前に所属組織の理解が必要という視点などがあげられる。もちろん，一般化できるような編集を心掛けてはいるものの，一部，執筆担当者によっての主観性が出てしまうかもしれない。しかし，これらの点を踏まえたテキストは皆無と言え，本書の意義は大きいと言えよう。

　以上を踏まえ，読者の皆さまが，専門的・実務的なSSWを理解するためのソーシャルアクションの1つとも言える本書を通じて，大いにSSWに興味を持ち，意義を味わい，そしてそれを超え，SSWの可能性を開拓していく醍醐味を堪能できる手がかりを得られることを願っている。また多くの情報を掲載したとは言え，まだまだ含むべき点はあり，法制度も日々変化している。このことを捉えれば，ぜひ次回はあなたが執筆者としてテキスト作りに希望を携え参画してほしい。最後に，多忙にもかかわらず，本書を執筆いただいた方々への敬意と感謝の意を表したい。さらに，社会に意義のある専門書を生み出していくというポリシーを持ち，熱く本書の出版へのお力添えをいただけた北大路書房とその編集担当・薄木敏之氏にも心より敬意を表し感謝を申し上げる。

平成27年11月

米川和雄

目次

はじめに　i

第1章　スクールソーシャルワーカーの価値と養成 … 1
第1節　ソーシャルワークの原理と任務　1
第2節　スクールソーシャルワーカー導入の経緯　3
第3節　スクールソーシャルワーク／ワーカーの定義　5
第4節　スクールソーシャルワーカー養成課程・研修　6
1．スクールソーシャルワーク教育課程　6
2．認定社会福祉士養成課程と認定精神保健福祉士養成課程　7

章末資料　11

第2章　スクールソーシャルワーカー活用事業と展望 … 13
第1節　スクールソーシャルワーカー活用事業と教育行政　13
1．スクールソーシャルワーカー活用事業　13
2．スクールソーシャルワーカーを取り巻く環境の変化　15

第2節　市町村教育委員会としての責任　17
1．市町村教育委員会の特性　17
2．教育と福祉の一体　19
3．教育委員会で求められるスクールソーシャルワーカーとしての資質・力量　22

第3節　都道府県教育委員会の役割　24
1．地方公共団体の役割　24
2．都道府県教育委員会の特性　24
3．都道府県教育委員会のスクールソーシャルワーカー活用事業　25
4．子ども支援の専門職の活用方法と展望　25

第4節　教育センターとしての責任　26
1．教育センターとしてのノウハウ蓄積の責任　26
2．倫理／職能への意識啓発の責任　27
3．子どもに対する教育の権利の保障を尊重するためのフレームづくりの責任　28
4．学校経営力のパワーアップ：学校の指導から支援への体質転換寄与の責任　28
5．支援活動と成果主義：戦略的な事業運営（財源確保）の責任　29

第5節　学校の責任　29

目 次

　第6節　全国研究を通じた教育委員会とスクールソーシャルワーカーに求められる
　　　　役割　**32**
　　　1．スクールソーシャルワーク開始7年から10年，今　32
　　　2．ゴールを意識したプログラム評価を援用して　32
　　　3．意識すべきこと　35
　第7節　全国のスクールソーシャルワーカーの配置状況　**35**
　　　1．調査について　35
　　　2．調査結果　36

　章末資料　**41**

第3章　エコロジカルパースペクティブ
―スクールソーシャルワークの人と環境の交互作用― ……………………45

　第1節　エコロジカルな視点　**45**
　　　1．エコロジカルソーシャルワーク　45
　　　2．エコロジカルな視点の諸要素　46
　　　3．ミクロからマクロレベルの視点　49
　第2節　子どもの発達と環境　**52**
　　　1．脳の発達，身体の発達と生活習慣　52
　　　2．子どもの育ちに必要な環境　55
　　　3．家族の成熟過程（発達過程）：事例を通して　56
　第3節　発達心理　**57**
　第4節　ジェノグラムとエコマップ　**61**
　　　1．ジェノグラム　61
　　　2．エコマップ　62
　　　3．エコマップの展開から捉える役割　62

第4章　スクールソーシャルワークの相談援助技術Ⅰ
―包括的アセスメントと支援の観点― ………………………………67

　第1節　スクールソーシャルワーカーにおけるアセスメント　**67**
　　　1．援助過程におけるアセスメント　67
　　　2．セルフアセスメント　68
　　　3．ミクロからマクロレベルのアセスメントと支援の観点　69
　第2節　社会・地域（マクロレベル）のアセスメントからの支援の観点　**70**
　第3節　地域（エクソレベル）のアセスメントからの支援の観点　**72**
　第4節　子ども環境（メゾレベル）のアセスメントからの支援の観点　**80**
　　　1．学校のアセスメントと支援の観点　80
　　　2．家庭のアセスメントと支援の観点　87
　第5節　子ども（ミクロレベル）のアセスメントからの支援の観点　**93**

1．非／反社会的な行動現象（子ども間内影響現象）のアセスメントと支援の観点　93
　　2．発達課題に関わる現象へのアセスメントと支援の観点　104
　　3．精神・心理的課題に関わる現象のアセスメントと支援の観点　107
　　4．家庭的課題に関わる現象のアセスメントと支援の観点　112
　第6節　心理検査の学校生活・家庭生活の活かし方　**114**
　　1．子どもの特性を理解するとは　114
　　2．WISC-Ⅳの概要　115
　　3．子どもの抱えている問題がなぜ，WISC-Ⅳ検査でわかるのか　116
　　4．生活へいかに活かすか　118

第5章　スクールソーシャルワークの相談援助技術Ⅱ
―ミクロからマクロレベルの介入技術― ……………………………… **121**
　第1節　ミクロ～メゾレベルの相談援助：ケースワーク　**121**
　　1．臨床福祉学的援助技術　121
　　2．学校コーチング：エンパワメント・ベースド・アプローチ　125
　　3．行動療法：基本理論と基本技法　130
　　4．応用行動分析　133
　　5．認知行動療法　136
　　6．家族療法　139
　第2節　メゾレベルの相談援助：グループワーク　**142**
　　1．学校における包括的なソーシャルスキルトレーニングの進め方　142
　　2．ピアサポート：長期計画型　146
　　3．教員研修：スクールソーシャルワーク紹介方法　150
　　4．ケース会議：ファシリテーション　151
　　5．心理教育・福祉教育関連　159
　　6．SNS教育　165
　第3節　メゾ～マクロレベルの相談援助：コミュニティワーク　**166**
　　1．地域における連携機関　166
　　2．連携の留意点　167
　　3．教育に関する機関との連携と支援　167
　　4．教職員メンタルヘルス維持増進への連携と支援　169
　　5．防災における地域との連携と支援　171
　　6．ソーシャルアクションによる自治体との連携　172
　　7．学校危機，コミュニティでの危機の連携と支援　173

第6章　スクールソーシャルワークの相談援助技術Ⅲ
―スーパービジョン― ……………………………………………………… **175**
　第1節　学校現場におけるスーパービジョン　**175**
　　1．スーパービジョンとは　175
　　2．スーパービジョンの機能　176
　　3．スクールソーシャルワークにおけるスーパービジョン　176
　　4．スーパービジョンの形態　177

5．システムスーパービジョン　177
6．ケーススーパービジョンを行う上での留意点　179

第2節　学校現場におけるコンサルテーション　180
1．コンサルテーションとは　180
2．スクールソーシャルワーカーがコンサルテーションを行う／受ける場合の留意点　181
3．コンサルテーションの事前準備等　181

第3節　スーパーバイザーによるマニュアルづくり　182

第4節　専門性によるスーパービジョンの特徴　183
1．認定社会福祉士におけるスーパービジョンの観点　183
2．認定医療社会福祉士におけるスーパービジョンの観点　185
3．認定精神保健福祉士におけるスーパービジョンの観点　186

第5節　スーパービジョン：スクールソーシャルワーカーにとって支えとなるもの　187
1．機関内スーパービジョンの定義　187
2．管理的機能の重要性　188
3．スーパーバイジーの専門性とは　188
4．多職種との連携・協働のためのスーパービジョン　189

第6節　スーパービジョンの包括性　189
1．スクールソーシャルワーカーに求められるスーパービジョン学習　189
2．そもそもスーパービジョンって何？　191

章末資料　194

第7章　子ども支援に関わる専門職　197

第1節　教育・心理関連機関　197
1．指導主事　197
2．教育相談員　198
3．養護教諭　200
4．特別支援教育に関わる専門職：特別支援教育コーディネーター　201
5．スクールカウンセラー／サイコロジスト　201
6．心理関連機関との連携の留意点　203

第2節　福祉関連機関　204
1．福祉事務所　204
2．広域における地域若者サポートステーション：不登校・ひきこもり支援におけるアウトリーチの基本　209
3．学習支援・居場所：設置の基本と留意点　214
4．児童相談所　217
5．子ども家庭支援センター　220
6．要保護児童対策地域協議会での連携と支援　223
7．主任児童委員　225
8．児童養護施設　228
9．独立型社会福祉士　229
10．司法・更生保護に関わる機関　230

第8章　社会福祉調査　……………………………………………… 237

第1節　社会福祉調査の目的　**237**

第2節　スクールソーシャルワークにおける社会福祉調査と倫理　**239**

第3節　KJ法　**241**

第9章　スクールソーシャルワーク実習　………………………… 243

第1節　実習の特徴と心構え　**243**
1. スクールソーシャルワーク実習の特徴　243
2. 実習の流れ　243
3. 実習の心構え　245

第2節　実習計画作成　**247**

第3節　実習記録と記録方法　**247**
1. 記録の意義　247
2. 記録の方法　248
3. 記録の内容　248
4. 記録の文体　249
5. ケース記録と実習記録：実習生は「習うより，慣れる」つもりで　250
6. 感想と考察の違い　252

章末資料　**254**

第10章　スクールソーシャルワークに関わる法律・制度と諸問題　………… 267

第1節　ソーシャルワークに関わる根本的な法律・制度　**267**
1. 日本国憲法　267
2. 社会福祉法及び社会福祉六法　268
3. 地域福祉計画　269
4. 民生委員法・児童福祉法第17条　270
5. 生活保護法・就学援助　271

第2節　ソーシャルワークの専門職に関わる法律・制度と倫理　**282**
1. 社会福祉士法及び介護福祉士法：1987（昭和62）年制定　282
2. ソーシャルワーカーの倫理要綱　283

第3節　子どもと家庭に関わる法律・制度と諸問題　**284**
1. 子どもの権利に関する基本法　284
2. 子どもの権利侵害を防止するための法律　286
3. 少年を健全育成するための法律　291
4. 支援を必要としている児童に関する法律　294
5. 滞日外国人に関わる法律と諸問題　296

第4節　教育に関わる法律・制度と諸問題　**300**
1. 教育基本法：1947（昭和22）年制定　300
2. 特別支援教育　300
3. キャリア教育　303

4．学校生活における諸問題　305
第5節　心身の健康に関わる法律・制度と諸問題　**309**
1．学校保健安全法：1958（昭和33）年制定　309
2．健康増進法：2002（平成14）年制定　310
3．精神保健福祉法　311
4．ストレスと精神疾患　312
5．労働安全衛生法：1972（昭和47）年制定，並びにメンタルヘルス　313

第11章　ソーシャルワーク演習　317
第1節　第1章の演習ポイント　**318**
第2節　第2章の演習ポイント　**318**
第3節　第3章の演習ポイント　**319**
第4節　第4章の演習ポイント　**320**
1．ミニ演習事例　321
2．アセスメント事例　324
第5節　第5章の演習ポイント　**326**
第6節　第6章の演習ポイント　**327**
第7節　第7章の演習ポイント　**327**
第8節　第8章の演習ポイント　**330**
第9節　第9章の演習ポイント　**330**
第10節　第10章の演習ポイント　**331**
章末資料　333

引用・参考文献　337
索　引　350

スクールソーシャルワーカーの価値と養成

●学習ポイント
・ソーシャルワークの定義から捉えたスクールソーシャルワークの職務とはどのようなものか
・スクールソーシャルワーカーの価値とは何か
・行政・自治体側が求めているスクールソーシャルワーク／ワーカー像とはどのようなものか

第1節　ソーシャルワークの原理と任務

　2014年7月オーストラリアのメルボルンにおける国際ソーシャルワーカー連盟（IFSW）及び国際ソーシャルワーク学校連盟の総会・合同会議にて新たなソーシャルワークの定義が図1-1のように採択された。この定義がスクールソーシャルワーカー（以下，SSWr: School Social Worker）にとっても重要な基盤的あり方を示すものとなるため，注釈・解釈（東京社会福祉士会，2015；日本社会福祉士会，2014a,2014b）を踏まえ図1-1，図1-2，表1-1に紹介する。

　表1-1の「人権」と「社会正義」はソーシャルワークを正当化する根拠となることからもソーシャルワーカー自身が誤った人権観や社会正義観を持たないよう日々自己覚知への意識は必要である。これらの諸原理を内在させるからこそ，ソーシャルワーカーの中核任務の遂行が人々の構造的障壁（不平等・差別・搾取・抑圧の永続）と向き合うことに繋がると言えよう。中核任務は，社会的結束と社会的安定を目指し，社会開発という手法を取り，社会変革を促す。さらにこれらを通じてエンパワメントを促すという任務の流れがある。

　ところで，ソーシャルワークの戦略では，人々が自らを抑圧している原因と向き合い改善するために，人々の希望・自尊心・創造的力の増大を目指す点が特徴である。つまり，ソーシャルワーカーは，社会においての，かつソーシャルワーカーが支援する個人，家族，コミュニティの人々の生活においての，開発，変革，結束をもたらす仲介者となり得る。

第1章　スクールソーシャルワーカーの価値と養成

〈ソーシャルワークのグローバル定義〉
ソーシャルワークは、社会変革と社会開発、社会的結束、および人々のエンパワメントと解放を促進する、実践に基づいた専門職であり学問である。社会正義、人権、集団的責任、および多様性尊重の諸原理は、ソーシャルワークの中核をなす。ソーシャルワークの理論、社会科学、人文学、および地域・民族固有の知を基盤として、ソーシャルワークは、生活課題に取り組みウェルビーイングを高めるよう、人々やさまざまな構造に働きかける。

※1　ソーシャルワークが尊重する権利は世代で表し、第一世代の権利：市民・政治的権利（言論や良心の自由など）、第二世代の権利：社会経済的・文化的権利（合理的なレベルの教育・保健医療・住居・少数言語の権利など）、第三世代の権利：自然界・世代間平等の権利、などがある。我が国における基本的人権も当然含む人権と言える。
※2　人を支援するというミクロ視点に偏らず、システムに働きかけるという視点、そして政策への提言等による社会変革を行うというマクロ視点が重視されている。
※3　日本にあった定義が今後作成されるため新しい情報を得ておく必要がある。それに伴い倫理綱領の変更となる。
※4　SSWrが教育現場で支援する必要性は、教育基本法前文（例えば、「世界の平和と人類の福祉の向上に貢献することを願う」）や目的・目標（例えば、「個人の価値を尊重して、その能力を伸ばし、創造性を培い、自主及び自律の精神を養う」「正義と責任、男女の平等、自他の敬愛と協力を重んずる」等）から大いに理解できる。

〈原理〉
社会正義　人権
集団的責任　多様性尊重

〈中核任務〉
社会変革　社会開発　社会的結束
人々のエンパワメントと解放

〈ソーシャルワークの両輪〉
実践と学問（研究）を両輪とし、ソーシャルワークは複数の学問をまたぎ、その境界を超え、広範な人間諸科学的理論及び研究を利用する。

〈参加重視の方法論〉
×「人々のために」でなく○「人々とともに」働きかける。

〈ウェルビーイング増進が目的〉
"生活に関する課題"を扱うのであり、治療や心理面という限定されたものではない。ソーシャルワークの戦略は、抑圧的な権力や不正義の構造的原因と対決しそれに挑戦するために、人々の希望・自尊心・創造的力の増大を目指す。

図1-1　ソーシャルワークのグローバル定義と解釈（日本社会福祉士会, 2014a, 2014b を参考に作成）

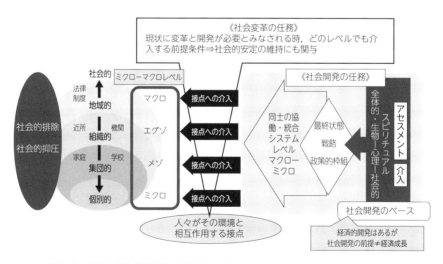

図1-2　社会変革と社会開発の任務（日本社会福祉士会, 2014a, 2014b より図式化）

表1-1 ソーシャルワークのグローバル定義における用語の解釈（日本社会福祉士会，2014a，2014bを参考に作成）

社会正義	"人間としての権利"や日本という限られた国だけではない"人間社会の正義"を重んじるということである。例えば、裁判で勝訴したから正しいというものではなく人にとって普遍的な正義を示す。害を引き起こす可能性に対して NO という姿勢とも言えよう。
人権	人が存在する上で尊重されるべき様々な権利（の集合体）であるが、子どもの人権教育では、「誰しも幸せになる権利」それが"人権"であると伝えるとわかりやすい。このとき、尊重される権利には言論や良心の自由の権利など様々なものがある（図1-1 ※1 参照）。
集団的責任	人権尊重を実現するには個人だけでなく集団としての責任＝「集団的責任」を持つ必要があり、それが調和を生み多様性の尊重へと繋がると言えよう。この時の責任とは、人々が互いのウェルビーイング（安寧や幸福、存在の維持・向上）に責任を持つということである。つまり、ソーシャルワーカーが人々の人権（権利）を尊重する意識や相互のウェルビーイングへの責任を促進し、人々の結束（共生・共助・結束）を強め・深めていく働きかけを生む原理と言える。この時、人同士だけでなく、自然環境など幅広い環境との相互作用（調和）を踏まえた共生・保全、持続可能な発展を含む。SSWrが子どもだけでなくその環境（家庭・学校）へ関わるという根拠となる。
社会変革	ミクロからマクロレベル（つまり、子どもから政策）までどのような次元でさえ、変革と開発が必要とみなされる時に介入するという前提条件。
社会開発	ミクロからマクロレベルの協同や統合（例：子どもの希望を見いだし、様々な資源との連携等）を図る。この時に重要なのがそれらの目的（最終状態等）や行動方法（戦略・政策的枠組み含）を決定づけるアセスメント（支援計画作成能力）と介入（実行能力）である。
エンパワメントと解放	不利な立場にある人々と連帯しつつ貧困軽減、脆弱で抑圧された人々を解放し、社会的包摂と社会的結束（自治体へは社会的共生としたほうが理解されやすい）を促進する努力へ繋がるとされる。
社会的結束	多様な人々の相互理解を促していくことで、様々な課題を共有し人々の間の摩擦を協調へと変化させようとする。

　最後にソーシャルワークの目的は、"生活課題に取り組み人々のウェルビーイング（Well-Being）を高めること"であると言えよう。この時、生活課題とは生活に関する課題（個人的・構造的障壁含む）であり、治療や心理面という限定された課題への取り組みではない。とはいえ、ソーシャルワークは、常に発展し続ける自らの理論的基盤及び研究はもちろん、コミュニティ開発・行政学・人類学・経済学・教育学・運営管理学・精神医学・心理学など、他の人間諸科学の理論をも利用することを忘れてはならない。この応用性と解放志向性こそがソーシャルワーク（研究と理論の）の独自性とも言える。

第2節　ソーシャルワーカー導入の経緯

　スクールソーシャルワーク（以下，SSW）を主として行う専門職は、ソーシャルワーカーである。わが国では、社会福祉士や精神保健福祉士が該当する。社会福祉士は、「増大する、老人、身体障害者等に対する介護需要」に対応するために、「誰もが安心して，

老人，身体障害者等に関する福祉に対する相談や介護を依頼することができる専門的能力を有する人材を養成，確保」することを目的として，1987（昭和62）年に「社会福祉士及び介護福祉士法」が成立したという経緯を持つ（白澤，2009）。加えて，医療領域を含まない職種ともされた。一方，精神保健福祉士は，「増加する精神障害者の社会的入院からの社会復帰」に対応するために，「精神保健の向上及び精神障害者の福祉の増進に寄与することができる専門的能力を有する人材を養成，確保」することを目的として，1997年に「精神保健福祉士法」が成立したという経緯を持つ。精神保健福祉士は，主として対象となる精神障害者に医療と社会生活の双方の支援が求められることから，医療と福祉を結ぶソーシャルワーカーとされた。しかし，双方のソーシャルワーカーの目的からもわかるように児童というよりもむしろ高齢者または精神障害者を対象とした資格制度という印象があった。

児童福祉に関わる施策においては，1990年代以降，少子化にも関連し，様々な実施がなされていった。中でも2000（平成12）年の「児童虐待の防止等に関する法律（児童虐待防止法）」，2001（平成13）年の「配偶者からの暴力の防止及び被害者の保護に関する法律（DV防止法）」，2004（平成16）年の「発達障害者支援法」は，教育領域においても密接に関連する法律となった。特に知的障害や精神障害でなくとも日々の生活に困難性を持つ児童や若者等の支援に注目された。これには，2002年に実施された文部科学省の調査にて，特別な支援を要すると推定される児童が6.3％いたことに影響を受けたとされる（文部科学省，2003）。この後，2007（平成19）年の改正学校教育法に特別支援教育が位置づけられた。

このような児童支援に注目される大きな流れの中で，家庭，学校と福祉を繋ぐ不登校支援等の担い手としてソーシャルワーカーの導入が求められた。結果として，2000年以降，兵庫県赤穂市，茨城県結城市，香川県，大阪府等におけるSSWrの導入と相まって，2008年にSSWr活用事業へと至った。またいじめが子どもの生活に重大な影響を与えたことによる「いじめ防止対策推進法」における活用，さらに母子家庭の就業率（80.6％，内非正規雇用47.4％），子どもの貧困率（16.3％）と他先進国と比べわが国の貧困率の高さが示されたことによる「子どもの貧困対策の推進に関する法律」（内閣府，2014），それに隣接した「生活困窮者自立支援法」と相次いで貧困支援に注目されたことによるSSWrの配置充実が示された。OECD調査（文部科学省，2013）の34の国と地域の国際調査でも"特別な支援を要する生徒への指導力を持つ教員の不足"（日本76.0％，参加国平均48.0％）や"支援職員の不足"（日本72.4％，参加国平均46.9％）の報告，これを受けて教育再生実行会議第五次提言でのSSWrの制度面・財政面整備などもあり，様々な点でSSWrのニーズが求められている。2018（平成30）年度に向けて1万名のSSWrを目指す点もその1つである（2014年度1466名）。

第3節　スクールソーシャルワーク／ワーカーの定義

　SSW や SSWr の定義については様々に示されている（表1-2参照）。例えば、文部科学省（2013）は、子どもへの直接的援助よりも家庭や学校等の周囲の環境へアプローチする点を強調しており、日本社会福祉士養成校協会（2014）は、"子どもを取り巻く環境"に社会や制度というマクロレベルまでを含めたソーシャルワーク実践を示し、基本事項では、日本国憲法第26条の教育を受ける権利（学習権）、児童の権利条約第6条等の発達権と関わる事項が示され、家庭の自己実現への支援も盛り込まれている。また世界各地の SSW の情報を提供する International Network for School Social Work では、予防的プログラム提供が他との違いとなっている。

　ところで、これまでの定義には、今、目の前の問題だけに着目し過ぎていること、ソーシャルワークの定義などの意識が少ないことから、本書を通じて SSW／SSWr とは何かを検討いただきたいが、敢えて定義するならば表1-3とする。この定義から言えば、児童福祉施設等に所属し、類似した相談援助を行う者は児童ソーシャルワーカーとなる。なお「墨田区教育委員会いじめ防止プログラム（2015年）」では、SSWr の活動を"教育相談"や"ケア"等という表現ではなく、ミクロからマクロレベルにおける活動ができるよう"相談援助"という法的にも示されている社会福祉用語を用いている箇所が多々ある。教育行政側でミクロからマクロレベルの支援活動を含める"相談援助"の単語を用いることは全国的にも先駆けと言えよう。

表1-2　スクールソーシャルワーク／ワーカー等に関わる定義

１）**生徒指導提要**（文部科学省，2010）
SSWr：社会福祉の専門的な知識、技術を活用し、問題を抱えた児童生徒を取り巻く環境に働きかけ、<u>家庭、学校、地域の関係機関をつなぎ</u>、児童生徒の悩みや抱えている問題の解決に向けて支援する専門家。職務は下記と同様。

２）**スクールソーシャルワーカー活用事業実施要領**（文部科学省，2013）
SSWr 活用事業：いじめ、不登校、暴力行為、児童虐待など生徒指導上の課題に対応するため、教育分野に関する知識に加えて、社会福祉等の専門的な知識・技術を用いて、<u>児童生徒の置かれた様ざまな環境に働き掛けて支援を行ない、教育相談体制を整備する。</u>
SSWr 所持資格：社会福祉士や精神保健福祉士等の福祉に関する専門的な資格を有するか同様の技能を有する。

〔職務〕
①問題を抱える児童生徒がおかれた環境への働きかけ
②関係機関とのネットワーク構築、連携・調整
③学校内におけるチーム体制の構築、支援
④保護者、教職員等に対する支援・相談・情報提供
⑤教職員等への研修活動

3）スクールソーシャルワーク教育課程認定事業に関する規定（日本社会福祉士養成校協会，2014）
SSW：学校教育法第1条で定める学校のうち原則として18歳未満の児童生徒を対象とした学校，同法で定める<u>学校に関する施設・機関</u>等，地方教育行政の組織及び運営に関する法律で定める<u>教育委員会</u>等，その他教育基本法及び地方公共団体の条例等で定める<u>学校教育に関する施設・機関・組織その他の施設・機関</u>等において，<u>学校及び日常での生活を営む上で課題の解決を要する児童生徒とその家庭及びその児童を取り巻く環境・学校・社会・制度等を対象としたソーシャルワークの業務を行なうこと</u>をいう。
SSWr：これら業務を行う者をいう。
〔SSWの基本〕
児童生徒の発達権・学習権を保障し，貧困の連鎖，社会的排除を是正し，一人ひとりの発達の可能性を信頼し，多様な社会生活の場において，とりわけ学校生活を充実させ，児童生徒とその家庭の自己実現を図るために，人と環境の関わりに介入して支援を行う営み。

4）International Network for School Social Work
SSWr：とりわけ，学校における子ども達と共に働きかけるための訓練を受けたソーシャルワーカーのことで，（1）学校の諸問題，家庭の諸問題，地域の諸問題の中にある子どもを援助すること，（2）子ども（10代まで），保護者，教職員と共に実践することを示している。
※精神社会的な専門的視点を提供する等，世界各国において少しずつ定義は異なるがおおよそは同様。なお2015年現在49か国のネットワークを持つ。
〔職務的事項〕
・学問的（academically）に社会的（socially）に子ども達を支援する。
・家庭と学校との連携機関として活動する。
・地域機関へつないでいく。／・危機介入する。
・予防プログラムを提供する。
※40年以上の歴史を持つ Illinois Association of School Social Work では，SSWを子どもへの支援（教育機会から最大限の利益を得るための支援，自他理解・ストレス対処・意志決定スキルの開発の支援等），両親の支援（教育への参加協力・子どものニーズ理解・特別支援教育対象の子どもに役立つ情報提供等の支援），学校支援（子どもに影響を与える要因の理解・教育経験の効果的活用・ニーズに合う資源開発・安全な学校環境作り等への支援），地域支援（地域への制度政策の理解支援・学習を阻害する地域環境の最小化・ニーズに合う資源開発等の支援）をその職務内容として示している。なおアメリカにおける学校専門職の特性と歴史について章末資料として示す。

表1-3　スクールソーシャルワーク／ワーカーの定義

スクールソーシャルワークとは，学校等の教育施設に所属するソーシャルワーカーが，教育や教育相談の目的への貢献を踏まえ，子どもたちの生活課題に取り組み，彼らのウェルビーイングを高めるために行うミクロからマクロレベルにおける相談援助である。その特徴として，社会福祉学を基盤にし，予防的・解決的・開発的に，子ども及びその環境（家庭・学校・地域・政策等）に働きかける点があげられる。これらの相談援助を行う者がスクールソーシャルワーカーである。

第4節　スクールソーシャルワーカー養成課程・研修

1．スクールソーシャルワーク教育課程

　2009（平成21）年度より日本社会福祉士養成校協会が認定するSSW教育課程が実

表1-4　スクールソーシャルワーク教育課程科目内容概要（日本社会福祉士養成校協会，2014より抜粋，一部簡略化）

科　目	内　容
〈SSW専門科目群〉 SSW論 （90分15回）	今日の学校教育現場が抱える課題とその実態，及びSSWrを導入する意義，SSWの発展，過程，海外のSSWrの役割と活動，SSWの実践，支援方法，SVの体制・方法等
SSW演習 （90分8回）	ソーシャルワークの価値，子どもを取り巻く地域の状況，インフォーマルな機関を含めた地域機関，教育委員会，学校の状況，ミクロからマクロプラクティス（ケースワーク，チームアプローチ，相談体制整備・開発，記録，SV，評価等）
SSW実習指導 （90分8回） SSW実習 （10日間80時間）	SSWrまたはそれに値するSSW実践を行う指導者のもとで，ミクロからマクロレベルのSSW実践，所属・関係機関とその連携方法等を学習する。 ・SSWr実務経験2年以上免除 ・詳細は「スクールソーシャルワーク実習」の章にて
〈教育関連科目群〉 ①教育原理等 （90分15回） ②発達心理等 SSWr実務経験2年以上または教員免許者免除	以下のどちらかを受講 ①近代の教育制度・法令，教育行政機関の仕組み・経営，教職員の職務等について学ぶ教育の基礎理論等（科目名：教育行財政，学校運営，社会教育等） ②教育の基礎理論に関する科目のうち「幼児，児童及び生徒（障害のある幼児，児童及び生徒を含む）の心身の発達及び学習の過程に関する事項」を含む科目及び生徒指導，教育相談及び進路指導に関する科目の教育内容（科目名：教育心理，教育支援，教育福祉等）
〈追加科目〉 精神保健の課題と支援（90分15回）	精神保健福祉士養成課程科目　※精神保健福祉士は免除
児童や家庭に対する支援と児童・家庭福祉制度（90分15回）	社会福祉士養成課程科目　※社会福祉士免除

※規定時間はそれ以上で設定

施されることとなった。SSW教育課程における各専門科目群を表1-4に示した。実際のカリキュラムはSSW教育課程を実施する養成校（学校）により異なる可能性があるため，詳細は各養成校に問い合わせいただきたい。なおSSW教育課程認定には，社会福祉士または精神保健福祉士（PSW: Psychiatric Social Worker）の登録が前提となる。

2．認定社会福祉士養成課程と認定精神保健福祉士養成課程

認定社会福祉士制度は，2007（平成19）年の「社会福祉士及び介護福祉士法の改正」の際に，付帯決議に専門社会福祉士の創出が盛り込まれたことを始まりとした認定社会福祉士認証・認定機構（ソーシャルワーカーに関わる8団体から構成）により認定される体系的な実践力向上の仕組みである（表1-5，表1-6）。この中の児童・家庭分野におけるソーシャルワーク機能別科目の1つである「スクールソーシャルワーク（児童）」では，①教育現場が抱える課題とSSWの必要性，②SSWの実際（連携，ネットワークを含む）を踏まえ，不登校，いじめ，発達障害等の理解，学校理解，ソー

表1-5　認定社会福祉士における専門性と期待役割（認定社会福祉士認証・認定機構，2015を一部修正）

【認定社会福祉士】所属組織を中心にした分野における福祉課題に対し，倫理綱領に基づき高度な専門知識と熟練した技術を用いて個別支援，他職種連携及び地域福祉の増進を行うことができる能力を有することを認められた者。 期待役割：複数課題のあるケースの対応，職場内リーダーシップ，実習指導，人材育成，緊急対応，苦情対応，他職種連携等。 ※認定は「高齢分野」「障害分野」「児童・家庭分野」「医療分野」「地域社会・多文化分野」の5分野で行われる。	
【認定上級社会福祉士】福祉についての高度な知識と卓越した技術を用いて，倫理綱領に基づく高い倫理観を持って個別支援，連携・調整及び地域福祉の増進等に関しての高い業務を実践するとともに，人材育成において他の社会福祉士に対する指導的役割を果たし，かつ実践の科学化を行うことができる能力を有することを認められた者。 期待役割：ケース指導・スーパービジョン，財務管理，人事管理，苦情・リスクマネジメントなどの組織管理理解とシステムづくり，地域の関連機関の中核となった連携システムづくり，地域の福祉政策形成，実践の科学化を行うとともに科学的根拠に基づく実践の指導・推進等。	

表1-6　認定社会福祉士等の認定条件

社会福祉士資格取得後，相談援助実務経験が5年以上あり（内申請する分野専門の実務経験2年以上），個別レベル，組織レベル，地域レベルの3つのレベルにおける経験目標を持ち，認められた機関での研修を受講しており，日本社会福祉士会又は日本医療社会福祉士協会の正会員であること。認定後は更新のためにSVを受ける／行うこと等が求められる。認定上級社会福祉士取得には，さらなる専門的な研修が課される。

共通専門科目 10単位	・ソーシャルワーク理論系科目群2単位以上 ・権利擁護・法学系科目群2単位以上 ・サービス管理・人材育成・経営系科目群2単位以上 ・地域福祉・政策系科目群1単位以上 ・実践評価・実践研究系科目群1単位以上
分野専門科目 10単位	取得しようとする分野から下記の科目を履修する。 ・分野における制度等の動向1単位 ・理論・アプローチ別科目1単位以上 ・対象者別科目1単位以上 ・ソーシャルワーク機能別科目1単位以上
スーパービジョン 10単位	契約に基づき定められた方式により，1年6回のSVを5年間受ける。

※1単位はおおよそ90分×8回の講義・演習

シャルワーカーの役割，子どもと家族の支援の方法，社会資源の開発，事例研究等による対応方法などが学習内容として例示されている（表1-7参照）。

　認定精神保健福祉士課程は，おおよそ表1-8の内容・過程である。認定社会福祉士と異なり，様々なスペシフィックな領域を各自で学習していくというよりは全体としてPSWの専門性について検討していくという内容であり，PSWとしての実践の「基」や価値観の「幹」を育てようとしている（日本精神保健福祉士協会，2013）。

なお日本社会福祉士会及び日本精神保健福祉士協会は文部科学省に対して，有資格者のSSWrの配置促進，職能団体としてのスーパービジョン体制への寄与などの要望書をあげている。

表1-7　YMCA健康福祉専門学校におけるSSW科目概要

第1回　スクールソーシャルワークの基本①（講義）
　1）ソーシャルワーカーの価値
　2）教育現場における諸問題とSSWrの必要性
　3）社会福祉学と心理学から見たSSWrとSCの援助視点の比較
　4）アメリカにおける学校専門職の歴史と専門性の比較（SSWr・SC・スクールサイコロジスト）
第2回　スクールソーシャルワークの基本②（講義）
　1）教育行政機関及びSSWrの配置形態
　2）教育現場の活動範囲における様々な視点
第3回　ストレングスとエンパワメントの視点（講義）
第4回　特別支援教育と発達障害概要（講義）
第5回　いじめと不登校，発達障害，精神障害，諸問題の重複等教育現場における実践例（講義）
第6回　ミクロプラクティス①：クライエントの心理（演習）
　クライエントの心理的側面の実際
　相談援助における自立への検討
第7回　ミクロプラクティス②：受容・共感・自己一致の技能の実際（演習）
第8回　メゾ～マクロプラクティス（演習）（②該当）
　アセスメントの基本
　事例検討（ケース会議）の基本

※YMCA健康福祉専門学校は2009年度より全国に先駆けて社会人のSSWr養成を開始した機関である。この他，同科目名で学校コーチングを学べる研修も用意されている。

表1-8　PSW基幹研修の概要（日本精神保健福祉士協会，2013）

PSW協会の役割と課題Ⅰ
PSWの専門性・実践論Ⅰ～Ⅲ
PSWの制度・政策論Ⅱ～Ⅲ
ピアスーパービジョンⅢ
各演習Ⅰ～Ⅲ

基礎研修：入会時に配布する「構成員ハンドブック」による自主学習
基幹研修1（1日）：上記後，入会3年未満の方対象
基幹研修2（1日）：上記後，概ね3年以内の方対象
基幹研修3（2日）：上記後，3年以内の方対象で終了後「研修認定精神保健福祉士」へ
更新研修（2日）：上記研修後，5年後毎に受けていく研修で，修了後「認定精神保健福祉士」となる

スクールソーシャルワーク支援のためのスタンダード

アメリカでは，NASW（National Association of Social Workers：全米ソーシャルワーカー協会）が，「スクールソーシャルワーク支援のためのスタンダード」を発行している。これはいわば「SSWrのあり方」を示したもので，定期的に改定されている。最新版は2012年に発行されている。アメリカでは大学院修士課程でSSWrになるための訓練を受けるが，「スタンダード」に書かれている内容は大学院の授業や実習を通じて学び，SSWrとして仕事をする際にはすでに各自の中に「内在化」されている。

現在日本でもSSW実践スタンダードの作成が進められている。2014年にNASWのスタンダードやその他関連資料を翻訳した冊子が作成され，それをもとに勉強会が行われた（参加者：SSWrを中心に指導主事や教員も含め80名程度）。日本の実践とも関連しており，日本版のスタンダードにも含むべき項目として，多くの参加者が「倫理と価値」「アセスメント」「記録の管理」「専門性の開発・向上」「アドボカシー」などをあげた。

具体的な支援内容や支援方法は，支援を受ける個人，その家族や学校のニーズ，また，地域性やSSWrの雇用形態などによっても異なる。しかし，どこで，どのような雇用形態のもとで，どのような内容の支援を行うにしても，すべてのSSWrが守るべき規範がある。また，SSWは専門職である以上，その専門性を高める努力をしなければならない。各SSWrがそれらを理解し，「SSWrのあり方」が共通認識されていることによって，SSWによる支援の質が確保されると考えられる。

「スクールソーシャルワーク支援のためのスタンダード2012年版」

〈目的〉スタンダードは，SSWrが学校組織の中で効果的に仕事をするために必要な技術，知識，価値，方法，感受性に関する意識を高めることを目的としている。

Standard 1	倫理と価値
Standard 2	資格
Standard 3	アセスメント
Standard 4	介入
Standard 5	意思決定と実践評価
Standard 6	記録の管理
Standard 7	仕事量の管理
Standard 8	専門性の開発，向上
Standard 9	文化的適応（文化的背景に適した支援を行う力）
Standard 10	他職種の関わる学際的リーダーシップと連携
Standard 11	アドボカシー

＊参考資料：NASW Standards for School Social Work Services（2012年）より一部抜粋；SSWAA School Social Work Practice Model Overview（2013年），SSWAA National Evaluation Framework for School Social Work Practice（2013年）（翻訳小冊子　馬場幸子（翻訳代表）2014年）

章末資料 アメリカにおける学校専門職の特性と歴史

	スクールカウンセラー	スクールサイコロジスト	スクールソーシャルワーカー
男女比率	1：5.5	1：2	1：4
学問基盤・学位	カウンセリング心理学 修士89.6% 博士2.2%	学校心理学 修士64.2% 博士35.8%	社会福祉学 修士92.8% 博士6.1%
	それぞれに学士や他学位と学校援助職としての専門的トレーニングを受けた者が準じて行っている。		
就業地域	都市39.2% 郊外31.5% 田舎29.3%	都市29.6% 郊外48.9% 田舎21.5%	都市16.8% 郊外37.3% 田舎46.0%
業務の特色	①キャリア支援 ②学習支援 ③発達支援	①知能的，社会的，環境的な子どもの発達のアセスメント ②プログラム開発・修正 ③コンサルテーション	①家族－学校のリエゾン（訪問） ②臨床活動 ③システム構築（学校・地域）
	業務としては，どの職種も各職種にまたがった業務を実施していることもあり，予防と問題対処，個と環境に関わっている。ただし，SCはキャリア支援，スクールサイコロジストは心理学的なアセスメント（知能測定など）による支援，SSWrは環境的・生活的支援（福祉的支援）という点からの活動に特徴がある。このことは，以下の主要な仕事にも反映されているが，SCとSSWrの主たる支援は近似している。また職種によって業務が決定するというよりは，どのような学習をしてきたか，または業務ができるかによって業務決定がなされる部分が多いようである。なお「芝生争い」はないという報告もあり，学校目標も貢献するという共通の認識（チーム意識）が関係しているようである。それぞれ小学校は30%以上，中学校は45%前後，高校は20%前後の配置である。		
仕事順位	〈Best〉 個人カウンセリング19.67% コンサルテーション8.03% グループカウンセリング7.98% 〈Worst〉 精神測定0.41% 研究（Research）0.77% 地域アウトリーチ0.90% 〈比較〉 学業スケジュール計画7.23% カレッジアドバイス4.65% レポートライティング2.30% 職業テスト1.10%	〈Best〉 精神測定24.83% レポートライティング15.70% コンサルテーション10.73% 〈Worst〉 職業テスト0.22% カレッジアドバイス0.33% 学業スケジュール計画0.38% 〈比較〉 地域アウトリーチ0.84% 個人カウンセリング7.38%	〈Best〉 個人カウンセリング17.4% コンサルテーション11.26% グループカウンセリング10.28% 〈Worst〉 職業テスト0.24% 学業スケジュール計画0.24% 研究（Research）0.81% 精神測定0.93% 〈比較〉 レポートライティング8.06% 地域アウトリーチ7.69% カレッジアドバイス0.91%
起源	1905年，F.パーソンズのボストン職業事務所が，仕事に満足をしていない若者，仕事の準備をしていない若者（学生）に対する進路相談（ガイダンス・プログラム，ガイダンス・カウンセリング）を開始したことから始まる。 今日の養成（ガイダンス・トレーニング）では，学校システムにおける，①教育的・	1896年，ペンシルベニア大学の心理相談室で，ウィットマーが，学習に困難を示す子どもへの特別クラスにおける支援を行ったことが，その始まりと言われている。そのため，SCよりも特殊教育に対する支援者とされているようである。 1916年には，ターマンがビネーシモン知能検査を改訂し広めたことが，スクールサイコロ	1906～1907年のほぼ同時期に，市民組織として，ニューヨーク市（セツルメントハウスのワーカーが学校と家庭を訪問），マサチューセッツ州ボストン市（教育効果の向上を求め，学校と家庭間の調和のためにPTA団体である女性教育協会が学校に訪問教師を配置，コネチカット州ハートフォード市（Henry Barnard School Psychological Clinicに問題児童に関わるに当たり，児童の家庭的背景を

起源	職業的な情報，テストや測定，②ガイダンス・カウンセリングの技術，③学校での実践的な活動が含まれる。 就職のためには，学業が大切な要素であり，学業の成果をあげるためには，精神的に安定していることが必要であることから，学業・進路・発達的な支援という柱が出てきた。 SCが扱うのは，治療のために精神科へやってくる患者ではなく，一般的な子どもであるため，習得に時間のかかるフロイトやユングのサイコセラピーではなく，ロジャーズの来談者中心療法が広まった。 カウンセリング心理学は，理論を構築したり，純粋な科学として人間の心理を追求したりする一般の「心理学」とは異なり，経験を通して実際に役立つ要素や技術を科学的に抽出しながらカウンセラーが技術を身につけていくための方法を考えるという学問。ガイダンスカウンセラーとも呼ばれる。	ジストに影響を与え，徐々に心理測定者としての広がりを見せた。また1949年，ボールダー会議（アメリカ心理学会）より，科学的な視点を持つ専門職（研究者－実践家モデル）としての地位を確立させていった。 スクールサイコロジストは，特別な指導により利益を得ることができる個人を同定する。学習困難性・行動的社会的問題・心理教育の評価（アセスメント）がその主となる職務である。 現在では，個々の子どもに対して，その環境に適応できるように発達を促進させることではなく，その環境が子どもたちの発達を促進するような改善を行っていくことに焦点が当てられている。問題の同定だけでなく，学習と教育のための肯定的な風土づくりなど，予防・開発的な支援を行っている。	調査するケースヒストリー作成の係員を置く）の3つの場所から独立して始まった。 1907年より訪問教師の団体での研究が重ねられ，1913年にニューヨーク州のロチェスター市にて教育当局（日本でいう教育委員会）として訪問教師（教員免許＋社会事業施設実務経験者でワーカーとしての訓練のある者）が初めて採用（訪問教師プログラム）され，これを機にSSWrの配置が広まっていった。後に全米訪問教師会への発展へとつながった。 1920年代，精神衛生，思春期の非行の予防が注目された。この時，初期の学校と家庭間のリエゾンの効果が認められなかったことから，ケースワーク（治療的行為）へ移行していく。これが不登校の専門家という考えを払拭させた。結果として，1940～50年代，ケースワークが継続された。 1960年代，貧困や人種差別に対して，個人の要因だけが問題なのではなく，環境的な要因が問題であるという指摘がなされ，学校もそのような問題に関係していると非難されるようになった。このような社会的変動と不満の波に反応し，子どもの問題の発展を予防し，現在の問題を減少させるために，より大きなシステムレベル（小集団，学校，地域）への介入が強調された。これがエコロジカル・モデルへと進ませ，SSWrの新しい役割が定着していった。なお世界的にSSWrの目的が「公的な教育機関の使命」と「学校の普遍的な目標」の達成にあることが明言されている。

（米川，2009；村椿ら，2010；小島，1957より作成）

第2章

スクールソーシャルワーカー活用事業と展望

●学習ポイント
- スクールソーシャルワーカーに求められてきた子どもの課題や社会的課題への相談援助とは何か
- 教育委員会(教育行政)の特性とはどのようなものか
- 自治体によるスクールソーシャルワーカーの職務の違いとは何か,それを踏まえたスクールソーシャルワーカーに求められる資質とは何か

第1節 スクールソーシャルワーカー活用事業と教育行政

1. スクールソーシャルワーカー活用事業

日本において,従来から教師は積極的に家庭を視野に入れた対応を行い,家庭訪問などを通じて生徒指導にも力を発揮し成果も上げてきた。しかし,学校と保護者との関係の変化や,子どもや家族を支援する医療や福祉制度の複雑化などから,従来の教育相談や生徒指導上の困難さが高まり,加えて,最近では特別支援教育における子ども理解や児童虐待への対応など,より進んだ子どもへの支援が求められており,不登校やいじめ,暴力行為などの問題行動等への対応の充実は焦眉の課題となっている。

そのような中,学校には古くは学校医や学校看護婦に始まり,1995(平成7)年度からはスクールカウンセラー(以下,SC)など,教師とは異なる専門性を有する外部の人材が学校の役割を応援する形で導入されてきた。そして,2008(平成20)年度からは,福祉の専門家であるスクールソーシャルワーカー(以下,SSWr)を活用する「SSW活用事業」(以下,スクールソーシャルワークはSSW)が開始される運びとなり,教師と学校組織が教育の力を十二分に発揮できるような支援の役割をSSWrに期待している。

よく,SCとSSWrの違いがわからないと言われるが,SCは臨床心理士など児童生徒の臨床心理に関して高度に専門的な知識・経験を有する者であり,子どもへのカウンセリングを通じた心のケア,子どもへの接し方に関する教職員や保護者への助言

などを役割としている。SSWrは社会福祉士や精神保健福祉士など社会福祉等の専門的な知識や経験を有する者であり、家庭や友人関係、福祉機関など子どもが置かれた環境に働きかけることで子どもの状態を改善（問題を解決）することを役割としている。そのため、SCは「聴く仕事」「待つ仕事」「相談室で行う仕事」、対してSSWrは「繋ぐ仕事」「出かける仕事」「環境に働きかける仕事」などと表現される場合もある。

2008（平成20）年度から開始したSSW活用事業において、平成20年度は当該事業の有効性について、都道府県・政令市に調査研究を委託する事業として実施し、翌年の2009（平成21）年度から国が1／3を負担する補助金事業として現在に至る（表2-1、表2-2）。補助金事業とは、1／3を国が負担し、残りの2／3を実施主体である都道

表2-1　スクールソーシャルワーカー活用事業の推移

区分＼年度	平成20年度	平成21年度	平成22年度	平成23年度	平成24年度	平成25年度	平成26年度
事業形態	調査研究委託事業（10／10）	補助金事業（1／3）					
対象地域	都道府県・指定都市			都道府県・指定都市・中核市			
予算額	1,538百万円	14,261百万円の内数	13,092百万円の内数	9,450百万円の内数	8,516百万円の内数	355百万円	393百万円
積算人数	141地域	1,040人	1,056人	1,096人	1,113人	1,355人	1,466人
SSW実人数	944人	552人	614人	722人	784人	1,008人	1,186人（計画）

表2-2　スクールソーシャルワーカー配置状況（教育機関別）の推移

区分＼年度	平成20年度	平成21年度	平成22年度	平成23年度	平成24年度	平成25年度
都道府県教委（教育事務所含む）	109	142	188	212	226	300
	10.6%	23.0%	27.9%	27.2%	26.0%	27.1%
市区町村教委	233	194	246	295	322	409
	22.8%	31.4%	36.4%	37.9%	37.1%	36.9%
小学校	348	111	95	121	173	180
	34.0%	18.0%	14.1%	15.5%	19.9%	16.2%
中学校	270	136	119	115	95	109
	26.4%	22.0%	17.6%	14.8%	10.9%	9.8%
高等学校	0	0	3	4	13	28
	0.0%	0.0%	0.4%	0.5%	1.5%	2.5%
教育支援センター	43	20	20	17	30	63
	4.2%	3.2%	3.0%	2.2%	3.5%	5.7%
その他	21	14	4	15	10	20
	2.1%	2.3%	0.6%	1.9%	1.2%	1.8%
計	1,024	617	675	779	869	1,109
実人数	944	552	614	722	784	1008

表2-3 スクールソーシャルワーカーの有する資格の推移

区分＼年度	平成20年度	平成21年度	平成22年度	平成23年度	平成24年度	平成25年度
社会福祉士	183	188	230	292	331	440
	19.4%	34.1%	37.5%	40.4%	42.2%	43.7%
精神保健福祉士	88	93	118	166	182	249
	9.3%	16.8%	19.2%	23.0%	23.2%	24.7%
その他社会福祉に関する資格	72	59	75	105	95	118
	7.6%	10.7%	12.2%	14.5%	12.1%	11.7%
教員免許	449	240	232	279	331	389
	47.6%	43.5%	37.8%	38.6%	42.2%	39.6%
心理に関する資格	186	100	97	137	148	140
	19.7%	18.1%	15.8%	19.0%	18.9%	13.9%
その他SSWの職務に関する技能の資格	41	14	26	33	31	45
	4.3%	2.5%	4.2%	4.6%	4.0%	4.5%
資格を有していない	151	58	55	58	64	77
	16.0%	10.5%	9.0%	8.0%	8.2%	7.6%
実人数	944	552	614	722	784	1,008

府県・指定都市・中核市が負担して実施するものである。

　補助金事業の実施要領では、SSWrを教育委員会や学校等の教育委員会管理下にある機関に配置することとしている。SSWrの選考は、2014（平成26）年度までは「社会福祉士や精神保健福祉士等の福祉に関する専門的な資格を有する者が望ましいが（後略）」としていたが、2015（平成27）年度より「原則として、社会福祉士や精神保健福祉士等の福祉に関する専門的な資格を有する者のうちから行うこと。（後略）」とした（表2-3参照）。また地域や学校の実情に応じて、福祉や教育の分野において、専門的な知識・技術を有する者または活動経験の実績等がある者であって、次にあげる職務内容を適切に遂行できる者のうちから行うことも可能としている。

①問題を抱える児童生徒が置かれた環境への働きかけ
②関係機関とのネットワークの構築、連携・調整
③学校内におけるチーム体制の構築、支援
④保護者、教職員等に対する支援・相談・情報提供
⑤教職員等への研修活動

2．スクールソーシャルワーカーを取り巻く環境の変化

　いじめ防止対策推進法が、2012（平成24）年7月以降大きく報道された、滋賀県大津市における中学生の自殺事案を受け、超党派の議員立法で成立した法律（2013（平成25）年6月公布、9月施行）であり、社会総がかりでいじめの問題に向き合い、組織的に対処していくための基本的な理念や体制を定めている。組織の設置については、学校は当該学校におけるいじめの防止等に関する措置を実効的かつ組織的に行うため、

当該学校の複数の教職員，心理，福祉等に関する専門的な知識を有する者その他関係者により構成されるいじめの防止等の対策のための組織を置くこととされている。ここでいう心理，福祉等に関する専門的な知識を有する者とはSCやSSWr等の専門家をイメージしており，必要に応じて，当該学校に配置若しくは派遣された専門家の意見を求めることにより，より実効的ないじめの問題の解決に資することが期待されている。

また，いじめにより児童等の生命，心身または財産に重大な被害を生じた場合やいじめにより児童等が相当の期間学校を欠席することを余儀なくされている場合などの重大事態が発生した際，学校の設置者（公立であれば教育委員会，私立であれば学校法人）または学校が，調査組織を設けて事実関係を明確にするための調査を行うことが義務づけられており，この組織の構成については，弁護士や精神科医，学識経験者，心理や福祉の専門家等の専門的知識及び経験を有する者であって，当該いじめ事案の関係者と直接の人間関係または特別の利害関係を有しない者（第三者）について，職能団体や大学，学会からの推薦等により参加を図ることにより，当該調査の公平性・中立性を確保するよう努めることが求められている。ここでいう心理や福祉の専門家についても，SCやSSWr等の専門家をイメージしており，これらの専門家を活用することにより，専門的な知識を調査に活用することが期待されている。

次に，2014（平成26）年8月に閣議決定された貧困対策大綱では，すべての子どもが集う場である学校を子どもの貧困対策のプラットフォームとして位置づけ，子どもの貧困問題の早期対応，教育と福祉・就労との組織的な連携等により，貧困の連鎖を断ち切ることを目的としている。特に，学校を窓口として，貧困家庭の子どもたち等を早期の段階で生活支援や福祉制度に繋げていくことができるよう，地方公共団体へのSSWrの配置を推進し，必要な学校において活用できる体制を構築するとされている。

このように，今後，ますます学校現場においてSSWrのニーズが高まるだろう。このため，文部科学省から社会福祉士会，精神保健福祉士協会等の職能団体に対して，いじめ防止対策推進法等の内容を周知すると共に，各教育委員会等が人材確保等のために相談するための都道府県別，ブロック別の相談窓口一覧の作成を依頼し，その情報を各教育委員会に提供したところである。

なお，学校現場において，何でもSSWrに任せたり，教員の代わりに家庭訪問に行くといったSSWrの活用ではなく，福祉の専門家としての役割を担い，教員やSCといったそれぞれの専門職と有機的な連携を図ることが重要である。そのため，SSW活用事業の実施主体である自治体がSSWrの資質向上や効果的な活用のために開催する研修会に要する経費を補助することも求められる。文部科学省においても，毎年度，各自治体がSSWrを活用する際の参考として，「スクールソーシャルワーカー実践活用事例集」を作成配付すると共に，「スクールソーシャルワーカー活用事業連

絡協議会」を開催し、各自治体における効果的な活用の事例紹介、意見交換等を行っている。

また、これから、ますますSSWrの配置が拡充されるため、学校がSSWrを効果的に活用するためのガイドラインや福祉の専門家がSSWrとして学校現場で活動する際の留意点をまとめるため、2015（平成27）年度に「教育相談等に関する調査研究協力者会議（仮称）」を設置する予定である。

子どもを取り巻く環境は複雑化・多様化しており、教員だけでは対応が困難な場合もあるため、SSWrやSCなどのスタッフを含め教職員がそれぞれの専門性を生かして、学校組織全体が1つのチームとして機能するようにしていくことが重要であり、そのような「チーム学校」のあり方について2014年7月に中央教育審議会に諮問したところである。文部科学省も、学校教育においてSSWrの効果的な活用が促進されるよう、さらに支援を進めるようである。

第2節　市町村教育委員会としての責任

1．市町村教育委員会の特性

当然のことながら、人の「育ち」は誕生から終末に至るまで一貫・連続しており、これをいわゆる「人生」とよぶ。人は生まれた瞬間から死に至るまで学び、育ち続ける。すなわち教育は「人生」を貫く営みである。そして「生涯学習」の理念に支えられた教育委員会は、生涯にわたって人の学びや育ちを公の立場から支える行政機関である。

地方教育行政における最高意思決定機関は、市民や学識経験者などからなる5～6人の教育委員で構成される合議制機関としての「教育委員会」である（章末資料②参照）。社会全体から一般的な認識として捉えられている、いわゆる「教育委員会」は、正式には行政機関としての「教育委員会事務局」を指し、教育長は先の教育委員会とその事務を統括する。教育長は教育委員の中から首長が指名し、議会の同意を経て任命されるシステムになっている（地方教育行政の組織及び運営に関する法律）。

教育委員会は政治的中立性を担保するために、各自治体においては独立した執行機関としての位置づけとなる。その根拠は、教育は首長の個人的な価値判断や政治的な影響力に左右されるべきではないとの原理原則による。2011（平成23）年10月に発生した大津市中学生のいじめ自死事件の対応から議論されてきた教育委員会改革が2014（平成26）年4月1日から施行されたが、基本的には制度改正後もこの原理原則が尊重され、独立した執行機関としての位置づけには変化がない。

反面、新制度においても予算の編成権、執行権、教育委員会事務局の人事権は首長部局にあり、教育委員会が完全な独立性を有しているわけではない。したがって、教

育委員会において必要と判断した施策であっても，その実施については財政的，組織的側面から首長部局の影響を受けることになる。さらにまた，首長部局・教育委員会を含むいわゆる地方自治体も，補助金や地方交付税等，財政的側面から所在する都道府県や国の影響を強く受ける。このような国－都道府県－地方自治体－教育委員会という重層的な関係性の中で教育施策が展開されているが，財政基盤，施策への意識・理解，教育委員会と首長との関係性など様々な要因によって，各施策の自治体間格差が生まれている。SSW事業も同様である。

例えば，東京都教育委員会は2015（平成27）年度の主要施策に区市町村に対する「SSWrの一層の支援の充実」を掲げている（東京都，2014）。しかし，その財源は区市町村が本事業において執行した経費のうち，国から1／6，東京都から2／6の補助を受けるにとどまり，3／6は区市町村の独自財源とされている（平成26年度運用；図2－1）。結果，財政状況が非常に厳しい自治体は，本事業に関わる全体経費を抑えざるを得なくなり，SSWrの待遇に影響が出るばかりか，交通費などの二次報酬，電話連絡を行った際の通信費など必要経費すら保証できない等の状況となる。必然的に財政基盤が脆弱な自治体は，優れたSSWrの雇用や人数に限界が生じることになり，自治体間格差が顕在化する。

自治体間格差は，財政的側面のみならず教育委員会や市長部局のSSW制度に対する理解や必要感といった意識レベルでの要因からも強く影響を受ける。いまだ多くの自治体では，教育委員会を含めてSSW制度の理解が十分ではなく，単なる印象でその職務を捉える傾向にある。結果「心の教育相談員」や「家庭と子どもの支援員」等，SSW制度発足前の様々な支援制度を担当してきた専門性を期待できない「市民レベル」もしくは「退職校長レベル」の人材がSSWrを名乗って業務に当たることになる。このような自治体の多くはSSW制度が十分機能しておらず，本制度を導入している先進的な自治体という評価とは裏腹に，SSWrに対する誤った理解と歪んだ評価を世間に与えるという皮肉な結果を生み出している。

言うまでもなくSSW制度を効果的・かつ適切に運用していくためには，優れたSSWrの雇用が大きな要素となる。現在，東京都におけるSC制度は，採用と配置の権限を都教育委員会が有しており，区市町村はいわゆる「あてがわれた人材」を活用するシステムとなっている。それに対してSSW制度は上記の通り補助金扱いであり，採用権は区市町村にある。しかし，現状ではSSWrは供給不足であり，優れた人材を採用するためには，教育委員会が大学等養成機関や制度の中核を担う人材とのネットワークをいかにつくり，人材を発掘することができるかに大きく影響を受ける。このように教育委員会の学ぶ意識や積極性の格差

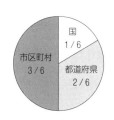

図2－1　2015年度の東京都のSSWr事業補助率（東京都，2014より作成）

が実績・成果の格差に繋がるのである。

　他にも教育委員会と首長部局との関係性も格差の要因となる。先に述べた通り，教育委員会は独立した執行機関ではあるが，予算の編成権及び執行権は首長部局に存することから，教育委員会と首長部局，換言すれば教育長と首長との関係性が施策の実施・展開に大きく影響する。教育委員会の制度改革によって，首長が教育に関する総合的な施策の「大綱」を策定すると共に，教育委員会と首長部局が公式な場で協議する「総合教育会議」が設けられることになった。今後これらの機会を活用し，教育委員会と首長とが十分なコミュニケーションをとることで，SSW 制度を教育委員会のみならず市の施策として位置づけることができるか，教育委員会の姿勢が試されているといっても過言ではない。

2．教育と福祉の一体

(1) 現状

　学校のみならず，社会全体から SSWr に対する需要と期待が高まっている。区市町村が所管する義務教育は，平等性を理念の根幹に据える。換言すれば「義務教育就学前の保育，教育，家庭環境等の社会的格差にかかわらず，学習指導要領に基づいた教育活動を行うことで，義務教育修了時にはすべての子どもたちを同じスタートラインに立たせる」という理念である（図 2-2 参照）。義務教育学校は格差を乗り越えて子どもを賢く，健やかに育てるミッションが与えられているにもかかわらず，現代社会の様々な課題はその理念をいとも簡単に凌駕してしまっている。

　学校教育の現場に目を移すと，貧困や虐待，ネグレクト等の家庭環境に起因する反社会的行動の増加や，発達障害等医療的課題を抱える児童生徒による学級崩壊等問題行動の増加等，学校（学級）機能をマヒさせかねない現状がある。特に昨今の学校教

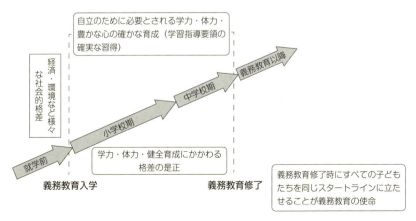

図 2-2　公立学校（義務教育）の使命

育における最大の課題であるいじめ問題については、被害・加害いずれの立場にある児童生徒であっても、背後に複雑かつ解決が難しい実態を抱えているケースが増え、事態の深刻化を招いている。

いじめ問題をはじめ、種々の問題が絡み合うような複合的な課題に対応していくためには、従前の学校教育が得意としてきた「〜してはいけない」「〜すべきである」といった生活指導的アプローチや、「思いやりの心」「公共心・公徳心」等の道徳的アプローチのみでは解決が困難である。またSCrによる心理的アプローチは副次的な支援にはなっても問題解決に直結するものではない。現在の行政機能として、これらの問題に直接踏み込むことを役割とするのは「子ども家庭支援センター」や「児童相談所」となろうが、虐待案件が激増している昨今、現実問題として個々の問題に十分寄り添いながら問題解決を図っていく実態にはないことがある。

今後、社会的課題を背景とする児童生徒を取り巻く問題が一層深刻化していくであろう学校教育現場において、これらの専門機関もしくは専門家を単独で機能させるのではなく、学校・家庭・児童相談所・医療機関等の関係機関がネットワークを構築し、教育的、福祉的、医療的、心理的等多様なアプローチを併用しつつ、児童生徒もしくは保護者の可能性を引き出すと共に、子どもを取り巻く環境を具体的に改善していくことが求められる。まさに「社会総がかりで子どもを育む」理念の具現化であり、SSWrはその「要」として期待されているのである。

(2) 清瀬市における「総合相談支援センター構想」

東京都清瀬市では「人の育ちは一貫している」という当たり前の事実を再認識し、誕生から就労に至るまでの子育て・教育・生き方に関する相談を一元的に受け付ける「総合相談支援センター」(仮称、以下同)の設立に動いている。

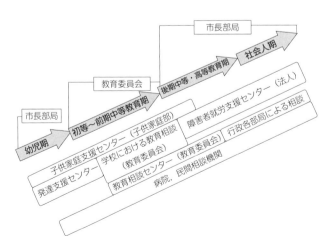

図2-3 現在の子育て、教育、生き方に関わる相談・支援システム

従前の行政による相談・支援は，誕生時は保健福祉部局が，就学前は子育て部局が，就学後は教育委員会が，というように年齢で区割りにされたセクショナリズムによる対応がとられてきた（図2-3参照）。その弊害は言及するまでもないが，行政側からは，情報の共有ができずに支援の一貫性を担保できない，後追いの機能がないため支援の妥当性が検証できない等の課題が，市民側からはどの窓口に相談に行ったらよいかわからない，何度も同じ説明をしなければならないことから行政への足が遠のく等の課題があげられる。

　地方自治体は公的な立場から相談・支援を行う責を負うが，国の省庁に準じたセクショナリズムによって，必ずしも効果的な支援ができているとは言い難い。中でも義務教育修了後から後期中等教育，高等教育期及び社会人期に至るまでの相談・支援機能は希薄であり，ひきこもりや未就労者の増加等といった，社会経済を揺るがすような状況となっている。行政は市民による共助機能の回復を図る施策を展開すると共に，セクショナリズムを廃し，福祉，子育て，教育，市民生活等の各部局が，誕生から就労に至るまでのデータベース化されたクライアントに関わる情報を共有しつつ，継続的に相談を受けたり行政の担当部署や専門機関に繋ぐ支援をしたりする新たな機能を構築すべきである。

　総合相談支援センターはこの理念を受け，「相談・出張」「コンシェルジュ」「データベース」「研修・研究」の4つの機能が集約された機関として計画されている（図2-4，図2-5参照）。想定している具体的な業務は以下の通りである。なおコンシェルジュとは，仏語で「集合住宅の管理人」の意で，ここでは市民のあらゆる悩みや相談に対して最も良い解決策を提案する「総合案内窓口」として定義する。データベー

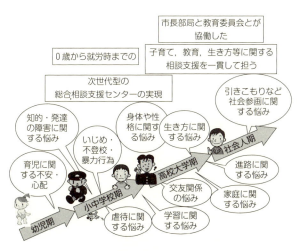

図2-4　総合相談支援センターのイメージ

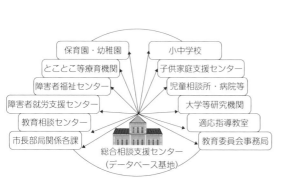

図2-5　次世代型「総合相談支援センター」構想（案）

スでは，病院の電子カルテをモデルとしたシステム構築を検討中である。

なお，同センターの実質的なマネジメントは，関係機関との連携・協働を職責とするSSWrが担うべきと考えており，2018（平成30）年度開設に向けて常勤職員としての雇用を準備している。

3．教育委員会で求められるスクールソーシャルワーカーとしての資質・力量

（1）情報収集力や関係調整力など組織的対応を推進するために基本となる能力

問題解決のためには，主体である児童生徒に関わる多面的・多角的な情報を収集，分類・整理，分析することを通して支援のあり方を決定していくという組織的対応が必要となる。SSWrは主体を取り巻く環境と確実な信頼関係を構築しつつ，対応の核となることを期待する人材である。特に教員やSCr等の専門職及び保護者，関係機関との連携・協働は必須である。支援の対象となる児童生徒の学習・生活の実態や，心理的な特性，家庭における状況，関係機関での見取り等を十分に把握することこそが，適切な支援の第一歩となるからである。そのためにも，自らが様々な対象を訪れて情報収集するフットワークの軽さと，対人関係を構築する上で主たるツールとなる「言語」「コミュニケーション力」は，SSWrにとって欠かすことができない能力である。

（2）学校教育や学校文化への知識・理解と共感

SSWrの主たるフィールドは言うまでもなく「学校」である。学校組織・運営・内容やそれを抱合する学校文化への確かな知識や深い理解及び課題意識と共感が必要であり，この実現こそが適切な課題解決と，周囲からのSSWrへの認知に繋がるものである。近年の教育改革の流れの中で，学校はシステムも内容も大きく変化・進化していることから，自らの経験のみで学校教育を捉えることは危険であり，学校教育へ

の学びは必須である。

　また，数多の組織はそれぞれの「文化」を有するが，いわゆる「学校文化」は固有性が高い。加えて小・中・高等学校種によっても文化は異なり，学級担任制を敷く小学校では担任が個々の問題を1人で抱え込む傾向が強く，中学校ではいまだに生活指導的な視点で問題解決を図ろうとする傾向が強い。他にも，教師（学校文化）は，規則や慣例を重んじる，外部からの批判に対して警戒感を持つ，情意主義・努力主義，均質性と平等性を重視するなどの特性を有するが，他業種に比べて非常に大きな多忙感，ストレスを感じていることを十分に理解しておかなければならない。

　現在の学校現場は，情報共有，行動連携が必要であることは理解できても，多忙化によって同僚との対話・協議の時間も満足に取れない事実がある。このことを斟酌することなく教員との対話・協議を強引に求めた場合は，組織内に齟齬が生まれかねない。直接対話の時間確保が困難ならばノートなどの情報共有ツールを活用する，教室への移動時間などの隙間を縫って，立ち話でも必要な情報を伝える，信頼関係を構築し，教員から相談できる風土をつくる，校内会議の際に積極的にファシリテーターの役を引き受け，限られた時間を有効活用する等の「小さな努力」こそが，学校文化に身をおくSSWrに求められるのである。

（3）より高い専門性を発揮するために必要となる発展的能力

　各校においては，優先順位の高い課題である特別支援教育推進を中心的に担うコーディネーターが配置されており，支援が必要な児童生徒の情報が集約されると共に，個別指導計画の作成マネジメントや校内委員会の開催，研修の企画・実施などを執り行っている。SSWrは，各校のコーディネーターとの情報共有を密に行うと共に，自らも特別支援教育に関する基礎的知識を深めたり，自治体の施策を理解したりしながら，支援に当たる必要がある。

　また，SSWrは直接児童生徒もしくは保護者及び関係者などと面接を行い，情報収集や環境調整を行うことも多い。その際前述したスキルとしての「言語力」「コミュニケーション力」を身につけていなければならないことはもちろんであるが，その根拠となるカウンセリング技能の習得は不可欠である。幸いなことに多くの学校には「対話」に秀でた力量を有するSCが配置されている。OJT（On-the-Job Training）による相互に学び合う風土を醸成することから，SSWr，SC両者が力量を高め，ひいては児童生徒の支援を多角的・多面的に行うことができるようになると考える。

　なお，地域と学校とが協働して学校運営を行う「コミュニティスクール」が今後ますます拡大していくことが予想される中，地域資源の発掘がポイントとなる。地域に強力なネットワークを持つSSWrは施策推進のキーマンとなることは間違いない。地域を耕し，眠っている資源を引き出すことで，既存の制度では包括できない事例への新たな受け皿を企画・構想・実現・運営する「ソーシャルアクション能力」は，今後必須の能力となるであろう。

第3節　都道府県教育委員会の役割

1．地方公共団体の役割

　地方自治法で整理されていることとして，都道府県には住民の福祉の増進を図ることを目的として地域における行政を自主的総合的に実施することが定められ，さらにその事務を法律や政令により処理することとなっている。県の事務は，市町村の区域全体あるいは区域を超える広域事務，国と市町村の間での連絡調整を行う連絡調整事務，また市町村が処理することが適当ではない補完事務の3つの役割がある。SSWr活用事業はこれら事務対応をすべて行っている。なぜなら，市町村を包括する広域事業であり，補完事務であり，また市町村への連絡調整をよく行ってもいるからである。こうした事務を都道府県は自主的・自立的に処理し，地域住民の福祉向上を図っている。

2．都道府県教育委員会の特性

　都道府県教育委員会の役割は，地方教育行政の組織及び運営に関する法律に則っている。この法律は，1956（昭和31）年に成立・施行され，第一条の二の基本理念には，「地方公共団体における教育行政は，教育基本法（平成十八年法律第百二十号）の趣旨に則り，教育の機会均等，教育水準の維持向上及び地域の実情に応じた教育の振興が図られるよう，国との適切な役割分担及び相互の協力の下，公正かつ適正に行われなければならない」と定められ，教育委員会の設置，仕組み，職務と権限が規定されている。さらに本法は，数度の一部改正を経て，このたび2015（平成27）年4月より「教育の政治的中立性，継続性・安定性を確保しつつ，地方教育行政における責任の明確化，迅速な危機管理体制の構築，首長との連携の強化を図ると共に，地方に対する国の関与の見直しを図る」ことを目的に一部改正が行われた。今回の主な改正点をまとめると表2-4の5点である。

　近年，地方分権が進展する中，教育の分野においても，内容と制度の両面で地方公

表2-4　地方教育行政法の改正点・重要点

①教育委員長と教育長を一本化し常勤の教育長が教育委員会の代表とし，責任の明確化を図った。（第13条）※教育長任期3年，教育委員任期4年（5条関係）
②教育長は，首長が議会同意を得て，直接任命・罷免を行う。（4条，7条関係）
③教育長は，教育委員会の会務を総理し，教育委員会を代表する。(13条関係)
④首長は，総合教育会議を設ける。会議は，首長が招集し，首長，教育委員会により構成される。（1条の4関係）
⑤首長は，総合教育会議において，教育委員会と協議し，教育基本法第17条に規定する基本的な方針を参酌して，教育の振興に関する施策の大綱を策定する。（1条の3）

共団体の責任と権限が拡大している。教育委員会は，地方公共団体における教育行政の責任ある担い手として，拡大した権限を生かし，責任を持って地域のニーズに応じた教育行政を主体的に実行していくことが求められている。

3．都道府県教育委員会のスクールソーシャルワーカー活用事業

さて都道府県教育委員会では，文部科学省のSSWr活用事業実施要領に基づき，毎年SSWr活用事業（2009年度より補助金事業）を実施するか否かを決定し，各市町村への補助あるいは委託を行うことから，この事業をスタートさせる。都道府県から各市町村への丸投げによる補助（あるいは委託）ということも聞かぬわけではないが，都道府県教育委員会の判断は重要となっている。北海道や大阪府は国の1/3補助金事業に対し，2/3を道や府で持ち，市町村への委託事業として展開しているが，他県では，1/3を県が市町へ補助するという方式をとっている所もある。なお，政令指定都市・中核市は単独で国から補助を受ける仕組みとなっている。

SSWrの採用の仕組みにも工夫がある。通常，都道府県から委託を受けた市町村がSSWrを任用するが，直接的にSSWrを任用する仕組みをとっている都道府県もある。北海道では2013年度より2名任用している。あるいは圏域の教育事務所や教育局等の圏域の教育委員会に任用する仕組みもある。こうした都道府県がじかにSSWrを任用して子ども支援を行っていく仕組みは，特に重要事案の発生時や都道府県立学校の支援には欠かせない。

こうした早期からのきめ細かな教育相談体制は，学校及び教員と児童生徒，保護者の信頼関係を構築する基盤となり，地域全体で児童生徒を守り育てる体制づくりに繋がる。今後，子どもの健全な成長発達に寄与するために，地域の実情に応じて各市町村と連携し事業を進めていくことが望まれる。

4．子ども支援の専門職の活用方法と展望

実際のところ，市町村では，子どもを支援するために，多様な人々が子ども家庭・学校支援を行っている。例えば，図2-6のように，市町村または教育委員会，学校における子ども等支援の他，地域住民による登下校の見回り支援活動や学内ボランティア等あらゆるサポートなどもある。

子どもの育成支援全体としてあらゆる専門職やセクションが連携して関わっていくために重要なことが2つある。第一に，SSWrを任用する場合には，社会福祉士あるいは精神保健福祉士等の専門職を任用していくことを積極的に行っていく必要があると思われる。いまだに教員職が半数以上を占めている地域もあり，社会福祉の専門職が他の専門職や地域の人材を有効活用していけるように日頃から連携の場を持つ仕組みも求められている。こうした出会いを，市町村教育委員会に助言していくことも都道府県教育委員会は求められるだろう。第二に，都道府県教育委員会は，圏域の子ど

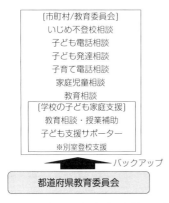

図2-6 市町村（教育委員会含）子ども家庭支援事業の都道府県教育委員会による連携支援

もたちの実情を把握し，SSWr 活用事業を広域に広げていく必要があるだろう。例えば，SSW 事業を広域に活用していくために，県立学校を支援する SSWr を任用，拡大していくことで広域活用を進めていくことが可能となるだろう。もちろん，予算についても同様である。子ども貧困対策法関連において，SSWr 活用事業に対する期待も高いことから，SSWr 活用事業に対する予算に充てるなどしてもよいのではないかと思う。そうした点で，地域の実情に応じた活用の仕方をしていくことが重要であるのではないだろうか。

第4節　教育センターとしての責任

ここでは，SSWr を所管する行政の立場から，公費による非常勤職員である SSWr の活用視点を紹介する。嘱託や報償費による場合も参考となろう。なお SSWr に求められる責任や期待が増加する一方，それに応えられない状況が SSWr 側に鑑みられることからもエールを送る意味で，SSWr にとって厳しくも現実的な視点を述べる。

1．教育センターとしてのノウハウ蓄積の責任

教育センター（以下，センター）とは表2-5の通りであるが，子どもに起きる様々な課題や問題に対してオールラウンドな支援を実施できる／実施を目指す組織である。各事業が評価されるべき実績を上げたノウハウをいかにして組織に蓄積できるかが事業成否の分かれ目となるため，着実なノウハウ蓄積をしていく責任は大きい。とりわ

表2-5　教育センターの定義（文部科学省，2005）

- 教育センター・教育研究所：教員研修，専門的研究，教育相談等の活動を行う総合的機関。
- 教育相談所・相談室：教育委員会や地方教育事務所の建物の中に設置されている相談室や相談コーナーを含む，主として教育相談を行う機関。
- 教育支援センター（適応指導教室）：在籍する小中学校へ登校することが難しい不登校の子どもたちの受け皿になっている機関で，「教育支援センター（適応指導教室）整備指針（試案）」によれば，設置の目的は「不登校児童生徒の集団生活への適応，情緒の安定，基礎学力の補充，基本的生活習慣の改善等のための相談・適応指導（学習指導を含む。以下同じ）を行うことにより，その学校復帰を支援し，もって不登校児童生徒の社会的自立に資することを基本とする」となっている。

※文部科学省が行っている平成25年度「児童生徒の問題行動等生徒指導上の諸問題に関する調査」によると，日本全国での教育支援センター（適応指導教室）の設置数は，1,286か所となっており約7割の自治体に設置されている。

け優れたSSWrにおける困難な現実と向き合ってきた数多くの経験の蓄積は，新しい支援方法への先駆けとなり得ることをセンター側が理解しておかなければならない。

ところで，学校は"教育関係者"ではない外部に対して反発的な傾向を示すことがある。これは，子どもの人格を養うという意識からの責任感が関与するとも言えよう。このような現場の強い意識により，SSWrの信頼感が一朝一夕には変わらない現実がある。センターとして，そのような壁を少しでも取り除くべく，教育分野と福祉分野の繋ぎ役でもある指導主事との関係性促進，SSWrのチーム体制支援促進，経験の浅いSSWrに対するOJT確保，広域での情報交換会や共同研究の組織の場の確保，外部スーパービジョン（以下，SVとする）を得ることによるセンター運用の向上の責任があげられる。特に効果的なSSWr活用事業を運営するために，いかに有益な外部SVを得るかはマストな事項である。つまり，まだまだ無条件のSSWrを求める状況を結ぶまでの期間はSSWr側の忍耐が求められ，そのような地道なソーシャルアクションのできるSSWrがとても大切なのである。

2．倫理／職能への意識啓発の責任

まずSSWrは，独立した存在ではなく行政組織の一員となる。つまり非常勤であっても子どもや家族等にとっては「地方公務員」である自覚を持つことが重要である。家庭に対して，SSWrの言動は大きな組織＝所属する自治体からのものとして受けとめられることがあり，いつでもトラブルのネタになり得る。またうまく状況が流れている時は好意的な態度を示していた関係者であっても，一度意に沿わない展開となった時には過去の言動を歪曲して訴えることも往々にしてある。その矛先はSSWr自身にではなく組織全体に向けられ，本意に反する程のダメージを受けることもあり得る。リカバリーには多大な労力を費やす。

また家庭にアプローチする専門職であれど，精神分野に関わる支援が必要な家庭には相当に慎重でなければならず，家庭に不躾に関わることはタブー視されることが想像に難くない。時にSSWrの全人格的資源を投じても困難が予想されるのである。さらに本人同意を取り付けている場合であっても，行政への信頼を損なう事案・領域が現実にはある。活動エリア域の広範さ，社会資源の背景や立ち位置，個人情報保護の規制等において，十分な知識と最大限の配慮を払い，無論，自治体により規制の価値観にバラつきがあることを知り，適切な情報収集により連携を図ることが求められる。

だからこそ，社会人としてのわきまえ（初対面での挨拶，身だしなみ，電話，名刺の交換，会議室等での座り位置，言葉遣い等は当然として，定められた勤務時間を超えての活動もご法度），職務上の成果以前の評価に及第しなければSSWr職務全体に対する信頼は得られない。さらに支援の先には義務教育終了期における離脱の課題が待っていることを捉え，時間的制約を前提とした活動が強いられるジレンマとの闘い

は，織り込み済みで臨んでもらいたい。

　これらがあっての専門職採用という点をぜひ理解し，初任者研修等はないことを想定いただきたい。換言すれば，非常勤職員に対して支払われる報酬の拠りどころは，その資格に対価を投じるものと認識されるためSSWrを育てるという研修については，総じて自治体側の理解は得られないことがある。換言すれば，比較的短期間の雇用形態では，個々の人材を育成する発想は自治体側に乏しいという認識が求められる。直接支援なきSSWは足場のない支援となり，SSWrの大半の価値は見失われるという認識を前提にした様々なSSWrの技量研鑽は必須である。逆にいえば，以上のような倫理観や社会福祉士等における職能の研鑽が義務づけられているという職能の自助意識を育てる責任は，センター側にある。さらに換言すれば，SSWrを育成しても雇用を繋ぎとめることが担保できない任用制度に目が向けられるには，センター運営（責任）において，しばし時間がかかりそうである。まだまだ経験を重ねることを通じて自ら専門性を高め，支援効果を示し認知度を上げていく重要な時期にあると言えよう。

3．子どもに対する教育の権利の保障を尊重するためのフレームづくりの責任

　行政における人事は流動的であり，指揮官である上司は，支援事業の分野に豊かな経験を有するとは限らず，人事異動により事業方針が転換することもある。そのため，その異動による事業運営の転換をいかに小さくするか。子どもへの安定した継続的な支援のためには，ブレのない支援事業のフレームをいかに作っていくべきかがセンターの責任と言えよう。具体的には，センターのSSWr活用事業運用マニュアル，SSWr活用ガイドライン（教育委員会用／学校用），リーフレット等の作成が考えられる。

4．学校経営力のパワーアップ：学校の指導から支援への体質転換寄与の責任

　教育側は，学校経営のための研修は実施しているが，福祉的視点に立った支援は不得手である。学校現場は，規律・計画を尊重する世界でもある。子どもは指導の対象であり，「個性を伸ばし可能性を引出するための支援」は特別の枠組みで捉えられる傾向がある。少し角度を変えて福祉的手法による支援ができれば多くのものが見えてくることは言うまでもない。教員の眼にどのように映し出すことができるか。SSWrの手腕の見せどころでもあり，学校へのコーチングが重要視される所以である。つまり，学校は，子どもや家庭の理解者的役割よりも，SSWrに経営コンサルタント役割を期待することがある。このような視点をいかにSSWrに持たせるかがセンター側の責任と言えよう。チーフクラス，統括SSWrクラス，現場SSWrのスーパーバイザー

（以下，SVr）を設ける理由もここにある。

5．支援活動と成果主義：戦略的な事業運営（財源確保）の責任

　費用対効果の事業評価は，年度単位である。例えば「何人の不登校解消が図られた」「何件のいじめが解決した」「ひきこもり状態が解消した」など，翌年度には拙速な形で評価の対象にされてしまう。SSWrの人的援助の意義が理解されづらく予算編成では軽視される所以である。財源確保は，事業運営の第一歩である。必要な支援活動のためには，現場の活動だけではなく，成果主義を前提とした指標づくりも求められる。例えば「解決指標」だけでなく「改善／軽減／好転」指標づくりもその1つであろう。

第5節　学校の責任

　子どもが未来を支える担い手としてたくましく豊かに成長していくことは，保護者の一番の願いであり，それは同時に市民社会の願いでもある。子どもを教育するということは社会の未来を創造することに他ならない。したがって，学校，特に公立学校では子どもの教育を市民から付託されているということが大前提となっていることを忘れてはならない。このような前提を踏まえた学校の主な責任は表2-6の6つの観点から論じることができる。

　教育の目的は教育基本法第1条に到達すべき目標（どのような人を育てるか等）が規定されており，学習指導要領にて教科等の内容，時数等の基準となる事柄について定められている。法に基づいて国（文部科学省）が指針（教育振興基本計画）を示し，さらに地方公共団体や各都道府県教育委員会が策定する教育振興基本計画を基にして，学校が運営され，教育活動が推進される。公教育の場合は，地域性や保護者のニーズ，学校管理職の考え方によって若干の違いはあるものの，教育基本法第3条（教育の機会均等）の考え方に照らし，日本のどの地域においても一定以上の水準を保つ必要がある。

　市民から付託されているということは，当然付託した当事者（保護者）や社会への説明責任（アカウンタビリティ）が伴う。学校が法や国の指針，自治体の指針を受けてどのような教育の計画を立てて，どのように実行され，どのような成果が現れてい

表2-6　学校における主な責任

（1）市民からの付託という視点
（2）法に基づいて設置されている視点
（3）説明責任（アカウンタビリティ）と学校評価
（4）教育活動の管理運営
（5）学校組織
（6）地域の中の学校

るのか，保護者，地域に説明すると共に，毎年改善していかなければならない。学校評価に関しては，2007（平成19）年に改正された学校教育法第42条に「学校は，文部科学大臣の定めるところにより当該小学校の教育活動その他の学校運営の状況について評価を行い，その結果に基づき学校運営の改善を図るため必要な措置を講ずることにより，その教育水準の向上に努めなければならない」，第43条に「学校は，当該校に関する保護者及び地域住民その他の関係者の理解を深めるとともに，これらの者との連携及び協力の推進に資するため，当該校の教育活動その他の学校運営の状況に関する情報を積極的に提供するものとする」と示されており，法的根拠となっている。通常，年度始めに今年度及び向こう3～5年程度の教育計画を公表し，年度末にはアンケート等をもとにして教職員が自己評価をし，保護者・地域からの評価を受け，それらをまとめて公表するスタイルをとることが多い。

学校の責任について学校経営という視点で考えると，校長は質の高い教育活動を提供するために学校組織を編成し，主に教育課程の管理・運営及び教育環境（施設等）の整備，教職員の管理，財務（公的資金）の管理・運営を行い，日々の教育活動が安定して営まれることを第一に考えていると言える。また，学校の組織だけでは対応できない問題が生じた際には，外部の専門家（心理の専門家であるSC及び福祉の専門家であるSSWr）の活用，区役所や警察などの関係機関との連携によって問題を解決する方向に導くことも子どもの健全育成の観点から重要であると言える。

まず，学習指導要領に基づいて各学校が定めた教育課程は，主に通常自治体が選択

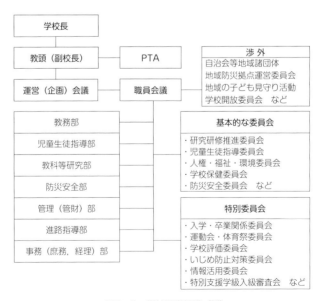

図2-7　学校運営組織（例）

した教科書や，内容に応じて教師が選択した教材をもとに授業を通して，子どもが履修することができる。授業を中心とした様々な教育活動が進められるためには，教室，机，椅子，黒板，TV，インターネット環境，体育館，プール，それに関わる各種教材等の整備は欠かせない。さらに児童指導上の管理や安全指導上の管理も教育環境の整備にあたる。そして日々子どもたちと関わり，様々な教育環境を整える教職員の管理（人材育成，人事管理）は最も重要なところになる。限られた財源を最大限に生かす財務上の管理も説明責任の中で重要な位置を占める。これらの充実度で学校教育のクオリティーは高まり，保護者・地域からの信頼度は決まってくる。それらの観点を踏まえ，学校教育法施行規則の設備編成に規定されている職員をもとにした一般的な学校組織編成は図2-7のように表すことができる。

　学校組織では，学校長の統括のもと，教頭（または副校長）が各部門のリーダー（総括教諭等）をまとめ，実質的な運営にあたる。また，保護者との協働組織であるPTAや自治会等地域団体との関係づくりや役所関係部署との渉外関係は教頭（または統括教諭）がリーダーシップをとることが多い。PTA行事や地域行事をもとにいかにダイナミックに関係づくりをしていくかが学校運営に大きな影響を与える。例をあげれば，地域主催のお祭りなどのイベントに児童生徒と共に参加したり，学校と地域の特色を生かした共催のイベントを企画運営したりすることなどである。楽しい時間を共にし，一緒に汗を流すことで学校と保護者，地域は自然と仲良くなり，そこで出会った方々と子どもたちは自然と挨拶を交わせるようにもなる。表に見えづらいところであるが，地域の中に自然に溶け込んでいる学校だからこそ，子どもは安心して通うことができ，保護者も安心して子どもを預けられるものと考える。

学校種について

「学校教育法第1条」には，学校の種類について，「幼稚園・小学校・中学校・高等学校・中等教育学校，特別支援学校，大学及び高等専門学校とする」と定められている（いわゆる一条校とよばれている）。ちなみに，中等教育学校とは，中高一貫教育の一種である。一条校を設置できるのは，国と地方公共団体，私立学校法第3条に規定されている学校法人に限られている。
　一条校以外の学校としては，「職業若しくは実際生活に必要な能力を育成し，又は教養の向上を図ること」を目的として創設された専修学校（学校教育法124条に規定）と，一条校と専修学校以外の学校としての，「学校教育に類する教育を行う」とする「各種学校」（学校教育法134条に規定）がある。特に，専修学校は，以下に示すように，3種類に分けられる（学校教育法125条）。

対象者	課程	名称	備考
中学卒業者	高等課程	～高等専修学校	これらを併設している学校の場合は「専門学校」と称することができる。
高校卒業者	専門課程	～専門学校	
学歴・年齢不問	一般課程	～専修学校	―

高等専修学校は，近年，資格取得を奨励したり，不登校生徒や高等学校中途退学者を積極的に受け入れるなど，いわゆるサポート校としての役割を果たしてもいる。こうした学校の多様化は，就学前の幼保一元化としての「認定こども園」や，義務教育段階での小中一貫校といった動きにも及んでいる。

(情報提供：土屋佳子)

第6節　全国研究を通じた教育委員会とスクールソーシャルワーカーに求められる役割

1．スクールソーシャルワーク開始7年から10年，今

　2013（平成25）年いじめ防止対策推進法において初めて教育関連の法律に社会福祉の専門家という形で登場し，2014（平成26）年策定された子どもの貧困対策に関する大綱が策定され，全都道府県にスーパーバイザーを置き，SSWrを5年後には中学校に1人の1万人に増員という数値が出された。これは自治体ごとに組織体制をつくろうという意図でもある。そして，2015（平成27）年「生活困窮者自立支援制度に関する学校や教育委員会等と福祉関係機関との連携について（通知）」が出され，子どもだけでなく，親の生活実態を把握して動くことを各教育委員会に通知している。この通知文は，学校が家庭の問題に「対応できない」とならないようSSWrの動きをバックアップするものであり，画期的である。国会等においても首相が「SSWr」という言葉を出すほど国の中で注目されている。この重要な時期に何が重要なのか，現任SSWrも研究者も特に養成課程において見失ってはいけない。

2．ゴールを意識したプログラム評価を援用して

　実践の結果，家庭環境が改善されるだけでなく，学校環境が改善され，個人や地域がエンパワメントされていくものとして実証していくことが重要であり，ソーシャルワーク（以下，SW）の評価が必要不可欠である。しかし，その際，SSWrの実践モデルだけでは，不十分である。SW実践について教育の世界に認知を広げない限りSSWの展開には限界がある。これがSSWの特徴でもある。

　よって，筆者らはソーシャルワーク理論（プログラム評価の理論，Rossi et al., 2004）をベースにしたSSW実践を明らかにしてモデル化し，その実施に関して全国的な実態を明らかにし（グッドプラクティス調査），試行調査によってモデルに基づいた実践とその評価を行ってきた。つまり，プログラム評価の理論（Rossi et al., 2004）をもとに，科学的根拠に基づく実践（EBP: Evidence-Based Practice）を含む効果モデルを開発している。SSW事業プログラム・モデルは教育委員会による事業計画，

第6節　全国研究を通じた教育委員会とスクールソーシャルワーカーに求められる役割

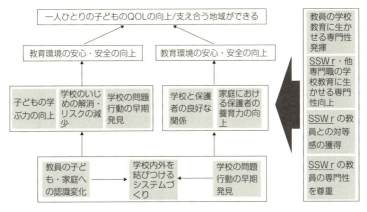

図2-8　効果的なSSW事業プログラム：インパクト理論（山野，2015）

SSWrのアプローチを示すサービス利用計画とセットである。SSWrのアプローチは，子ども・保護者だけでなく，教育委員会，学校，関係機関を対象と位置づけている。

効果モデルのゴールは，実践家参画型ワークショップによって特定してきたが，子どものQOLの向上と支え合う地域が最終点となる（図2-8）。ゴールを明確に意識し，この枠組みで動くことが可能になることで効果（アウトカム）をもたらすSW実践となる。

表2-7では，右上の評定項目が最終点までのアウトカムを，左のアプローチ姿勢が，そのアウトカムをもたらしているSSWrの実践を表しているが，ここで示されているように，かなりの項目において実証的に効果をもたらしている。例えば子どものQOLの向上では潜在的ニーズの発見や相談活動の推進が高い相関を示している。これらの効果をもたらす実践がEBPであり，SSWrが意識して実践すべき行動であると言える。

教育委員会では，図2-9のように年度当初と年度末でSSW活用事業実施内容についてモデルを意識して行えるようになっており，効果をもたらす可能性が大きい（SSWr側のレーダーチャート項目は表2-7の通りである）。ここでは紙幅の都合上示せないが，教育委員会担当者が実施することでSSWrがこのモデル通り動きやすいことも示されている（山野，2015）。

つまり，SSWrは絶えず子ども家庭と学校の2つを教育委員会と共に意識して取り組む必要がある。子ども家庭のことだけ理解し，ことを進めていく方法では他の相談員との違いがわからない。専門職が学校にいる意味を問い，そしてスクールカウンセラーとの違いを明確化しなければならない。

第2章 スクールソーシャルワーカー活用事業と展望

表2-7 SSWrプログラム実施度とSSWr自身が評価する効果との相関分析結果:12月〜1月(山野, 2015)

	項目	平均値	SD	つながり	認識	状況	協働認識	専門性理解	専門性発揮	早期対応	QOL	情報共有	ストレス減少	安心感	対等感	連携
	平均値			5.75	3.91	1.98	4.14	2.27	1.77	3.19	1.25	2.15	6.02	3.88	4.81	0.57
	SD			5.93	3.59	2.57	3.02	3.08	2.64	3.45	3.14	1.94	12.78	3.87	5.03	0.36
A 学校組織へのアプローチ	A-1 学校アセスメント(様々な資源を活用して学校の状況を把握する)	3.35	1.42	.299**	.435**	.253*	.459**	.326**	.287*		.397**		.346**	.445**		.418**
	A-2 地域アセスメント(様々な資源を活用して学校の状況を把握する)	2.33	1.50	.439**	.242*	.275*	.322**	.376**	.330**	.231*	.454**	.353**	.254*	.384**	.357**	.417**	
	A-3 潜在的なニーズの発見	3.25	1.42	.381**	.483**	.374**	.443**	.357**	.254*	.572**	.289*	.286**	.555**	.623**	.417**	.419**	
	A-4 戦略を立てる	2.76	1.46	.452**	.323**	.352**	.309**	.425**	.360**	.339**		.381**	.245*	.373**	.358**		
	A-6 教員のニーズに沿う	3.41	1.43	.336**			.280*							.305**			
	A-6 相談活動の推進	3.06	1.41	.341**	.396**	.275*	.337**	.344**	.345**	.485**	.417**	.414**	.433**	.529**	.448**		.358**
	A-7 子ども・保護者の共同アセスメント	3.59	1.38	.395**	.244*		.276*	.331**	.309**	.282*		.391**		.275*	.275*	.260*	.400**
	A-8 関係機関と学校の仲介	3.54	1.56	.428**	.284*	.352**	.292**	.355**	.302*		.310**			.289*	.458**	.384**	.393**
	A-9 ケース会議実施に向けた活動	3.04	1.60	.406**		.357**	.312**	.262*				.306**		.240*	.240*	.384**	
	A-10 ケース会議の実施(インテーク,情報収集・整理)	3.29	1.62	.390**		.359**	.263*	.400**	.342**	.232*		.325**		.285*	.285*	.309**	.299*
	A-11 ケース会議の実施(アセスメント,プランニング,モニタリング)	2.58	1.44	.411**	.278*	.481**	.346**	.523**	.503**			.286**		.235*	.235*	.309**	.400**
	A-12 ケース会議ではない場面によるケース会議実施後の活動	2.53	1.37	.338**	.313**	.580**	.327**	.401**	.283*	.231*			.335**	.439**	.439**	.421**	
	A-13 時々なケース会議の実行	1.85	1.27	.482**	.352**	.489**	.242*	.371**	.314**			.330**			.393**	.393**	.505**
	A-14 プランの実行	2.22	1.06	.258*	.352**	.339**	.247*	.396**		.254*	.273*	.323**		.385**	.342**		
	A-15 モニタリング	2.87	1.52	.337**	.236*	.374**	.256*	.388**	.343**	.256*		.280*		.265*	.300*	.302*	
B 教育委員会へのアプローチ	B-1 教育委員会担当者へ定期的に報告・連絡・相談,学校との調整	2.41	1.40	.243*		.327**									.307**	.327**	
	B-2 ケース会議に向けた戦略	2.27	1.43	.250*		.314**		.255*				.237*			.388**	.393**	
C 関係機関・地域へのアプローチ	C-1 関係機関・関係者・地域への基本的な活動	2.84	1.53	.446**	.275*	.396**	.315**	.310**			.300**	.282*		.349**	.349**	.432**	
	C-2 ケース会議実施中および実施後の活動	2.56	1.61	.400**		.424**		.372**	.287*			.264*		.387**	.387**	.504**	
	C-3 モニタリング	3.00	1.66	.489**		.257*		.323**	.284*			.276**				.335**	
D 子ども・保護者へのアプローチ	D-1 子ども・保護者のアセスメント	2.67	1.62	.311**	.364**	.322**	.297**	.383**		.335**			.271*	.406**	.406**	.334**	
	D-2 プランの実行	2.85	1.57	.316**	.302**	.422**						.279*			.456**	.456**	.363**
	D-3 モニタリング	3.39	1.50	.378**	.286*	.387**	.392**	.321**		.246*		.274*	.270*	.368**	.554**		.284*
E SSWrとしての基本的な姿勢	E-2 面接において,以下の点を実施しているか	4.55	1.01										.248*	.356**	.269*	.256*	
H SSWrのマクロアプローチ	H-1 SSW事業化への働きかけ	4.32	1.22	.263*		.342**		.317**	.380**	.283*				.302**	.302**		.471**
	H-2 教育委員会担当者との戦略的な協議	1.63	1.28									.302**					
	H-3 SSWの手法の紹介・浸透	2.54	1.56			.464**		.258*	.298**					.291*	.291*	.391**	.373**
	H-4 審理職・SSWr担当教員との戦略の協議	1.36	0.89														
	H-5 関係機関・SSWr担当教員との関係性構築	2.16	1.33	.329**	.403**		.242*	.342**	.245*					.320**	.320**	.344**	.293*
	H-6 自己評価	1.95	1.31	.279*		.337**									.351**	.351**	.491**	
	H-7 教育委員会への戦略	2.06	1.33		.334**				.412**								.316**	
		1.66	1.20				.256*							.297**			.417**

$**p<.05$, $*p<.10$

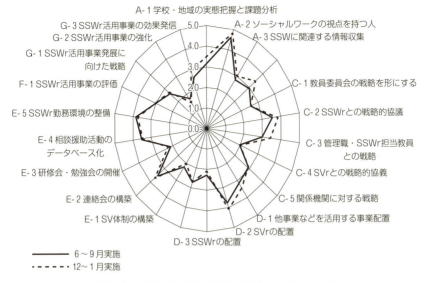

図2-9　教育委員会担当者プログラム実施度（全体平均）

3．意識すべきこと

　以上，SSW事業プログラム・モデルの効果から，SSWrと教育委員会が戦略を練り，相互補完する形で協働することを忘れてはいけない。間接支援と直接支援，子ども家庭と学校，正しいソーシャルワーク理念を知ること，これらの対概念的なバランスの重要性，少なくとも全体の中でこの役割を担う人がどこかにいるという認識，これらをより明確に認識することで学校とソーシャルワークを繋ぐことができる。それで初めて子どもに届けることができることも多い。今こそ学校や教育委員会を意識したソーシャルワーク実践が必要である。

第7節　全国のスクールソーシャルワーカーの配置状況

1．調査について

　公益社団法人東京社会福祉士会を通じて全国35都道府県（以下，自治体）の協力のもと2014（平成26）年9月～11月（最終確認2015年3月）にかけて調査（各調査内容は章末の資料①等参照）が行われた。活用された調査は30自治体のデータである。分析における児童生徒数は，文部科学省の平成26年度学校基本調査にある児童生徒数（「公立」学年別生徒数）を用いた。高等学校（以下，高校）は全日制・定時制の数値

を用いた。さらに，政令指定都市の小中学校の児童生徒数は各自治体における学校基本調査より抽出したが，学校基本調査にて私立公立の区別等がない場合は総計で算出した。さらに，都道府県立学校の数が政令指定都市内に含まれている場合，合わせて引いた可能性もある。また高校においては，市立設置か都道府県立設置かの明確な見分けが全国的に困難なため，文部科学省にある自治体数値をそのまま用いた。そのため児童生徒数に関わる結果は参考として捉えるべきであろう。なお中等教育学校については，今回は外した。

2．調査結果

(1) 配置形態

　全国調査（章末資料①参照）より，SSWr 配置形態は，依頼派遣型10自治体，拠点校配置近隣依頼派遣型4自治体，巡回型1自治体で，この他，依頼派遣型との組み合わせで，巡回型4自治体，拠点校配置近隣依頼派遣型6自治体，単独校配置2自治体等であった。大きく派遣型（依頼・巡回），配置型（単独校・拠点校）が認められた。本調査の他，自治体により数年度の配置方式を捉えた計画（段階）配置型や（図2-10，表2-8参照）報酬（1回ごとの報酬・報償費待遇）にも関わり，登録派遣型も認められている。

　この時，拠点校配置型 SSWr を依頼派遣型 SSWr がカバー／連携するような連携配置をとること，都道府県採用の SSWr と区市町村採用の SSWr との連携が SC と同様に進んでいる地域もあること等，配置形態や雇用機関による SSWr 連携が生まれている。加えて，SVr 配置や統括 SSWr 配置など，従来の相談援助を行う SSWr とは別に SSWr 養成や SSW 事業をよりよく促進させるための配置がなされている自治体もある。この他，相談援助技能や支援内容として，教師等へのコンサルテーション中心支援，不登校の子ども中心支援など，技術や対象に枠組みを持たせている自治体

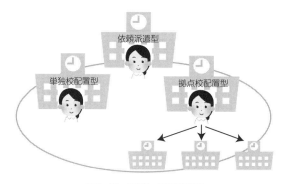

図2-10　SSWrの配置形態

表2-8　配置形態と内容

派遣型	1）依頼派遣型：学校長等（おおよそ学校長権限からの依頼での派遣が多い）から依頼を受け，依頼を受けた学校に派遣する広域の活動形態である。家庭や地域における子ども支援ができ，いくつかの中学校区をまたがった支援を行うこともある。 2）巡回（派遣）型：担当する学校へ定期的に巡回訪問する小域の活動形態である。曜日毎／1日の午前午後毎／ニーズ毎に担当する学校へ訪問する。SSWrが少なく学校数が多い場合，広域の活動形態となることがある。教育委員会，教育事務所や教育支援センター配置（出勤）の巡回型と指定校（各校へ出勤）を定期的に回る指定校巡回（派遣）型がある。 3）登録派遣型：民間機関等への委託，または教育委員会等から直接個人への委託等により，定期的な活動を持たず，依頼があれば学校や家庭へ訪問し活動するという支援形態である。そのため依頼がなければ活動できないこと，どこかに机を持たないこと等デメリットのある場合もある。
配置型	1）単独校配置型：担当する1校に出勤から退勤まで活動する。定時制高校等に多い配置形態 2）拠点校配置型：①拠点校配置近隣依頼派遣型：拠点となる1校（中学校区を単位とし拠点校は中学校が多い）で中心的に活動しながら，依頼があれば近隣の学校（小学校等）へ訪問する。 ②拠点校配置近隣巡回派遣型：拠点となる1校で中心的に活動しながらも，定期的に近隣の学校を巡回訪問する。
計画（段階）配置型	各配置形態の1～2つを初期に導入し，人員増を経て，段階的に配置形態を広げていく（2～4形態展開または）支援形態である。

◆（単独校）配置型スケジュール例（中学校版）

8:30	9:00	10:00	12:30	13:00	14:00	15:00	16:00	17:15
中学校に出勤	ケース記録確認	教師・養護教諭MG	家庭訪問・関係機関	昼食・教室・職員室等	校内・授業巡回	校長MG・管理職	相談室にて生徒面談	校内委員会いじめ・特支等	退勤ケース記録整理

・他配置も同じく，おおよそ学校1限目の開始時間に合わせた出勤であり，ミーティング（MG）は休み時間等の数分で行われることやクラス担任や教科担任の授業の入っていない時間に行われることが多い。加えて，小学校では10時10分くらいから20分程度の休み時間があり，そこでミニ会議や委員会をすることがある。また曜日ごとの巡回派遣の場合，1日の動きとしては単独校配置と同様となる。

◆派遣型／巡回型スケジュール例（中学校版）

8:30	9:00	10:00	12:00	13:00	14:30	16:30	17:15
教育委員会・センター等出勤	朝礼（会議）	A中学校訪問・校長・養護MG	家庭訪問・関係機関	外部等昼食	家庭訪問不登校支援	B中学校訪問・関係機関訪問・ケース会議等	ケース記録・教育委員会・センター等戻り・依頼等電話対応	退勤

・地方において往復に1日以上かかる場合もあり，所属自治体の規模により移動の難しさや自家用車使用が求められる。巡回型は，巡回日に相談室を使用する場合もあるがSCとの共同利用の場合，出勤日が重なっていれば職員室の空き机等を利用することになり，自治体，学校での対応が異なる。SVを通して活用マニュアルの作成を求める必要もあろう。

◆計画（段階的）配置型数年度スケジュール例

依頼派遣型 or 拠点校配置型	次年度 ⇒	依頼派遣型：SSW増員 or 拠点校配置型：SSWr増員	次年度 ⇒	拠点校配置型 ＋ 依頼派遣型：チーフSSW

・計画的に配置方式を追加していく形態であり，年度によって配置形態が変わる，または追加になることもある。

もあり，その特性を理解したSSW実践をしていく必要があると言える。

なお所属は，指導，特別支援，教育相談，または学校支援に関する部署（部／課／室／事業の系統等）に所属することになる（章末資料②参照）。

（2）支援対象，児童生徒への対応時間

事業形態は，都道府県活用事業28自治体，単独事業1自治体，緊急SC等派遣事業1自治体であった。

支援対象は，都道府県ということから義務教育外の高校の支援も多かった（表2-9）。この他，今回，調査対象としなかった中等教育学校を支援対象とする自治体もあった。

表2-9 支援対象（重複）

支援対象	自治体数	%
幼稚園	1	3.3
小学校	26	86.7
中学校	27	90.0
中卒フォロー	2	6.7
高校	19	63.3
中退者	1	3.3
定時制	18	60.0
私学・中退等含む	1	3.3
特別支援学校	3	10.0

児童生徒への対応時間について各自治体ごとの全SSWr稼働時間数における公立小中学校の児童生徒1人に対する支援時間（＝SSWr稼働時間／全小中児童生徒数）を分析したところ，平均0.051時間（約3.06分：中央値1.8分）／最小0.0013時間，最大0.226時間となった。"3分"という数値は，都道府県単位でのSSWr雇用の1つの目安になるかもしれない。

（3）労働条件

給与方式は時給形態が最も多く，各自治体における配置がこれからと言えるかもしれない（表2-10）。また年間における総SSWrの平均勤務（支援）時間は7638時間であるが都道府県内全域を3.5名～5名のSSWrで支援できるだろうか。各自治体で適正を捉えた人員配置が必要ではないだろうか。

次に雇用形態は非常勤21自治体，1回ごとの謝礼3自治体，嘱託2自治体の他，委託，複合など1自治体ずつだった。社会保険について，医療・労働・年金保険のあるのは2自治体で，労働保険のみ16自治体（内労災保険のみ2自治体），医療保険のみ2自治体（内民間保険1自治体）だった。交通費は時給形態3自治体以外は支払われていた。

次にソーシャルワーカー資格所持者の比率は約6割であった（表2-11）。自治体間

表2-10 給与形態と雇用SSWr人数平均

	自治体数	人数平均	時給単価平均
月給	2	6.50	2,073
日給	5	26.20	1,922
時給	23	14.40	3,442
合計	30	15.83	3,097

表2-11 SSWrの資格所持率

資格	人数	%
SW資格	254	58.10
教員免許	156	35.70
心理系資格	49	11.21
全体人数	437	100

※北海道は2名計算。SW資格所持者のみ採用9自治体。

表2-12 熟練者がいる自治体の勤務時間と時給単価

自治体数		勤務時間	時給単価
5年目の者なし	10	5767時間 (月給制3.9名)	2938円
5年目の者あり	20	8573時間 (月給制5.8名)	3177円
合計(平均)	30	7638時間	3097円

表2-13 準備ツールの有無

	名刺	パソコン	机	固定電話	携帯	自転車	車
貸与	4	8	13	3	2	1	2
なし	26	21	16	26	28	28	28
共有	0	1	1	1	0	1	0
合計	30	30	30	30	30	30	30

差があるため、ソーシャルワーカー資格者でないSSWrへのソーシャルワーク研修などが必要であろう。なお東京都内市区町採用における40自治体(導入42自治体)のソーシャルワーカーの資格所持比率は約8割(82名／106名)である(情報提供：東京社会福祉会)。

次に5年目以降の熟練のSSWrの状態を分析した結果、熟練者がいる自治体は、SSWrが6名弱程度おり(つまりおおよそ5名以下体制でない)、かつ時給単価が3177円程度と比較的高い賃金の自治体に所属していることが示された(どちらも統計的な差はないため推測性が高いが平均値は高い；表2-12)。つまり自治体の地域性を把握し、継続的に課題や問題のあるケースを支援していく熟練者を雇用するためには、SSWrのある程度の人員が確保され、比較的賃金が高く設定されている必要性がある。時給単価の低い自治体、及び少人数体制の自治体が熟練SSWrを雇用したい場合、安定した体制づくりが求められる。

最後に準備ツールは、SSWrの活動しやすさをカバーできている自治体かどうかを証明しうる、賃金とは異なった指標とも言えよう(表2-13)。

(4) 事業展開

今後の事業展開について、表2-14より約半数弱の自治体がSSWr活用事業の拡充を予定しており、最もSSWr活用時間の多さを示していた。換言すれば、SSWrの拡充を予定している自治体ほど児童への対応時間を多く持つ活用をしていると言えよう。さらに比較的適正な時給も捉えた採用を検討していると言えよう。全体平均における勤務時間0.051時間(3.06分)と時給単価3097円は1つの目安となろう。なお自治体

表2-14　今後の事業の展開と児童生徒1人当たりの対応時間数／時給単価

	自治体数	平均時間	時給単価
現状維持	4 (日給1, 時給3)	0.048 (2.9分)	2,557
拡充予定	13	0.070 (4.2分)	3,020
検討中	13	0.031 (1.8分)	3,341
合計／平均	30	0.051 (3.06分)	3,097

表2-15　スーパーバイザー属性

	自治体数	％
大学等教員（有識者）	6	20.0
心理士	1	3.3
社会福祉士（実務経験者）	7	23.3
大学教員＋SW実務経験者	1	3.3
合計	15	50.0

面積を捉えた時，北海道，青森県，秋田県，山形県，長野県，新潟県については，他自治体より広いため，定数以上のSSWr配置にするか，職務を明確にするかなどの工夫が必要かもしれない。

　最後にSVr配置状況は，20自治体が配置しており，半数以上の自治体がSV体制を持っていた。回数では，中央値は年19回（最小2回，最大1228回；指定のない場合は1回7.75時間として計算）。年間回数（SVr活動数）としては，中央値が19回であり，2回～10回（学期に1～3回）が7か所，12回～35回（学期に月に1回～3）が9か所，48回以上が4か所だった。属性は，有識者及び実務経験者が多かった（表2-15）。

章末資料

(調査協力:東京社会福祉士会 増村喜久子)

章末資料❶ 全国調査 (2014年9月〜11月)

自治体名	予算枠組み	対象	導入時期	人数	SSWrの属性(人数なしは1名)	1年未満人数	5年目(4年間)以上人数	雇用形態(人数なしは上段人数と同様)	配置形態	勤務日数 勤務時間	SVの有無回数	今後の事業について	準備備品
北海道	1/3国事業(都道府県活用事業)	小学校 中学校・高校・定時制高校	H20年度〜	2 委託35	社会福祉士1名 精神保健福祉士1名 ・委託不明	2	0	非常勤2名 ・委託不明	依頼派遣型2名 ・委託不明	・5時間/日 105時間/年、または525時間/年(想定値) ・委託不明	あり 必要に応じて随時	現状維持	北海道ネットワークのメーリングリス
青森県	1/3国事業(都道府県活用事業)	小学校 中学校・高校・定時制高校 特別支援学校	H26年度〜	9	社会福祉士2名 教員免許1名 保育士免許1名 介護福祉士1名	9	0	非常勤9名	依頼派遣型6名 拠点校配置近隣依頼派遣型3名	6時間/日 3日/週 105日/年、または630時間/年	なし	拡充予定	名刺(個々) 机(個々人)
宮城県	その他 緊急スクールカウンセラー等派遣事業(国庫10/10)	小学校 中学校・高校・定時制高校 中卒フォロー	H20年度〜 市町村委託として実施、H23年度より国庫補助へ	21	社会福祉士5名 精神保健福祉士8名 臨床心理士1名 教員免許5名 その他・社会福祉主事1名 重複あり	3	7	その他(非常勤) 市町村再雇用のための市町村毎に任用	依頼派遣型 拠点校配置近隣市町村型	5時間/日 2日/週 約450時間/年	あり 4回程度/週	拡充予定	
秋田県	その他 緊急スクールカウンセラー等派遣事業(国庫10/10)	高校・定時制高校	H25年度〜	7	社会福祉士5名 精神保健福祉士1名 臨床心理士1名 教員免許1名 重複あり	4	0	非常勤7名	単独校配置	6時間/日 88日/年 64時間/年1名 30日/年1名 8時間/年1名 24日/年1名 21日/年1名	あり 2回/年	現状維持	
山形県	1/3国事業(都道府県活用事業)	小学校 中学校・高校・定時制高校	H20年度〜	4	教員免許4名	1	1	非常勤4名	依頼派遣型	6時間/日 96日/年	なし	現状維持	パソコン(個々人) 机(個々人)
群馬県	1/3国事業(都道府県活用事業)	小学校 中学校	H23年度〜	24	精神保健福祉士1名 教員免許10名	3	9	委嘱24名	依頼派遣型4名 拠点校配置近隣依頼派遣型20名	・6時間/日 2日/週 26時間/年 3120時間/年 ・4時間/日 3日/週 27時間/年 304時間/年4名	あり 2回/年	検討中	パソコン(共有) 机(個々人) 4台
栃木県	1/3国事業(都道府県活用事業)	小学校 中学校・高校・定時制高校	H20年度〜	3	社会福祉士3名	3	0	非常勤3名	依頼派遣型	6時間/日 1日/週 30h/年、または180時間/年	なし	拡充予定	机 (個々人)
茨城県	1/3国事業(都道府県活用事業)	小学校 中学校・高校・定時制高校	H23年度〜	7	社会福祉士1名 精神保健福祉士1名	4	1	非常勤7名	依頼派遣型	6時間/日 3日/週 105日/年	あり 28回/年	拡充予定 (国の意向による)	なし
埼玉県	1/3国事業(都道府県活用事業)	小学校 中学校	H23年度〜	10	社会福祉士7名 精神保健福祉士3名 教員免許2名 重複あり	0	0	非常勤10名	依頼派遣型	4時間/日 1日/週 12日/年、または48時間/年	なし	拡充予定	市町村により異なる 自転車(共有) 机(個々人、共有)
	1/3国事業(都道府県活用事業)	小学校 中学校・定時制高校	H20年度〜	56	社会福祉士12名 精神保健福祉士10名 臨床心理士3名 介護福祉士2名 教員免許20名 重複あり	18	6	非常勤56名	依頼派遣型48名 拠点校配置近隣依頼派遣型8名	・6時間/日 90日/年54名 ・週135日/年2名	なし	検討中	

41

第2章 スクールソーシャルワーカー活用事業と展望

都道府県	事業区分	校種	開始年度		資格			雇用形態	派遣形態	勤務時間	回数	SV	備品等
千葉県	1/3国庫事業(都道府県活用事業)	小学校 中学校 高校・定時制高校	H20年度～	5	社会福祉士4名 精神保健福祉士1名	5	0	非常勤5名	拠点配置近隣派遣型	7時間45分／日 週／70時間／年 または543時間／年	2日、または5名	検討中	該当なし
神奈川県	1/3国庫事業(都道府県活用事業)	小学校 中学校 高校・定時制高校	H21年度～	12	社会福祉士10名 精神保健福祉士1名 臨床心理士2名 教員免許5名	2	2	非常勤12名	依頼派遣型 拠点配置近隣派遣型	7時間／日 週245時間／年	あり 年2回 必要に応じて随時	検討中	机
三重県	1/3国庫事業(都道府県活用事業)	小学校 中学校 高校・定時制高校	H20年度～	7	社会福祉士3名 精神保健福祉士3名 臨床心理士2名 教員免許1名 その他 元警察官1名	2	2	非常勤7名	拠点配置近隣派遣型 配置型6名	7時間 1.5時間 週6名 364時間／年	あり 年1.5時間 週6名	検討中	名刺（個々人） パソコン（個々人） 机、固定電話 その他 名礼
長野県	1/3国庫事業(都道府県活用事業)	小学校 中学校 高校・定時制高校 支援学校	H21年度～	8	社会福祉士7名 精神保健福祉士5名	0	2	非常勤8名	依頼派遣型 配置型5名	7時間 3日／日 週111日／年 6名	あり 年2～3回	検討中	パソコン（個々人） 机、固定電話
新潟県	1/3国庫事業(都道府県活用事業)	小学校 中学校 高校・定時制高校	H20年度～	4	社会福祉士3名 精神保健福祉士1名 臨床心理士1名 その他 配偶者に関する資格3名	1	0	非常勤4名	依頼派遣型	420時間／年 (1680時間) 665～708時間／年 4名 (2746時間)	なし	検討中	パソコン 机、固定電話
石川県	1/3国庫事業(都道府県活用事業)	小学校 中学校 高校・定時制高校	H20年度～	17	教員免許7名 その他（該当資格なし）15名	3	8	1回ごとの謝礼対応17名	依頼派遣型 巡回型	7時間30分／日 週208時間／年 または1560時間／年 4名	あり 年7回／年	拡充予定	パソコン 机、固定電話(共有)
大阪府	都道府県単独事業	小学校 中学校 高等学校	H26年度～	6	社会福祉士7名	0	5	1回ごとの謝礼対応6名	依頼派遣型 巡回型	7時間45分／日 83分／年17名	なし	検討中	パソコン（個々人） 机、固定電話
兵庫県	1/3国庫事業(都道府県活用事業)	小学校 中学校 高校・定時制高校	H19年度～ H20年度より、県独自事業から国庫補助への変更 H20年度のみ、委託事業	9	社会福祉士5名 精神保健福祉士4名	2	0	非常勤委嘱 ※嘱託契約	拠点配置近隣派遣型	6時間12日／日 6時間72時間／年4名 6時間1日／日 週240時間／年、または週2名	あり 12回／年	検討中	パソコン（個々人） 机、固定電話
京都府	1/3国庫事業(都道府県活用事業)	中学校	H21年度～	17	社会福祉士16名 精神保健福祉士1名 臨床心理士1名	1	16	非常勤17名	拠点配置近隣派遣依頼派遣型	29時間／週 9名	あり 18回／年	検討中	机
滋賀県	1/3国庫事業(都道府県活用事業)	小学校 中学校 高校・定時制高校	H19年度～ (H22より現在の予算組)	9	社会福祉士3名 精神保健教員カウンセラー1名 幼児教育教諭 養護教員	2	4	非常勤9名		6時間 2日／週	あり 1枚につき2名	検討中	机、校内に職員室にSSWrの机をおそれではじめのくようにつたえる
奈良県	1/3国庫事業(都道府県活用事業)	小学校 中学校 高校・定時制高校	H20年度～	3	社会福祉士・精神保健福祉士3名	1	2	非常勤3名	依頼派遣型	6時間6名／日 週34週 6時間1名／日 週34週 別に4回	あり 6回／年 新規SSWrのはじめにつて別に4回	検討中	机、校内に職員室にSSWrの机をおそれではじめのくようにつたえる 名札
奈良県	1/3国庫事業(都道府県活用事業)	小学校 中学校 高校・定時制高校	H20年度～	3	社会福祉士・精神保健福祉士3名	1	2	非常勤3名	依頼派遣型	4時間／週 1日／週 140時間／年	あり 5回／年	派遣予定	

42

章末資料

事業区分	都道府県	配置校種	開始年度	職種・人数	(欄1)	(欄2)	配置形態	勤務時間	研修	今後の方針	備考
1/3国庫事業（都道府県活用事業）	和歌山県	小学校・中学校・高校・定時制高校	H20年度〜	社会福祉士6名・精神保健福祉士2名	20	6	非常勤人数20名、述べ人数22名配置	・5時間/日　4日/週　11名 ・6時間/日　30〜60日/年　11名	あり　20回/年	拡充予定	机（個人）、パソコン
1/3国庫事業（都道府県活用事業）	鳥取県	高等学校	H23年度〜	社会福祉士3名・精神保健福祉士1名・教員免許2名	3	6	非常勤3名	29時間/週	なし	現状維持	
1/3国庫事業（都道府県活用事業）	島根県	高校・定時制高校	H24年度〜	社会福祉士4名・精神保健福祉士3名・その他心理8名・教員免許7名	25	1	1回ごとの謝礼対応	・70時間/年　2名	あり　80時間以内/年	拡充予定	机
1/3国庫事業（都道府県活用事業）	岡山県	小学校・中学校・高校・定時制高校・中等教育学校	H21年度〜 H25年度のため大幅拡充のため、足りない分を単独事業で対応	社会福祉士19名・精神保健福祉士20名・臨床心理士21名・教員免許16名・重複あり	49	0	依頼派遣23名（単独配置2校2名以外の学校から依頼を受けて単独配置する）原則依頼派遣型 2名	5日・6時間/日・1〜5日/週　42週/年（ワーカーの勤務可能な日数により異なる）	あり　30回程度/年	拡充予定	名刺（個人）、携帯、郵送代により、1/3について配属実費員
1/3国庫事業（都道府県活用事業）	山口県	幼稚園・小・中学校・高校・定時制高校・中等教育学校・特別支援学校（中高中等学校中のフォロー分含む）	H20年度〜	社会福祉士2名・臨床心理士1名	3	2	非常勤3名	6時間/日　5日/週　52週/年	なし	拡充予定	携帯、パソコン
1/3国庫事業（都道府県活用事業）	高知県	小学校・中学校	H20年度〜	社会福祉士4名・精神保健福祉士1名・教員免許3名・その他保育士7名	42	14	市町村事務委託配置形態は市町村によって異なる。県立中学ではSSWは県で配置	県立中学SSWの場合160時間/年 3名 町村に配置しているSSWについては市町村ごとに異なる。	あり　29回/年	拡充予定	市町村によって異なる
1/3国庫事業（都道府県活用事業）	福岡県	小学校・中学校	H20年度〜	社会福祉士8名・精神保健福祉士3名	11	0	依頼派遣型26名・拠点校巡回型4名	4〜8時間/日　2〜3日/週　12時間/週　384時間/年	あり　35回/年	検討中	
1/3国庫事業（都道府県活用事業）	佐賀県	小学校・中学校・高校・定時制高校・特別支援学校	H20年度〜 H21年度より国庫補助	社会福祉士8名・精神保健福祉士3名・ホームヘルパー1名・産業カウンセラー1名・心理検査1名・教育カウンセラー1名・重複あり	15	1	依頼派遣型7名（県立型）5名・巡回型3名	8時間/日　19回以上/年　840時間以内/年　複数市町兼務者1040時間以内	あり　19回以上/年	拡充予定	名刺
1/3国庫事業（都道府県活用事業）	熊本県	小学校・中学校	H19年度〜 H21年度までは国委託事業　H21年度は国庫補助事業	社会福祉士13名・精神保健福祉士14名・把握していない	17	3	非常勤17名	標準6時間/日　1日〜5日/週　264〜1320時間	あり　6回/年	検討中	机（個人）、机、固定電話（共有）
1/3国庫事業（都道府県活用事業）	沖縄県	小学校・中学校	H20年度〜　文部科学省事業　H21年度より国庫補助	社会福祉士14名・精神保健福祉士2名・教員免許4名	14	4	嘱託14名	6時間/日　16日/月　176日/年　13名	あり　2回/年	拡充予定	
1/3国庫事業（都道府県活用事業）	京都	指定小中高	H27年度〜	社会福祉士・精神保健福祉士	10	0	非常勤	2時間/日　3日/年　×18			

43

第 2 章　スクールソーシャルワーカー活用事業と展望

章末資料❷　教育委員会組織参考例

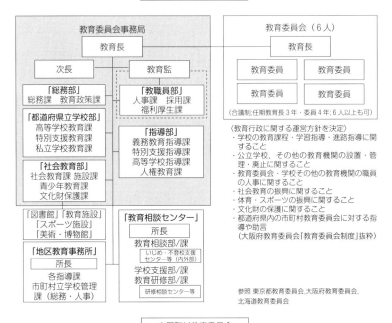

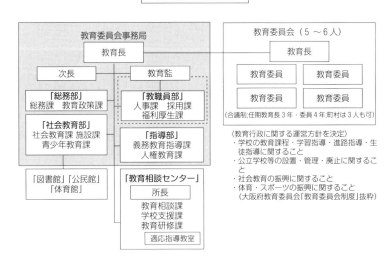

第3章

エコロジカルパースペクティブ
―スクールソーシャルワークの人と環境の交互作用―

●学習ポイント
・エコシステム（エコロジカル）を捉えたエコマップとはどのようなものか
・個人と環境との相互作用と発達（心理）への影響とは何か
・ストレス対処におけるコーピングと防衛機制の違いとは何か

第1節 エコロジカルな視点

1．エコロジカルソーシャルワーク

「ケースワークの母」ともよばれるリッチモンド（Richmond, M.）は，著書『ソーシャル・ケース・ワークとは何か』の中で，ソーシャルワークを「人と環境との間を個別に，そして意識的に調整することを通してパーソナリティを発達させる諸過程である」と定義づけ，人と環境との2つの要素を視野に入れることの必要性を示唆した。その後，この考えを基にし，多くの研究者によって，「人」と「環境」との関係性についての理論化がなされた。

その研究者の1人であるジャーメイン（Germain, C. B.）は，システム理論の概念や生態学的な視点の導入によって，人と環境との相互作用に焦点を当て，環境に対する人の対処能力（coping ability）と，人のニーズの充足に向けての環境側の応答性（responsiveness）を重視する「生活モデル」からなるエコロジカルソーシャルワークの中心的な研究者として知られている。なお，生活モデルとは，それまで主流とされた患者個人を検査及び診断をして治療するという医学モデルに対して，人と環境の相互作用の中で利用者を生活の主体者として捉えることに注目するものである。

エコロジカルソーシャルワークの特徴については，図3-1に示すように，ソーシャルワーカーが人と環境についての全体的な捉え方を持ち，様々な活動や技術，そして価値を駆使しながら，個人，家族，小集団，組織，地域社会に対して介入していくこ

第3章 エコロジカルパースペクティブ：スクールソーシャルワークの人と環境の交互作用

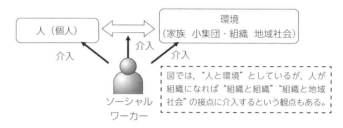

図3-1 人と環境に介入するソーシャルワーカー

表3-1 エコロジカルソーシャルワークにおける「環境」の種類（Germain・小島，1992）

環境	人間環境	二者関係／家族／近隣／集団／ネットワーク／地域	
	社会環境	政治・社会体制	
		経済的環境	
		法・行政的環境	医療・保育士システム／教育システム／司法・更生システム／労働システム／交通・通信システム
		文化的環境	芸術／宗教／レクリエーション／他
		物理的環境	建物／交通・通信システム／地勢・採光／動植物の配置／空間デザイン／メディア利用
	自然環境	光／温度／大気／水・河川・海／土壌・山／森林	

とである。

　エコロジカルソーシャルワークにおける「環境」とは，私たちを取り巻くものすべての総称であり，自然環境，物理的環境，社会的環境，家庭環境，人的環境，その他に分類できる。それぞれは私たちの生活や生き方に影響を与えるものである。なお，ジャーメインは，環境を大きく「人間環境」「社会環境」「自然環境」に分けて示している（表3-1）。

2．エコロジカルな視点の諸要素

(1) 交互作用と適応

　ジャーメインは，「交互作用（transaction）」と「相互作用（interaction）」を区別して用いており，「交互作用」の概念を重視している。「相互作用」という概念は，一方が他方に相互に関係を及ぼし合うことを意味する二者間の関係性からなる概念であるのに対し，「交互作用」という概念は，絶え間ない相互の影響の及ぼし合いを意味する概念である（図3-2）。

　人と環境との交互作用において，それが適応的である時は人の成長と発達，身体的・情緒的なウェルビーイング（Well-Bing）が増進されていく。しかし，環境破壊や社

会の混乱のように、両者の関係性が不適応的である時は人の成長と発達、身体的・情緒的なウェルビーイングは損なわれ、人が交互作用する環境も破壊されていくことになる（社会不正義の状態とも言える）。エコロジカルソーシャルワークでは、適応的な"人と環境"との交互作用を増進し、不適応な交互作用を予防あるは修正していくことを目指すことになる。

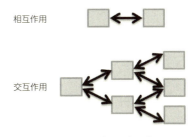

図3-2　相互作用と交互作用

(2) コーピングと防衛機制

小杉（2002）は、セリエ（Selye, H）の考え方を参考に「ストレスとは、何らかの外力（ストレス要因は"ストレッサー"という）によって心理的に、身体的に歪みを生じた状態であると定義している」と述べている。すなわち、人は誰でも、何らかの外圧が加わった時に、異物に対して心や身体が防衛的に反応するが、その過程がストレスであるというのである。しかし、外部からの圧力は日常的なことで、誰もが日々経験していることである。したがって、ストレスが問題にされるのは、それが、その人にとって、過剰であり慢性化する場合である。

エコロジカルソーシャルワークでは、人と環境との間で生じるストレスに介入し、働きかけを行うことになる。人が環境からの要求に直面した場合、それが「有害」「脅威」「対処不可能」という3つの"認知的評価（cognitive appraisal）"をした時、否定的な情動（例えば、不安、抑うつ、怒りなど）が喚起される。また、環境からの要求に対して人が「無害」「対処可能である」として評価すれば、ストレスは無害または肯定的なものとなり、後者では好ましい自尊心や物事を達成していく期待感などが膨らむことになる。なお心理学分野では、否定的あるいは好ましくないと認知的評価されるストレスに対する心理的メカニズムを「防衛機制」として捉える（表3-2）。

一方、人がストレスに対して何らかの積極的な解決策を見つけて行動することを"コーピング（対処行動）"という。コーピングとは結果ではなく、ストレスを処理する持続的な努力であり、建設的あるいは順応的な処理のことである。

コーピング（対処行動）の特徴

①コーピングは、安定したスタイルや特性ではなく、状況によって変化する動的なプロセスである。
②コーピングは意識的な努力であり、無意識レベルでなされる防衛機制とは異なる。
③コーピングとコーピングの結果の効果にかかわらず対処行動であればコーピングとみなすなどがある。

表3-2 防衛機制の種類と内容（いとう総研資格取得支援センター，2008より）

1	逃避		不快な場面，緊張する場面から逃げ出してしまうことで，消極的に自己の安定を求める
		例	○学校へ行きたくない子が，朝腹痛になったりする ○体が不調のときに医師に診察してもらうことを嫌がって，自分でいろいろ考えて診断して気を休める
2	退行		より以前の発達段階に逆戻りして，甘えるなどの未熟な行動をとる
		例	すぐ泣く，大声でわめくなど
3	抑圧		自分にとって都合の悪い要求や衝動を意識に上らせないようにする
		例	虐待の経験やトラウマなどを，無意識のうちに追いやる，否定する，なかったことにする等
4	代償		欲しいものが得られない場合，代わりのもので我慢する
		例	気に入ったものが高くて買えないときに，他の安いもので我慢するなど
5	補償		ある事例に劣等感をもっている際，他の事例で優位に立ってその劣等感を補おうとする
		例	○学業成績の悪い学生が勉強する代わりにスポーツに熱中する ○家族で悩む児童が趣味の専門性で他の児童に負けないようにする
6	注意獲得		自分の存在と価値を他人に認めさせたいため，他人と異なった行動をとる傾向をいう
		例	○わざと奇抜な格好をする ○暴走族に入る
7	合理化		自分の行動や失敗を自分以外のところに原因があるとし，都合のよい理由をつけて自分の立場を正当化する
		例	社会福祉国家試験に合格しなかった人が，「大学4年間で合格させようとする大学が悪い…」と自分は真面目にやっていることを主張する
8	昇華		性欲や攻撃欲など，そのままでは社会的制約を受けるものを，芸術，文化，スポーツ，などの社会的に承認される行動に振り替える
		例	失恋の悲しみを仕事に向ける
9	同一視		他者のある一面やいくつかの特性を，自分のなかに当てはめて，それと似た存在になること
		例	○学生が，尊敬している教師の口まねや手振り，服装のまねをしたがる ○子どもが，あこがれている歌手の服装に似た服装をしたがる
10	投影・投射		自分のなかの認めがたい抑圧された感情をある他者に所属するとみなすこと
		例	○自分が嫌いな人に対して，「あの人は私を嫌っている」と言いふらす ○出世欲の強い人が優秀な人について，「あの人は出世しか頭にない」などと思うこと
11	固着		欲求が満たされなくても，なお同じ目標に向かって行動する
		例	○7年浪人して東大を目指す学生 ○「白馬の王子などの理想の男性」があきらめられない女性
12	置き換え		ある対象に向けられた欲求・感情（愛情・憎しみ）を，他の対象に向けて表現する。代償，補償，昇華等も関連する。
		例	子どもに無視され，犬を溺愛する高齢者
13	反動形成		知られたくない欲求や感情と反対の行動をとることによって，本当の自分に目を覆ったり隠そうとする
		例	○弱気な人が強がったり，嫌いな人に猫なで声を使ったりする ○自分の弱さを認めたくなく何でもできるからと他人の援助を拒否する
14	攻撃		妨害になっていると思われる人や状況に反抗や攻撃を示す
		例	八つ当たり，かんしゃく，弱いものいじめ，皮肉，言われたことに従わない

（3）生息地と適所

「生息地（habitat）」とは有機体の巣づくりの場所やテリトリーなどの場所を意味する。人（という有機体）の生息地は家庭，職場，学校，地域である。例えば，学校での子どもの生息地は，教室や運動場，図書室，保健室といった場所であろう。したがって，学校や家庭が子どもの成長や発達，健康を妨げるような生息地であれば，子どもは孤立や混乱，失望を抱えてしまうことになる。

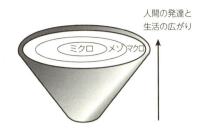

図3-3　人間の成長とシステムの広がり（クロノシステム）

一方，「適所（niche）」は，環境の中での人の居場所や状態を表す言葉である。例えば，家庭が子どもの適所でない場合には，子どもは適所を探し求めて徘徊するか，家庭内暴力として行動化するかもしれない。また，学校が子どもの適所でない場合には，不登校やひきこもり，いじめや学級崩壊として表面化することになるかもしれない。

したがって，エコロジカルソーシャルワークでは，子どもの発達に有益な生息地や適所を発見したり，開拓することになる。

（4）時間と空間

エコロジカルソーシャルワークでは，前述したミクロからマクロの広がりに時間的変数，または空間的変数を組み入れた視点がある。まず，時間的変数を組み入れたものがクロノシステムである。これは，それぞれの範囲で人間の成長過程（人間の発達と生活の広がり）と連動して，相互のフィードバックを通して循環の過程を辿るという考えを持つ。すなわち，「時間」を基軸にして，子どもの発達や成長，生活の広がりを捉えていくことになる（図3-3）。

加えて，ジャーメインは「空間」には「物理的空間」と「社会的空間」の2つがあり，「空間」を捉えることは子どもたちの生活状況を把握する上で重要な要素であると述べている。ジャーメインは物理的空間を建物や家具などの人工産物を含む自然界全体とし，社会的空間については物理的空間を通して形成される行動や文化であると定義している。乳幼児から成人期までのライフステージに応じた空間の意味合いを表3-3に示したので参照されたい。

3．ミクロからマクロレベルの視点

SSWrが行う援助には，エコロジカルモデルからのミクロレベルからマクロレベルのシステム的観点がある（図3-4参照）。学校のソーシャルワーカーという特性上，子どもを中心に支える視点から，ミクロは子どもを，メゾは子どもと直に接する家庭

表3-3 ライフステージにおける空間 (Germain・小島, 1992)

乳幼児の空間	乳幼児は母(あるいは父)との一体的な世界の中で安定した生活空間を生き(自他の区別がないため一体的空間となる),その他者との一致体験(笑いの共有や相互の応答等による情動的な一致:安心感・安全感とも言える)を通して,「基本的信頼感」が育まれる。このことは,将来の社会的空間を認識する原始的な段階だといえる。そして,生後1年目までに,子どもたちは自分の身の回りの物理的空間を,手と膝(自分の思い通りに動く身体の一致性)をついて探索するようになる。子どもたちはこの物理的空間を探索し,対象物を見つけたり配置したりするという試行錯誤を行う中で,自己(self)と非自己(non-self)の区別(自分と母は一緒ではない,自分と物は一緒ではない)に気付いていく。すなわち,「自律の観念」が芽生えていくことになる。
幼児期の空間	乳児期になると,他人の空間へ「侵入」し始め,他人との人間関係を築く。なお,「侵入」には,遊びや空想をしながら空間をあちこちと回ることも含まれる。子どもたちは,現実と空想を錯綜させながら,物理的空間と社会的空間を発展させていく。一方で,これまで快感情を多くもたらせていた保護者による自律訓練が始まると自己の空間へ「侵入」されるというこれまで以上の経験が生まれる。
学童期の空間	この頃の子どもたちは,学校や近隣など人々のいる空間に集まるようになる。そのため学童期の特徴は,同じ年頃の仲間との「内集団」(仲間)と「外集団」(敵)を形成し,その間に縄張り関係(仲間との共有空間)ができてくる。この縄張り関係は,思春期以降にみられる「守備範囲」の初期段階といえる。但し,近年では,TVゲームの普及により,ゲームとの関係による孤立化が危惧されている。
思春期の空間	思春期になると,空間(縄張り)が広がり,バラエティに富んだ「守備範囲」をもつようになる。そして,家族との間に距離を作るようになり,自律性をさらに高めていく。また,この自律性の感覚を増し,青年期に欠かすことのできない自己と他者との"空間の境界線",つまり,自分とはなにものかを決定する心理的空間(自己の境界線)を定めることになる。近年では,この境界の決定が成人期にまで及んでいると言われる。この決定までの猶予期間をモラトリアムと呼ぶ。
成人期の空間	成人は生物学的にも文化的にも発達することから,より身近な空間から広い空間である住居・近隣・コミュニティといった物理的空間に対して,幅広いニーズと興味に応えてくれることを求めるようになる。また,情緒的に豊かな生活や文化的な生活を支えるための社会的空間,例えば,プライバシーの守られた空間,情緒的に回復できる空間などを求めるようになる。

や学校という環境を,エクソは家庭や学校に影響を与える地域の環境(法制度上に成り立つ機関等)を,そしてマクロはミクロからエクソに影響を与える地域における文化・法制度等の生活基盤的環境(土壌等)を示す。上位は下位システムを含めると判断される。なお日本におけるスクールソーシャルワーク(以下,SSW)におけるこのシステムレベルの概念は,エクソが抜ける場合や文化や法制度を含めない場合などがあるが,本書ではブロンフェンブレンナーのモデル(Bronfenbrenner, 1994)を参考にさらにシステム的に理解できるようミクロからマクロレベルを設定した。

このようなシステム論的視座について,SSWrが目の前の子どもの問題だけに目を向けてしまえば,この"福祉的視点／援助"と言える問題の"背景(つまり環境)に目を向けて支援するあり方"は生まれない。図3-5は,子ども個人の要因からの課題や問題だけでなく,環境との相互作用で子どもの課題や問題が起こり得ることを示している。

なおエコロジカルに続く言葉においては,レベル,アプローチ,プラクティスといっ

第1節　エコロジカルな視点

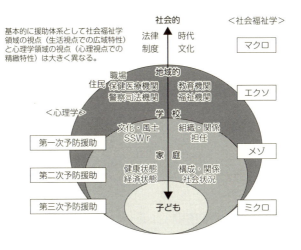

LV	技術	役割（機能）	アセスメント
マクロレベル	〔政策・施策援助〕 間接援助：社会調査	法・制度策定者 調査・分析者 有識者	法制度／地域文化・風土・歴史：資源 自治体（自治体レベルの住民性）ニーズ・課題（自治体の各種統計値）
エクソレベル	〔地域的援助〕 連携援助 資源開発	開発者 交渉者 コーディネーター	地域レベルの住民性・ニーズ・課題（地域の各種統計値），関係機関
メゾレベル	〔集団・運営援助〕 SST／ピアサポート ケース会議 委員会活動 組織運営援助	ファシリテーター 運営管理者	学校／家庭内文化・風土・環境・ニーズ・課題（不登校率等） 学校・家庭成員のミクロレベル
ミクロレベル	〔個別援助〕 カウンセリング コーチング ティーチング アドバイス	教育者 代弁者 権利擁護者 カウンセラー	精神・発達の状態・行動現象・環境による行動現象

※本書では住民性は広域を捉えマクロレベルにアセスメント内容を詳述

図3-4　エコシステムレベルと技術・役割・アセスメント分類

た言葉が用いられるが，本書では，ソーシャルワークの理論的（領域範囲的）な観点をレベルとして捉え，また実践的（技術的）な観点をアプローチ（もしくはプラクティス）とする。したがって，位置づけを示さない場合，この理論的（領域範囲）あるいは実践的（技術的）な観点の両方を包含するものであることを確認しておきたい。

第3章 エコロジカルパースペクティブ：スクールソーシャルワークの人と環境の交互作用

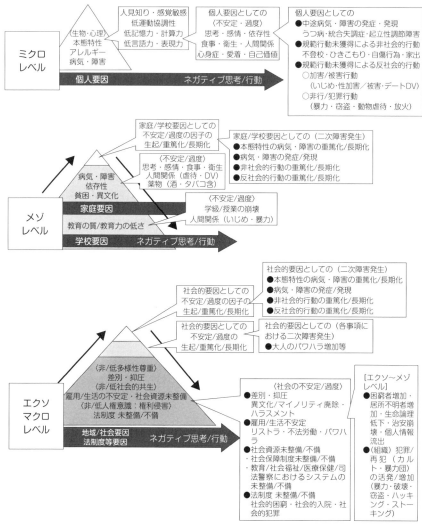

図3-5 各システムレベル要因による課題・問題への影響

第2節　子どもの発達と環境

1．脳の発達，身体の発達と生活習慣

　子どもは，生まれてから約18年間をかけて発達する，大人とは違った個体である。

身体の発達の中には，身長や体重の増加など外面上の変化も含まれるが，多くの部分は，その機能が成熟して合目的的に生命活動を行えるようになることであり，これは実は脳の発達が担う部分である。そのため，子どもの発達の実態は，ほぼ脳の発達である，ということが言える（出生時約350gで成人の約25％，6歳時で成人の約90％に達する）。そして，発達には守られるべき順番とバランスがある（図3-6，表3-4）。これを，周りの大人がどの程度理解し，良い環境を提供し続けられるかが，発達の最終的な結果を左右すると言って全く過言ではない。これらの機能の発達により，初めて人間は自分の生命を自分で維持する能力が得られるのである。

そして記憶すべきことは，これらの機能は主に脳の大脳皮質下に存在する大脳辺縁系，及び視床，視床下部，中脳，橋，延髄などの脳幹部分が司っているのであり，発達はまずこの部分の脳機能を獲得することから始まるということである（図3-7参照）。

どんな子どもでもこの発達の順番は決まっており，前後することはない。「脳の発達」というと，大脳新皮質の高度な機能（言語・微細運動・論理思考など）を一般的に思い浮かべがちであるが，それら高度な機能の発達以前に，まずは生命維持に欠かせないこれら原始的な脳の機能を十分に発達させることが初めであり，基本である。

その上で次に，1歳頃から単語を話し始めた子どもは2歳で二語文を話し，3歳では言語をほぼ自由に操るようになる。同時に絵を描いたりはさみを使ったり，複雑

図3-6　姿勢の維持と四肢の運動機能を獲得する順番

表3-4　乳児発達過程（厚生労働省，2011）

発達段階	成　育
0歳～	生まれたばかりの赤ん坊は，自分で立ち上がることはもちろん，自分の頭の重ささえ自力で支えることはできない。睡眠や食欲もきちんとリズムができておらず，もちろん言葉も話せない。〔約3kg／約50cm〕
4か月頃～	夜は，6～8時間ほど続けて睡眠をとるようになり，夜間哺乳の回数も減少する。その後5か月頃から離乳食が開始される。喃語を発するようになる。〔約6kg／約62cm〕
1歳前後	夜間に約10～11時間の睡眠をまとめてとり，昼間に食事を3回摂取するようになる。単語を話し始める。〔約8.5kg／約75cm〕
2歳以降	2歳で二語文を話し始める，3歳でほぼ自由に話すようになる。

〔　〕内は〔体重／身長〕を表す

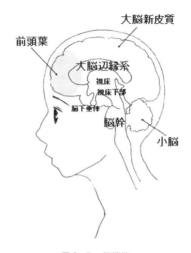

図3-7　脳機能

ことを理解するようになるといった，いわゆる高度な発達を遂げていく。これらはすべて大脳新皮質の機能である。さらに学童期になれば思考も複雑に行えるようになり，原始的な喜怒哀楽という情動でのみ行動を規定されるのではなく，自分と相手の立場を考えて情動を抑制して合目的，社会的な行動や言動を遂行できるようになる。これは主に大脳新皮質の中でも最も高度な機能を担う前頭葉の機能であるが，これを十分に利用できる個体こそが，自力で問題を解決でき社会でうまくやっていける，すなわち「自立と自律」が獲得された個体，ということになる。ヒトという種における段階的発達の，いわば最終到達目標と言えるのである。

　しかし，ここで最も重要なことは，この前頭葉機能は生後すぐに獲得できるものではなく，あくまで乳幼児期からの段階的発達の上に最終的に獲得される機能であるということである。脳内に150〜200億個存在する神経細胞が，シナプスとよばれるその繋がりを形成していくことが脳の機能の発達の本態であり，シナプスの増加には，周囲の環境から入力される刺激が必須であることが種々の脳科学実験より証明されている。特に，発達の第一段階であり，生命維持機能を担っている重要な大脳辺縁系，脳幹部分の発達には，周囲の大人が提供する五感からの生活刺激，すなわち生活習慣が欠かせないのである。なぜならこの部分の脳の機能は概日リズム，つまり規則的な太陽光からの視覚刺激によって確立・調節されるからである。自律的に起床・就寝・食事などの生活を行えない乳幼児は，共に生活する大人に，生活習慣を依存している。朝は太陽光による明刺激を，夜は十分な暗刺激をくり返し視覚刺激として与えられることで，初めてシナプスが十分構築されるのであるから，大人が適切な環境刺激を生活から与えなければ，適切な発達はまず獲得できない。

2．子どもの育ちに必要な環境

　子どもの育ち，言いかえると脳の発達に最も必要な環境刺激は「適切で十分な睡眠を中心とした生活をくり返すこと」である。表3-5に示すように小児科学では脳の発達に欠かせない睡眠時間は，年齢ごとに定められている（Kliegman et al., 2011）。

　しかし現実には，日本の児童における睡眠時間は年々短縮していることが報告されている。日本の小学生の平日の睡眠時間は1970年では9時間23分であったのに対して1980年が9時間13分，1990年が9時間3分と短縮していき，2000年には8時間43分となっている（文部科学省，2006）。さらに2009年には，小学4～6年生の平均睡眠時間は8時間15分と報告されており（ベネッセ教育開発研究センター，2009），脳機能を含めた正常な発達のために必要とされる睡眠時間が確保できない日常生活を送っている小学生が増加している現状が明らかである。

　また，日本小児保健協会が2000年に行った調査においては，22時以降に就寝する3歳児の割合は，1980年22％であったのが1990年には36％，そして2000年には52％と顕著に増加しており，夜型の生活習慣が一般化してきていることが明らかになった。その後，文部科学省が行った啓蒙活動などが奏功し，2010年の同統計では，22時以降に就寝する3歳児の割合は31％に減少したが，全体として，いまだに日本の育児環境においては，乳幼児期からの概日リズムを重視した生活環境が意識されていないことが示唆される（日本小児保健協会，2011）。

　大人の都合に合わせて乳幼児を夜遅くまで買い物などに連れ歩いたり，「子どものために」と早期から塾・習い事に通わせたりすることによって，特に乳幼児期の大脳辺縁系・脳幹の十分発達を促せない環境を子どもに提供することは，端的に言えば子どもの発達を土台から阻害している，ということになる。土台がうまく発達しなければ，その後段階的につくられる大脳皮質や前頭葉といった高度な機能が十分発達することは期待できないのは自明であり，その「ツケ」が小学校から思春期にかけての子どもの様々な問題として表在化してくると考えれば，近年児童・生徒の問題が増加する一方であることも納得できる。

　筆者は，児童相談所の嘱託医も兼務しており，小中学生で不登校・問題行動・触法行為その他が出現した子どもと関わる機会が多い。その経験の中で，脳の機能的障害（発達障害，心的外傷後ストレス障害など）の診断が可能な事例であろうとなかろうと，家庭環境の不備に起因する脳の発達不全が存在する事例がほとんどであると認識して

表3-5　一日あたりの必要な睡眠時間（Kliegman et al., 2011より改変）

年齢	一日当たりの必要な睡眠時間
1週	16時間30分*
3か月	15時間*
6か月	14時間15分*
9か月	14時間*
12か月	13時間45分*
2歳	13時間*
5歳	11時間
7歳	10時間30分
9歳	10時間
11歳	9時間30分
13歳	9時間15分
15歳	8時間45分
17歳	8時間15分

＊は，昼寝を含む

いる。そして実際の診療経過においては、これらの事例に投薬治療等の医療的介入以前にまず生活指導を行っている。実際に、生活習慣の改善により心身の諸問題が劇的に改善する事例も多い。これは、脳の育ちの本態である神経細胞には可塑性（かそせい＝つくり変えられる能力）があり、適正な刺激がくり返し脳に与えられる環境刺激が確保されさえすれば、いつからでもまた発達させ直すこと、すなわち「脳の育て直し」が理論的に可能であるからである。

3. 家族の成熟過程（発達過程）：事例を通して

次に紹介するのは、実際の複数の事例を基にして作成した架空の事例である。

■事例　中学生男子の性的逸脱行為・衝動性の事例

学校内のトイレでの盗撮行為が発覚し、児童相談所への通告となった。小学生のころから離席・暴力行為が頻発しており、「発達障害」を疑われていたが、医療機関にかかったことはない。初回面接時に日常の生活の様子を聞いたところ、母子家庭で母は深夜までスーパーに勤務しており、下校後本児は1人でゲーム等をして母の帰宅を待っている。平日の本児の就寝時刻は午前2時過ぎになることもあり、朝は日常的に遅刻して登校している。朝食は摂取しない。母は、経済的な困窮と実母との確執がありうつ状態と診断され、不眠に対する睡眠導入剤と抗うつ剤を常用している。このため、日中在宅している日も朝は起床できないことが多く、家事も行えない状況である。当然、本児に関わる時間と意欲も少なく、家庭生活の中で会話が交わされることも少ない。本児はゲームでうまくいかないとイライラして物を投げたり、母に暴言を吐くことも多く、母は「子どもにどう接していいかわからない」と感じている。

初回面接で筆者は、自身が作成に関わったガイドブック（早寝早起き全国協議会，2010）を用いて、本児に対して一晩に必要な睡眠は最低でも8時間であること、そして成長ホルモンの十分な分泌のためには遅くとも23時には熟睡していなければならないこと、さらに睡眠の後半部分で起こるシナプスの再構築が翌日の大脳皮質の円滑な活動を促すことを指導した。本児は身長が伸びないことを悩んでおり、特に成長ホルモンの分泌を促すために早く寝るようにしたい、との発言が聞かれた。さらに筆者は母に対しても、自身のうつ状態を改善させるためには、まず母自身の生活改善が必須であることを指導し、起床時刻を母子とも一定時刻にし、朝食を摂取するよう努力し、本児のゲーム接触時間を制限するべく母子で話し合うことを提案した。

2か月後の面接では、本児が「成長ホルモンのために」22時までに就寝するように毎日努力していること、母子共に7時までには起床するように心がけていることが報告された。母は「以前は朝どうしても起きられなかったので夕方から深夜のシフトだったが、毎朝7時起床を親子で頑張ったら、あまり睡眠導入薬を使わなくても眠れるようになり、昼間起きていられるようになったので、シフトを20時までに終われるように組んでいる」「ゲームは21時になったら私が預かることにした」とのことであった。そこで、母には、朝食時にはテレビをつけず、本児の学校での様子や考えていることを聞き出すよう、また登校時には肩を叩くなど、母から積極的にスキンシップを意識して行うよう提案した。

筆者との定期的な面接と並行して、児童相談所の心理司が性問題行動・性犯罪の治療教育を本児に対して継続的に行った。初回より1年を経過した時点での面接で、本児は1年前と比較して身長が16cm伸びたこと、高校受験に向けて学習を頑張っていること、21時就寝、6時起床を守っていることを報告した。母は、以前に取っていた資格を生かした職業に転職して、労働時間が短縮したうえに収入が上がったこと、うつ状態は軽減して、睡眠導入剤を用いなくなったこと、そして本児が家事を多く手伝ってくれるため、生活がたいへん楽になったことを笑顔で報告した。本児における性的逸脱行為・衝動性による問題行動はその後全く報告されていない。

この，心身の問題や触法行為で相談機関等に訪れた児童生徒に対する「脳の育て直し」という介入はまず，大脳辺縁系と脳幹を刺激する太陽光からの刺激を規則的に与えること，すなわち起床と睡眠のリズムと睡眠時間の絶対量を確保することから始まる。幼児，児童の事例においては保護者への指導を中心に行うが，中学生以上の生徒には，本事例のように本人の自覚を促すことも大切である。睡眠の生理学的機能など正しい知識を持たせ，これを改善させる努力を自発的にさせることで，自分の心身が自覚的に改善される喜びと，自分自身を大切に思う気持ち，すなわち自尊心を回復させることが，この年齢層への介入では必須であるからである。
　さらに，本来なら家庭で乳幼児期から確立されるべき脳の育ちが子どもに欠損している家庭，すなわち生活習慣がきちんと確立されていない家庭においては，スキンシップや言葉での会話などの関わりも希薄であることがほとんどである。そのため，保護者に対しては家庭機能の再構築と成熟を促す，子どもへの関わり方の指導も同時に行っていくことが大切である。
　SSWをはじめとする専門家の任務として重要なことは，子どもに起こっている様々な問題を「脳の発達不全」，特に乳幼児期からの生活環境の不備によるバランスを崩した発達，という視点を持つことである。そして，医師や学校と連携して，家庭の再構築と機能回復を目指すために生活改善を含めた積極的な介入を行うことが必要であり，それが結果として子どもの脳の発達を促し，問題解決へ繋がっていくことを強く認識しておかなければならない。

第3節　発達心理

　子どもの発達心理を捉えようとした時，発達期とその時期の課題等があげられる。世界で初めて心理学実験室をつくり，意識（内観）の検証が心理学であると世界中に広めたヴント（Wundt, W.）に対し，無意識の意識化が重要で，その無意識の理解を幼少期の体験から捉えようとしたフロイト（Freud, S.）から発達理論（心理性的理論；表3-6）は広められた。また無意識を意識化することは，自分のもう1つの側面を理解することになるため，そのことによる傷つきを防衛しようとする無意識の対処を防衛機制とした。なおフロイトは，過去の体験について本人の自白だけの客観的分析の難しさから，無意識の状態に近くなる"夢から分析"しようとしたり，人工的に意識水準を下げようとし，催眠と自由連想を導入したり，患者の愛情や憎しみを治療者に向ける転移を分析しようとするなど様々な試みを行ったが，身体に対する医学的原因が認められない場合に限り精神の原因であるともしていた。精神分析の流れではエリクソン（Erikson, E. H.）やマーラー（Mahler, M. S.）が，認知発達ではピアジェ（Piaget, J.）が，遊びの発達ではパーテン（Parten, M.）が，乳幼児期の発達段階理解の示唆を与える（表3-7～表3-10）。

第3章 エコロジカルパースペクティブ：スクールソーシャルワークの人と環境の交互作用

表3-6 フロイトの心理性的理論（Atkinson et al., 2000／邦訳，2002；外林ら，2000を参考に作成）

リビドー (心理性的発達段階)	特　徴
口唇期 (0～1歳頃)	唇で母親の母乳を飲んだり，乳首を吸ったり，しゃぶることによって，強い快楽を覚え，歯が生えてくる頃になると，口を動かすようになり，噛むという快楽に置き換わってくる。そのため手に届く範囲のもの何でも口に入れようとする行為が多くなる。 〈固着〉口唇性格：依存的であったり食べる・吸う等の快楽を異常に好む性格
肛門期 (1～2歳頃)	括約筋を開いたり，閉じたりすることができるようになり，排便排尿の統制による快楽を覚える。子どもが初めて体験する親からの統制（躾）。 〈固着〉肛門性格：潔癖症，外的圧力に抵抗，秩序重視，倹約，わがままなどの性格
男根期 ：エディプス期 (3～6歳頃)	男児は自分の性器を触ることから快楽を得る（自慰行動を示す場合もある）。子どもは男女の違いを観察し，性的欲動を異性の親に向ける（女児はペニスのなさよりペニス羨望を持つ）。男児は5～6歳頃にこれまで快感を与えてきてくれた母親を独占したいと強く思うようになり，父親は母親の関心を獲得するうえでの競争相手となる。フロイトは，エディプスが知らずに父親を殺して母親と結婚してしまうというギリシア神話にちなんで，「エディプスコンプレックス」とした。この性的欲動に対する罰として親に去勢される不安が出る（去勢不安）。この禁じられた欲求が，後に経験するすべての不安の原型になるとした。この不安解消のために，父親の態度や価値を理想化し自分と同一視しようとする。女児も母親との同一視等同様の段階を経る。 〈固着〉男根性格：母親または父親と類似した人を愛の対象とする。また同性愛や同性憎悪など道徳意識の弱さ等
潜伏期 (7～12歳頃)	性的欲動は静まり，自分の身体への関心は薄まり，社会環境に適応する社会化の時期。
性器期 (13歳以降)	身体的成熟が進み，自己愛的であった性的欲動がエディプスコンプレックスの同一視を超えてきた故に異性愛へと結合されていく。愛情が親から他者へ移る。

※各段階では，イドの性的欲動（快楽欲求：リビドー）が身体の特定の部分（口唇（こうしん）期は"口唇"にリビドーが集中という意味）と，そこに関連した活動に集中する。固着はその時期に固定し，次期の段階が妨げられること（口唇期であれば吸う行為が妨げられた結果の固着等）。

表3-7 エリクソンの心理社会的発達理論（漸成説：漸次形成説）（Erikson & Erikson, 1998／邦訳，2001；鈴木，2001を参考に作成）

発達段階 心理社会的危機	特　徴	強さ
乳児期 基本的信頼 対 不信 (同調要素 対 失調要素)	母親との関係を通して，自分自身あるいは自分を取り巻く社会が信頼できるものであることを知る段階。自己への不信が母性的な世話により信頼に変わった時に「希望」が見いだされる。この基本的信頼感が老年期までにおける自他の信頼感となり生きる糧にもなり得る。 ※同調要素と失調要素との葛藤から表れる強さが「希望」である。	希望
幼児期 自律性 対 恥，疑惑	排泄等のしつけ（統制）を自らの心身の統制力にしていく自律の感覚を学習する段階。遅れると自己への恥や疑惑の感覚に苦しめられる。	意志
遊戯期 自発性 対 罪悪感	自発的行動にともなう快の感覚を学習する段階。自発的行動が失敗したときに持つ罪悪感が過度であれば自尊心が失われる。	目的
学童期 勤勉性 対 劣等感	これまでの段階で獲得してきた基本的信頼，自律性，自発性などをもとに，与えられた課題を達成する努力を通して，勤勉感覚あるいは有能感を獲得する段階。これが獲得されないと劣等感を持ち生きることへの自信を失う。	適格 (有能)

青年期 　自我同一性 対 役割の拡散	性的成熟にともなって生じる身体的変化をきっかけに、「我々が何者であり、何者になろうとしているか」の感覚を持つ段階。これが持てなければ、自分自身のあり様をその後も認められない状態になる。	忠誠
前成人期 　親密性 対 孤立	コミュニティに参加し、結婚に代表される親密な人間関係、連帯感などを獲得する段階。獲得できなければ、孤立感と剥奪感に襲われる。これを職務等で昇華する人もいる。	愛
壮年期 　生殖性 対 停滞	仕事、家族関係で、次世代の世話をし育てる等により社会や人々へ配慮を持つ段階。停滞は子どもを生まず、社会に関心を示さず、自分の中にとじこもること。	世話
老年期 　統合性 対 絶望	自らの人生を評価し受け入れる段階。受け入れられなければ自らの生に絶望感を持つ。英知は見て覚え、聴いて覚える力の中に宿る。	英知

表3-8　マーラーの母子関係における乳幼児期心理発達理論(Mahler et al., 1975／邦訳, 2001より作成)

発達段階	特　徴
分離-固体化以前期 (1～4か月) ※正常な自閉・共生段階は分離・固体化過程に欠くことができない	1．正常な自閉期（1～2か月） 　幻覚的失見当の状態で、願望充足による自己満足を得る生理的過程（生体恒常性）が優勢な時期（胎児期の名残）で、自分と母親（外界）の区別がなく、外部刺激が入ってこない自閉段階。 2．正常な共生期（3～4か月） 　欲求充足対象をぼんやり意識することで、乳児にとって母親と自分は二者単一体(未分離)であるかのように捉える。
分離-個体化期 (4,5～36か月)	1．分化期（5～8か月） 　自分と母親が異なる存在であると認識し始めると同時に、母親の付けているメガネなどに興味を示したり、自分の母親と他人を見比べたりとするような態度を取る。共生期における自他未分離の融合状態を抜け出して、自分と母親の違いを感じ、母親の服装・アクセサリー・持ち物などに興味を示し始めると同時に、母親と他人を区別し始めて、さらに人見知り不安を示す。 2．練習期（9～14か月） 　身体運動能力と外界の認知能力の発達による身体的文化（より遠くから母親を知覚し認識し享受）が起こるが、分離不安から、基地となる母親の身体接触によるエネルギー補給（情動的補給）の欲求がまだ必要であり、この補給により子どもは元気を取り戻し再び探索行動を始める。二足歩行ができるようになると本来の練習期となり世界を広げていく。母親への親密さの欲求は練習期では停止している。 3．再接近期（15～24か月） 　認知能力の発達（嫉妬・羨望含）等から母親からの分離不安は増大する。そのため母親の最適な情緒的関わりが重要な時期である。言語や発声、象徴遊びが次第に顕著になり、身体的接近のエネルギー補給は親密に求めたり（自分の功績を認めてもらいたい；母親の後追い含む）、回避したり（腕からの飛び出し含む）するようになる（両価性：ambivalence）。自己の限界に気づいていくことも含め、固体化が進む。冒険者である子どもの功績を共有し、遊びながらやりとりできるならば、母親との情緒的やりとりが子どもの思考過程、現実検討、対処行動を発展させるものとなり、情緒的やりとりが有効でなければ2歳以降もしつこく母親を求めようとする。母親が子どもに同年齢であるかのように話しかけ相談することは危険信号である。 4．個体期（24～36か月） 　とりわけ重要な精神内発達の時期で自己境界が確立される。幼児教室等馴染んだ場所であれば、母親と一定時間、離れていても大丈夫な個体化の能力を確立する自己同一性形成の時期である。空想的遊び、役割演技、架空のふり等、遊びも意味のある構成的なものなっていく。時間感覚の発達からより分離に耐えられるようになる。

第3章 エコロジカルパースペクティブ:スクールソーシャルワークの人と環境の交互作用

表3-9 ピアジェの認知発達理論(Atkinson et al., 2002;本田ら,2010;外林ら,2000;滝沢,2011;竹内・加藤,1999を参考に作成)

発達段階	特 徴
感覚運動期 (誕生〜2歳頃) 感情は未分化 で、感覚の統合 が形成されてい く時期	見て,聞いて,触った体験から世界のイメージをつくっていく。 感覚的・反射的行動(身体的運動)を基礎とし,すでに持つスキーマ(Scheme;遺伝的または獲得したくり返し可能な1つの活動単位。シェマともいう)に同化(外界に対処するために自分に合うようにスキーマに取り込んでいく)しながら,永続性(見えていたものが目の前で隠されて見えなくなっても存在していることがわかるようになること)が理解されること。 ・第1段階(0〜6週間):手掌(しゅしょう)反射,吸綴反射,眼球運動などの反射期。 ・第2段階(6週間〜4,5か月):反射運動によって偶然的に獲得した結果を再生し,維持しようとくり返す(循環反応)習慣期。 ・第3段階(4〜9か月):視覚と把握の協応がみられるようになる。手で握るだけでなく引っ張り,音が出るとその運動をくり返す二次的循環反応。 ・第4段階(9〜12か月):スキーマを新しい状況に適用し,ある結果を得ようとする,知能が現れる。 ・第5段階(12〜18か月):探索行動により,同化と調節 ※調節は,同化できず,環境に合わせてスキーマを変化し発展させていくこと。 ・第6段階(18〜24か月):感覚運動よりも洞察的な思考が可能になる。
前操作期 (2〜6歳頃) 象徴的思考から 直感的思考へ	・象徴的思考段階:絵,文字,模倣遊び(ままごと,木の棒でチャンバラごっこ)など,イメージを持った活動ができるようになる。 ・直感的思考段階:自己中心的思考(自分の視点を中心化し,人形でさえも自分と同じものを見ていると考える)が強く,表象化・概念化(同じカテゴリーにまとめる) 例:様々な種類の犬を見て,"犬"が理解できること)は理解できるが「可逆的思考」や「保存の概念」がわからないため,スキーマの修正ができない発達時期のため)推理や判断は知覚的(視覚有意)にしてしまう。
具体的操作期 (7〜11歳頃)	具体的事物(水の入ったコップが大きさの違うコップへ移動すると量は異なるか?等)について論理的に思考(推理・判断)することが可能となる。 1)保存(7歳で数の保存・8歳で量の保存・9歳で重さの保存。それまでは,①同じ数のおはじきを左右に長さを変えて並べると長いほうがたくさんあるとしたり,②2つの同じ重さの粘土の形を変えると同じ大きさと感じることができない)の概念が理解できる。 2)可逆性(形を変えた粘土を元の形に戻すことができる)が理解できる。
形式的操作期 (11〜15歳頃)	象徴的な言葉で推理(仮説検証)することができるようになる。具体的事物がなくても,言葉,または式や記号だけで,推論することができるようになる。

表3-10 パーテンの子どもの遊びの発達過程(Parten, 1932;川崎医療福祉大学,2010;本田ら,2010より作成)

ぶらぶら遊び	特に何かで遊ぶこともなく,何もしないで歩き回ったり,部屋の中を見回したりしている行動。
傍観遊び 一人遊び	他の子どもと関係を持たず,自分だけの遊びをする行動。他の子どもが遊んでいるのを見て,質問したり,遊びに口出ししたりもするが,遊びに加わらない。
並行遊び (2,3歳から)	他の子どものそばで,同じような遊びをしているが,相互に干渉したりしない。
連合遊び	他の子どもと一緒に1つの遊びをし,おもちゃの貸し借りがみられる。しかし,分業などはみられず,組織化されていない。トラブル多発期。
協同遊び (3,4歳から)	何かをつくるとか,ある一定の目的のために一緒に遊ぶ。役割分担や組織化がなされ,リーダーの役割を取る子どもが現れる。

第4節　ジェノグラムとエコマップ

　クライエントと環境との関係性を一定の様式で図示する方法にマッピング技法がある。これはクライエントとそれらを取り巻く環境の交互作用や関係性を可視的に表現するものであり，支援のプロセスをより有効に進めるSSWのアセスメント手法として知られている。本項では，マッピング技法の代表的なものである「ジェノグラム」と「エコマップ」について紹介する。

1．ジェノグラム

　ジェノグラム（genogram）は，2〜3世代以上の家族メンバーとその人間関係を記載する家系図作成法である。この方法によって複雑な家族構造や家族メンバー間の情緒的関係，さらには前世代からの長い家族歴を視覚的に表示することが可能になる。そのためクライエントの問題や症状が家族との関係でどのように形成されてきたか，そしてその問題が現在の家族という場の中でどのような位置づけにあるのかを理解する上で有効な手段となる。また，ジェノグラムを用いて家族関係の歴史に焦点をあててアセスメントすることで，今まで見えていなかった家族内での問題の形成過程や家族機能の状況についての有効な援助仮説を導き出すことが可能になる。

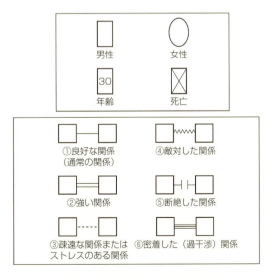

図3-8　ジェノグラムの記号と家族相互作用のパターン

第3章 エコロジカルパースペクティブ：スクールソーシャルワークの人と環境の交互作用

ジェノグラムについて

ジェノグラムはもともと家族療法の分野で発達してきたものである。家族療法の理論的体系化を図ったボーエン（Bowen, M.）が1950年代に統合失調症患者とその親との情緒的な絡み合いを読み解く道具として開発したのが最初である。その後，1980年代には，マクゴールドリック（McGoldrick, M.）らによって記載方法が標準化され，日本でも福祉，心理，医療などの専門分野で普及している。

図3-8はジェノグラムにおける家族の基本構造を表す記号と家族メンバーの交互関係を表す記号である。一般的に問題や症状をもった人物を□あるいは○で明示する。また，同居している家族メンバー（親子・祖父母等）については点線あるいは実線で囲んで示す。その他，特別に情緒的な支えになっているペットなどを含めて表示する場合もある。

2．エコマップ

エコマップは，「ecological map（生態学的地図）」を略した eco-map をそのまま片仮名で表記したものである。エコマップはクライエントを取り巻く諸要素とそれらの関係を記号で表示することによって簡便な理解を促進することに特色がある（図3-9）。事例検討で用いられることも多い。

3．エコマップの展開から捉える役割

ここでは，ある不登校の支援事例を取り上げ，SSWrの役割変化とエコマップの展開過程の関連性について捉えていく。実務においてもSSWrの活動結果の証明としてエコマップを示してもよいだろう。

(1) 支援事例の概要（筆者作話）

支援対象の子ども（以下，本児）は，父親と母親，兄の4人家族であった。父親は，自動車の整備工場に勤め，また母親は旅行会社に勤務していた。特に母親は，仕事上出張が多く，たびたび海外への出張もあった。出張の際は1～2週間家を留守にすることもあった。

本児の担任によると，本児は学級では控え目な存在で，特定の友人とのみ過ごすことが多いとのことであった。また，本児は勉強の成績も良く，特に英語が得意科目であるということであった。ただし，集団での活動は苦手としており，体育の授業では見学することもよく見られるとのことであった。さらに本児の母親の話によると，家庭では日頃から食事の準備や洗濯などの家事もよく手伝ってくれ，とても頼りになる存在であるとのことであった。母親が出張で家を留守にする際は，本児が母親に代わって家事をしてくれるとのことであった。

エコマップの効用
①人間関係や社会（資源）関係のネットワークを視覚的にわかりやすく把握できる。
①諸関係の現状を把握できるとともに欠如や不足なども理解できる。
③エコマップの蓄積によって実践の科学化や経験則の発見に繋がる。

図示の原則
①エコマップの中心にはクライエント及びその家族のジェノグラムが置かれる。
②そのジェノグラムの周囲に他の関係者や社会資源が配置され，関係の強さ（あるいは心理的距離）によって空間的位置が定められる。
③周囲に配置される諸資源は具体的人物，機関や施設，職名などが表示され，場合によってはフォーマル資源とインフォーマル資源に分けて記される。
　以下に，エコマップで一般的に使用される記号について示す。

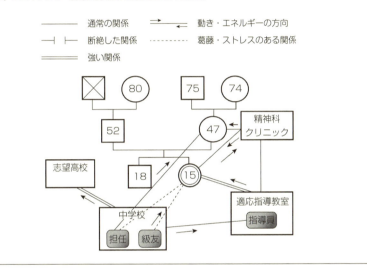

図3-9　エコマップ作成における記号の意味と具体例

（2）事例の経過

1 第1場面：級友や担任との人間関係が悪化し，学校を遅刻，欠席するようになった時期

　本児は，中学2年生になってから，級友との人間関係でトラブルを起こすようになった。また担任に対しても「教師は子どもの気持ちをわかろうとしない」などの批判的な発言が多くなった。ちょうどこの頃から次第に，本児は学校を遅刻，欠席するようになった。この時期の本児を取り巻く状況を図3-10に示す。

　この時期，SSWrは管理職より，本児への支援と同時に担任へのサポートについても相談を受けた。この相談依頼を受けて，SSWrは本児と担任への支援を開始した。この時のSSWrは，メゾレベルの「力を添える者」としての役割を持つと言えよう。

2 第2場面：本児の不登校が顕在化した時期

第3章　エコロジカルパースペクティブ：スクールソーシャルワークの人と環境の交互作用

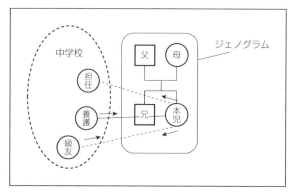

図3-10　級友や担任との人間関係が悪化し，学校を遅刻，欠席するようになった時期のエコマップ

　本児は中学3年生となり，本児と担任あるいは級友との関係は，改善が見られない状況であった。むしろ担任に対する拒否的な発言はエスカレートしていった。
　SSWrは，担任より本児の学級での様子や家庭での生活状態などについてアセスメントして支援計画の作成を行った。そしてSSWrは，継続的に本児への対応を検討する機会となるケース会議の立ち上げを提案し，その後実施された。ケース会議では，学級担任，養護教諭，校長などの管理職，生徒指導担当教諭，SSWrが参加し，継続的に本児への対応について検討していった。そのケース会議の中で，本児の精神的安定と不登校の改善を目的に，適応指導教室の活用が検討されたため，SSWrが適応指導教室の指導員と連携を図るようになった。その頃の本児を取り巻く社会関係を図3-11に示す。この時のSSWrは，メゾ〜エクソレベルの「仲介者」としての役割を持

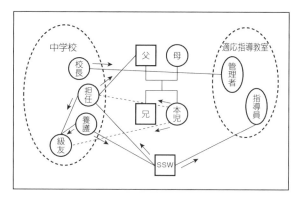

図3-11　ケース会議の立ち上げと適応指導教室との連携を図った時期のエコマップ

3 第3場面：本児が適応指導教室に通学し始めた時期

本児が中学3年の2学期を迎えたこの時期，学級担任から本児と母親に対して適応指導教室の利用について話がなされた。本児もこのままの状況が続くよりも，適応指導教室で居場所をつくりたいとの考えもあり，近隣の適応指導教室へ通うようになった。この時期，SSWrの働きかけとしては，環境の変化に伴う本児の不安や適応指導教室での級友との関係調整などが中心となっていった。また，SSWrは適応指導教室の指導員と本児の生活状況に関する情報共有・情報交換の機会を頻繁に設けていった。この時期の本児を取り巻く社会関係を図3-12示す。この時のSSWrは，ミクロ～メゾレベルの「代弁者」「教育者」としての役割を持つと言えよう。

その後，本児は適応指導教室の級友やボランティアとも会話をするようになった。本児から「ボランティアのお兄さんと気が合う」と聞かれるようになり，精神的にも安定していった。

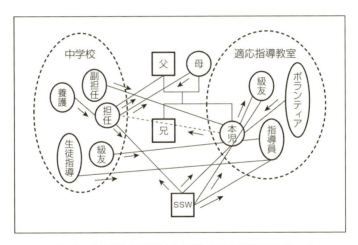

図3-12　本児が適応指導教室に通学し始めた時期のエコマップ

4 第4場面：本児が将来について悩み，そして進路を決定していった時期

その後，『不登校問題地域連絡会』が組織された。さらに本児から「私は将来，学校の先生になりたい」という言葉が聞かれるようになった。SSWrのソーシャルワーク的観点からの支援計画，プログラムの作成がなされ，本児の進路決定に関する支援として，スクールカウンセラー（SC）による心理学的視点からの助言やアドバイス等，高校進学に向けた支援が実行された。この時期の本児を取り巻く社会関係を図3-13に示す。この時のSSWrは，エクソ～マクロレベルの「組織者」「交渉者」としての役割を持つと言えよう。

第3章 エコロジカルパースペクティブ：スクールソーシャルワークの人と環境の交互作用

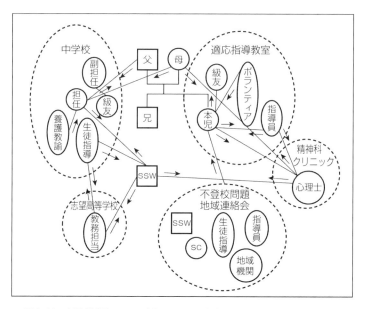

図3-13　本児が進路について悩み，そして決定していった時期のエコマップ

第4章

スクールソーシャルワークの相談援助技術Ⅰ
―包括的アセスメントと支援の観点―

●学習ポイント
・福祉的な視点／支援から包括的なアセスメントをする意味とは何か
・各エコロジカルレベルにおけるアセスメントと支援の観点とは何か
・子どもの諸課題・諸問題とメゾレベルからマクロレベルまでのアセスメント項目との繋がりはどのようにあるのか

第1節　スクールソーシャルワーカーにおけるアセスメント

1．援助過程におけるアセスメント

　ソーシャルワークにおけるアセスメントの概念は，1970年にバートレット（Bartlett, H.）が『社会福祉実践の共通基盤』の中で診断概念に代わる用語という意味で用いたのが最初である。バートレットによればアセスメントとは，「ソーシャルワーカーが行動を起こす前に扱わなければならない状況を分析し理解する過程」と定義している。
　一般にソーシャルワーカーにおけるアセスメントはケース面談調整を含めたインテークから終結までの援助過程の1つとして示されるが，ソーシャルワーカーとしてより質の高い実践や実践観を得るために自己覚知が重要なことから，まず自己のアセスメントから入ることを示したのが図4-1である。また図4-1は実務的な側面から微調整を含め，モニタリングの後に再アセスメントから支援計画の実行まで，どの段階にもいく可能性があることを示唆したプロセスを示している。ところで，教育学においてこのアセスメントと類似した考えや概念を持つのが形成的評価（または形成的アセスメント）とされるものであり（安藤，2012），ソーシャルワークのアセスメントと類似の展開過程を持つ。
　ところで，アセスメントの目標は表4-1の通りであるが，「問題（病理等）を見つけるのは鋭いが，希望を見つけるのは疎い」と言われないよう，単に問題や課題を明確化するだけでなく，支援の方略や方向性を検討するための情報を収集することが必

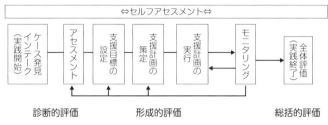

図4-1　相談援助の展開過程（安藤，2012を参考に作成）

表4-1　アセスメントの目標

①クライエントの支援計画を立案するための情報を収集する。なおクライエントは場合により，人だけでなく，概念的に家庭，学校，関係機関，事業などとなる。
②上記に関わり，ミクロレベルからマクロレベルまでの相互のシステム情報を収集する。この時，このシステム関係の理解をすることも含まれる。
③クライエントの環境・状況・状態・問題・課題・ストレングス・関係等において，SSWrがクライエントやその環境との共通理解を得る。
④クライエントの環境・状況・状態・問題・課題・ストレングス・関係等を示している理由，原因，仮説・推測を明確化または検討する。これらについてクライエントとの共通理解を得ることも含まれる。
⑤クライエントの生活の質を低くするような事項（症状，問題，課題等）については，その事項を軽減・緩和，改善，解決・達成する方策を策定，特定する。

※アセスメントで収集する情報とは，クライエント及びその環境（家庭，学校，地域，各機関，これらに関わる人）の意向，状態・状況（資源内容含），問題・課題，ストレングス，そして支援に必要な方略の情報（社会資源含む）等である。

要である。結果として介入によりクライエントのウェルビーイングや生活の質が高まることに寄与しなければならないアセスメントである点は理解しておく必要がある。

2．セルフアセスメント

ソーシャルワーカーにとって自己覚知は自己の援助者としてのあり方を理解するためにとても重要とされている。とりわけ，スクールソーシャルワークでは，様々な子どもや家庭，そして教育者を支援することもあり，スクールソーシャルワーカー（以下，SSWr）は，無意識のうちに自分の価値基準を働かせ，自らの人生を他者に投影し，感情移入してしまうことがある。さらに「SSWrの先走りは独りよがりで害しかない」，「責任逃れという保身のための大人のご機嫌とりは，権利擁護の放棄に値する」という言葉は現場のSSWrから出てきた言葉である。そうならないようにするため，自らの成育歴や教育歴，職務歴を理解し，バイスティックの7原則（表4-2）等，ソーシャルワーカーのあり方を守れないような言動を取っていないかをアセスメントする必要がある。

表4-2　バイスティックの7つの原則（Biestek, 1961）

原則1	クライエントを個人として捉える（個別化）
原則2	クライエントの感情表現を大切にする（意図的な感情の表出）
原則3	援助者は自分の感情を自覚して吟味する（統制された情緒的関与）
原則4	受けとめる（受容）
原則5	クライエントを一方的に非難しない（非審判的態度）
原則6	クライエントの自己決定を促して尊重する（クライエントの自己決定）
原則7	秘密を保持して信頼感を醸成する（秘密保持）

 とりわけ，自分自身の過去（親に大切にされなかった，学校でいじめを受けた，不登校経験や病歴がある，仕事で大きな失敗をした等の自己否定的な経験）や現在（自分の考えと違う人を認めない，批判されると無視する／キレるというような発達的課題がある等）としっかり向き合えていない場合は要注意である。熟練者やスーパーバイザー（以下，SVr）が，同様の場合はSSWの危機と捉えていただきたい。また子ども等の支援対象者は，自分と向き合えないSSWrの依存対象ではないという認識が必要である。一方で，自己啓発系の研修後に何らかの"ポジティブ過ぎる考え"を基に支援することとも異なる。
 価値基準の働きについて違う言い方をすれば，ソーシャルワーカーは差別をしないという立場なのに社会福祉士や精神保健福祉士資格所持者以外のSSWrを蔑視したり，子どもの権利中心で大人の権利は次という主義もその人なりの価値観であることを理解する必要がある。存在や人権に上下はなく，その権利の保障ができていなければ，ソーシャルワーカーとして，子どもであろうと大人であろうと擁護する必要があるのである。
 "自分と向き合えないSSWrが誰と向き合えるのか"という視点を捉え，<u>特に自責・他責が多いSSWr，燃え尽きに関わり，自らの体調を崩しやすいSSWrや離職回数の多いSSWrは，まず自分との向き合いが大切</u>であり，自分の特性や価値観を理解した職務や言動のあり様を考える必要がある。

3．ミクロからマクロレベルのアセスメントと支援の観点

 SSWrが行うアセスメントは，第3章に掲げたエコシステム（エコロジカルモデル）からのミクロレベルよりマクロレベルまでの観点がある。第2節以降では，それぞれのアセスメントと支援の観点を紹介するが，単一のレベルにおける視点ではなく，相互の関係性を捉えたアセスメントと支援が必要であることは言うまでもない。このような包括的な視点が求められるため，支援の方向性に左右するアセスメント能力はSSWrの専門性を計る1つの物差しになると言える。
 ところで，本書のアセスメントでは，できるだけ基本的視点を紹介しているが，実務的に基本的視点通りにできればよいというものではない。SSWr採用初期時のとっかかりや自己点検としての視点として捉え，実際は現場の状況に合わせたアセスメン

トをしていく必要がある。

第2節　社会・地域（マクロレベル）のアセスメントからの支援の観点

　携帯電話や SNS（Social Networking Service）等，どこにいても誰とでもリアルタイムで情報を共有できる時代になったにもかかわらず，それぞれの地域特性が必ずある。例えば，都市部は，生活インフラストラクチャーの整備が進んでおり，人口も多く多彩な生活スタイルがある。一方で，地域は人が寄り合う縁側のない高層マンションなど集合住宅化が進み，隣人を知らない暮らしが一般化し始め，コミュニティの脆弱化が指摘されている。他方，郊外（地方）では，過疎化の進む地域が多いが，自動車等の普及により生活圏は広がっている。これをエクソレベルと含めて捉えると，子どもたちが不登校の場合，送迎資源がなければ，適応指導教室など教育相談関連機関との断絶も起こり得る。この他，SSWr が住民気質や各地域なりの慣例を無視すれば，マナー違反等，失礼な言動を取ってしまうことにもなりかねない。

　マクロレベルのアセスメントは，子どもの生活環境に関わる法制度や地域特性等広域的な社会資源を捉えていく（表4-3）。

表4-3　社会・地域（マクロレベル）のアセスメントと支援の観点
（東京都西多摩保健所，2011を参考に作成：情報提供協力／栗田きよ子氏・江端美知子氏）

アセスメント項目	アセスメントと支援の観点
■時代背景 □不況期・好況期 □政治・国家的動き □少子高齢化・晩婚化等 ■地域気候・地形（都市部・郊外含） ■地域文化・風土・歴史・信仰 □伝統文化行事 □遺産文化財 □寄場，同和問題等 □食文化等 □政治文化 ■法制度とフォーマルな社会資源 □各種法制度，そのサービス度合 □広域近隣自治体の資源状態	●地域気候・地形：当然であるが寒い地方なのに暖房器具がない，暖かい地方なのに冷房器具がないなどの生活は健康に支障をきたす可能性がある。 ●地域文化・風土・歴史：伝統文化や信仰に敬意を持ち，関わる地域を理解しようとする姿勢があって初めて見える住民特性，地域特性がある。 ○同和問題等：その地域で今なお根強く残る「負」の部分にも十分な注意を払う。時にいじめや貧困の背景になっていることがあることを理解しておく。住まいを何気なく聞くことも子ども・家庭にとって傷つくことに留意する。 ○地形と関わり，山間部で高齢者が多い地域で自殺率が高くなるなど，地域固有の状態を呈することから，生活習慣，人間関係，考え方，これらによるわずかな子どもたちへの影響などのアセスメントが必須となる。 ●法制度と社会資源 ◎広域な地域（都道府県や政令指定都市・中核市等）における法制度・条令の実施状況 ○サービス度合：各自治体で特殊な条例やサービスがあることを知っておき，支援に活用できるかを検討することも必要（ひとり親世帯への支援制度や医療費助成，学習支援，就労支援など）である。就学援助基準，生活保護基準も自治体により異なることからも把握は必須である。 ・少子化地域には，子ども支援におけるサービスが少ないこともあるため，極度な場合の地域における代替サービスがあるかなどのアセスメント及び開発が求められる。 ○学校・大学等教育機関の特色・意識：地域によってはほぼ医療・福祉（社会福祉士等）の養成機関のないこともあり，どのようにこの分野の人材を確保していく

第2節　社会・地域（マクロレベル）のアセスメントからの支援の観点

□広域学校・大学等教育機関の特色・意識	と捉えているかの確認は大切である。 ○近隣自治体の資源状態：市区町村内の資源が限られている場合，自治体を超えた機関連携が必要となることから，近隣市区町村の資源のアセスメントも求められる。
■インフラ □交通網（自家用車所有率） □通学路，通学方法（自転車，スクールバス等） □インターネット環境など	●インフラ ○都市部と違い，地域によっては，合併等により自治体面積が広すぎることもあり，数名のSSWrでは多くの子どもに関われない状態がある。SSWr活動の整備状態としても理解しておくべき点である。 ○通学路：児童や生徒の通学路を実際に歩いてみたり，日常，目にするものを共有することで，その土地ならではの生活習慣や地域住民の情報を得る機会となる。
■自治体住民性／地域住民性 □住民数・少子高齢化率 □人口の流動等 □自殺率・ホームレス率 □就学援助率・生活保護率，滞日外国人率等 □住民の気質や意識 □地域への愛着度合 □自治会のあり方・意識 □食事，言語，住居，生活様式，職業様式 □教育・福祉・警察・司法・保健・医療に対する意識・認識 □支持政党	●地域住民性 ○貧困率，滞日外国人率など，マクロ（自治体）とエクソ（学区）レベルの平均値は異なることから，どの地域を重点に支援していくか，就学援助リストから支援を検討することもある。 ○住民の気質や意識：人的な社会資源を活用する際にも，地域理解は重要である。特に，社会資源が少ない地域では，人的資源はいろいろな代用資源になり得る（例えば，地域や学校パトロールでは，警察OB等の代わりに地域の高齢者団体がパトロールや登下校の見守りを行ってくれる等）。 ○自治会のあり方・意識：どの政党を推進しているかということも将来の教育の質向上に重要なアセスメントである。 ○食事：主食や日々の地域的なおかず（うどん，漬物，生もの等）により健康的な食文化があるかどうか理解が必要である。地域の疾病等において高血圧，脂質過多などのデータがある場合，それらも調べる意味はある。 ○言語：日常用語の違いからいじめ等が生まれることもあり，転居者等の確認は可能な範囲で必要である。

支援のポイント

●地域環境や生活状況
○地域気候：豪雪地域等，教育だからといって寒い中子どもを外に出すなど，地域文化及び家庭文化を汲みながらも必要な人権アプローチが求められる。
○地域文化等：普段から児童生徒との「顔見知り」関係を築くのに伝統行事や文化の継承の場を共有することで，支援の際の協力も得やすい。
●制度と社会資源
○SSWr：自治体間連携が求められる場合，地域を超えたSSWr同士の交流も必要である。さらに地域によりSSWrが少ない場合，様々な団体に加入したり，情報収集をしたりする必要がある。
●インフラ：SSWrが1人の子どもや学校との面談をするのに往復で1日費やしてしまうこともある。また自家用車の使用を求められることもある。実績を示しながらもいかにSSWを機能させていけるかのソーシャルアクションプランが必要である。
○ホームレス：ホームレス同士の出産等，またはその後の子育ての経過等，地域ならではの子育て方法の理解による支援の検討が必要である。
○自治会のあり方・意識：教育熱心な自治会においては地域パトロール等様々な連携を検討すべきである。
・支持政党などにおいては今後の教育の方向性について検討してもらう場を持つことも場合によっては必要である。

※子どもたちが関わる可能性のある学区内等の近隣の人々についての地域住民性のアセスメントはエクソレベルに，都道府県・市区町村という広域の人々についての自治体住民性のアセスメントはマクロレベルに位置づけたほうがよいだろうが，住民性は地域文化や風土を形づくるものであることから，本書ではエクソレベルの住民性もマクロレベルに包含する。

第3節　地域（エクソレベル）のアセスメントからの支援の観点

　SSWrが，多様な児童生徒のリスクとニーズに対応し，児童生徒と保護者，教職員，そして，学校全体のエンパワメントを図る上で，当該児童生徒や保護者，学校が所在する地域のフォーマル，インフォーマルな社会資源に精通しておくための地道な努力は欠かすことができない。地域連携に関する行政システムのあり方や地域の社会資源等（条例や指針からサービスの考え方等含）は，必ずしも一様ではない。そのため地域の社会資源を理解していなければ，SSWrは大なり小なり戸惑いを感じることが推測される。そして，それ以上に実務的には，地域の社会資源（より実務的には担当者・支え手）がどのような役割や権限，機能を有しているかを把握するとともに，互いに協力関係，信頼関係といった関係性をどの程度構築しているのかを認識することが効果的な連携と子どもたちへの支援体制構築へ至るとても意味ある情報となる。単に，児童虐待で児童相談所やそれに関係する機関（家庭児童相談室等）に連絡することが，専門性に基づいた有効なソーシャルワークに繋がるわけではない。

　本節でのエクソレベルのアセスメントは，広く自治体に存在する社会資源として図4-2の5つの分類のもと，とりわけ学校教育関係機関から警察・司法関係機関について捉えていく。なお，当然ながら，自治会等のインフォーマルな社会資源（住民関係機関）の他，各領域に関わる民間団体等の社会資源を含めて捉える必要はあるため，実務的には地域の社会資源はさらに多様性を増す。

　ところで，エクソレベルでアセスメントする有効性の1つに以下のような点がある。教育，司法，福祉，医療の各機関がそれぞれで同様の心理検査を行うが，それぞれの機関の役割や特性を踏まえると同じ検査を実施するのにも背景や目的が異なる。教育では学校生活の充実や学習支援を目的に，司法では非行原因の特定や立ち直りを目的に，福祉では障害者手帳取得，または障害児者福祉サービス利用を目的に，医療では障害等の診断を目的に実施していると仮定できる。特に知能検査は年に一度程度が適正とされているため短期間内での重複的検査は避けるべきである。そのため，どの機関でどのような検査をしているかを知ることにより，他機関と異なった検査を実施する配慮もできるようになる（表4-4）。

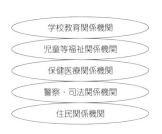

図4-2　地域アセスメントの観点

第3節　地域（エクソレベル）のアセスメントからの支援の観点

表4-4　地域（エクソレベル）のアセスメントと支援の観点

アセスメント項目	アセスメントと支援の観点
学校教育関係機関	学校教育関係機関の視点
■自治体内の領域 □都道府県・市区町村・広域レベルの自治体設置の機関・委員会 □学校（種）数・児童生徒数 □教職員数 □SSW関連資源 ■教育委員会関係組織の機構（教育相談体制） □学校教育事務所（管轄区域・学校数：指導主事等），教育支援センター（指導主事／適応指導教室／教育相談員／学習支援員等）等 □特別支援学校（広域の特別支援教育コーディネーター等） □社会教育施設（図書館／公民館等） □各種委員会・チーム ※学校内委員会等についてはメゾレベルのアセスメント参照。 □危機体制 □各社会資源 ・学習支援機関 ■教育文化・風土 □教育（特別支援教育，人権教育含）への意識・目的（ビジョン等） ・いじめ，不登校，非行など諸課題への意識 ・SC，SSWr等への意識 □不登校，いじめ，非行等の比率 □中卒者数，中退率，高校進学率・私学進学率 □滞日外国人率，就学援助率，生活保護率 □暴走族・不良の溜まる場所の有無 □低年齢妊娠の多さ ■SSWrの活動	◎基本的な情報は教育要覧（教育事務所，教育委員会，各学校作成），文献，ホームページ，さらに教職員，地域住民，民生・児童委員等からの聞き取りからアセスメントしていく。 ●自治体内の領域 ○都道府県・市区町村：都道府県であれば市区町村以上に管轄範囲が広まることから，各地域の学校へ平等のサービス（SC・SSWr配置等）を提供できているかを含めたアセスメントが必要である。 ・委員会：いじめ防止対策推進法では，教育委員会だけでなく区市町設置の専門委員会等がある。 ○学校数・児童生徒数：担当自治体内の学校種による特徴の把握を行う。 ・都市部か郊外かにも関わるが，児童生徒数によりSSWrの適正人数なども予測できるためアセスメントは必須である。 ・学校種：自分が担当する学校について理解することが必要で，高校は，単位性，定時制，通信制などそれぞれに高校卒業資格の受け方が異なる。 ●教育委員会関係組織の機構 ・各機関における内部にどのような組織（委員会・協議会等）があるかの把握は必須である。学校であれば，SCやSSWrとの連携を主として担当するコーディネーターの役割の把握は必須である。 ・指導主事がどこまで柔軟に学校支援をしているか，SSWrを理解しているかなど，アセスメント結果によりアプローチが変わる。 ・危機体制：学校危機は，いつでも起こり得ることを前提に，SSWrとして介入すべき時や，そのポイントについて，あらかじめ話し合っておきたい。 ・各社会資源：関係機関に対する関係機関への挨拶回りや関係機関発行の各種資料確認は必須である。学校側がこれまで連携してきた関係機関を知ることは，SSWrが関与していくことで，日頃から顔の見える関係づくり，ネットワークの形成促進に役立つ。 ・民間・NPO等も含めて，いざという時に活用できるように，SSWrは情報収集を行う。また，資源開発の視点も忘れないようにしたい。 ●教育文化・風土 ○教育への意識・目的：各組織により目的や意識は異なる。それぞれの特性を捉えた子ども支援に繋げるためにもアセスメントは必須である。 ・学校というよりは自治体（教育委員会レベル：市区長・教育長等）における教育の文化や社会との相互作用（教育に熱心な家庭が多い等）によりつくられる教育風土をアセスメントする。 ・教育委員会に所属しているとはいえ，区長，教育委員長，教育長，統括指導主事，所長，校長等により実質的な教育への意識は異なる。 ○諸課題への意識：担当自治体内または学校内の問題行動（主にいじめや不登校，暴力行為等）や特別支援教育等を契機に，教育委員会（学区を管轄する学校教育事務所の場合もある）と学校が連携をとることとなる。それにより課題に対する意識が明確になり，具体的な対応の契機となる。 ○不登校率：単に依頼のあった不登校支援だけでなく，60日・100日以上の長期欠席者で，どの機関とも関わりのない子どもを対象に支援に入る等，計画的支援のためのアセスメントも重要である。 ○進学率・私学進学率：学校よりも塾を重視するなど地域により学校への期待合が異なる。 ●SSWrの活動

第 4 章　スクールソーシャルワークの相談援助技術Ⅰ：包括的アセスメントと支援の観点

□所属組織と目的 □組織の理解度 ・SSW の理解と意識 ・SSWr へのニーズ ・SSW の権限と制限 □人材／採用方法(不足，資格の有無，ソーシャルワーカー比率，SVr 体制) □雇用条件（賃金，社会保険，休暇等） □活動内容（他職種との役割，活動限界，各校からの派遣要請目的) □活動負担(自前の名刺，携帯，パソコン，乗用車等)，机の有無等 □ SSWr が所属先のバックアップ体制 □教育事務所，教育委員会主催の連絡会，研修会等 □配置形態（担当区域：依頼派遣・巡回・拠点校・単独校)	○所属組織と目的：所属組織において教育への意識が異なるように SSWr の活動目的や活動内容は異なるため，求められていることへのアクションができるよう確認は必須である。例えば，教育センターに所属といえども，教育センター内の学校支援チームなどを併設している場合，目的や活動内容が広がる。統括指導主事やセンター長等との確認が必要である。 ○組織の理解度：SSWr がどのような専門職か，またなぜ必要なのかをどこまで理解されているかにより，雇用条件や活動内容も異なる。ソーシャルアクションを検討するために自治体の長，所属長，指導主事，係長等の理解度合を捉える。 ・SSWr に対するニーズの確認：ニーズが不明確なままだと，SSWr が行うべき業務の内容にズレが生じたり，役割が曖昧となる。教育委員会が SSWr に何を望み，どんな動きを期待しているのかをアセスメントすることは，SSWr 自身を守ることにもなる。スーパーバイザーに対しても同様である。 ・権限と制限：自治体により与えられる権限と制限は異なる。強い権限を与えられても自らの謙虚さを忘れずにセルフアセスメントする。 ○人材／採用方法：どのような方が採用されているかは自治体が SSWr をどのように活用したいかを示す指標ともなる。 ○雇用条件：活動負担と併せて，採用前に確認すべきである。 ○活動内容：地理的な側面にも関わり，配置先から訪問先まで往復 1 日かかる時もあり，支援計画や適正配置人数を捉えるために移動限界などは確認しておくべきである。自治体により SSWr が子どもの送迎を許可（内容による）されていることもある。 ・依頼派遣配置の場合，学校長等から送られた派遣要請依頼書等による派遣目的を理解する必要がある。 ○配置形態：自治体により様々であるため，配置形態による動きの違いを理解しておく必要がある。

支援のポイント

●**教育委員会関係組織の機構**：子どもの支援については，教育支援センター内各機関（とりわけ適応指導教室）と連携し，在籍校への復学支援等に繋げる。
○学習支援員等：特別支援教育（主に介助・学習支援）に関わる指導員・支援員や不登校支援における学生のメンタルフレンドの声を今からという理由で吸い上げていない学校のある場合，彼らがいかに素晴らしい情報を持っているか証拠事例を示し，学校関係者全体で子ども・家庭・学校支援をしていく視点を持っていただく。

●**教育文化・風土**
○文化（学校環境や風土による影響）：学校に影響を及ぼすのは登校する子どもたちだけではない。対象とならない地域の子どもたちが不登校の子どもたち等とどのような関係性があるか，学校にどのような影響を与えまたは与えられているかを知ることで，各機関連携を得た子ども支援に繋げる必要が出てくる。泊まり場（たまり場）が不登校，無職者，虞犯少年を呼び込むことがある。
○教育への意識：低い場合は，理解促進への働きかけが必要である。一般的な自治体が当然のごとくしている資料などの提示が効果的である。

●**SSWr の活動**
○理解度：そもそも SSWr そのものを必要としません，という地域（学校）もあり，実績を示していくことで信頼を得るという地道な活動が求められる。ソーシャルワーカーのこの地道さが重要なソーシャルアクションである認識を SSWr 側が持つことも必要である。強い制限のある場合，自治体を尊重しながらのソーシャルアクションが求められる。まずは一つひとつの実績による信頼づくりが大切である。
○活動内容：導入初期または採用初期は地域性や他機関特性を捉えながら動き，くれぐれも理念を押しつけたり喧嘩ごしでのソーシャルアクションにならない

第3節 地域（エクソレベル）のアセスメントからの支援の観点

	ように注意が必要である。 ○バックアップ体制：SSWrの所属する教育事務所や教育委員会との連携を図ることは必須である。しかし、ケースによっては、対象の児童生徒・保護者と、学校や教育委員会との板挟みになり、ジレンマが生じることがある。SSWrには児童生徒の権利擁護の視点を持ち、客観的立場を維持する姿勢が求められる。
児童福祉関係機関	児童福祉関係機関の視点
■福祉事務所・役所・社協等における児童家庭・障害児者支援の意識・サービス度合 □公的機関の住民に対する公共意識（財政力等） ■児童福祉関係機関 □児童相談所（メンタルフレンド）、児童自立支援施設、母子生活支援施設児童養護施設・乳児院、児童家庭支援センター（児童福祉施設附設）、児童委員（民生委員）、放課後児童クラブ、障害児通所支援（児童発達支援・放課後等デイサービス等） ※この他、保育所の他、情緒障害児短期治療施設（デイ・ショート含む）、自立援助ホーム（義務教育以降）などもある。 □要保護児童対策地域協議会（代表者会議・実務者会議、個別ケース検討会議） □福祉事務所・家庭児童相談室（社会福祉主事・家庭児童相談員等） □障害者福祉関係資源（精神保健福祉手帳・療育手帳、障害者雇用促進法に関わる機関〔障害者就業生活支援センター、ジョブコーチ等〕、障害者総合支援法に関わる機関〔就労移行／継続支援事業等〕） □自治体独自の制度 □子ども家庭支援セン	●児童家庭支援の意識・サービス度合：機関により子ども支援への意識は異なる。役割も異なることもある。連携拒否をする機関もあり、連携できる機関のアセスメントは必須である。 ●児童福祉関係機関 ○児童相談所：児童相談所では、個別の医師の面談などもある。またメンタルフレンド（事業）は、児童相談所職員の助言、指導のもと、不登校のある児童生徒の支援を担うボランティアを派遣する（主に学生等）。支援の幅は、近況相談や学習支援等、様々であり、どのような活動範囲があるかの確認が求められる。なお教育委員会が運営するメンタルフレンド事業もある。 ・すでに通報歴、連携歴がある場合は、これまでの過程について確認する。通告後等の生活（安否）確認の見守り支援チームにSSWrが入ることがある。 ○要保護児童対策地域協議会（要対協）：主に虐待事案を協議する場で、法的根拠のある連携システムのもとで、保健・福祉機関がコーディネーターを担い、支援が計画、実施される。コーディネーターがどこであるかの確認は必須である。 ・SSWrの参画が必要な場合、個別ケース会議であれば、要請により市区町村をまたいだ（都道府県SSWrが市区町村の会議等に）参画も求められる。 ○児童家庭支援センター等：児童福祉施設に附置されており、福祉上問題のある児童に対し相談に応じて、必要な助言を行っている。加えて、児童相談所、児童福祉施設等との連絡調整を担うこともあり、その機能のアセスメントが求められる。 ○子ども家庭支援センター：児相レベルの役割（48時間内目視の安否確認等）を地域の家庭児童相談室や児童家庭支援センターが担ってくれることもあるが、自治体からの委託機関等の場合、権限は自治体によって異なるため、必ずしも同じ機能を要していない（職員が養成されていない）こともある点を踏まえて関係機関のアセスメントをしていく必要がある。 ○児童養護施設：保護者のいない児童、虐待されている児童等を対象とした入所施設である。退所後の社会的自立を目指した相談支援体制が求められる。 ○児童自立支援施設：非行行為のあった子どもを入所させ、生活指導や矯正教育等を行う。被虐待児童の入所もある。通所の他、高校生等を対象にしたグループホームなどもある。 ○母子生活支援施設：母子を保護し生活を支援し自立を促進する施設である。DVによる一時保護施設（入所の半数程度を占め、近年は、外国をルーツとした人も多い）として最も重要な機関でもある。 ・利用は、自治体の女性・児童福祉関係課が窓口（母子自立支援員等）に相談の上、利用が決まる（措置でなく契約；おおよそ2年間入所）。 ・母子自立支援員と施設の母子支援員と母親の三者で自立支援計画を立てる。生活保護受給者の場合はケースワーカーも確認している。 ・子どもの支援は少年指導員が行っており、子どもに障害がある場合、就学相談については教育委員会への窓口役割をしてくれることもある。 ○民生委員・児童委員：地域の事情に詳しい方が委嘱されている場合が多く各地域において高齢者等、住民の相談に応じることや、児童虐待の早期発見等、見守り活動を行っている。主任児童委員は非行・不登校支援等幅広い支援をしていることもある。 ○福祉事務所：生活保護だけでなく、障害福祉サービス等、様々な資源の理解が必要である。例えば、子どもの医療費免除等、自治体独自の制度は、必ずアセスメ

- ター（東京都等一部地域）
- □発達障害者支援センター
- □認定子ども園，地域型保育，子ども子育て会議，地域子ども・子育て支援拠点等
- □この他，各公共施設等
- ■児童支援への意識

ントする。
○障害者福祉関係資源：就職活動において，一般就労より，福祉的就労への移行が必要かどうか，これまでの学業成績や職業体験，アルバイト経験の有無等を踏まえ，時に本人や保護者と話しあう必要がある。この時，（精神・知的）障害者手帳取得等，障害者福祉サービス等を受けるための情報提供（受けるまでのプロセス説明含む）も求められる。

支援のポイント

●児童家庭支援の意識・サービス度合：時に支援現場で流れる時間と申請主義になりがちな行政で流れる時間とのギャップ（一般的に教育委員会も含め，行政側は，緊急時においても半分の時間をかけた検討が必要であったり，さらに書類提出優先などとされることがある。この時，安否確認として今動くことが大切なこと，支援の本質を見直して協力してほしいこと，いつまで待てばいいか具体的日時を教えほしいこと等を再三確認し，行政ギャップを埋めていくことも必要である。但し，軽はずみな判断の場合，信頼を失うこともあるあため，しっかりとしたアセスメントで緊急度を判断することが求められる。

●児童福祉関係機関
◎地域の機関といかに連携していけるかが子ども・家庭・学校支援のキーになることから，様々な機関との連携を促進していくことが必須である。ただし，活動初期には各機関においてSSWrが活動するためにセンター長や学校長等から各機関の長へ許可を取ってもらう必要がある。児童福祉施設においては児童相談所長の許可も必要である。

○児童相談所：各自治体の虐待対応マニュアル確認は必須。
・"相談"ではなく，"通告"として受理されれば48時間以内に直接目視し安全（安否）確認することになっているため，通告として扱うかどうか子どもの状況（心身，進路，安否）を捉えて判断する必要がある。児童虐待防止法のねらいは早期発見であることから通告かどうかを判断するのは児相に委ねてもよい（文書のやりとりが望ましい；文部科学省，2006）。様々な福祉的包囲網を用いても長期的に子どもの安否確認ができない場合は「通告」とするほうがよいだろう。
・生活保護世帯の場合，福祉事務所が通告対応の家庭訪問に同席する（してもらう）場合があり（福祉事務所は同席の権限がある），担当課のケースワーカーを通じて子どもの安否や支援をしていただくように調整することも必要である。
・通告は，長期化している状況でなければ，相談しても軽くあしらわれてしまうこともあり，継続的な相談・依頼・確認という忍耐が時にSSWrに求められる。間違っても他機関の対応の不備から関係性を絶つようなことのないようにしなくてはならない。学校側の要望と児相の動きが合致せず対立的になっている場合，必要な情報と相互の機関内の意向を調整することがSSWrに求められる。
→全体の本音が聞けて初めてSSWが始まると判断し，感情的にならずに対応する真摯な姿勢（頭はクールに心はホットに）はSSWrに最も求められていると言えよう。
・性的虐待：可能性が大きく認められる場合は，詳細に子ども本人に確認せず，児童相談所と連携する。
・環境調整：子どもの適切な対応を教える等の保護者への支援，閉鎖的環境をつくらない工夫，定期的な家庭訪問など。または虐待者からの隔離，心理的支援（心理面接，心理療法の実施）。
・日常生活に支障をきたすほどの症状（かい離・自傷他害・不眠・自殺企図など）が出た場合は医療に繋げる（服薬調整など）ことも1つであるが，軽度な場合を含め養護教諭等との連携や情報確認をし，チームで方向性を決める必要がある。

○児童自立支援施設：児童自立支援施設・児童養護施設では，親やSSWrが運

第3節　地域（エクソレベル）のアセスメントからの支援の観点

	動会などに行けることもあり，どこまで関わりが可能か理解しておく必要がある。 ○要対協：罰則規程では，守秘義務は協議会の参加者だけでなく，その所属機関にまで及ぶ点を担任（学校側）や新任のSSWr等に伝えておくことも必要である。 ○福祉事務所（生活保護課ケースワーカー） ・生活保護世帯における不登校児童の安否確認，精神症状確認等，家庭に関わるからこそ対応できる点もあり，家庭や子どもとの関係がつくりにくい場合，福祉事務所との連携は必須となる。家庭訪問への同行もその1つである。 ○障害者福祉関係資源 ・障害者手帳の取得等と就労支援：様々な準備も含め時間がかかるため，卒業（就労）を踏まえた動きが必要である。①精神障害者保健福祉手帳：医療機関受診援助（手帳用の診断書は初診日より6か月後以降の診断書が必要；発達障害では3級になることもある）または，②療育手帳：児相で知能検査判定，③ ①②ともに役所等窓口（小さな町村は県savingの県事福祉事務所等）で申請し障害者手帳取得（申請から数週間後），この後，④障害福祉サービスの"サービス等利用計画"を作成する機関（障害者就業生活支援センターや相談支援事業機関）への事前相談を踏まえながら，障害支援区分審査（役所窓口等）へ，⑤審査後に就労継続支援事業所等による福祉的就労へ） ※障害者手帳がなければ障害支援区分の認定がされないということではないが，手帳取得は障害福祉サービスを受けられる根拠になり得る。
保健医療関係機関	保健医療関係機関の視点
■保健医療関係機関 □病院・診療所・クリニック □保健所（都道府県・政令指定都市等；医師，保健師，精神保健相談員等），保健センター（市町村），精神保健福祉センター（子ども，家庭，自殺等の各種研修や相談事業等） ■連携状況（教育，司法，行政，保健・福祉） □学校との連携 □行政との連携：市町村子育て支援課，子ども家庭支援センターとの役割分担等 □児童相談所との連携 □都道府県精神保健センターとの連携 ■保健センター機能 □家庭支援・健全育成支援 ・妊婦検診，乳幼児健診，予防接種等 ・集団指導として婚前・新婚学級，両親学級等	●保健医療関係機関 ○保健所：都道府県が設置する保健所は，所管する市町村における地域保健の広域的企画調整，専門性の高い保健事業，生活衛生等に重きを置く。 ・保健所・保健センター：特別区，政令指定都市，中核市に設置されている保健所，保健センターはより市民に身近な保健事業をすべて実施している。地域において中核機関となる場合もあり，地域に精通したコーディネーターの確認や子ども，家庭，学校への支援としてどのようなサービス（思春期または家庭の保健対策：精神疾患対策［アルコール依存対策含む］，不登校カウンセリング事業，いじめ・自殺防止のための事業，10代の性感染症，人工妊娠中絶の減少のための事業，アトピー性皮膚炎や気管支ぜんそく等アレルギー疾患に対しての指導，外国語対応可能な医師・家族カウンセリングで保険適応のできる心療内科等の紹介，研修事業等）があるかアセスメントは必須である。なお市町村保健センターで精神保健福祉手帳取得の手続き（福祉事務所等の窓口の場合もある）をしていることもある。 ●保健センター機能 ○予防接種：エイズ等の予防接種情報については実施場所等の他，地域における性的問題予防教育講座などがあるかの確認も必要である。 ○虐待防止：乳幼児期の情報を捉えるために以下のような確認は有効である。 　①若年妊婦，母子家庭，低出生体重等の虐待ハイリスクに対して保健師が家庭訪問できるか，②未熟児，極小未熟児相談をしているかどうか，③1か月健診を目安にした産後間もない母子に対して全戸訪問しているか，④母親たちの孤立化防止のために集団指導として育児サークル等の支援をしているか，⑤1歳6か月，3歳児健診等健康診断未受診者への追跡，フォローをしているか等。 ●児童支援への意識 各機関，各機関担当者の意識がどのようであるかのアセスメントにより，依頼ケースの幅は広がる。もちろん職務規定に依るところもある。

第4章 スクールソーシャルワークの相談援助技術Ⅰ:包括的アセスメントと支援の観点

	支援のポイント
の開催 □医師との連携 ・学校医との連携の可能性 ・保健センターに勤務する精神科医師との連携の可能性 □虐待防止 ・健診時の体重・身長等の発育データ等の客観的な情報把握として母子手帳の記載状況の把握,医師や心理士の所見 ・健診等に参加しなかった家庭の追跡記録 ・保健師等の①学校のケース会議に参加,②要保護児童対策地域協議会参加,③ネグレクトケースにおける保健師の家庭訪問の可能性 ■児童支援への意識	●保健医療関係機関 ◎保健所等:学校と保健医療関係機関との連携においては,病院や保健所による学校保健の推進のサポートの他,アレルギー疾患やメンタルヘルスに関する問題を抱えている子どもへの医療的支援等がある。子どもの医療的ニーズの把握とそれにマッチした保健医療関係機関との連携が求められる。子どもや保護者が病院通院に億劫な場合,保健所等の医師の面談や訪問などが医療との橋渡し役として大いに役立つ。また家庭訪問など SSWr と同行してくれる保健師もいる。 ●保健センター機能 ○家庭支援・健全育成支援:SSWr が関わる子どもの弟妹が乳幼児の場合,担当保健師との連携により母の状況や,家庭内の状況が見えてくることがある。 ○虐待支援 ・要保護児童地域対策協議会参加下のケースであれば,関係機関での情報の共有化が可能となり,医師からの情報も取りやすくなる。場合によっては,保健師と同行し医師のカンファレンス等小規模のカンファレンスを実施し,病状や服薬の把握が可能となる。
警察・司法関係機関	警察・司法関係機関の視点
■警察関係組織の機構 国家公安委員会・警察庁,都道府県警察(警視庁・警察署〔少年課等〕),少年警察ボランティア,スクールガード □少年サポートセンター等(少年補導職員等) ■司法関係組織の機構 □最高裁判所,下級裁判所(高等/地方/家庭/簡易裁判所) □家庭裁判所調査官,付添人(当番の私選),検察官等 □法務省関係機関:矯正局(少年刑務所,少年院,少年鑑別所)・保護局(地方更生保護委員会,保護観察所,〔保護観察官,保護司等〕)・入国管理局(難民認定等)・検察庁	●警察関係組織の機構 ○警察署:少年課等において,"非行予防"や"立ち直り支援"として様々な指導や支援,時に非行・万引き等に関する学校訪問授業をしている。また親子支援をする課もある。 ○少年サポートセンター等:近年では非行関係だけでなくいじめや不登校の相談支援をする機関もある。 ・非行のある少年の補導や逮捕,または,学校における問題行動から,警察署や少年サポートセンターと連携をとることとなる。また関係機関のコーディネーターを担う担当者を捉えることも必要である(心理専門の少年補導職員や警察官がいる場合もある)。 ●司法関係組織の機構 ○最高裁判所の判決は下級裁判所の判決より優先される等,アセスメント以外に基本的知識が必須である。 ・家庭裁判所の審判が不処分か保護処分かにより SSWr の動きが異なるため,家庭裁判所へ送致された子どもがいた場合,その審判前後への関わりや経過から処分とその後への経過をアセスメントしていく意味が大きい。 ○地域生活定着支援センター:少年院出所予定者で,発達障害等を持ち福祉的支援が必要な場合,保護観察所等と連携し,地域生活への支援を行う。 ○法テラス:日本司法支援センターのことで,生活保護世帯等には無料で弁護士・司法書士費用を立て替えて(民事法律扶助業務),相談を受けてくれる法律相談所であるが(犯罪被害者支援等も行う),緊急性を要する時などは民間に依頼したほうがよい場合もある。 ●児童・青少年支援への意識:少年鑑別所法により,少年鑑別所が地域支援を担うこととなり,学校支援をするところもあるため,各機関の意識やサービス内容のアセスメントは必須である。

第3節　地域（エクソレベル）のアセスメントからの支援の観点

・保護司会，更生保護施設，更生保護女性会（子育て支援等），BBS 会等
□地域生活定着支援センター
□法テラス
□配偶者暴力相談支援センター，（犯罪）被害者支援連絡協議会，全国被害者支援ネットワーク等
■警察・司法文化・風土
■児童・青少年支援の意識

支援のポイント

◎警察が子どもを検挙後，48時間後には検察官により拘留継続か少年鑑別所（観護措置）に入所，または在宅となるが，さらに家庭裁判所送致後の少年鑑別所での観護措置の期間，保護処分としての各機関への入所等の期間など，様々に子どもが自宅へ戻る時期を捉え，それに合わせた家庭環境調整などの準備もしていく。例えば，児童自立支援施設に入所中，基本は中学3年の3月中（通例では，高校受験の前日）に自宅へ戻る。卒業証書は，施設先の学校ではなく，もともとの学校でもらいたい要望が多く，学校長同士が確認をし合うのが一般的である（自宅に戻らず自立援助ホーム，児相の関わりのもと，児童養護施設へ入所することもある）。

●警察関係組織の機構
○警察署：警察等と連携し犯罪に関わるいじめを未然に予防していく必要がある。
・暴力団，不良グループなど地域の歴史的実情が大きく関係する場合，警察等との連携の上で動かなければ SSWr 自身のリスクが高くなることがある。SSWr は，自身の力量を把握し，身近な関係者だけで問題を解決しようとせず，児相や警察等の機関にも積極的な連携を依頼する。そうすることで，他機関からの情報（地域の非行グループや暴走族の構成等）を得たり，新たな社会資源の発見にも繋がる（警察 OB の協力等）。
・学校状況：学校が荒れている場合，教師が孤立している場合は，教師集団結束への働きかけ，メンタルヘルス支援等への働きかけが必要である。

●司法関係組織の機構
○家庭裁判所：少年審判において教師の情報提供はとても重要であり，子どもの立ち直りのために不安を抱く教師の場合，側面的支援は必須である。
・保護処分として少年院送致や保護観察処分となった少年に対しては，送致された少年院や保護観察所・保護司会と連携し，復学や就労といった地域定着支援への移行を図る必要がある。復学において学校（担任・クラス・保護者会）や家庭（保護者）が不安や困惑を抱くこともあるため精神的サポートはとても重要である。
・審判結果により，不処分の時はそれまで通りの SSW，保護処分の場合は，①保護観察は，それまで通りの SSW＋保護司との連携，②児童自立支援施設等送致は，職員との連携＋保護者の支援，③少年院送致は，職員との連携＋保護者の支援となる。併せて，学校におけるクラス内の精神的ケアが必要になることもある（検察官送致となる場合も同様）。
・家庭裁判所調査官と付添人が学校との調整で苦労することもあり，審判前後，学校長に調整等の連絡がくるため，それを捉えて SSWr が一緒に連携する意義は高い。調査官等が SSWr の存在を知らないことがあり，アウトリーチしていく必要がある。
○少年鑑別所：入所すれば最大8週間となり，子どもの場合は月日の重みが大きく，特に学校に行っている場合には隔離することの影響が大きい。そのため少年鑑別所に担任と校長が訪問する場合，本人を応援・心配・期待している旨など，退所後の生活や活動に希望を持てるように依頼する。
・目的設定のための限界を捉える上で，少年鑑別所入所が何週間あるのかを理解し，本人が円滑に戻れるように環境調整の準備をしていく。
○逮捕後，自宅に戻ってきた時は（家庭裁判所の審判まで在宅，審判不処分等での在宅），自らの罪と向き合う関わりが必要である。担任，保護司，SSWr それぞれの前で見せる顔が違う等，在宅の時は家庭裁判所調査官が深く関わらないこともあり，教育的関わりが大切となる。

第4節　子ども環境（メゾレベル）のアセスメントからの支援の観点

1．学校のアセスメントと支援の観点

　子どもが成長する過程において有する発達課題を健全に克服していくためには安心安全な学習・成長の拠点が必要であり，家庭以外にその役割と機能を持つのが学校となる。ミクロレベルのアセスメントにおいて知る児童生徒の個別特性は，独立して支援課題となるものもあるが，いじめや担任との関係や学習についていけないなど学校における問題が児童生徒の支援課題となって現れる事例も少なくないため，学校をアセスメントする視点は必須である。学校に対する的確なアセスメントと介入が，子どものリジリエンスやエンパワメント，リカバリー，ナラティブなどを後押しすることになる（表4-5）。

　どの学校にもライフイベントに応じ，外部からの支援が必要なことがある。近年，学校環境改善の取り組みは多く，学校選択制，オープンスペース（壁のない学級づくり），特別支援学級・通級，少人数学級・少人数授業・ティームティーチング（加配），特別支援教育・キャリア教育，学校に地域の人が集まるように休日等の空き教室等の貸出など様々な工夫がなされている。

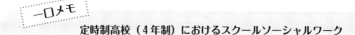

定時制高校（4年制）におけるスクールソーシャルワーク

　かつて勤労制が集まっていた高度成長期と異なり，社会的弱者（家庭・学校・個人の諸問題・諸課題）により集まる現代定時制校での退学率は11.5％と全日制（普通科1.0％，専門学科・総合学科1.6％ずつ）に対して非常に高い（文部科学省，2014）。地域によっては入学後卒業するまでに半数以上退学してしまう状況がある。このような学校文化を批判するよりもまずその文化の理解が必要である。例えば，個人差は当然あるが，①入学者の多くに不登校経験があるため勉強，通学や試験の経験が希薄，②これまで100日以上の不登校経験者は保健室・適応指導教室等の別室登校の傾向が，300日以上の不登校経験者は家から全く出ていない傾向が見受けられること，③特別支援学校を保護者・本人が拒否し定時制へ入学すること（子ども自身が自己理解できていないことや一部，特別支援学校からの編入学ができることも関連），④自分から支援を求めることができないこと（声かけしていかないと退学してしまう）や，アルバイトもできないため中退後の自立が困難なことが挙げられる。そのため，まず福祉的就労を目指した支援が求められる。この他，自立援助ホーム・児童自立支援施設・精神障害者支援施設（宿泊型自立訓練）からの通学，医療少年院入所歴のある制との通学，進学における日本学生支援機構の手続き支援など義務教育以降の特性がある。これらのことから，定時制高校のSSWrは単独校または拠点校配置型が多い。

（情報提供：吉永惠子）

第4節　子ども環境（メゾレベル）のアセスメントからの支援の観点

表4-5　学校（メゾレベル）のアセスメントと支援の観点

アセスメント項目	アセスメントと支援の観点
■学校組織の機構 □学校内の領域 ・児童生徒数・学級数（学校規模） ・教職員数（休職者率・臨時採用率・講師率） □学校種：小中一貫校（中等教育学校），定時制(単位制)，通信制(単位制・技能連携校・フリースクール等含) ・教職員の構成（年齢・勤務年数・男女比等） □組織体制（各種委員会・学年会）・校務分掌 ・校内構成員（校長，学年（主任），生徒指導担当，各委員会，養護教諭，SC，特別支援教育コーディネーター等） ■組織力 □指導力 ・校長（管理職）のリーダーシップ（トップダウン，バックアップ，丸投げ） ・生徒指導・進路指導・生活指導・教育相談の状況 ・校内構成員の関係性 ・教職員間・管理職とのコミュニケーション等 ・迅速性，公平性（危機マニュアル等） ・担任等サポート力 □内部連携状況・情報共有 ・連携への意識 ・幼保連携の状況 ・小中連携の状況 ・校内連携の状況 ・学年内／間連携の状況 ・教育委員会連携の状況 □外部連携状況・情報共有 ・外部社会資源の理解と	◎アセスメント方法：各種資料（クラス名簿，写真，健康観察簿〔保健カード等含〕，家庭〔環境〕調査票，配慮を要する児童生徒資料），教職員，管理職からの聞き取り・観察（授業参観，相談室・学校内巡回等）・各種会議への参加（定期的な参加）等，アセスメント方法は様々である。 ◎どのような学校生活を起因とした課題があるかを捉え，解決する方法を探る。方法としては，子どもとの面談や保護者面談，教職員からの情報を収集し，アセスメントする。 ◎教職員から児童や生徒の様子を日常の会話の中でも交わし，学校のいじめへ取り組む姿勢が維持されているか等を予防的にもアセスメントしていく。 ●学校組織の機構 ◎学校の特性と児童生徒の特性をアセスメントすることで，自らの担当する学校の特色が鮮明となる。 ○学校内の領域 ・教職員数（臨時講師率）：教職員の勤務形態（講師か，臨時採用職員かなど）を把握しておくと，ケース会議の開き方の工夫や，年度がわりの異動に伴う構成変化を考慮した支援計画が立てられる。 ○学校種 ・フリースクール：不登校児に民間等のフリースクールへの通学が出席と見なされることもある。 ・不登校の生徒，保護者と学校及び各機関が合意の上，フリースクールやSSTを中心としたような心理的支援機関等に参加が継続された場合，校長や教育委員会の判断で在籍校の出席としてカウントされる場合がある。 ・インターナショナルスクール：日本国籍の児童生徒が，居住自治体等の公立校には通わずインターナショナルスクールに通うことは，現状としては就学義務の履行とは認められておらず注意が必要。一条校（学教法第1条に規定する学校）として認定されていないスクールも存在し，小学校中学校の卒業資格を得られない等の不利益が生じることがある。 ・通信制，または単位制（学年による教育課程の区分を設けず，決められた単位を修得すれば卒業が認められる高等学校）では，登校日・登校時間（東京都のチャレンジスクール等定時制における午前，午後，夜間3部制の登校時間等）が生徒によって異なることから支援がより困難なこともあるため，支援が必要な生徒の通う曜日や履修科目，家庭生活状況のアセスメントは必須である。 ○組織体制：組織図，校務分掌表，年間の教育計画，指導計画（生徒指導提要等含），教育課程，カリキュラム等，各種資料を捉える。分掌表や組織図を，勤務開始時に入手しておくことが大切である。 ○委員会：各種委員会の実施状況（校内研修・事例検討会等）を捉えていく。 ・SSWrに関連する委員会（部会）として，生徒指導や教育相談関係（特別支援含）がある。会にSSWrがメンバーとして参加することで，学校の対応状況や，チームとして協働していくキーパーソンとなり得る，生徒指導主事，教育相談係，養護教諭，特別支援コーディネーター等から直接的な情報を得たり，連携体制をとることが可能となる。また，児童生徒指導・教育相談関係の研修会や事例検討会への参画は，校内の教職員に対し，SSWの周知・活用にも寄与する。 ・学校のニーズや課題を教職員，管理職からの聞き取り，各種会議上での話し合いを通じてアセスメントしていく。 ・いじめ：継続的にケース（いじめであれば被害者・加害者）の状態を担任・委員会で捉えているか（本人と話しているか）等の確認をしていく。 ※いじめ関連委員例：朝いじめ発覚→委員会召集→2時限後中休み中に委員会会議→昼までに方針決定→遅くとも夕方までに保護者へ連絡

第 4 章　スクールソーシャルワークの相談援助技術Ⅰ：包括的アセスメントと支援の観点

活用への意識 ・外部社会資源連携の状況 □キーパーソン ・SSWr の窓口（担当教諭との関係性），及び SSWr の周知方法など ・教育のあり方を理解するキーパーソン ・特別支援教育や SSWr を含めた教育相談と連携できるキーパーソン	●組織力：生徒指導主事，教育相談係，養護教諭，特別支援コーディネーターは SSW に大きく関連するため関係性や連携体制のアセスメントは大切である。 ○管理職のリーダーシップ：学校の組織体制づくり等，いわゆる学校経営の権限は校長が有している。校長の「指示・伝達・報告」の流れがスムーズ・スピーディであり，SC や相談員，学習支援員などの外部人材を適切に活用する姿勢があるかどうかといった点は，SSWr の周知や定着にも関係する。 ○校内構成員の関係性 ・教職員間・管理職とのコミュニケーション：児童生徒・保護者に対する校内の対応手順は学年主任の指示のもと，担任→学年→校務分掌上の担当→管理職というのが一般的である。例えば，学年主任の許可を得ずに，担任と SSWr とで物事を進めた結果，いわゆる「学年での対応」＝組織的な対応が遅れ，担任の「抱え込み」や SSWr への「丸投げ」といった事態も危惧されることから，注意を要する。 ・校長と教職員との関係性が悪い場合，どちらかが主観的感情論で動いている可能性がある。 ○危機マニュアル（学級崩壊や学校事故等の緊急時の対応）：連絡体制がどのようになっているか，また，危機対応マニュアル等に基づき，実際の動きがシミュレーションされているかが明確であれば，必要時 SSWr がスムーズに介入することが可能となる。 ○内部・外部連携状況・情報共有：学校内外の資源といかに連携が取れているかは学校の社会性を見るのに役立つ。 ・外部社会資源の理解と活用への意識：学校の教職員が地域の社会資源について把握しているか，また，関係機関と連携する上で，校内の組織体制や手続きが整備されているか確認する（例えば，どの状況になったらどこと連携するか等の学内での合意形成等）。 ○キーパーソン：SSWr の窓口となる人との関係性づくりは必須であるが，その他の各種キーパーソン理解が効果的な SSW 実践を繋げる鍵となる。例えば，SSWr 不在時に「その子の問題は SSWr に相談したほうがいい」などという教員同士の助言や繋ぎができるようになる。
■学校文化・風土 □歴史・校風 □男女比率・滞日外国人比率 □学校として，教育（特別支援教育,人権教育,キャリア教育含）への意識・目的（ビジョン等） ・学校として，不登校，いじめ，発達課題，虐待等,諸課題・諸問題,退学（高校等）への意識・認識 ・SC, SSWr 等への意識・認識 □不登校，いじめ，就学援助，非行等の比率 □中卒者数，中退率，進学率・私学進学率 □アンケート調査 ・これまでの経過／諸問	●学校文化・風土 ◎学校文化のアセスメントには，大きく，①制度的文化，②教師文化，③児童生徒文化がある。 ・教師文化：①学校の伝統や文化，規則や慣例を重んじる。②カリキュラム（教育課程）に沿った指導が基本となるため，独自性や新奇性を取り入れることに抵抗を感じる。③教育実践（学級経営や児童生徒の評価等）では経験・努力主義に陥りやすい。④1 人の教師が複数の役割を担う（学習・生活指導以外にも，校内での分担，いわゆる校務分掌やクラブ・部活動指導や，教育委員会や教育事務所への報告書作成など，事務仕事等も行わなければならない）。 ・歴史・校風：30 年以上の歴史のある学校においては，保護者が自分の卒業校に子どもを通わせたいという思いを持つことがあり，担任等以上に地域を知る存在であるという自尊心を持つ。だからこそ，教育のあり方に意見を言うこともあり，単なる表面的な苦情として捉えるとその価値を理解し得ていないことになる。 ・学校が発行する各種の広報誌（「学年だより」など校長や担任，養護教諭，SC，PTA が発行するもの）等も確認していく。 ・児童生徒に与える影響について考察する。例えば，運動系の部活動が盛んで，運動に長けている生徒が賞賛されやすい校風であった場合，該当しない生徒が排除されやすい傾向がある等。 ・教育への意識：学校における教育への意識等は学校長により大きく変化するため，校長の意向のアセスメントは必須である。各教育ビジョンに基づく支援計画や支援が求められる。 ・諸問題への意識・認識

第4節　子ども環境（メゾレベル）のアセスメントからの支援の観点

題後の経過 □荒れ度合（校内・クラス内） ・子ども間抗争数 ・教師－子ども抗争数 ・施設破損度合（窓，ドア，黒板，教室，廊下等） ・清掃，ゴミ具合 ・整理整頓具合：机，鞄，教材（棚） ・薬物数／歴 ・警察対応歴／相談歴 ・出席停止／停学処分状況等 □異動（届）度合 □保護者の学校に対するニーズ ・PTA □地域の学校に対するニーズ ・子どもや保護者への影響	・発達課題への認識：教師の認識によってはすぐに知能検査を実施し障害を断定しようとする点があるため，子どもの特性を捉えた後にどのような働きかけが学校でできるかをアセスメントすることは必須である。 ・虐待への支援：虐待が起きた時の共有と通報の仕方を確認する。校長，関係部会・委員会，担任，養護教諭，SC などの動きなどの確認もする。 ・学校へ登校させない教育ネグレクトは，「本人の学習意欲なし」の場合，保護者が登校させたくてもできないこともあり，安易な断定はせず，しっかりとしたアセスメントと支援計画が必要である。 ・虐待に対する研修ができているか，どこまでの認識がなされているかの確認もする。 ・養護教諭が子どもの朝食用意や洗濯をしていること，または心身の傷つきをケアしていることもあり，養護教諭との情報共有は必須である。 ・SC・SSWr への意識・認識：SC が配置されている学校の場合，学校側が SC をどのように活用しているか，また，SC と SSWr の違い等を認識しているかが SSW 機能の大きな鍵となる。例えば，SC と SSWr が同席してのケース会議等を開くことができるのか，など，支援の上で重要な（アセスメント）ポイントとなる。 ○不登校等率：度合いにより地域の問題が浮き彫りとなる。 ○進学率・私学進学率：学校よりも塾を重視するなど地域により学校への期待度合が理解できる。 ○アンケート調査：もっともいじめ発見に効果があるとされている（文部科学省，2014）。また客観的にそのクラスや学年を捉える指標となり，いじめ前後に行われた調査結果は重要な情報源である。 ○異動届：深刻な非行行為（または学力低下等）が進んでいると学校側の荒れが著しい時があり，教員側の教育に対する意識が低下することもある。この場合，担任の孤立化や疲弊化などが出て，異動届が後を絶たない状況になり得る。これらの状況をアセスメントすることも学校状況理解に役立つ。とりわけ子どもとの関係を従来であれば壊さなくていいものさえ壊していないか，子ども－教師関係のアセスメントは重要な事項である。 ○荒れ度合 ・出席停止：「性行不良」及び「他の児童生徒の教育に妨げがある」と認められ，4類型（①他の児童に障害，心身の苦痛又は財産上の損失を与える行為，②職員に傷害又は心身の苦痛を与える行為，③施設又は設備を損壊する行為，④授業その他の教育活動の実施を妨げる行為）の「1又は2以上を繰り返し行う」場合，本人に対する懲戒ではなく，学校の秩序を維持し，他の児童生徒の義務教育を受ける権利を保障する制度である。事前に対面（正当な理由なく応じない場合を除き）での保護者からの意見聴取（同意が取れなくとも協力は必要）をしなければならない（出席停止の理由と期間を記載する文書を渡す）。また校長等が保護者及び児童生徒を同席させて，出席停止を命じた趣旨や，個別指導計画の内容など今後の指導の方針について説明する。 ・高校等の退学・停学・訓告の処分：①性行不良で改善の見込がない，②学力劣等で成業の見込がない，③正当の理由がなくて出席常でない，④学校の秩序を乱し，その他学生又は生徒としての本分に反している，これらに認められた者に対して校長により行なわれる。一定期間の謹慎も停学処分と判断できる（学校教育法施行規則）。 ○ PTA（活動の状況）：PTA 活動が，物的にも人的にも，社会資源となり得る。例えば，PTA 主導のイベント（バザーなど）には参加できる等，不登校の子どもの登校のきっかけになることがある。またおやじ（保護者父親）の会など子ども，家庭，学校の一助になる社会資源もある。
■教師（担任）と子ども等の関係性等	●担任と子ども等の関係性 ◎特別な支援が必要なクラスでは，担任よりクラス観察を依頼される時がある。

第4章　スクールソーシャルワークの相談援助技術Ⅰ：包括的アセスメントと支援の観点

□教育への意識・あり方 ・対応の迅速性，公平性 ・教育内容：子どもの発達段階に合わない教育内容等 ・生徒指導のあり方 ・進路指導状況（中学校・高校） □不登校，いじめ，非行等諸問題・諸課題への意識 □教師と子ども，子どもたちとの関係性 □教師と保護者との関係性 ・家庭（環境）調査票 □クラス内の関係性・影響 ・学級・授業崩壊度合 □教師の孤立化，疲弊性，メンタルヘルス	SC がいる時は同行できるとより心理的なアセスメントも併せてできる。 〔クラス〕この時まず見立てていく内容は，授業中であれば，①頭または姿勢が教師の方に向かっているか（向いていない人数），②ペンの持ち方（箸の持ち方），筆圧，③教師の指導に対してどう反応しているか（聞いていない人数・不規則発言の人数・どこで中断するか），④張られている絵（具体物の図とイメージ〔抽象〕図のまとまり）や作文（全体性と焦点化），⑤体育での姿勢・整列・歩行・協調運動〔粗大・微細運動〕，音楽での参加度合・指使い等 〔個別〕①感覚統合（目と手の協応，姿勢・協調運動），②認知（集中・記憶〔聴覚・視覚の記憶〕），③情緒（一人でいたら寂しいと思うか，仲間に入れてほしいと思うか，この気持ち〔欲求〕に気づいているか），④社会性（対人関係における能力：授業中にハサミをいじるなどしないと寝てしまう〔覚醒を保てない〕，人と話して体の動かしを抑えている）等（本田ら，2010）。 ○教師と子どもとの関係性：不和については，本人と違う意見が担任から出ることもある。教師とクラスとの関係が嫌で登校を拒否していることもある。 ・性的問題は教師との性的関係のトラブルを生じさせる可能性を踏まえた SSW 実践（自我がしっかりしていなければ SSWr 自らも巻き込まれる可能性もなくはない）が大切である。 ○教師と保護者との関係性：学校（担任等）が，家庭の状況をどこまで把握しているかを捉える。保護者と，学校との関係性において環境調整が必要なケースについては，学校側に介入を提案していく（家庭訪問の実施，その方法について等）。 ○クラス内の影響 ・虐待による一時保護，非行による家庭裁判所審判等により，子ども-家庭間，それらと学校間の関係性が緊張状態になることがある。校内の諸関係とクラス内関係性のアセスメントは必須である。 ・一時保護から学校復帰の際は，本人と保護者，各機関，担任をはじめとする学校側とよく話し合い，学校を欠席していた理由をどのようにクラスへ伝えるか，今後何かあった時の連絡先，支援先との情報交換の是非を含めて確認していく。 ・学級・授業崩壊度合：完全に崩壊しているのか，一部の子どもだけが参加していない／邪魔をしているのか，この時教師や学校（校長／学年主任／周囲の教員）がどのように受けとめているのかにより，教育委員会も含めた組織的な支援が必要なのか，個々人の支援でよいのかの差が生まれる。メンタルヘルスと関わり，教師の心身の状態もアセスメントしていくことが求められる。度合により子どもたちや保護者の受けとめ方のアセスメントも踏まえて支援計画立案が求められる。 ・崩壊を起こす背景に異なる問題（いじめ，学校の荒れ，地域の荒れ等）があるかをアセスメントしていく。 ○疲弊性：担任の不登校・いじめ対処等への疲弊性や孤立性もアセスメントし，必要な手立て（いじめ対策委員会等のバックアップ）を検討することも必要である。
■SSWr の活動 □所属組織，担当校の目的 □所属組織・担当校の理解度 □活動内容（ガイドライン等の有無，他職種との役割，活動制限，自治体・校区・校内研修） □活動負担（自前の名刺，携帯，パソコン，乗用車等），机の有無等	● SSWr の活動 ○所属組織と目的：拠点校配置型など，学校において出退勤する場合，教育委員会等に所属をしながらも学校に所属するという二重の所属箇所ができる。教育委員会等と学校の目的や意識が違うことがあるため，その違いのアセスメントは必須である。自らの校務分掌や規定，ガイドラインなどの確認も必須である。 ○活動内容：同じ自治体内でも学校により活動制限をされることもあり，どの程度の活動なら可能かの把握は必須である。各学校の校長等，管理職からの理解と連携は不可欠である。拠点校／単独校配置等の SSWr は形成的な評価を通じて自らの実践を学校（会議等）に合わせて実施していく必要がある。

支援のポイント

●学校組織の機構
○委員会（いじめ）：いじめ防止対策推進法等，法制度に則した委員会などの構

第4節　子ども環境（メゾレベル）のアセスメントからの支援の観点

築ができていない場合の制度遵守への働きかけも必須である。
・いじめ対策委員会等各諸問題に関わる関係者会議等において，ケース会議を開催し，校内での支援体制づくりをする（別室対応・保健室登校：養護教諭，心理相談：スクールカウンセラー）。誰がどのような役割で対応するかを検討しチームアプローチを展開する。外部機関と繋がっていれば，外部機関（教育相談，フリースペース，適応指導教室等）も招請し，ケース会議に参加してもらう。
・継続的にケース（いじめであれば被害者・加害者）の状態を担任・委員会で捉えているか（本人と話しているか）等の確認をしていく。
・委員会等が機能的に動いていない時はアセスメントから支援の動きに繋がるよう（担任サポートができているか等）フォローが必要である。
・事態の状況によっては，教育委員会または自治体運営のいじめ対策関係委員会（協議会）等を早期に開き，助言や介入をお願いすることも有効だと学校側（SCや養護教諭との連携含む）に働きかける。

●組織力
○連携状況・情報共有：幼保及び小中連携（中高一貫校含む）において，引き継ぎや申し送りがどの程度行われているか（口頭・文書等），さらに情報の取り扱い方等をSSWrが知り，支援のあり方や優先順位について検討する。連携が不十分であれば，SSWrが促進役となる必要性が出てくる。
・中高連携・進路指導状況：担任と進路指導主事の間に適切な連携が図れているか，などを見極めた上で，支援の役割分担に反映させていく。
・学習支援員等：特別支援教育（主に介助・学習支援）に関わる指導員・支援員や不登校支援における学生のメンタルフレンドの声を，若いからという理由で吸い上げていない学校のある場合，彼らがいかに素晴らしい情報を持っているか証拠事例を示し，学校関係者全体で子ども・家庭・学校支援をしていく視点を持っていただく。
・失敗経験から学校が内外機関との連携を拒否している場合，関係の構築と共に成功体験を増やしていく。

●学校文化・風土
○退学への意識：生徒指導上の謹慎処分や進路変更（退学）は，学校風土と謹慎日数などデッドラインを頭に入れ支援計画を検討することが求められる。特に退学処分対象の生徒の家庭事情（親が荒れている・保護者の役割を果たせてない・子どもの貧困）が非行の原因になっている場合，環境調整の時間を学校管理職や指導部にSSWrとして要請（相談）することも短期間に求められる。この期間内に，生保切り替え，保護者の精神疾患の治療確認，自立援助ホーム入所案提示などにより退学処分の延期，謹慎処分を懲罰的側面から将来を見つめる側面への対応を求める等，子どもの将来を捉えた動きが求められる。
○アンケート調査：調査方法の検討にはできるだけ参画し，倫理を踏まえながらも子どもの情報を捉えられるよう働きかける。
○荒れ度合（出席停止）：期間中における個別指導計画の確認の他，保護者の監護の下での指導が求められており，家庭の監護能力に問題がある時は，児童相談所等との連携は必須である点を踏まえる必要がある。出席停止の他，高校等における停学処分も家庭的環境等を勘案し，時に個別支援計画の作成等が求められる。

●担任と子ども等の関係性
○諸問題への意識・認識
・発達課題：知能検査を学校から外部機関に依頼する時は，保護者の同意がなければ実施できないこと（個別指導計画や個別の教育支援計画も同様），受けても保護者の同意がなければ検査結果を明示できないことをSSWrから確認しておく必要がある。学校側の一方的な情報開示要求は個人情報保護がある中では連携困難の要因となる。

・虐待：担任等が「誰にも言わないで」と子どもから言われ，虐待の事実，リストカットの事実などを個人で抱えていることもあり，1人で背負わない連携のあり方は必須である。
○クラス内への影響
・性的問題：地域性により未成年妊娠が多い場合は，学校側として様々な性教育計画を検討していく。性的問題の発覚は，クラス内に良くも悪くも影響がある場合があり，どのような影響を及ぼすか，またその対応（クラスへの心理的ケア等）について検討しておく。
※性教育内容：妊娠・出産のリスク・具体的な避妊についての知識，命の大切さ等。
○生徒指導のあり方：いじめの場合，事態の経緯から収束まで時間を要することが多いことを念頭に，謝って握手等の表面上の解決ではいじめが再発する可能性が多いことも踏まえ，手立てを検討していく。
○教師と子どもとの関係性：本人の持つ良さや強みを周囲にも理解してもらえるような働きかけが，本人の孤立感や「どうせ自分なんか…」といった感情の軽減に繋がることがあることを伝えていく。
○教師と保護者との関係性：虐待，犯罪等における子ども支援では，学校は当然ながら子ども中心の対応となり，保護者の気持ちを低く見てしまう状況が生まれることがある。この時SSWrは保護者側にも立ち，家庭支援を通じた子ども支援であるという福祉的視点を忘れずに動くことが必要である。
○クラス内の関係性：友だち関係を悪くしている場合などは，周囲へのフォローができるクラスづくりを担任とともに考える。
●SSWrの活動
○所属組織：所属組織内においても各部署同士の連携ができていないこともあり，その関係性を繋いでいくことが求められる。
○SSWrの理解度：導入初期または採用初期は地域性や機関特性を捉えながら動き，間違っても福祉の理念を押し付けたり喧嘩ごしでのソーシャルアクションは行うべきではない。
・導入初期，採用初期は活動制限がかかり，動きにくい点が出る可能性もある。一般的自治体におけるSSW活用の資料を提示しながらも1つずつ実績を積み上げて信頼を得てから活動内容を広げていくことのほうがスムーズに制限を解除していける。また自前の携帯などをどの程度使用したかなどの実績を示し，活動準備ツールを補てん（実費負担）してもらうことも重要なソーシャルアクションである。
・SSWの理解が低い場合，他自治体の活動内容の情報提供をしていく。
○活動内容：学校側が広範囲にSSWrを活用したいとの要望がある場合，職務規程や職務能力の限界から，できること，できないことをしっかり提示することが必要であるが，ソーシャルワークはミクロからマクロレベルまでの活動であることを捉え，自分が求める職務だけを希望することのないように注意する。
・校内外研修・いじめ研修：罪に当たるいじめの態様等（表4-10参照），基本的事項や事例等への研修がなされていない場合，教育委員会も含め実施を働きかける。またいじめをされても，見たり，聞いたりしても「なにもしなかった」という理由に「被害が悪化するから」「親に迷惑をかけたくないから」「自分がいじめられたくないから」「自分はどうすることもできないから」（東京都，2014；中山，2013）などがあることを踏まえ，いじめを生まないクラス運営をしていく体制づくりは必須である。
・人権教育研修：国籍や障害等による他の子どもとの違いがいじめの要因の場合，人権への啓発を教育委員会も巻き込み，教育として子どもたちに理解してもらう仕組みを検討できるようアプローチする。

学校風土

　教育の場では，その学校を取り巻く環境を含めた言葉として「学校風土」という言い方がある。ちなみに，語句としての「風土」とは「土地の状態。住民の慣習や文化に影響を及ぼす，その土地の気候・地形・地質など」(大辞林)と定義されている。
　学校経営学や教育行政学の分野では，「学校組織風土」という語句で取り上げられ，数々の研究もなされている。露口(1996)は，先行研究を概観しながら，「学校の組織文化と組織風土の概念は理論的には明確に区別されるものの，意識調査という実証的なレベルにおいては区別しにくいものである」と指摘しつつも，「両概念の関係としては，組織文化が組織風土を方向づけている」としている。これらを踏まえると，学校風土とは，学校文化と地域文化が重なりあって形成されたもので，かつ，学校文化が学校風土を方向づけると言えるだろう。

2．家庭のアセスメントと支援の観点

　子どもが成長する過程において有する発達課題を健全に克服していくためには，安心安全な拠点が必要であり，主として，その役割と機能を持つのが家庭となる。「養育環境なくして教育環境はあり得ない」というほど家庭環境は胎児期より重要である。まずどの家庭においてもライフイベントに応じ，外部からの支援が必要な時があり得るという認識は必要である。

　その上で，近年，家庭環境をみれば核家族化，共働き，きょうだいの少なさ，個室の整った住居，家族全員が携帯電話(スマートフォン)を所持する一方で，一部屋に多きょうだいの住居，プライベート空間の未確保など，様々な状況がある。保護者の人間関係や経済事情，健康問題などの家庭の問題が子どもの支援課題となって現れる事例も少なくないため，家庭に対する的確なアセスメントと介入が，児童生徒のリジリエンスやエンパワメント，リカバリー，ナラティブなどを後押しすることになり得る。

　表4-6には，家庭における様々なアセスメントの観点が示されているが，全体を通じて，保護者(家庭)における子どもの養育力のアセスメントにもなり得る。

表4-6　家庭(メゾレベル)のアセスメントと支援の観点

アセスメント項目	アセスメントと支援の観点
■家族構成員と関係性 □家族構成(ジェノグラム：世代構成，両親や親子の血縁・法的関係，兄弟姉妹等・一人親家庭・多子) □親子関係不和(家庭内不和，虐待，DV・家	●家族構成員と関係性 ○家族構成：原家族が維持されているのか，両親や祖父母の関係，世代間関係，当該子どもの出生状況や家族構成員内における生育状況など，特記事項や配慮を要する事項があるか否かを把握する。 ○親子関係不和：家庭内の関係性のアセスメントには，何気ない子どもの発言から捉える方法の他，家族や両親などに関する作文や話題などにおける言動に違和感を覚えるような内容がないか，また大人への過度な緊張，衣服や持ち物(季節観，場違い，汚れ等)，身体的状況(傷の放置，傷の増加等)，食事の仕方(箸の持ち

庭内暴力) ・虐待：一時保護など虐待者からの隔離が必要か ※子どもの虐待のアセスメントも参照のこと □兄姉が弟妹の面倒を見ている □世代間の問題（家族の生育歴・学歴） □家族文化（価値観・信仰，生活様式：教育や政治に対する意識等） ・家庭内に独自の性的価値観（文化）の存在 ・性モラルの低さ（家庭内性環境，性への考え） □家族関係への意識 □家庭の生活環境の急激な変化（親の別居・離婚・死別等含む・事故の遭遇） □家族内成員が反社会的な活動を持つ（暴走族・暴力団） □依存性 ・異性，ギャンブル，買い物，アルコール，薬物，大量ペット飼育	方，偏食）などがある。 ・発達的な課題のある子どもに厳しくしつけをする家庭では，子どもがそのストレスを学校等で発散していることがある。このような場合，子育てに対して，保護者が悩んでいることも少なくない。 ・不登校や諸問題・諸課題を原因に家庭内紛争や保護者の落胆など，精神的混乱や不安定は見受けられることがある。過干渉，過受容（言いなり：家庭内暴力），対話のズレなど家庭訪問で捉える点は多い。 ・両親の不仲，DV，離婚，法的婚姻関係にない配偶者，養子縁組の親子など，良好な親子関係がつくれない場合，子どもの発育や成長，学校生活への影響が考えられることから，家庭―学校でのアセスメントは必須である。 ・虐待（保護者の性的虐待・DV 経験）：必ずしもではないが，性的問題において，親自身が性的虐待や DV の被害者である場合，その可能性があることは頭の隅に置いておく必要もある。性的被害は子どもの身体愁訴として出るが原因を語ることは多くはない。 ※虐待は密室での出来事であるため，発見が難しい。そのため，長期化すればするほど，日常的に子どもの成長に大きな影響を与える。単に身体的・精神的なダメージを与えている範囲にとどまらない認識を持って様々なアセスメントが必須である。 ・DV（母親が滞日外国人）：在留資格維持を求め DV を耐え抜いてしまうことがある。相手の非（被害を受けていること）を認められない状態となりやすい。 ・保護者そのものの成育歴において，愛情を受けずにきていることからの関係性不和や保護者が持つ孤独感等を理解する。 ○世代間の問題：両親とその親の世代間関係に虐待などがある場合には育児困難や虐待連鎖なども考えられ，子どもの学校生活に影響が及ぶ場合がある。 ○貧困世帯が貧困世帯を生むなどの観点が示されており，親の学歴が子どもに影響を与える場合がある。 ○家族文化：家族独特の様々な価値観や生活様式のことで，家族内ルール等を示す。食事の仕方，性に対する意識，神仏に対する意識など様々である。 ○依存性：保護者そのものの寂しさ等を埋めるために何に依存しているかアセスメントする。ネコ屋敷等，経済性と真逆にペットを飼育している場合は，依存性だけでなく，経済性と自己管理能力の理解ができていないことがある。

支援のポイント

●家族構成員と関係性
○家族構成：不在の親の機能を代替補完する支援も必要なことが考えられる。
○親子関係不和：親との関係性が悪い場合は，まず関係修復を働きかけるが，それが困難な場合は親族や周囲にキーパーソンとなり得る人がいるか確認したり関係機関に相談する。
・ペアレントトレーニングの確認をしてもよい。例）称賛の仕方，行動指示（5分後に～する確認＋5分後～するよ；嫌がっても動いた時に称賛；嫌がるのは習慣が根づくまでの発達過程によくあることとの認識）等がある。
【ペアレントトレーニング例】（土井，2014を参考）
1）ポジティブな関わり方：①1日1回些細なことでもよいからほめる。ほめることがなければ作る→「箸を取って」→（取ってくれたら）「ありがとう」を伝える。1日1回ほめるができなかったからといって，翌日2回しなくてもよい（親にとってほめることが心痛になれば，本末転倒）。②説教は3分以内。③叱った後は「ほめて終える」→「でもね，最後までよく聴いたね。えらいよ」。④望む行動を指示する時には，そのことのみを繰り返して言い，余計な小言や嫌味，侮蔑的な言葉を加えない。
例「起きなさい。起きなさい。起きなさい～」→起きたら「起きれてすごいね。ありがとう」

第4節　子ども環境（メゾレベル）のアセスメントからの支援の観点

2）親への家庭内暴力の関わり方：親が暴力から避難することも1つであるが、その機会も社会資源とする観点も時に必要である。ケース会議決定を前提に、①暴力を受けたら避難すると先に子どもに通告。②暴力（暴力に対しては「ダメ」ではなく、『嫌だ』と言う）を受けた日に避難（避難場所は、母の親族宅や友人宅、無理ならばビジネスホテルなど）と電話（以後、定期的な連絡）「これから定期的に連絡する、生活の心配はいらない、いずれかは帰るがいつになるかわからない、暴力が完全におさまるまでは帰らないが、あなたを見捨てたわけではない」。③子どものプロセス：反省（後悔）→怒り（帰ってくるな）→あきらめ（暴力を振るえない）の"あきらめ"のタイミングで一時帰宅→大丈夫なら本帰宅（斎藤、2014）。

3）不登校の長期化も同様であるが外部の機関を家庭に入れるようにし家族だけで抱え込まないようにする。リビングの窓ガラスを割った時は毎回業者に来てもらい直してもらう。自室の窓ガラスを割った時は本人が要望するまでそのままでよい。本人は嫌がるだろうが自己の行動を外部に見てもらうことで羞恥心を学習する機会とする考え方を検討するのも1つ（斎藤、2014）。

※家族内での向き合いが困難な場合、写真（アルバム）に写る成員を相手に対話を促し、仮向き合いにより家族成員に対する思いを浄化することもある。

・虐待：保健所等の連携による家庭への性教育の検討も必要である。また子どもに虐待の兆候が現れた時に、何とかしたいという気持ちだけが前に出て、SSWrが感情的になり客観的視点を持つことができず、疲弊することがある。だからこそチームや関係機関の連携が必須なのである。

・虐待早期発見等の通告は、将来、その子どもが連鎖を生まないようにするリスクマネジメントでもある。

・DV被害：DVを受けてもその家庭に戻ること自体がDV被害の結果であることを援助者側か理解する必要がある。SSWrは被害者を非難しやすくなる点の理解が必要である。被害者の被害状況を客観的に確認し意識化できるようにする。「妻に非があるから怒られる、怒鳴られる」という虐待と同様の加害側の論理には、何らかの原因があっても、怒鳴る、暴力をふるう行為は、自分の思い通りにさせる手段であり、SSWrは中立的な立場で支援に臨むべきではない。DV（虐待）＝人権侵害の意識は必須である。

〇依存性：治療に繋がるために保健センター等にて「依存に関わる自助グループ」へ繋げてもらうように依頼する。医学的治療（心理的治療含む）だけでは改善しにくい点を理解することが必要。SSWrに対する依存性についても理解しながら関わる必要がある。

■家庭の健康状態と意識
□課題・問題・障害の受容
□疾病・障害（保護者が精神障害、発達障害、知的障害、身体障害）・通院・入院の程度
・自殺未遂歴
・代理のミュンヒハウゼン症候群（子どもに不必要な薬物等を飲ませ体調を崩させ、心配することで自己安定性を保つ等）
□薬物・アルコール依存
※とりわけ売春問題時は

●家庭の健康状態
〇課題・問題・障害の受容
〇全体を通じて、保護者が子どもを含む自らの状態（課題・問題・障害）を受容（理解）できない場合、ストレス値が高く（場合により防衛機制なども働く）、感情的、攻撃的になるため、学校側、SSWr側等のストレスも高くなる。しかし、保護者が受容するには相当な期間が必要である点を理解し、合理的な配慮や子どもにとっての成長とは何かを少しでも保護者が理解できるようにSSWrの寄り添いが必要である。例えば、子どもの障害受容の長期化では、学校側から伝えられた時の、①認められないショックと怒り、②通常学級で学べばなんとかなるという強い意思への転換（特別支援学校への転校・特別支援学級への転籍はハードルが高い）、③一方で、受容しているようで、子どもにとって過度な療育や訓練、塾通いを開始し、健常者に戻そうとする受容しきれない状態、さらにこのことから、④小学校高学年または中学生での不登校、そして高校3年で社会に出る時の困難性から初めて障害受容するという長期的な障害受容の流れがある。

〇疾病・障害
・親、きょうだいに発達障害を持つ人がいるかどうかで家族の障害理解度合が異な

留意 □家族のストレス □健康への認識 □各種社会資源との繋がり □教育への関心のなさ □不登校，いじめ等，各種問題に対する認識のなさ □子育て・介護（成育歴・教育歴） ・保護者養育能力：きょうだいに不登校がいる ・食事有無，服装洗濯有無，入浴有無，虫歯・歯磨き有無，シラミ	る。 ・家族，中でも両親やそのいずれかに長期に治療を要する重篤な疾病がある場合には，子どもの家庭生活及び学校生活への影響が考えられる。 ・両親，またはいずれかの親になんらかの障害がある場合には，障害に関する理解がないままであると，葛藤や嫌悪，遠慮，不満などを子どもが抱えやすく，家庭生活や学校生活に影響が生じることが考えられる。保護者が滞日外国人の場合も葛藤や嫌悪などを子どもが呈する場合もある。 ・葛藤等のアセスメントポイントとして視線を合わせられなくなる，口調がもごもごする，言葉が荒くなるなどがある。 ○子育て・介護：いじめをされたらやり返していいなどと教育している家庭は，教員にいじめの相談をしない傾向がある（小林，2013）などを踏まえ，家庭内教育でいじめや諸問題・諸課題を我慢させたり助長させる指導をしていないかのアセスメント（家庭の文化があるため温かく）は重要である。2度注意してできない場合は叩くなどのルールを持つ家庭の場合，そのルールを子どもが学校に持ち込めば，そのルールが加害者を育てていることになる。虐待をはらむ子育てとなっていないかにも留意する。 ○家族のストレス ・保護者等が特に長く家を不在にする入院などを要するような場合，また家庭内で長期に療養を強いられる場合は，健全な依存心や甘えの抑制，我慢や緊張を強いられるなど，子どもの精神的ストレスが生じることが考えられる。 ・兄弟姉妹が難病罹患や障害のある場合も，両親などがそのケアに時間やエネルギーを費やし，当該子どもが置き去りになることがあり，不登校や成績悪化などの影響が出ることがある。 ・祖父母などへの介護を保護者が担うような状況にある場合，保護者のストレスや疲弊が著しい時がある。結果，子どもとの関わりが乏しくなるなどから子どもの落ち着き等に影響が生じる場合もある。快活さや表情の変化，顕著な疲労感，感情の起伏など，兆候をよく観察することが必要である。 ○健康への認識：保護者が健康に無頓着だと，子どもも怪我をしても治療しないなど無頓着な場合がある。縫合した部分から血が出て痛みがあってもなんとも思わず動かすなどがある。

支援のポイント

○課題・問題・障害の受容
　逆に言えば，合理的な配慮や子どもにとっての成長とは何かを少しでも保護者が理解できるようにSSWrの寄り添いが必要。一方で，子どもの意見を受容しようと長期不登校の子どもの言うことをすべて聴いていることもあり，"話を聴く≠言いなりになる"ことではない点を捉えていく必要がある。身体接触や暴力の受容も同様である。

●家庭の健康状態
○疾病・障害／家族のストレス：家族内の疾病・障害児者がいる場合，医療機関やセルフヘルプ団体によるカウンセリング等の支援があり，とりわけ障害児のいる場合，きょうだい等の支援を検討することも忘れてはならない。
・発達障害の特性等を絵本から確認していくツールもあり，母親の傷つきを柔かくする子ども理解の仕方を身につける方法もある。親が子どものできなさを受容することに寄り添うことが大切で，これができないと過度の塾通い等が始まることがある。
・子どもが理解しやすい疾病に関する心理教育などが求められる。
・保護者会などの参加者や参加状況，家庭への連絡事項などの際の反応などをよく観察し（疾病・障害，外国籍等），関係づくりを通じて面倒でも関係機関とも連携し，家族との面接や訪問などをし，正確なアセスメントを行うことが求められる。
○子育て：障害や貧困等で子育てに手が回らないかどうかを確認し，必要な手立

第4節　子ども環境（メゾレベル）のアセスメントからの支援の観点

	てを検討していく。 ○各種社会資源との繋がり：特に生命に関わる疾病や精神障害，知的障害，身体障害などについては各機関と連携した支援が求められる。 ○いじめの認識：被害者の多くが保護者に相談していることもあり，保護者会等，常日頃から担任―保護者間の情報共有は重要である旨を伝えていく。
■経済状態・社会状況 □家庭の経済状況 □保護者の職務状況 　（稼得状況・多忙・無職等） □困窮度合 ・就学援助・生活保護受給 ・児童手当等の各種手当を受けているか □住居（アパート・マンション・一軒家，借家・持家，間取り・広さ・子供部屋） ・保護者が夜中不在で家庭がたまり場になっている □市民便利帳有無 □地域社会との関係（孤立化，阻害状況） □各種社会資源との繋がり	●経済状態・社会状況 ◎各種手当等を掲載した「便利帳」の最新版を家族が持っているか ○保護者の職務状況／困窮度合：近年の経済不況のもと，正規雇用者のリストラや，非正規雇用の長期化などの状況がある。世帯の生計の成立状況は子どもの日々の暮らしに密接に影響を及ぼすことを踏まえ，子どもの学校への給食費などの支払いの遅れや，衣服，持ち物，体重などに苦しい変化があれば，注意して観察していく必要がある。 ・保護者の出勤時間が子どもの起床や登校時間前になっている場合など，郊外において保護者の送迎が困難なパターンが見られることもある。 ○困窮度合：必要な社会資源と繋がっているか，必要な支給を受けているか，学校内，自治体，民間の支援（補習等含む）はまずアセスメントとして必須である。 ・生活保護：生活保護受給や受給に至っていない貧困状況にある家庭の場合，学校生活に必要な教材や物品を揃えられないことや，家庭での学習環境が不良なため，学習遅滞や学力低下がみられることも多い。また，いじめなどに繋がることも多く，特に先述した親の疾病や障害などと結びつく複合的要因が背景にある場合には，注意が求められる ・自立支援計画を立て，提出しているか，ケースワーカーとの連携をしているかの確認は可能ならしたほうがよい。就労支援の一環として高校生アルバイト収入の非認定を理解しているか。 ※子どもの貧困については家庭環境の影響が強いためミクロレベルではアセスメント項目を設けていない。「家庭の健康状態と意識」にあるアセスメントを含めて捉えていく必要がある。 ○住居：家庭で必要な学習が不可能な場合に図書室（館）や公民館，空き教室などを活用した学習環境の整備ができることが望ましい。自治体や福祉事務所によっては学習ボランティアなどの支援体制を整えていることがある。 ・思春期の子どもを持つ家庭が1DKなど狭い住居に住んでいる場合，性的な意識を強く持つ時期ゆえに精神的不安定を示すことがある。 ○地域社会との関係：地域社会との関係 ・家庭が地域社会，近隣住民と日常的にどのような関係にあるのかは，リスクマネジメントにおいて，支援が必要な時の人的資源確保に重要な視点である。 ・近隣住民から阻害されやすい家庭の例として，以下のような事例がある。 　①暴れたり大声を出したりする人が家族にいる。 　②ゴミ出しなど地域のルールが守れない。 　③「ゴミ屋敷」と言われるような汚さが周辺にまで迷惑を及ぼす状況となっている。 　④家族の中によく徘徊している人がいる。 　⑤借金を重ねている状態にあることが知られている。
■滞日外国人 □家族の出身国 □母語（家庭での言語） □母文化・宗教 □在留資格（期限含む） □在日年数 □出生地，出身校 □本国にいる家族 □社会適応状況 □交友関係	●滞日外国人 ○母語：言語力，社会適応レベルで，親子の関係性が逆転することがある。つまり，子どもの言語力，社会適応化が保護者よりも高いために，親子の役割が逆転している現象が生じていないかをアセスメントする。 ○各種社会資源との繋がり：教育委員会や各機関が保護者会等に通訳をつけてくれる場合がある。 ○社会適応状況：学校に連絡なく1か月以上母国に帰郷することがあり，結果として子どもの学力が落ち，不登校となることがある。転入学の時に学校への休みの連絡の必要性があることを伝えているか確認しておく必要がある（日本社会福祉士会，2014）。

□日本の学校教育への意識 □各種社会資源との繋がり	○在留資格（外国人ローリングネットワーク，2015） ・出生等在留資格が必要となる日から30日以内に取得手続きが必要で，60日を過ぎた時点で不法残留となり退去強制の対象となる（申請先は居住地管轄の地方入国管理局）。 ・扶養者である父または母のいずれか一方でも在留資格を有する外国籍の子どもは，他方が不法残留等により退去強制手続き中であっても，在留資格を得ることができる。 ・外国籍の子どもが得ることのできる在留資格は，入管法にて父母の資格（「外交」「公用」なら同じ資格，「人文知識・国際業務」「研究」なら「家族滞在」，「永住者／その配偶者」なら「永住者」）により異なる。 ・父または母の一方が日本国籍を有する場合，子どもも日本国籍を取得することができる。 　　　　　　　　　　**支援のポイント** ●**経済状態・社会状況** ○保護者の職務状況／困窮度合：貧困状況でありながら各種資源を活用していない場合，情報提供は必須である。市民便利帳などを用いSSWrが各種サービスを案内してもよい。 ・貧困・低所得世帯，虐待などは，家庭の課題であり，学校での課題ではないため，学校が直接的に介入できない。その場合，学校は行政をはじめとした外部機関と連携を図ることが肝要である。現在では，生活保護ケースワーカーが高校進学指導をしてくれることもあり，繋ぎはとても重要である。 ・就学援助：家計（世帯収入）の情報収集は，要体協にて関係課（例：子ども課→税務課へ依頼）から情報提供を依頼することもあるが，緊迫した状況でない場合，保護者との関係性を得て就学援助へと進める力量（信頼関係を築いて教えてもらうという面弾力）が必要である。困窮性を捉えケース会議を通じてSSWrから進めることが決まれば，「お父（母）さん，就学援助といって，給食費や教材費が無料になる制度があるんですけど申請してみませんか？世帯の所得によっては受けられないことがあり，申請してみないとわかりませんが，ダメ元で，いちかばちかで申請してみましょうよ」などと誘い，教育委員会前で待ち合わせし一緒に説明を聞く方法がある。SSWrも共に説明を聞くことで「無駄足だった！」などの思いではなく，わざわざ来てくれたという感謝の気持ちに繋がることがある。 ●**地域社会との関係**：家庭の孤立化や阻害の背景にアルコールやギャンブル依存症，認知症，精神障害などの状態にある家族がいるなどが考えられる。SSWrが関与することになる事例は，そのような家庭状況から近隣住民への悪影響，及び子どもの学校生活に悪影響が生じているため，すでに複雑多問題となっていることが考えられることから，保健所や市役所など関係機関と連携して支援方針を策定する必要がある。 ○社会資源との繋がり：家族が介護保険を受けることができるならば介護支援専門員（ケアマネジャー）の紹介・連携などをしていく。 ●**在留資格**：在留資格のない外国人（親子ともに）は，それだけで入管法違反で現行犯逮捕となるため，逮捕・勾留された場合，オーバーステイにならないよう国選弁護人等との連携が求められる。

第5節　子ども（ミクロレベル）のアセスメントからの支援の観点

　本節では，子どもたちに起こり得る，①非／反社会的な行動の現象，②脳の障害等を起因とした発達（神経発達症）的課題に関わる現象，③脳の伝達物質や二次的な障害等を起因とした精神・心理的課題に関わる現象，④経済性や国籍等の家庭環境を起因とした家庭的課題に関わる現象，といった4つの現象について，アセスメントの観点と支援のポイントをそれぞれ表の形式で紹介する。初任者がわかりやすいよう子どもの現象を捉えたカテゴリーに分類しているが，当然，ミクロレベルだけでなく，子どもの環境を含めたアセスメントをすることが前提であり，医療・心理的側面は他職種からの正確なアセスメントが求められる。

　表4-7は，ほとんどの子どもの状況のアセスメントであげられる共通項目である。そのためこれらいくつかの項目は以下アセスメント項目から外している。

表4-7　共通する子どもの状況アセスメント項目

□不登校，いじめ，非行，発達課題等諸課題・諸問題の意識・認識のなさ（不足）
□発症／発現時期
□問題歴（頻度）
□生（成）育歴（虐待歴）・教育歴　　※極低出生体重児童：1000～1500g
□発達課題・発達障害（疾患・障害）
　・感覚等能力（視覚・聴覚・認知・記憶等）
　・本人の社会性・対人関係スキルの低さ
□教師・友だち・家族等との人間関係不和（本人要因の不和）
□学習意欲（登校意欲）・学業成績（教科特性）
□ストレングス
□相談歴・各種資源との繋がり
　・相談・支援歴（成功・失敗例）

1．非／反社会的な行動現象（子ども間内影響現象）のアセスメントと支援の観点

　ここでは，非／反社会的な行動の現象に関するアセスメントと支援の観点を紹介する（表4-8～表4-14）。

表4-8　不登校のアセスメントと支援の観点

アセスメント項目	アセスメントと支援の観点
■子どもの状態（不登校前） □不登校兆候（予防視点） ・発生時期：休む傾向が認められた時期と出来事	●子どもの状態（不登校前） ※不登校の定義は，第10章の「不登校」を参照。30日以上欠席した者のうち，病気や経済的理由を除く。 ○発生時期：不登校は，事前にサインが見られることが多いので，

- ・顔色・言動がいつもと違う
- ・継続的に友だち等の人間関係の不和が起きた／起きている
- ・1か月の欠席日数が多くなっている
- ・保健室へ行く頻度が増えている
  ※子どもが呈する不登校兆候の状態は、いじめや虐待等においても同様に見受けられる兆候状態でもあり、すべてのアセスメントの基盤となり得る可能性がある。
- □クラブ活動・部活動への不適応
- ・体力、学力、技能的な事項、友だち（先輩・後輩）との関係
- □学校のきまり等に関する反抗・反社会的に類推され得る行動（服装、身だしなみなど）
- □入学・転編入学・進級時の不適応
- □子ども（クラス、先輩・後輩）関係の不和（いじめ、からかい、阻害等含む；周囲の要因）／グループ圧力
- □貧困度合：食事有無（いつも空腹）、服装洗濯有無（毎日同じ服、汚れ、臭い）、入浴有無（身体の汚れ）、虫歯・歯磨き有無
- ・弟妹の面倒
- □過去の不登校歴（本人、家族含む）
- ■子どもの状態（不登校後）
- □不登校の意識・認識
- □これまでの教育相談等の経験
- □病気
- ・低血圧、起立性調節障害など（"強い"めまい・頭痛・腹痛・倦怠感・夜眠れない／朝起きられない）
- ・神経症・精神疾患
- ・難病等長期的な治療が必要な病気
- □精神的課題
- ・無気力、怠学傾向
- ・神経症・精神疾患に関連する事項
- □発達的課題
- ・通学困難
- ・母子分離できない
- □学業意欲（登校意欲）
- ・学習する時間がない
- ・学習しない・したくない
- ・学習障害
- □意図的な拒否（塾・フリースクールの利用、学校批判等による登校拒否含む）
- □保健室登校、保健室利用状況
- □（教育）相談室の利用状況
- ・メンタルフレンド（登校・学習・余暇の支援）
- □ネグレクトに関わる事項

"予防的な観点"を持つことが大事である。チェック項目等いつもと様子が異なるような場合、不登校のサインであることがある。学校全体で、予防的な観点を持ち、早期対応に当たることは不登校対策に有効である。アセスメントとして不登校後のチェック項目とあわせてチェックすることを推奨する。

・いつ頃から始まったのか、休み方にパターンがあるかなど、支援プラン作成にダイレクトに影響する点をアセスメントする。

○部活動等：参加の有無、参加していれば活動の状況（不登校傾向であっても、部活だけは参加の意思があるといった事例もある）、本人にとって負担になっていないか、参加していなければその理由など、本人理解の一助となり、支援に生かすことができる。

●子どもの状態（不登校後）

○病気（起立性調節障害）：「朝起きられないのは夜更かしのため」と思われやすい。血圧が関係しているため、精神科への通院で精神薬投与により逆効果になる可能性もあり、単なる頭痛、いじめ等の社会的問題、うつ症状と思わず、正確な生物学的アセスメントも必須である（専門医への受診を勧めることも必要）。3割が不登校になる（体調不良を訴える不登校約7割）という。中学生で増加し（10％以上）、短期間で治ることもある。

支援のポイント

◎本人の情報を収集し、どのような不登校要因があるか捉え、課題を解決する方法を探る。方法としては、（可能なら）本人と面談する。また、保護者、学級担任をはじめとする教職員から、本人に関する情報を収集し、総合的なアセスメントをする。

◎友だち関係等については早期の介入において改善する例は多い。一方で、教師との関係性の不和の場合、SSWrが代弁していく意味は大きい。

●子どもの状態（不登校後）

○本人や家庭が学校と繋がりを持てるのか、生徒にとっては、将来に影響することであり、関与すべき点を見極める上でも十分に検討する必要がある。

○外出・行動の支援：本人が「〜したい」「家にいてもつまらない」などと言ったら行動へ移行する準備であることを踏まえ、しつこい登校刺激や時期の合わない外出強要をしないように留意する必要がある。

○発症時期：いつごろから始まったのか、休み方にパターンがあるかなど、支援プラン作成にダイレクトに影響する項目である。

○発達的課題：SST（ソーシャルスキルトレーニング）や情緒障害向けの通級指導教室の活用も有効なことがある。

・母子分離できない：母へのペアレントトレーニングの他、行動療法系の支援を検討するのも1つ。

○意図的な拒否：フリースクール等へ行く意図的な不登校の場合は、出欠の扱い、学籍の扱い等を配慮できるか確認する。

・アルバイト、仕事などによる意図的な不登校は、貧困が理由である場合と子どもとしては建設的な意味合い（アイドル活動等）である場合がある。諸事業やライフスタイルを考慮の上、一緒に今後のことを考えることが必要である。

	○保健室登校（保健室や相談室の利用状況）：クラスや部活動での様子，教師との関係だけでなく，児童生徒同士の関係性にも着目するとともに，養護教諭やSCとの連携に努める。 ○教育相談室の利用状況：利用の頻度，実施の仕方・方法，個人情報については，共有のあり方を学校側と話し合うなどし，情報の取り扱いに十分留意する。 ・メンタルフレンド：学生ボランティア支援で簡単に登校することもあり，早期（初期）介入支援は重要である。 ○ネグレクトに関わる事項：きょうだいの面倒を見ている場合がある等家庭のアセスメント，必要ならば幼小中高の連携（情報共有）をしていく。

不登校のプロセス

　不登校のプロセスとして，予防兆候としての問題発生期，問題について焦燥，混乱する混乱期，問題を自分なりに受容（問題や不登校も意味のあるもの）していく受容期，登校や改善に向けて行動していく回復期，それらが全く繋がらない慢性期がある。問題発生初期が最も介入すべき時期で，混乱期は心身共に休みをとったほうがよい時期で，「何かしたい」「休んでいてもつまらない」などの声が出てきたら，生活を改善するチャンスで，受容できるよう関わりを手厚く持つ時期となる。そして，受容期を経て回復期へ向かう。なお不登校を急性期－慢性期という発生期と心理的・教育的・福祉的な要因とで捉える見方（小澤，2006）もある。

　また不登校のアセスメントでは，その要因がうつ病か統合失調症かによって治療開始による予後の差が出てしまう。そのため本人の回復を待つという期間が人格荒廃に寄与してしまうことになり得るため，しっかりとしたスクリーニングと受診援助が求められる（参考：保坂隆HP：http://hosaka-liaison.jp/download/seishin_01.pdf）。

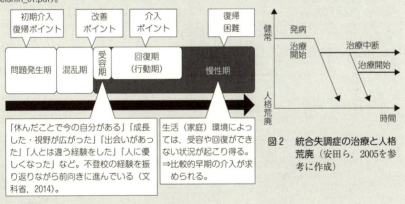

図1　不登校のプロセス（小澤，2006を参考に作成）

図2　統合失調症の治療と人格荒廃（安田ら，2005を参考に作成）

表4-9 いじめのアセスメントと支援の観点

アセスメント項目	アセスメントと支援の観点
■全般を通して共有的なアセスメント □発現時期（頻度） □いじめの意識・認識 □いじめの度合い □いじめの要因 □加害・被害両者の接点・関係性 □いじめ防止基本方針 ・実行度合（委員会） ・関連プログラム	●全般を通して共有的なアセスメント（加害・被害・傍観・促進） ◎いじめの認識：いじめに対する認識が子ども，家庭，学校で共有されているか等のアセスメントは問題を広がらせないために重要である。見解の違う場合に対立が生まれる。 ○いじめの度合：女子に"無視"が多いという点も踏まえ，時期，頻度（時間）をアセスメントしていく。 ◎いじめの要因：いじめの認識に関わり，学校・保護者（大人）が捉える個々の子ども像と，クラスメイト等（子ども）が捉える子ども像は決して同じではない。周囲からの情報も丁寧に聞き取り多面的に捉えることで実態がつかめる。 ・加害者からの「いじめる理由」を聞き取ったり，被害者の状況（身だしなみ・給食時の様子や持ち物，また普段のやりとり等）をアセスメントすることで，貧困や養育環境等の問題，さらには発達課題等が見つかることがあるので注意を払う。 ・発達的課題を持つ子どもの場合，自らが周囲にストレスを与える行動を取っていることもあり（授業中に騒ぎ，周囲から注意されたことに対し「いじめだ！」とする挑発的な被害者），特別支援教育担当者との連携も検討する。 ○両者の接点・関係性：いじめの被害者と加害者の接点，関係性の変成も時間を遡ってアセスメントすることで，いじめの原因を正確に知る手立てとなる。公平性，迅速性が鍵である。時間がたてば証明はより難しい。
■子どもの状態 □被害者・加害者等 ・生育歴・教育歴 ・発達課題 ・国籍，疾患，貧困度合 □クラスメイト（周囲） ・いじめの認識 ・被害者・加害者(集団)とクラスメイトとの関係性 ・家庭・学校生活状況 ・授業の状態	●子どもの状態 ○被害者・加害者（集団）とクラスメイトとの関係性：いじめは単に加害者・被害者だけでなく，周囲のクラスメイト（促進者・傍観者・解決者）によって明らかに変わることから，クラスの状況をアセスメントし環境や風土を捉えていく必要がある。 ○家庭・学校生活状況：クラスメイトの貧困率，健康診断率，これまでの教育相談率などはクラスの困難性理解に役立つ。 **支援のポイント** ●全般を通して共有的なアセスメント ○いじめの認識：人権に関わり，いじめへの認識・意識が低い場合の理解促進は時間をかけてでも行う必要がある。また，たまたま単発的に起こる"喧嘩"か，被害を受ける人を意識して起こす"いじめ"かなど，いじめに対する見解も学校として一致させておく必要がある。 ○いじめの度合：いじめの度合に対する認識は，担任，学校，自治体により異なることがあるが，心身の支障をきたすと判断される場合は被害者を守ることを優先して動く必要がある。 ○普段から孤立させない，また個々のあり方を大切にする学校生活や教科を通じた予防的教育の実施等を依頼していく。 ●子どもの状態 ○集団の接点・関係性：近年は集団でのいじめもあることから，日頃から孤立しがち等，集団での関係性の把握は必要である。 ○不登校の予防兆候と同様に明らかに被害者の表情や態度が変わることもあり，早期発見と早期対処は重要である。対処後のフォローはさらに重要である。このフォローが被害側・加害側になければ，隠されたいじめが続き，最悪，被害側が転校することもあり得る。 ○SSWrはクラスの状況を見極め，必要に応じて管理職や各委員会等にバックアップを依頼する。時に，いじめ防止基本方針が機能していない時は，委員会等のバックアップも必要である。

表 4-10　資料：罪にあたるいじめの態様（文部科学省，2013より作成）

同級生の腹をくり返し殴ったり蹴ったりする。プロレスと称して押さえつけたり投げたりする。	暴行罪
学校にきたら危害を加えると脅す。同様のメールを送る。	脅迫罪
構内や地域の壁，掲示板，インターネット上に実名を挙げて，「万引きをしていた」「気持ち悪い」などと悪口を言う。	名誉毀損・侮辱罪
断れば危害を加えると脅し，汚物を口の中に入れる。	強要罪
断れば危害を加えると脅し，性器を触る。	強制わいせつ罪
断れば危害を加えると脅し，現金などを巻き上げる。	恐喝罪
教科書などの所持品を盗む。 ※他人の忘れ物等を勝手に使ったり，処分するのは"占有離脱物横領罪"	窃盗罪
顔を殴打し，あごの骨を折る怪我を負わせる。	傷害罪
自転車を故意に破損させる。	器物破損罪
携帯電話などで児童生徒の性器の写真を撮り，インターネット上で掲載する。	児童ポルノ提供罪

表 4-11　非行のアセスメントと支援の観点

アセスメント項目	アセスメントと支援の観点
■子どもの状態 □発現時期（小中高） □暴力内容 ・子ども間暴力 ・教師-子ども暴力 ・施設（家屋）破損度合（窓，ドア，黒板，教室，廊下等） ・動物 □行動単位 ・単独／共犯（2名・集団） ・素手／凶器 ・頻度 ・度合（問題内容と暴力等とのズレ；目が合っただけで鼻骨骨折させる） □問題歴・生（成）育歴・教育歴 □被虐待経験 □認知の歪み ・表情認知・自己イメージ ・対象へののめり込み □愛着障害 □発達課題・発達障害 □教師・友だち・家族等との人間関係不和（本	●子どもの状態 ○発現時期：非行が短期的な（初期の）ものか，どの程度長期化（慢性化・発展化）したものか，また，環境的要因と個人的な要因がどのように関わり合っているかを整理し，起因となった出来事への理解や傾向をつかむ。 →本人から聞く場合，基本的に本人を「排除」する言動をしない。 ○暴力内容等：暴力内容，行動単位，問題歴の度合により等を合わせて，障害の可能性もあるか踏まえる必要がある。 ・度合：暴力の度合が常軌を逸脱している場合（サイコパス的），周囲が困っている，または本人に逆うえず崇めている場合がある。 ・暴力犯の要因として，被虐待経験（家庭的機能不全）の他，解離状態が示唆されており，さらに解離状態には重大な他者との別れが関連するともいう（Stein, 2006／邦訳, 2013）。 ・歯止めのきかない暴力は，暴力を止めることを哀願する被害者に過去の（虐待等を受けた）弱々しい自分を投影（同一視）し払拭するための暴力となっていることがある。 ・問題歴：これまでの問題行動を捉えていくが，その背景に何があるか，生育歴・家族関係などを理解していく必要がある。この時，「問題行動」（とりわけ懲罰だけに目を向けるのは逆効果なことがあるという認識が必要）にばかり囚われないようにする。例えば，過去に何らかのトラブルを起こした際に，関わった大人（保護者や教員）がどのような態度を示したか等を知ることは，荒れの原因理解や，支援や対応への留意点へも繋がる。 ○生育歴・教育歴：保護者等から，幼少時の様子を聞き取る際，「育てにくさ」を感じていたり，他の子どもの言動との違い等を感じてきたようであれば，発達上の課題がある可能性を踏まえる。 ○被虐待経験：虐待の有無というよりは，どれくらい大切にされてこなかった／大切にしていることを伝えられてこなかったかの度合をアセスメントする。 ○認知の歪み：①表情認知（目が合っただけで敵や暴力），② ①に関連し相手の言動の邪推，③優劣による自己イメージの不安定さ（自信欠如・他者過大評価，共犯の被影響性），④現実検討能力欠如：虐待や家庭不和を直視できない（自我

第 4 章　スクールソーシャルワークの相談援助技術Ⅰ：包括的アセスメントと支援の観点

人要因の不和） ・家庭内暴力 □清掃・ゴミ具合 ・整理整頓具合：机，鞄，教材（棚） □学習意欲 □薬物依存度合 □警察対応歴／相談歴 □他機関相談歴・各種資源との繋がり	防衛） →キレやすさ「自分ばかり言われる」発言も関連 ・対象へののめり込み：①男性性（モデルガン・ナイフ等の凶器），②残虐な映像・殺人・自殺方法等 ○発達障害：精神疾患，発達障害，知的障害などによる二次的な課題としての非行となっていないか理解することで，表面的な困り感だけではない本人の困り感を理解することに繋がる。 ○友だち関係不和：共犯では，所属グループからも浮いてしまう主犯，グループには入れない従犯（自分にできないことを主犯に同一化）の関係がある時がある。 ○相談歴：これまでどのような専門職等と関わってきたかは，重要な資源理解に繋がる。 **支援のポイント** ◎成育歴：自己否定感を持って育ってきていることもあり，自己を肯定的に受けとめること，受けとめられることは，人との信頼関係づくりに重要な経験ともなり，「立ち直り」の際にも必須である。 →様々な認知や行動のパターンをいかに学習されてきたのかを家庭関係から見る意味は大きく，そうしなければ生きてこれなかったという点の理解が必須である。 ○人間関係不和：相手のことを温かく感じることができないなど，発達的な課題を持つ可能性があるからこそ SST（認知行動療法）などの実施を検討する場合があるが，非行系の子どもたちが SST 等への意欲があることは少ない。なぜなら，そもそもの養育環境（愛情を感じる居場所）の基盤がないためである。この上に SST 等の教育をしても，人権意識や社会性を学ぶことはできない。SSWr がまずすることは SST 等でなく居場所づくりだという考えもある。表面的な SST だと面倒なため早く辞めたい動機から，その場ではよい言動を取ることもある。自分を大切にできてから，相手を大切と思えるのであり，その後，自分がしたこととやっと向き合えるようになる。つまり，いかに本人を大切と思ってくれる人（その子の良さを率直に認めてくれる人）を増やしていくかが求められる（1人でもよい）。SST であれば，まず危険な時（暴力をしたい時／されそうな時）は，その場から逃げるレベルからでもよいと伝える。 ・家庭負因（家庭内での親喪失・貧困・不道徳者の有無）または低自己統制（衝動性・物事投出・衝動性）が進路の挫折（低学力・学業中断・不安定就労）に寄与し（家庭負因・自己統制の相関なし），さらにそれが自己概念低下（自己評価・他者評価の低下）または不良集団への所属に寄与し，自己観念の低下と不良集団への所属が結果として累非行性をもたらすという結果が出ており，個人・家庭・学校・地域における包括的な支援内容の意義と，とりわけ個人と家庭の支援の重要性が示されている（石毛，2007）。

動物虐待

　犯罪（殺人，強姦，放火等）の背景には自分自身のみのニーズに関心を向けて痛みや快楽を感じ，一方で他人の痛みは平気で無視するという「共感性の欠如」がある。素行障害の診断基準の1つである「動物虐待」は，まさにそれと同様の背景を持つ。動物虐待は最も初期の素行障害の兆候の1つであると認識し「危険信号」と考える必要がある（Ascione, 2005）。つまり「人に対する攻撃」だけでなく「動物に対する攻撃」についても注目することが必要であり，それらは重大な犯罪の抑制にも繋がる。なお素行障害の一要因として ADHD と生育歴との可能性が示されており，虐待などの幼少期の成育環境が反社会的パーソナリティを育てる考えがある（福島，2000）。猫の舌を切り，アルコール漬けで保存する，人を傷つけて笑っている等，本人しか理解できない規範を持つ場合，サイコパス的と言われてもいる。

　＊ADHD が必ずそうなるというものではないことに留意

第5節 子ども（ミクロレベル）のアセスメントからの支援の観点

```
ADHD  ⇒  ODD           ⇒  CD         ⇒  ASPD
         Oppositional      Conduct        Antisocial Personality
         Defiant Disorder  Disorder       Disorder
注意欠陥    ⇒  反抗挑戦性障害    ⇒  素行障害    ⇒  反社会性
多動性障害                                       パーソナリティ障害
```

表4-12 窃盗・盗癖のアセスメントと支援の観点

アセスメント項目	アセスメントと支援の観点
■子どもの状態 □盗難への意識 □盗んだもの・場所・時間・頻度の特定 □子どもの考えや状況の確認 ・盗む時にどう感じたか？ ・盗むことは悪いことと思っているか？ ■誘因 ・生理的欲求：空腹・快感性の取得・ストレス発散・妬み，物欲（薬物欲しさ） ・所属：グループに強要されて仕方なく ・愛の欲求・承認欲求：注目されたい・愛されたい，親への「私を見て」アピール □クラス内で紛失する物（事案）が多い	●子どもの状態 ○盗んだもの：何を盗んだかよりも誘因分析がとても重要である。例えば，食料品，バイクまたは女性の下着を盗むのとでは本質的な問題の違うことを理解する必要がある。非行のアセスメント（可能性を含め薬物・売春等性のアセスメント）と併用する。 ●誘因 ・くり返し食料品を盗む場合は，誘因の分析を明確にする。つまりネグレクト（または他の虐待）や貧困の可能性をアセスメントし，さらに学習状況を踏まえ，知能検査も必要であれば検討する。 ・毎回お菓子を万引きする時は，家庭内でおやつをもらえない，誰からも愛されていないという心理的飢餓感があることがある。 **支援のポイント** ○盗難へのスリルがある，新しいゲームが欲しい，盗んだものを転売してお金を稼ぐなど，遊ぶことが目的の場合は反社会的行動（犯罪）であることを明確に認識させる。 ・心理的背景に重点を置き過ぎると，犯罪であるという事実にフォーカスされないため，まずダメなことはダメと伝え，それが理解された上で心理的支援を行う。 ○盗んだもの：親の財布からお金を盗む，万引き，自転車盗みは犯罪初期の事項であり，低年齢でされるほご累犯性も高くなるため初期介入はとても重要である。 ・くり返される場合は警察，児童相談所など関係各所との連携が必要 ●クラス内で紛失する物（事案）が多い：ある子どもを中心として紛失する場合は日々の注意が必要：明らかな根拠のない場合に子どもを疑い，保護者から過大な苦情を呈することがあるため，担任支援においては時に長期的に捉えるよう伝える必要がある。例えば，机から紛失物が出てきても机に入れたのが「自分ではない」という時，単なる嘘だけでなく，自らやったことを忘れている時，本当にやっていない時があることに留意が必要である。 →SSWrの役割として，長期の犯人捜しよりも盗難が起きない環境づくりに重点を置く

表4-13 薬物問題のアセスメントと支援の観点

アセスメント項目	アセスメントと支援の観点
■子どもの状態 □薬物経験の有無 □治療開始年齢・通院歴 □交友関係	●子どもの状態 ○薬物経験：経験者は，継続している可能性があるため注意深く見守る。それだけ，一度始めたら止めることが難しいことを理解しておく。なおアルコール，たばこ等の嗜好品や睡眠薬・精神薬などであっても依存性のあることを理解しておく必

・どこのグループと遊んでいるか ・グループの特徴 ・出入りしている場所 ・暴力団との関係 ・薬物の契機となった人 ・家族の精神疾患歴 ■入手経路 □郵便物確認：保護者が頼んでいない郵便物が定期的に届く ■乱用状態 □主たる乱用薬物 □睡眠・テンション ・何日眠らないでいるか ・ハイテンション □不登校傾向 □薬物乱用（Drug Abuse） □薬物依存（Drug Dependence）：身体依存・精神依存 □薬物中毒（Intoxication） ・虫が見える・追われる（幻覚） ■検挙後 □家庭裁判所調査官からの連絡	要がある。 ・依存性は大麻より覚せい剤のほうが高い傾向がある。 ・摂食障害（体重を減らしたいがための嘔吐）などから薬物にはまる場合もあるが，中高になれば売春等へも繋がることもある。 ○交友関係：場所の特定などからグループの特性を理解していく。例えば暴力団が出入りするような場所にいつも遊びに行っている等。 ・所属しているグループが暴力団等に出入りしていないかといったリスク要因を捉えることがまず必要である。 ●入手経路・郵便物確認：近年はネット上で薬物が販売されていることもあり，定期的に本人へ郵便物が届いている場合，睡眠やテンションに注意する必要がある。保護者名義で届いている場合には，注文していないものが届いていないかの確認は必要である。 ●乱用状態（厚生労働省「薬物問題相談マニュアル」より一部抜粋） ◎睡眠・テンション：薬物にはまっている場合，3日間以上眠らずにいられることもあり，何日寝ていないかは重要なアセスメント事項である。 ○薬物乱用：ルールに反した「行為」に対する言葉であり，社会環境から逸脱した目的や方法で，薬物を自己摂取している状態。 →初めは気持ちいいからはまっていくが，徐々に依存度が高くなり，乱用度合も高まり，幻覚等が起きだす。統合失調症発症と類似した症状が出るが，中には統合失調症を持つ子どもが薬物にはまっていることもある。 ○薬物依存：依存性の薬物の乱用をくり返した状態のことで，大量の依存物質を摂取することができる耐性を高め，摂取できない時に手が震えるなどの離脱症状を呈する身体依存と，薬物がほしいと渇望し，労をいとわずに（周囲をだましたり，犯罪を犯すまでにもなる）買ってしまう精神依存がある（薬物依存は本質的に精神依存のことをいう）状態。 ○薬物中毒：酩酊状態を通り越し麻酔状態になるほどの一気の摂取による急性中毒と，薬物依存者が乱用をくり返し，幻覚・妄想となるほどの慢性中毒がある。 ・虫が見える：チョウチョ等，虫が見えたら入院すべき状態である。 ○不登校傾向：屋内型の薬物依存はネットによる購入，屋外活動型は街頭購入や組織からの購入であることもある。

🌟 **支援のポイント** 🌟

○交友関係
・暴力団との関係：関係が理解できれば，警察（青少年係等）に伝える。但し，SSWrとの連携ができる担当者でない場合，「SSWrから情報提供があった」などと子どもに伝えてしまうこともあり，要注意である。
・信頼できる警察官といかに繋がれるかが重要であり，担当者を変えてでも連携できる人に頼ることも時には必要である。要保護児童対策地域協議会で検討してもいいが，警察が入っていることが重要である。
→だからこそ自分の職務理解をしてもらえるよう，普段から各機関との関係性づくりをしておく必要がある。なお情報提供により，警察では芋づる式に，依存している子どもや本体の組織を明らかにしようとすることもある。
・反社会的な組織との繋がりを絶つ機会として，少年院や施設に入ることも重要である。地元との関係を切る，切らないは，子どもの関わっていたグループの社会資源としての活かし方による。またよきグループづくりができるメンバーを理解できるか，グループのパワーバランスをアセスメントできるかによる。
→該当する子どもの施設入所により家庭が落ち着くと，これまで我慢していたきょうだいの問題が露呈することもあり，日頃からの家庭支援は必須である。
○睡眠：眠れないからといって精神科等で睡眠薬などを処方されると薬物依存の意味で逆効果になることもあり，要注意である。
○乱用状態

第5節 子ども（ミクロレベル）のアセスメントからの支援の観点

- 乱用防止教育，初期の乱用においては再乱用防止教育，慢性中毒者には統合失調症に準じた薬物療法，薬物依存者には購入する場や薬物仲間等の環境調整を行う。
- 虫が見える：見えた時点で，本人・保護者と確認し病院へ行く状態と判断すべきである。末期な状態であり，限界状態である。
- ●検挙後
- ○不登校傾向：薬物により学校へ行けなくなることもある。
- ○家庭裁判所調査官からの連絡：警察が逮捕⇒警察から家裁に書類が送られ受理されたら調査官が調査を開始⇒調査官が少年の情報収集（社会面，心理面等）をするため学校に連絡が来る。校長にはSSWrから情報提供する旨を事前に伝えておくことも必要である。本人は拘置所→鑑別所→少年院の流れである。一般的な非行以上に拘置所から家に戻すことはまずない。おおよそ単独依存は少年院，集団遊興は保護観察，幻覚等があれば医療少年院等へ進む。
- 子どもが少年院に行っている間は，保護者支援に回り，子どもが治療し帰宅した場合の環境づくりをする必要がある。
- 少年院退院後，薬物が抜け切れていないことも踏まえ可能なら自助グループへ繋げていく。但し18歳未満の自助グループは少ないことからSSWr自らがつくることが必要である。同年代の体験者の言葉は大きな励みになる。

医師の届出義務

「麻薬」（ヘロイン，コカイン，LSD，MDMA等）中毒者は「麻薬及び向精神薬取締法」により医師が診察した場合知事への届出義務が生じる。大麻，あへんは「大麻取締法」「あへん法」で規制されているため麻薬ではないが「麻薬及び向精神薬取締法」により麻薬中毒者として扱われる。入院なくして再乱用のおそれが著しくある場合，入院措置（2カ月で最長半年の延長）を適用できる。一方，覚せい剤（「覚せい剤取締法」規定）や有機溶剤に関しては届出の規定はない。

＊厚生労働省「薬物問題 相談員マニュアル」より抜粋

表4-14 性的問題のアセスメントと支援の観点

アセスメント項目	アセスメントと支援の観点
■子どもの状態 □愛着関係（母子関係，養育環境など） □親子関係の不和 □（性的）虐待経験・性モラルの低さ □身体接触に違和感がない・求める ・身体接触によって短絡的に親密な関係をもつ ・相手の口を付けた物を普通に食べる，箸を使う等，他者との境界が曖昧 □発達障害：コミュニ	●子どもの状態 ◎アセスメントでは客観的事実（加害・被害）の確認をしていく。性被害の場合，性的虐待同様に児相と連携を取りアセスメント実施方法を検討する。 ◎支援者の性的価値観をあてはめず感情的にならない（支援者自身のセクシャリティを振り返ること）。 ◎性的問題は，"きょうだい間"や"同性間"での加害・被害もある。 ◎愛着関係：希薄な場合，愛情に飢えている可能性があることを踏まえる。行為としての愛情の他，情動としての甘えができないことがある。 ・寂しいから，安心するからという理由で性的関係を持ち，その結果妊娠したり性感染症に罹患することもある。 ◎被虐待経験：虐待という暴力による支配・ネグレクトが性の境界の曖昧さへ至らせることがある。 ・（保護者・友人等から）性暴力を受けた子どもは性に対する恐怖が大きく，PTSD症状を発することもある。 ◎発達とのバランス：発達に応じた正常なものなのか，問題行動であるのかの見極

第4章　スクールソーシャルワークの相談援助技術Ⅰ：包括的アセスメントと支援の観点

- ケーションスキルの欠如
- 相手の気持ちがわからない・自分の気持ちを表現できない
- □発達とのバランス
- □非行傾向
- □性的刺激媒体：インターネット等による過度な性的刺激を受けている（携帯電話など通信機器の普及で同性間・兄妹間の性的な関係を描いた漫画やアニメを見ている）
- □デートDV
- ・身体的暴力
- ・心理的暴力
- ・性的暴力（強要・DVからの性行為・避妊具なし等）
- ・これらの暴力に関わる行動制限として、異性と話させない、交際相手の保護者の言うとおりに行動を要求、金銭制限（要求・貸したお金の返金なし・金銭出させずお金を出しているから逆に束縛する等）
- ■子どもの状態（未成年妊娠）
- □父親を誰だか知っている
- □妊娠について現実感があるか（子どもが生まれればきっと幸せになれるというファンタジー）
- □妊娠・出産についての正確な知識
- □性的被害としての心身の影響
- □区市民便利帳の保持
- ■子どもの状態（売春）
- □家出状況：頻度，理由，期間
- □持ち物変化：持ち物の増加（文房具からブランド品など高価なもの

め（発達段階に応じた性的興味や性的行動は通常の発達である）が重要である。小学生がコンドームを持っていればアンバランスであろう。
○性的刺激媒体：性的問題の背景として取り上げられることがあり、子どもがどの程度の刺激を受けているかのアセスメントは性的問題の大きさを捉えるために必要となる可能性がある。
・インターネットを通じて様々な情報が拡散されている状況そのものがそもそも性的問題へ入りやすい状況を生み出していることから、性教育はとても重要な（予防的）要素である。
○デートDV：加害者の、①イライラ期（ストレスを貯める）→②バクハツ期（DV）→③ラブラブ期（謝罪とそばにいてほしいとの懇願「お前が／生きる希望・居れば自分は変われる」）がくり返されることが多く、DVに類似している。
・SNS等を用いた行動制限（例：携帯等の男性登録者削除、メールチェック、定期的な連絡強要、出かけた場所での時間つき写真を添付強要等）も主流となっている。
・加害者・被害者共に家庭でのDV、虐待経験等の被害経験等があるかアセスメントをする。

●子どもの状態（未成年妊娠）
○父親が誰かわからない場合は性被害の可能性も考慮する。
●子どもの状態（売春）
○薬物体験：売春をしている過程で薬物に触れる、薬物を得るために売春するという関連性があることに留意する。

支援のポイント

●子どもの状態
○発達障害（軽度の知的障害含）：欲求を抑えきれず、友だちや家族に性的行為を要求（母や妹のお風呂除く）や疑似行為（ボディタッチ含む）をするとの相談が家庭からあれば、学校一家庭等との協議を前提に、場合によって自慰方法の丁寧なマニュアルを作成し欲求を処理する方略を獲得する支援方法もある。このとき、トイレやお風呂におけるマナーある自慰の仕方から、衛生面、犯罪行為を伝える。
〔犯罪行為伝達内容例〕
①人前でプライベートゾーンをズボンの上からでも触ってはいけません。②人前で股間を大きくしません。③人に自分が白いものを出していることを言いません。④人前で股間の話しや女性の身体の話をするとセクハラで警察に捕まります。⑤人前で股間を見せたり、白いものを出したら警察に捕まります。⑥携帯で股間を撮影したり、相手に画像を送りつけると警察に捕まります。
○デートDV：予防的な教育は大切であり、養護教諭や男女共同参画課系（出張）等の授業がなければ、性教育が重要となる中高は特に研修パックの準備はしておく（性別ごとにSSWrが担当することの配慮）。
・加害者・被害者共に被害者経験から成立させていることもある。①デートDVの理解／人権侵害とは何かの理解（被害者は相手に非があると思いにくいため、自分の被害の意識化が大切。辛い感情の明確化は専門機関にしてもらうことも必要）、②いかに自分が大切な存在か（暴力を受ける必要がない）を保護者等の環境から理解してもらう、などの環境調整が重要で、単なる教育的指導（「してはだめ」「つきあってはだめ」「別れたほうがいい」）では効果のないこともある。保護者と連携可能な場合は「大切な存在だからこそ、暴力的な相手とつきあってほしくない」と伝えることもよいが愛情的な環境づくりがなければ別れることはない認識を踏まえての対応検討が大切である。
・別れ際が最も注意すべき時であるため、暴力状況によっては警察との連携が必要である。
●子どもの状態（未成年妊娠・売春含）

まで) □薬物体験 □性感染症	◎大きな問題となる前には発覚しないことが多い。問題発覚後では，児童相談所レベルが多く，指導を委ねられても本人に対する性教育だけでは浸透しない難しさがある。また，性的問題を予防するためには性教育や社会的規範などの指導が必要であるが，性教育については個々の地域や学校（自治体）の"性に対する価値観・対処スタンス"を理解する必要があり，画一的な実施は困難である。 ◎関係機関との連携網を構築し，生活環境を調整していく。 ・妊娠は男女両者の問題でもあるので，心理的ケアと同時に，相手に主張できる社会的権利などを支援していく。 ・女子がコンドームを財布に入れている，授業中等に性行為に関する言葉を普通に発するなど，思春期の発言・発達より度が過ぎる場合は記録に残し，必要な場合，学校・自治体（条例等）に合わせた対応への協議をしていく。 ○妊娠等の正確な知識：妊娠・出産の知識を教育していく必要がある。 ・妊娠に対する現実検討能力の欠如がみられる場合は，具体的な事例を通し指導していく。 ・安易に中絶などを選ぶ子どもに，性教育のみならず人間としての倫理観を担任や養護教諭と共に教育していく。 ・妊娠後は，家庭と学校を交えた将来への話し合いが必要な時があり，双方ともに感情的になりやすいことから，養護教諭等も交え会議へのSSWrの参加など，学校と同時進行での支援も必要である。 ・家族が未成年妊娠に対し危機意識を持たない場合（母親が未成年妊娠経験等）は，家族へ働きかけ1人での子育ては難しい等の理解や協力を得る。 ・性被害による妊娠については性教育（望まない妊娠への対応等）・心理ケア（PTSD等の治療）・医療ケア（系統的全身診察など）・法的ケア（刑事告訴・告発への対応）ができるよう地域間機関連携（学校，福祉〔児童相談所〕・司法等）が必要であることから連携網を推進していく。家庭における愛情の補填も必須である。 ○極度な精神的不安定性：急にヒステリックになって泣き出したり，倒れたり，黙ったり，かい離等が見られる場合は心理的治療や医療的治療が必要である（一般的な神経症的症状と判断され見過ごされることもあるので継続的な治療の中で見極めていく）。 ◎学校での居場所をつくる。

性教育例「他者との距離が必要とされる　腕一本分の距離感」

①真の信頼関係とは継続した関係の中で時間をかけ育むもの。一過的な関係性で身体接触による急速な関係構築は将来的に性的問題を引き起こす危険性を含んでいることを伝える。
②距離感を知ることは他者と自分との境界線を知ること。つまり自分と他者は違う存在であることを認識すること。
③他者との境界が曖昧であると怒りをストレートに相手へ向けやすく，暴力行為に繋がりやすい。その1つに支配・服従の関係としての性暴力に繋がる場合があることも伝える。つまり境界の曖昧さは加害・被害に繋がりやすいことを伝える。
④身体接触はなくても信頼関係や愛着は築けるという考え方を伝える。
⑤大人が手本となって距離を示すことが大切で，スキンシップより大切なこと＝「くっつかなくてもちゃんと見ているよ。いつでもそばにいるよ」というメッセージを伝え，認識できるようにする。
　＊留意点：幼児であっても性的虐待を受けてきた場合，軽はずみに抱きしめたり，頭をなでたりするよりも，身体的距離があっても関係性が築ける体験が大切であるという認識を支援者が理解していることが求められる。

「性同一性障害」への配慮

心と体の性が一致しない性同一性障害の子どもは全国で600名程度おり，各学校で，帽子，制服，トイレ，更衣室，宿泊研修（一人部屋・入浴時間ずらし）の対応等をしていることがある。成長に伴い性別への違和感が消えることもあり，慎重に対応することが求められている。
＊読売新聞（東京）2015年1月24日付朝刊より抜粋

2．発達課題に関わる現象へのアセスメントと支援の観点

ここでは，発達課題に関わる現象へのアセスメントと支援の観点を紹介する（表4-15，表4-16）。

表4-15　発達に関わる諸課題のアセスメントと支援の観点

アセスメント項目	アセスメントと支援の観点
■支援内容の整理と焦点化 □困っているのは学校か，家族か，子どもか □何についての支援か（生活・学習発達・進級・進学・生活・就職等） □一時的な支援または継続的支援が必要か ■子どもの状況 □自らの行動の意識・認識 □生（成）育歴の把握（これまでの状態把握） ・妊娠・出産時・乳幼児健診結果 ・言葉の遅れ（1歳でも喃語，2歳でも一語文等） ・社会性，対人関係の問題を表す兆候 ・遊びや生活へのこだわりなど ・この他，運動等多発達的な遅れ等 □多動，集中困難，注意欠陥（不注意・忘れ物） □社会性（集団適応），対人関係スキル □こだわりとパニック，混迷（刺激による無反応等） □生活リズム（不眠・昼夜逆転） □食事の状況（偏食・過食など） □対人関係不和による反社会的・非社会的行動 ※不和に関係ない場合，重篤性を予測 ■学校における子どもの状況 □学習の進行状況	●支援内容の整理と焦点化 ○困っているのは誰か：各発達障害に類する課題は重複していることも多く，1つの診断結果から支援を考えるのではなく，子どもの状態に応じて総合的な支援を考えることが必須である。 ○学校での困り感と家庭での困り感が一致している場合，一致していない場合等，場所によりどのように課題が変化するかをアセスメントし，その要因を検討していく。 ●子どもの状況 ○成育歴：「うちの子」は手がかからないと親が言う場合，手のかからないように準備は全て親がしていたということはないかの確認が必要である。 ●学校における子どもの状況 ○家庭での子どもの状況との比較：発達障害が虐待の大きなリスクとなっているという考えと，虐待が発達に大きな影響を与えているという考えがあり，後者では，環境要因が発達に大きく影響を与え，発達障害と類似した行動をとるという。そのため被虐待児支援の場合も発達障害児と類似する行動特性がある点を踏まえてアセスメントする意識も重要である。 　　　　　　　　支援のポイント ●支援内容の整理と焦点化 ◎生活の構造化やルールの設定（TEACCHの視点含） ・わかりやすい言葉・可視化（書いて伝える等）をなるべくシンプルに（棚に入れる鞄の写真，ヒーローの絵・色紙などで覚えやすく等）する。 ・生活の具体的な目標（能力に合わせた）を立て，定期的に振り返る（自室の机に貼る，ノートに記載する等）。 ・上記を学校での板書や教室環境づくり，家庭環境づくりにも可能な範囲で役立ててもらう（黒板の見るべきところだけを

・どの程度発達年齢が遅れているか；読み・書き・計算・推論等 ・高校留年 □学習中の様子 ・寝る，立ち歩く，ふざける，いらいら，特定の教科だけ集中 ・姿勢・協調運動（バランス・眼球運動等） □適応状態の把握（いじめや孤立，不登校等） □家庭での子どもの状況との比較	見やすいように他の部分をカーテンで隠す，可動式の黒板を動かすなど特別支援学級などの見学から得ることも多い）。 ◎支援する側の言動を一貫（一致）する ・バラバラな指示や支援は混乱を招き，大人への不信感，問題行動を助長させる。学校内だけでなく，学校と家庭での一致も重要。この点で問題が長引く場合，一貫していないことが問題であるとの共有を SSWr から図ることも必要。 ◎基本的社会規範の指導 ・ありのままを受容するだけでは問題行動を助長することがあることを踏まえ，受容・共感は支援者の基本的スタンスとしながらもダメなことはダメと正確に伝える。 ●子どもの状況 ○社会性（集団適応），対人関係スキル：生活スキルやコミュニケーションスキルの習得のために自分の感情を理解し他の人に伝える，相手の感情について認識する意思疎通の学習や訓練（表情カード，認知行動療法〔SST 等〕の導入）を検討・実施する。

発達障害児支援のポイント

自閉症スペクトラム：支援のポイント
・一度インプットされた認知を状況に合わせ柔軟に変化・適応させることが苦手であり，認知の偏りで問題行動がさらに複雑になるため，それを修正したり，新しい認知を示すことが必要である。
・集団生活では孤立しやすいので，大人の介入（相手の感情を教える等）が必要である。
・自閉症スペクトラム障害の場合は，「空気がよめない・他人のことばかり攻撃するのに自分の行動の振り返りができない」などと思われやすい（誤解されやすい）。また，他者とのコミュニケーションがうまく取れず，物事を被害的に受け取る傾向があり，内面的怒りを抱えていることもある。コミュニケーションスキルを訓練することで，感情（怒り等）のコントロールを学んでいくことは大切である。
・感覚過敏を捉えた環境支援も必要である（音 70％，接触 54％，臭い 39％，味 38％；Blomley et al., 2004）。姿勢や運動などの体感覚に関わる教育的な支援も時に必要である。

学習障害（LD）：支援のポイント
・読み書き計算のどこにつまずいているのかを観察・診断し，そこから指導内容や指導方法を検討する。読字困難では1行ずつ定規で合わせて読む。書字困難では「ひらがな」「漢字」の書き方を別途補習（家庭もあわせ）していく。計算は宿題などでは電卓を活用する等，特別支援教育の専門家との連携が必須である。

注意欠陥多動性障害（ADHD）：支援のポイント
・問題行動発生時の行動パターンをつかむ。
・刺激を減らす工夫をする。
・トラブルが多発し集団生活等に困難が生じた場合は医療機関に繋げる（服薬調整など）。
・情緒面ではナイーブな傷つきやすさを持っているため，周囲からの肯定的評価によりエンパワメントする。

※上記は DSM-5 では「神経発達症群（神経発達障害群）」でくくられ，LD は限局性学習症（限局性学習障害）とされた。

表4-16 発達障害の分類と経過（杉山，2011）

	障害名	定義	幼児期の臨床的特徴	学童期の臨床的特徴	青年期の臨床的特徴	併存症
第1グループ（MR、肢体不自由などの古典的発達障害）	精神遅滞	標準化された知能検査でIQ70未満、及び適応障害	言葉の遅れ、歩行の遅れなど全般的な遅れの存在	学習が通常の教育では困難、学習の理解は不良であるが感情発達は健常児と同じ	特別支援教育を受けない場合には学校での不適応、さらに被害念慮に展開することがある	心因反応、被害念慮、うつ病など
	境界知能	標準化された知能検査でIQ70以上85未満	若干の軽度の遅れのみ	小学校中学校ごろから学業成績が不良となる、ばらつきも大きい	それなりに適応する者が多いが、不適応が著しい場合は、不登校などの形をとることも多い	軽度発達障害群、自閉症スペクトラム障害にむしろ併存症として認められることが多い
第2グループ（自閉症症候群）	知的障害を伴う自閉症スペクトラム障害	社会性の障害、及び想像力の障害	言葉の遅れ、視線が合わない、親から平気で離れるなど	様々なこだわり行動の存在、学校の枠の理解が不十分なため特別支援教育以外に教育は困難	適応的な者はきちんとした枠組みの中であれば安定、一方激しいパニックを生じる場合もある	多動性障害、気分障害、てんかんなど
	高機能自閉症スペクトラム障害	上記の障害を持ち、知的にIQ70以上	言葉の遅れ、親子の愛着行動の遅れ、集団行動が苦手	社会的状況の読み取りが苦手、集団行動の著しい困難、友人をつくりにくい、ファンタジーへの没頭	孤立傾向、限定された趣味への没頭、得手不得手の著しい落差	学習障害、発達性協調運動障害、多動、不登校、気分障害など多彩
第3グループ（軽度発達障害）	ADHD	多動、衝動性、不注意の特徴及び適応障害	多動傾向、若干の言葉の遅れ	低学年における着席困難、衝動的行動、学習の遅れ、忘れ物など不注意による行動	不注意、抑うつ、自信の欠如、時に非行	反抗挑戦性障害、抑うつ、非行など
	LD	知的能力に比べて学力が著しく低く通常学習では成果が上がらない	若干の言葉の遅れを呈する者が多い	学習での苦手さが目立つようになる	純粋な学習障害の場合は、ハンディを持ちつつ社会的適応は良好な者が多い	学習障害自体が様々な発達障害に併存して生じることが多い
	発達性協調運動障害	極端な不器用さ	不器用、他の障害に併発する者が多い	小学校高学年には生活の支障となるような不器用は改善	不器用ではあるがそれなりに何とかなる	他の軽度発達障害との併存が多い
第4グループ（被虐待体験に基づく障害）	子ども虐待	子どもに身体的、心理的、性的加害を行う、必要な世話を行わない	愛着の未形成、発育不良、多動傾向	多動性の行動障害、徐々に解離症状が発現	解離性障害および非行、うつ病、最終的には複雑性PTSDへ移行	特に高機能広汎性発達障害は虐待の高リスク、最も多い併存は反応性愛着障害と解離性障害

※杉山（2007）は被虐待児を臨床的輪郭が比較的明確な1つの発達障害症候群として捉え、これを第4の発達障害と定義した。また一般的な発達障害よりも子ども虐待のほうがより広範な障害であり治療も困難であると述べている。

DSM-5による解釈の変更

米国精神医学会は2013年5月，DSM-5（精神疾患の診断・統計マニュアル 分類と診断の手引 第5版）を出し，精神疾患の診断分類を19年ぶりに改訂した。そのガイドラインによると従来の自閉症，アスペルガー障害（知的発達や言葉の発達の遅れを伴わない，社会性・コミュニケーション・想像力に問題を抱えている）がまとめられて「自閉スペクトラム症」に，性同一性障害が「性別違和」，学習障害は「限局性学習症」に，といった変更がある。なお日本の厚生労働省が採用し，診療報酬にも使用しているのはICD分類のため，この改訂で疾患名が一気に変わるわけではないが，臨床研究で先進的に用いられるDSM分類は，2017年に予定されるICD-11（11版）にも大きく影響するとされている。このため，現在，自閉症を中心とする社会性の障害を持つ発達障害のグループについては「広汎性発達障害」と表記されているが，今後は「自閉症スペクトラム症／障害」と変更される可能性が大きい。なお，全般としての群は「神経発達症群」である。

3．精神・心理的課題に関わる現象のアセスメントと支援の観点

ここでは，精神・心理的課題に関わる現象へのアセスメントと支援の観点を紹介する（表4-17～表4-20）。

うつ病の二次症状と中核症状

近年，子どものうつ病が一般に認識されているよりもはるかに多いことが，様々な調査や臨床研究等で明らかにされている。傳田（2007）は，「子どものうつ病は，従来考えられてきたほど楽観視することはできず，適切な治療が行われなければ，青年あるいは大人になって再発したり，他の様々な障害を合併したり，対人関係や社会生活における障害（課題）が持ち越されてしまう場合も少なくない。今や子どものうつ病を正確に診断し，適切な治療と予防を行うことが急務となっている」（括弧内作者）と述べ，児童・思春期においてうつ病が見逃されてきたことの問題点を指摘している。ところで，傳田（2002, pp. 45-52）は，子どものうつ病における症状を，基本的で共通して存在する「中核症状」と，年齢や性格，生活習慣などの個人の属性や経験を介して現れる「二次症状」に分けて説明している。

〈二次症状〉
無力感，劣等感，自責感，罪悪感，抑うつ気分，自信喪失，不安，焦燥感，悲哀感，自殺念慮，自殺企図　など

〈中核症状〉
○身体症状
　睡眠障害，食欲障害，身体のだるさ，日内変動
○精神症状
　興味や関心の減退，意欲や気力の減退，知的活動の低下

＊子どもの有病率（一般人口における児童・思春期の子どもの有病率）：約2.0%～8.0%（傳田，2004），子どものうつ病における中核症状と二次症状（傳田，2002, p. 64を参考に図示）

107

表4-17 精神疾患のアセスメントと支援の観点

アセスメント項目	アセスメントと支援の観点
■共通アセスメント事項 □症状の発症／出現／程度 ・症状はいつ頃から出現したのか ・症状の程度はどうか ・不登校気味になっていないか □家族の対応 ・本人の変化に気づいているか ・本人が医療機関を希望しているのを否定していないか（精神科への抵抗がないか） □本人以外の対応 ・保護者の対応，教職員（学校）の対応，その他周りの対応はどうか □症状に対する認識 ・症状に対する自己認識（困り感，生きづらさ）はどうか ・日常生活での課題はみられるのか □各種検査によるスクリーニング ■うつ病 □「中核症状」および「周辺症状」の程度 □中核症状 ・身体症状：睡眠障害，食欲障害，身体のだるさ，日内変動 ・精神症状：興味や関心の減退，意欲や気力の減退，知的活動の低下 □二次症状 ・無気力，劣等感，自責感，罪悪感，自信喪失，不安，焦燥感，自殺念慮，自殺企図など 【聞き方ポイント】 ・身体のだるさ：「朝は起きるのつらい？　身体重たい？」 ・睡眠障害：「何時くらいに寝たの？　起きたの？」　5時間以下はうつ病発症のリスク要因が高いことを捉える。 ・自責の念：「自分のこともうだめだとか，生きている意味がない（中学生：価値のない）とか思ったりしてない？」 ■パニック障害 □パニック発作 ・心臓がどきどきする，冷や汗をかく，息苦しい，呼吸が速くなる，吐き気，身体や手足のふるえ，めまい，ふらつきなど □恐怖と不安 ・パニック発作と同時に強い不安感と激しい恐怖感が出現しているか ・予期不安：パニック発作に強烈な恐怖	●共通アセスメント事項 ○症状の出現：情報を収集し，症状の状態を明らかにする。発症時期，生育歴なども当然重要である。 ・不登校：統合失調症は難治な状態になりえることもあるため最も注意すべきで，従来の人間関係上の問題があってもアセスメントはしっかり行うこと。二次障害としての精神症状であることもあり，要因のアセスメントは必須である。 ○症状による認識：疾患によって起こる生活課題について評価を行い，環境調整を図る。 ・うつ病：睡眠障害，食欲障害などの中核症状はもとより，興味・関心の減退，無気力などの生活意欲の減退が顕著となり，生活を営む上で，全体的な活動性が低下する。特に生活意欲の減退及び活動性の低下では，医学的なケアに加え，生活環境の調整も優先的に必要となる。 ・パニック発作：発作を他人に見られることの恥ずかしさから不安や恐怖が生まれ，その結果，大勢の人が集まる場所や過去に発作を起こした場所を避ける広場恐怖（外出恐怖）が出現する。このような症状から外出がおっくうとなり，家にひきこもるようになって社会生活が困難である。 ●パニック障害 ○突然起こる「パニック発作」によって始まり，続いてその発作が再発するのではないかと怖れる「予期不安」が生じる。いつ発作が起きるかわからないため，常に不安の強い状態が続き，それが行動の範囲を狭め，社会機能の低下を生じさせる。なお近年まで子どもにはないと思われていたので，その疫学調査も少なく，正確な有病率は示されていない。 ●統合失調症（前駆症状・関連症状含） ○継続的な服薬を必要とし，時には入退院をくり返してしまうこともある。適切な服薬コントロールを医師と行っているかの確認はすべきである。 ・陰性症状として，学習などへの意欲が低下し，対人への配慮が不足し，例えば入浴もしなくなり，孤立やいじめなどのきっかけになってしまうこともある。単なる不登校と間違えると予後が悪い場合もあり，正確なアセスメントが必須である。 ●強迫性障害 ○強迫性障害は，「強迫観念」と「強迫行為」を特徴とする疾患であり，15歳以前の発症が20～30％，20歳までの発症が40～50％とされ，比較的児童・思春期に多く発症する疾患である。 ・強迫観念とは「自分でわかっていてもくり返し頭に浮かんでくるばかばかしい不快な考え」をいう。これらの症状は継続して認められるため，学校や家庭などでの日常生活に支障をきたすことになる。 ◆支援のポイント◆ ●共通アセスメント事項 ◎症状の程度（重症度），医療的介入の必要性について評価を行い，必要性に応じて医療機関等を紹介する。特に，病気と

第5節　子ども（ミクロレベル）のアセスメントからの支援の観点

を感じるため，発作が発生した場所を恐れ，再び発作が起こるのではないかと不安を募らせていく ※予期不安により，いつも自分の身体の状態が気になって，次第に神経質となり，その恐怖と不安によってパニック発作をくり返していく（山崎，2004, pp. 251-255） □「パニック発作」／「予期不安」の出現 ■統合失調症（前駆症状・関連症状含） □幻聴（命令の声など）・幻覚がないか □感情の起伏がなくなり意欲が低下してないか □奇異な行動（不自然な静止姿勢など）はないか □会話が解体（支離滅裂等含）されていないか □自傷他害的な言動が出てないか ・上記のチェックにかかわり両価性（2つの相対する考えを持つ／それに悩む：声が聞こえるを含む） ■強迫性障害 □強迫観念 ・「排泄物（尿，便，唾液），汚れ，汚染などが気になる」「何か恐ろしいことや不幸なことが起こるのではないかとおびえる」「物事の左右対称，順序，正確さが気になる」「几帳面で，良心に反することをしないか不安になる」などがある □強迫行為 ・強迫観念を取り除き不安を打ち消すための動作や行為がある →何度も手洗いをする，何度も鍵やガスの元栓，電気のスイッチなどを確認する，何度も整頓したり掃除したりする，儀式的に数を数えるなど（山崎，2004, pp. 263-274） →手を洗いすぎて，赤く→白くなっている，確認に数十回／数十分かけている等で日常生活に支障をきたしていないか □生活に支障が出るようなこだわり ・家の中で歩く場所が決まっている ・電車の手すり等，他人が触ったものをさわれない	認めたくない家族においても，時に待ち受け型の支援では症状が悪化することもあり，積極的介入が必要である。アセスメントは正確性（チームアセスメント含）とチーム連携が求められる。 ◎初期は単体でのアセスメントであるが連携によりアセスメント情報が多くなるため，それらを総合した支援計画の策定へと繋げる。つまり計画策定にあたっては，本人はもとより本人以外の関係者への働きかけについても検討し策定するため，簡易な支援計画から多職種連携の支援計画へと移行していく。 ●うつ病：症状が複合的に2週間以上続く場合，二次症状が出ている場合などは重症度が高い可能性があり，特に自殺念慮がある場合は，緊急で医療的ケアを必要とする視点が求められる。また，双極性障害の「うつ状態」と混同しないように注意する。例えば「元気が出てきた」と積極的行動を評価してしまうと，逆に危険なこともあるので，医療機関と連携して正確な情報を入手する。 ●パニック障害：発作が再発するのではないかという強い不安感（予期不安）が出現している場合，不安に伴う生きづらさが生じるため，早い段階で薬物療法などの医療的ケアが必要となる。 ●統合失調症：自分に対して厳しい心の声が聞こえて常に不安を感じたり，クラス中が自分の悪口を言っているような気がしたりして不登校が始まることがある。家族に伝えても取り合ってもらえないことも多い。病識を受け入れ，医療機関に行くことの必要性を家族に説明する支援が必要である。動作が極度に遅くなったり（就学旅行の入浴に時間がかかるなど），対人関係の能力の低下を病状として捉える必要性を担任などにSSWrは伝えていく。 ●強迫性障害：強度の強迫観念は日常生活に支障をきたすため，早期に医学的治療が必要である。 ⇒各症状が著しければ，早期に医師の診断を受け，薬物療法や精神療法，認知行動療法などの治療的支援を検討する。また，SSWrによる生活環境の調整や生活支援など，心理社会的な支援も求められる。 ⇒このような生活課題に対して，各種サービスや機関を利用する場合，SSWrは個別支援計画を作成し，その人のニーズに合った社会資源を調整する。その際，フォーマル，インフォーマルを含めて，様々な社会資源と連携を図っていくことになる。また，急性期を過ぎて，ある程度，精神症状が落ちつけば，本人もしくは保護者の希望に応じて，セルフヘルプ・グループ（保護者向け）への参加を促す。もしも既存のセルフヘルプ・グループが身近にない場合は，新たに組織化して作っていくこともSSWrの役割である。

※うつ病については傳田（2002, p. 64）を参考。

第4章　スクールソーシャルワークの相談援助技術Ⅰ：包括的アセスメントと支援の観点

表4-18　DSRSCの質問項目（自己評価スケール）（傳田，2002, p. 64を参考に一部改変）

私たちは，楽しい日ばかりではなく，ちょっとさみしい日も，楽しくない日もあります。
みなさんがこの1週間，どんな気持ちだったかを答えてください。良い答え，悪い答えはありません。思ったとおりに答えてください。

1	楽しみにしていることがたくさんある。	10	生きていても仕方がないと思う。＊
2	とても良く眠れる。	11	やろうと思ったことがうまくできる。
3	泣きたいような気がする。＊	12	いつものように何をしても楽しい。
4	遊びに出かけるのが好きだ。	13	家族と話すのが好きだ。
5	逃げ出したいような気がする。＊	14	こわい夢を見る。＊
6	おなかが痛くなることがある。＊	15	独りぼっちの気がする。＊
7	元気いっぱいだ。	16	落ち込んでいてもすぐに元気になれる。
8	食事が楽しい。	17	とても悲しい気がする。＊
9	いじめられても自分で「やめて」と言える。	18	とても退屈な気がする。＊

＊は逆転項目

※うつ病の症状を評価する尺度については，ハミルトンうつ病評価尺度（Hamilton Rating Scale for Depression）やベックのうつ病自己評価尺度（Beck Depression Inventory）などが一般的によく用いられている。とりわけ，子どものうつ状態を評価する尺度としては，バールソンが開発したDSRSC（Depression Serf-Rating Scale for Children）が有名である。このDSRSCは村田豊久氏によって日本語訳されており，質問は18項目からなる。質問に対して子ども自身が3段階（「いつもそうだ」「ときどきそうだ」「そんなことはない」）の評価を行うもので，36点満点（カットオフ16点）で採点される（傳田，2002）。

表4-19　リストカットのアセスメントと支援の観点

アセスメント項目	支援の観点
■全般的な共通事項 □重症か軽症か（傷跡の数，深さ） □傷が新しいか古いか □神経症的症状（うつなど）や問題行動（非行・売春・家出・性的問題）が重複しているか □家庭状況の把握 ■非行タイプ □いらいらや寂しさ（見捨てられ感）を暴言や暴力で表現する □力で相手を支配する（根性焼き・壁を殴る等） □一見強そうに見えるが，非常にナイーブで傷つきやすい □大きな環境の変化を目前にすると「怖い」「不安」を感じ，リストカットをする □傷跡をぞんざいに扱うためなかなか完治しない ■抑うつ傾向の強いタイプ □感情表現が乏しく表情が無い □自己評価が低く対人関係につまずきやすい □現実逃避やクライシスコール（危機に陥っている状況において助けを求めるための手段）としての自罰的な意味がある □攻撃（怒り）の対象が自分自身であるが他者にも攻撃的な側面を見せる □見つからないように長袖を着たりして傷跡を隠すこともあるが，反面，包帯に執着し傷口を確かめるため何度も巻き直す	●全般的な共通事項 ○援助希求の乏しさ（傷の処置をしない等含む）は他者に対する不信感の強さ ○コントロールの悪さ・エスカレート（意図以上の深い傷・露出した傷，伐毛・タバコ押等）は行為自体のコントロール不可，ストレス鎮静効果の減少，自殺行動の高リスク ○「痛み」を感じないのは被虐待歴の可能性があり，自傷を手放すことに強く抵抗する傾向がある。 **支援のポイント** ●全般的な共通事項 ○説教的・支配的な言動は逆効果なことが多い。 ○傷跡が新しく重症な場合は危機的状況であると判断し早期介入が必要。 ○傷跡が古い，または軽い場合は養護教諭に繋げしばらく様子をみる。基本的に養護教諭が知っていることが多い。 ○問題行動が重複・深刻化していれば関係機関や医療に繋げる。親子関係に配慮する。 ○被虐待経験者の傷は深いことがある。 ●非行タイプ ○代替できるストレス対処方法を学んでもらう。カウンセリング，手首にゴムをはめて皮膚を叩く，運動，呼吸法，絵を描く等 ○「自分の体も他人の体も大切なものである。自傷

第5節　子ども（ミクロレベル）のアセスメントからの支援の観点

■演技的，自己愛的傾向の強いタイプ □常に注目を浴びたいという意識が強い □泣いたり笑ったり怒ったりと感情の起伏が大きく周囲の影響を受けやすい □「死んでやる」「私のような子は生きていても仕方がない。死にたい」などの発言がある 　一方で「すごく幸せ」「私は〜が大好き」等，その時の感情で動くため周囲を混乱させる □これといったきっかけや理由もなく，他の児童がやっているのを見て「じゃあ私も」という場合もある □傷跡をアピールのために意識的に周囲に見せようとする	はいけないことである」「傷はきちんと手当てすること」等を明確に伝える。 ○毎日さりげなく声をかけたり，「いつでも見ているよ」ということをアピールする。 ○「元気がなさそうだね。心配なことでもある？」「困ってるみたいだけど手伝えることはある？」など表情を読み取り言語化する。 ●抑うつ傾向の強いタイプ ○自傷発見後は動揺することなく淡々と傷の手当てを行い，その場では動機や深刻な状況をあえて聞き出さないが，場を変えて「自分の体も他人の体も大切。自傷はいけないことである」と明確に伝える。 ○周囲への影響は想像以上に大きいため周囲に動揺を与えそうな場合は集団から隔離する。 ○リストカットを手段ではなく目的として行うようになる依存症的傾向が強いため，早急に医療へ繋げたほうがよい。周囲の友だちなどへ伝染することも含め，学内対応を検討しておくことも必要である。 ●演技的，自己愛的傾向の強いタイプ ○周囲が反応すると注目を浴びたい時に使う手段として固定化する懸念があるので，リストカットについてはこちらは注目していないという姿勢を示す。 ○早い時期に一度は「このようなことはしてはいけない」と伝える。 ○気分の切り替えが早いため，「今やってみたいことある？」などの声かけで，興味の転換を図る。 ○楽しみながら一緒にできることを提示する。

表4-20　夜尿・失禁のアセスメントと支援の観点

アセスメント項目	アセスメントと支援の観点
□発症時期 □夜尿だけか，失禁も伴うか □日常生活や学校生活に支障が出ているか □家庭環境の確認 ・適切な対応がされているか（寝る前のトイレ，夜尿・失禁後の衣類・シーツなどの交換，布団を清潔にしているか等） ・虐待はないか □学校環境の確認 ・いじめなどの心理的ストレス状況はないか □生育歴・教育歴 □発達課題・発達障害 □教師・友だち・家族等との人間関係不和（本人要因の不和） □相談歴・各種資源との繋がり	◎子どもが自ら困り感を訴えることが少ないため（恥ずかしいから言えない）周囲の大人が注意深く見守る。 　　　　　　　支援のポイント ◎就学以後も夜尿，失禁が頻繁な時は，まず専門機関を受診する。これまで子育ての問題と言われた時代があったが，膀胱の小ささなど生物学的な原因が明確になっているため，まず生物学的な因子を捉えることは必須である。 ◎自己評価が著しく低い子どもには心理的ケアが必要である。 ※女子の場合，失禁に加え男性への身体接触や距離感の無さが目立っていたり，ぼーっとしているなどのかい離症状がみられる時は，性的な問題（性的虐待を含む）を持つ場合があるため，慎重な対応が必要である。関係機関や医療との連携なども視野に入れる。

4．家庭的課題に関わる現象のアセスメントと支援の観点

ここでは，家庭的課題に関わる現象へのアセスメントと支援の観点を紹介する（表4-21，表4-22）。

表4-21　虐待のアセスメントと支援の観点

アセスメント項目	アセスメントと支援の観点
■子どもの状態 □虐待への意識・認識（通告の意識含） □身体的虐待：殴る，蹴る，投げ落とす，激しく揺さぶる，やけどを負わせる，溺れさせる，首を絞める，縄などにより一室に拘束するなどが起きている □心理的虐待：言葉による脅し，無視，きょうだい間での差別的扱い，子どもの目の前で家族に対して暴力をふるう（ドメスティック・バイオレンス）などが起きている □ネグレクト：家に閉じ込める，食事を与えない，ひどく不潔にする，自動車の中に放置する，重い病気になっても病院に連れて行かない，夜間放置するなどが起きている □性的虐待：子どもへの性的行為，性的行為を見せる，性器を触る又は触らせる，ポルノグラフィの被写体にするなどが起きている □上記の各虐待を類推する状態・状況が起きている ・あざ（パーソナルパーツ部分は重篤），火傷 ・日々お腹をすかしている ・度が過ぎる季節に合わない服装（夏なのに防寒的服装等），汚れた服装（同じ服装含）／身体／歯（長期の虫歯：う歯） □発達課題・発達障害 ・発達障害のアセスメントのチェックが多い □その他の行為・体調不良 ・非行行動・動物虐待 ・顕著な性化行動（人前での度が過ぎる身体接触や猥褻な言動など ・体調不良（吐き気・頭痛・腹痛・月経不順） ・自己否定感，希死念慮（リストカットなど） □帰宅拒否・遅い帰宅	◎被虐待経験は適切なケアや生活が維持できないと自暴自棄状態となり，リストカット，売春，薬物などの自傷行為，さらには他人に対する暴力・殺傷行為という非行行動に関わることがある。その中核には見捨てられ不安によるところが大きいとする説もある。 ◎児童相談所へ相談，及び関係機関との連携ができているかは子ども，家庭，学校とどのレベルでも確認が必要である。虐待発見後支援途中のケースの場合は必須である。 ・低学年よりも自己意識の高い思春期の子どもにとって本人の納得なくして一時保護や分離をすることは困難なこともある。 ◎本人の聞き取りでは，恥ずかしさや保護者に知られた時の怖さから，二転三転することもあり，重複して何度も聞くことなどないよう工夫が必要である。とりわけ，性的虐待においては留意が必要である。 ・ネグレクト：継続的な空腹感（日数）を確認する。 ・近年は，仕事等を含めた夜間放置が週5日を超える場合などもネグレクトと捉えることがあり，どの程度の状態で関係機関が支援体制を整えるかのアセスメントは重要である。週5日夜間放置で，子育て支援課，児童委員，子ども家庭支援センター等が動くこともある。 ・神経性やせ症との違いは本人のボディイメージの歪みや手の甲等の"吐きだこ"で確認できる。 **支援のポイント** ◎虐待の早期発見等の努力義務（児童虐待防止法第5条），虐待に関する通告義務（児童虐待防止法第6条9）について，どの段階で通告するか教育委員会及び学校側との確認は必須である。適切になされていない場合，校長，指導主事ともに躊躇してしまうことがある。 ◯虐待への意識・認識：保護者に逆らうと学校に行かせてもらえない等，子どもが通告に躊躇する時がある。一時保護しても本人の拒否がひどければ逆効果になるため，本人がどのように納得できるかも重要事項となる場合がある。 ・子どもの生活状態（受験前・卒業前）及び保護者との関係を考えると通告を躊躇する学校は少なくない。通告に躊躇するという議論ではなく，子どもの生活状態を考慮の上，子どもを中心に関係機関と生活支援を検討する必要がある。 ・一時保護になるとどのような生活（勉強時間が圧倒的に少ない，集団生活で落ち着く場所がない等）を子どもが過ごすことになるのか学校側に理解をもたらすことは必須である。ま

□不登校，不登校気味，睡眠障害（夜眠れない環境含）	たケースにより子ども側に理解してもらうことも重要である。また一時保護後ほとんどの子どもが家庭に帰ってくることを踏まえた支援準備（地域も含めた環境調整）が SSWr には最も求められる。この時，それまでのように"虐待がない"という前提でなく"虐待があった"という前提で地域で見守るという意識が必要である。登校する子どもの不安感も高くなるため，登校前の担任との関わりを依頼する。 ・私学通学や高校生においても保護者に逆らうと学校へ行かせないとする家庭もある。家庭への継続的な支援も必要だが，子どもの気持ちに寄り添うだけで子どもの生活を支えることにもなり得る。 ○虐待特性に合わせた支援を検討するためにもアセスメントによる事実の確認は重要である。ただし，性的虐待の疑いがある場合は，詳細に確認せず，児童相談所と相談の上進めるべきである。 ・援助の終結時には，しっかりと分離不安と向き合えるような場づくりも大切で，別れ（分離）を中途半端にすると逆効果になる時がある。 ○性的虐待（被害）：疑われた時は個々での聞き取りは避け，児童相談所・関連機関へ相談する（医療機関へ繋ぐことも）。

司法面接（被害確認面接）とは？

　司法面接とは，性的虐待を受けたとされる子ども本人から事実確認をする手法で，①つらい体験をくり返し語るという深刻なダメージを防ぎ，②その内容が誘導の結果ではないかという疑念を排除し，③虚偽の話ではなく実際の出来事であったかを検討する目的を持っている。現在，そのプロトコル（手順，約束事）を学ぶ研修が各地で実施されており，児童福祉領域では法的手続きと区別してこれを被害確認面接とよんでいる。子どもから被害を打ち明けられた時の初期対応における一般的な注意点は，①安心できる環境で話を聞くこと，②無理して聞き出さず「誰が，何を」だけを聞き取ること，③子どもが話したままの言葉を記録すること，④安易に秘密の約束をしないことがあげられる。いずれにしても早急に児童相談所に通報する必要がある。

虐待による脳への影響

　友田（2012, 2014）は，小児期（4〜17歳）の虐待がその後の脳の発達（容積）について影響を与えると様々な知見から報告している。例えば，性的虐待は視覚野（左半球8％，右半球5％）減少（別途3〜5歳は海馬，9〜10歳は脳梁，14〜16歳は前頭葉；他に11歳前は視覚野の影響），暴言（心理的）虐待は上側頭回（左脳9.2％・右脳9.9％）減少，前頭葉ブローカー野とウェルニッケ野を繋ぐ弓状束の軸索も減少，左上側頭回灰白質容積は"暴言"または"両親の学歴の低さ"で肥大していたという。また身体的虐待は感情や理性を司る右前頭前野内側部10野19.1％，実行機能と関わる右前帯状回24野16.9％，物事認知の左前頭前野背外側部9野14.5％減少，DV目撃は視覚野17野・18野20.5％減少の他，学業成績・記銘力の低下，中退・留年の増加が認められたという。
　性的虐待には，解離，不安，うつ，身体，怒り／攻撃心，自殺企図における症状が関与する可能性も示唆しており，虐待の早期発見の意義が子どもの発達から見ても理解できる。また虐待／ネグレクトが愛着のアンビバレント型（甘えたいけど甘えられない）・回避型に影響を与え，両極型は自尊感情を低め，負の愛着と自尊感情がうつ症状に影響を与えるとした。一方で，安定的な愛着が自尊感情を高め，うつ症状へも負の影響

を与えるとした。なお両親の死別や薬物依存、拘禁よりも母親の精神疾患のほうがうつ症状を呈すると示唆した（31.7％）。

表4-22　外国籍・外国に繋がる児童生徒のアセスメントと支援の観点

アセスメント項目	アセスメントと支援の観点
■本人の状況 □出身国 □母語（家庭での言語） □母文化・宗教 □在留資格（期限含む） □在日年数 □生育歴（出生地，出身校） □家族構成 □学校での適応状況 □日本語理解・対人関係スキル □日本語指導の有無	◎子どもと保護者の国籍や在留資格が異なることもあり、家庭全般のアセスメントが重要である。 ◎学校での適応状況：学校不適応を起こしている主たる原因は何か？　外国に繋がる児童生徒に特有な文化的な課題か、あるいは個人的な課題かアセスメントする。 ◎言語：リスニング力はあるが、表現力が乏しく、読み書きが不得意な場合があるので、「話す、聞く、書く、読む」の4つを評価する。 **支援のポイント** ◎学校において校内資源で充足できなければ、社会資源を積極的に利用する。 ◎学校での適応状況：痰を廊下に吐く、スリッパ・上履きを履かない、変えないなど様々な生活様式の違いがあり、本人の教育の一方で、環境側が本人に合わせざるを得ないこともある。間違っても学校側が不登校を容認するような側面を子どもに見せることのないように関係性を維持する調整が求められる。 ◎親の母国では福祉に頼ることを恥と考えている場合もあるので、日本の福祉を利用することの有効性（恥ではなく当然の権利）を理解してもらう。 ◎自治体により教育委員会が通訳をつけてくれることもあり、各種サービス内容の理解や社会資源の探索は必須である。

※日本社会福祉士会（2014）を参考に一部作成。

第6節　心理検査の学校生活・家庭生活の活かし方

1．子どもの特性を理解するとは

どの年代の子どもにおいても言えることだが、子どもと関わる際に常に気をつけるべきことは、その子どもの特性をきちんと理解しているかどうかである。なぜなら、特性とは特徴とは異なり、その子その子にもともと備わっている特別な性質のことであり、その備わっている特別な性質によって、子どもの未来が変わることがあるからである。

〈特性〉あるものに特別に備わっている性質。特有の性質。特質。
〈特徴〉他のものと比べてとりわけ目立つ点。特有の点。特色。

子どもの特性を知るために様々な検査が用いられているが、学校における子どもの理解の主要な心理検査（知能検査）の1つとして「WISC-Ⅳ（ウェクスラー知能検査：通称ウィスク・フォー）」という検査がある。WISC-Ⅳが知能指数（IQ）を測定する検査のため発達障害診断の検査だと勘違いしている方が昨今、たくさんいる。各診断マニュアルにおいても自閉症スペクトラムの診断でWISC-Ⅳ検査の項目を用いては

いない。つまり発達障害かどうかを WISC-Ⅳ検査だけで診断することはできないのである。しかし，だからといって，WISC-Ⅳという検査は意味がないというわけではない。学校生活及び家庭生活の困難性を理解するためには大いに役立つからである。

2．WISC-Ⅳの概要

WISC-Ⅳの基本情報は表4-23の通りである。WISC-Ⅳの全検査のトータル的なIQをFSIQとよぶが，そのFSIQは10の下位検査から算出される。そして，その下位検査から4つの指標が算出される。

4つの指標の内容を同じく表4-23に簡潔に示す。

表4-23　WISC-Ⅳの概要（Prifitera et al., 2005／邦訳，2012）

基本情報	構成　※は補助検査
・正式名称：Wechsler Intelligence Scale for Children-Forth Edition ・適用年齢：5歳0ヶ月～16歳11ヶ月 ・検査にかかる所要時間：60分前後 ・検査の数：基本検査10，補助検査5 ・分かる能力：子どもの知的発達の様相（全検査IQ，4つの指標） 　補助検査とは，基本検査が何らかの要因で実施できなかった場合，もしくは正当な数値だと認識できない場合に行う基本検査の代替検査。したがって，多くの場合は10の基本検査でIQ（FSIQ）を算出する。	全検査IQ（FSIQ: Full Scale Intelligence Quotient） ①言語理解　（VCI:Verbal Comprehension Index） ・下位検査：類似，単語，理解，※知識，※語の推理 ②知覚推理（PRI:Perceptual Reasoning Index） ・下位検査：積木模様，絵の概念，行列推理，※絵の完成 ③ワーキングメモリ（WM:Working Memory） ・下位検査：数唱，語音整列，※算数 ④処理速度（PSI:Processing Speed Index） ・下位検査：符号，記号探し，※絵の抹消
理解され得る事項	
全検査（FSIQ） FSIQは言語理解指標・知覚推理指標・ワーキングメモリ指標・処理速度指標を合成して算出しているもの **言語理解（VCI）** 言語的な情報や自分自身が持つ言語的な知識を状況に合わせて応用する能力（推理，理解及び概念化を用いる言語能力を評価） 　①語概念形成（結晶性能力の一部） 　②言語による推理力・思考力（流動性能力） 　③言語による習得知識（結晶性能力の一部） **知覚推理（PRI）** 視覚的な情報を取り込み，各部分を関連づけて全体としてまとめる能力（知覚推理及び知覚統合を評価） 　①非言語による推理力・思考力（流動性能力） 　②空間認知 　③視覚－運動協応	**ワーキングメモリ（WM）** 注意を持続させて，聴覚的な情報を正確に取り込み，記憶する能力（注意・集中及び記憶力を評価） 　①聴覚的ワーキングメモリ（作業中の一時的記憶保持） 　②注意，集中 **処理速度（PSI）** 視覚的な情報を事務的に数多く，正確に処理していく能力（認知処理及び描写処理を評価） 　①聴覚刺激を速く正確に処理する力（処理速度，プランニング） 　②注意，動機づけ 　③視覚的短期記憶 　④筆記技能，視覚－運動協応

※適用年齢3歳10か月～7歳1か月のWPPSI，16歳0か月～89歳11か月のWAIS-Ⅲがある。

3．子どもの抱えている問題がなぜ，WISC-Ⅳ検査でわかるのか

子どもの特性を理解することで，抱えている問題を理解しようとすることが，各種の検査の特徴の１つでもある。ここでは，WISC-Ⅳ検査を用いてどのように子どもを理解すればよいのかを説明する。

■例１　子どもの成績が伸びない…
　一生懸命に勉強しているのになかなか成績が伸びないA君。しかし，親や先生はその子が頑張っていることも認めてくれません。本当に頑張っているのであれば，成績は絶対に伸びるはずだと子どもに言います。しかし，その子はもう限界まで頑張っている様子です。これ以上頑張るのは無理なようです。

▶アセスメント①　年齢相応の力があるか

　まずは，A君が勉強をさぼっているのか，または本当に頑張っているが成績が伸びないのかを判断する必要がある。さぼっているのであれば，さぼる期間にもよるが，A君のやる気や集中力等の問題が関係していることからWISC-Ⅳでは年齢相応の数値を示すはずである。逆に低く出てしまった場合は，頑張っても頑張っても結果が出ない時もあることを理解する必要がある。

▶アセスメント②　環境に対する困り感があるか

　当該年齢よりも一部の項目が著しく低い（IQでいえば55以下等），または全項目が低すぎる（IQ70以下等）ということになれば，その子は学習障害（LD）等発達的な課題を持つ可能性が出てくる。医師法に抵触するので，心理士やSSWrがその子の診断はできないが，適切な機関による支援が必要と判断される場合は，その可能性を指摘してもいいかもしれない。つまり，A君にとって今の学習環境が適しているかどうかを判断できる力量が求められることになる。家庭と学校の双方が協力して学習支援することが求められる。

▶アセスメント③　何が不得意か

　年齢相応の能力よりも低く出てしまった項目をよく理解した上で，その子の特性に合わせた教え方を検討する必要がある。例えば，言語理解が低いのであれば，当該年齢相応の言葉の理解が難しいため，よりわかりやすい言葉遣いを用いていかなければ，学習が困難になることがある。後述する板書のノート写し等も影響するであろう。

　ワーキングメモリが低いのであれば，短期記憶の力が弱いこととなり，漢字や英単語などを憶えることが苦手であったり，宿題も出されたことを忘れてやってこないこともある。そのため，忘れないように確認ができるシステムづくりが必要である。自宅の机に「宿題をやってから遊ぶ」という紙を貼ってもいいだろう。さらに処理速度が低ければ，ノートを写すこと等もゆっくりなため，人一倍学習に時間が

かかるであろう。その分，知覚推理が高いのであれば，言葉よりも目で見てわかる絵や写真のほうが理解をしやすいこともある。簡単に言えば，聞いて覚えるよりも見て覚えるほうが適しているということになる。漢字ドリルに写す等の宿題量を減らして対話等で何度も確認していくとよいだろう。

■例2　友だちができない…
　友だちが欲しいのに，なかなかできないB君。できそうになっても，すぐに仲間外れにされます。たまに，友だちが話している内容が理解できないことがあり，何を話しているのか質問をすると話を逸らされているような気がします。

▶アセスメント④　相手の話をどこまで理解できているか
　言語理解が当該年齢よりも低い場合は，友だちが話している内容が理解できないことがよくある。会話についていくことができないので，B君にとってはその友だちと一緒にいることが苦痛になることがある。そのため1人でいることを好むこともある。一方で，友だちと遊びたい場合でも，四六時中，質問をされたり対話ができないと，次第に鬱陶しくなり，その子を避けるようになることがある。抽象的なこと，相手の気持ち，自分の気持ちを理解するトレーニングを家庭と学校でしていくとよいだろう。

▶アセスメント⑤　伝えたことを覚えているか
　ワーキングメモリが低い場合も友だちとの会話が困難になることがある。ワーキングメモリは短期記憶の力であるが，それだけでなく，会話というものは相手が発した言葉を脳に記憶をさせ，理解して回答を導き出すというプロセスにも関係する力ともなる。したがって，友だちが伝えていたことを忘れていたり，友だちの発した言葉と異なることを他の友だちに話していたりする可能性も高く，そうなると友だち関係も悪化しやすいといえる。SST（ソーシャルスキルトレーニング）などを通じて様々な場面を想定してコミュニケーションの訓練をしていくことも必要であろう。

■例3　板書を写すのが遅い…
　授業を一生懸命受けているC君ですが，板書を写すのが遅くて，全部書き終わる前に先生に消されてしまいます。また，ノートを取るのに集中し過ぎてしまい，先生の話を聞くことができない時があります。
　ノートを取り終わる前に消されてしまうとやる気が失せてしまいます。最初の頃は，休み時間に友だちにノートを借りて書いていましたが，それが毎回毎回になると友だちもノートを貸してくれなくなりました。

▶アセスメント⑥　言葉が理解できているか／手作業が苦手ではないか
　言語理解が低い場合，理解できていない言葉（言語）を，ノートに書き写すことは困難である。例えば，ハングル文字「저는 학생입니다」を書き写して下さいと

言われたとすると，何が書いてあるのか理解できないのであれば，即時に書き写すのは困難であろう。それは，日本語であっても同様で，まだ理解できていない言葉を書き写すのは困難である。漢字の一文字をパズル形式で捉えていく等，何かしらの憶えやすい方法が必要であろう。さらに処理速度が低い場合，作業スピードが遅いということになる。頑張れば速く書けるようになるのかというとそうでない場合も多い。

4．生活へいかに活かすか

このようにWISC-Ⅳ等の心理検査は，学校の勉強だけでは推し量れないその子どもの特性，基礎能力を確認することができる。そして，その特性を鑑みた上でその子に必要なサポートができるようになる。

上記の例1のように，成績が伸びないのはさぼっているからなのか，それとも頑張っているのに伸びないのかという問題は，多くの親が抱える問題である。親が一方的に叱って解決できるかと言えば，多くの場合は徒労に終わるだろう。

上記の例2のように友だちがなかなかできない場合は，不登校やいじめに発展する可能性もある。その可能性がWISC-Ⅳ検査で予めわかれば未然に防ぐことができよう。

上記の例3のように作業スピードがゆっくりなカメ型であれば，テストにおいて一つひとつの正解率を上げればよいのである。無理にスピードを上げる必要はない。一方，どんどん進むウサギ型であれば，どんどん先に進めて，何度も何度も見直しをすればよく，時間をかけて，慎重に問題を進める必要はない。

心理検査を活用した支援方法を家庭や学校に合わせて検討することで，誰も傷つくことなく，その子の良いところを伸ばすことができるようになる。

心理検査

心理検査には，知能・認知，性格・人格のカテゴリーがあり，子どもに関する検査として，社会性・スキル，学級状況のカテゴリーなどもある。
●田中ビネーⅤ
児童用（2歳～13歳11か月），成人用（14歳以上；「結晶性」「流動性」「記憶」「論理推理」）があり，「言語（文の構成・抽象語等）」「記憶（語・数）」「思考（関係推理：順番・時間）」「積木」等の検査をする。精神年齢（児童用）・知能指数・偏差知能指数（同年齢集団の相対評価；成人用）が示される。
●K-ABC-Ⅱ
ビネー式・ウェスクラー式のように子どもが学習し習得してきた知識問題をできるだけ避け，文化的影響が少なく，どの子どもでも新奇で公平な内容による課題解決能力を検査する（2歳6か月～18歳11か月）。認知総合尺度として「継次〔時間的順序や連続性を捉えて処理する等〕」「同時〔見たモノを記載するというような同時に2つの事柄を処理する等〕」「計画」「学習」があり，習得総合尺度として「語い」「読み」「書き」「算数」がある。CHC総合尺度には「長期記憶と検索」「短期記憶」「視覚処理」「流動性推理」「結晶性能力」「読み書き」「量的知識」があり，同時・継次処理過程における同様の検査にDN-CASなどがある。

●絵画・語い発達検査（聴覚）
聴覚から認識した語に適する絵を指さしで選択する検査（3歳～12歳3か月）で，低年齢や話すことが苦手な子どもにも適している。
フロスティッグ視知覚検査（視覚）：「視覚と運動の協応」「空間における位置」等を検査する（4歳～7歳11か月）。
●社会性S-M式発達検査
身辺自立（衣服の着脱，食事，排せつなど），移動，作業（道具の扱いなど作業遂行），意思交換（言葉や文字などのコミュニケーション），集団参加，自己統制（わがままを抑え，自己の行動に責任を持って目的に方向づける）における社会生活能力を検査する（1歳～13歳0か月）。
● Q-U
小中高における学級状態（学級満足度・学校生活意欲）を調査し，学究生活満足群，侵害行為認知群（他の子どもとのトラブルを起こしている可能性・被害者意識の強い可能性），非承認群（被害を受けていることは少ないが学級内で認められることも少ない），学級生活不満足群（いじめやふざけを受け，不適応になっている可能性），要支援群（不登校・いじめ被害を受けている可能性が高い）からいじめや不適応にある子どもを理解し，また荒れはじめや崩壊にある学級状態を理解しようとするもの。なお学級生活満足群は学力定着度が他より高いとされる。また小学校はなれあい型（ゆるみ），中学校は管理型（かたさ）が多く，それらの文化差が小1・中1ギャップを生むと推測されている。近年では，生活指導等による"ルールづくり"と構成的エンカウンターグループによる"リレーションづくり"を通して学級生活満足群へ移行させていく学級づくりの観点がある。なおソーシャルスキルの測定もできる hyper-QU もある。

※斜め右は「荒れ始め型」，全方位分布は「拡散型」

図　Q-U による生徒群と学級タイプ（河村，2007より作成）

表　Q-U 等による1学級の規模別の比較（河村，2007より作成）

	学級生活満足度	学力定着度	学習意欲
小1／中1	15人以下↑ 15人以上↓	—	15人以下↑ 15人以上・ 36人以上↓
小2・3年	違いなし	15人以下 OA↑	31人以上↓
小4～6年	違いなし	15人以下 OA↑	36人以上↓
中学生	26～30人で最も良好	25人以下 UA↓ 36人以上急激↑	15人以下・ 36人以上↓

※ OA：オーバーアチーバー，UA：アンダーアチーバー

（旭出学園教育研究所，2015；安住，2014；願興寺・吉住，2014；河村，2007；河村ら，2008より作成／情報提供：米川和雄）

第5章

スクールソーシャルワークの相談援助技術 II
―ミクロからマクロレベルの介入技術―

●学習ポイント
・行動主義的アプローチ,グループワーク等の応用領域の技能とはどのようなものか
・スクールソーシャルワークとは何かを子どもや保護者,教師や多職種にどう伝えるか
・学校に関わるソーシャルワーカーの特性としての専門分野技能とは何か

第1節 ミクロ～メゾレベルの相談援助:ケースワーク

1.臨床福祉学的援助技術

ソーシャルワークにおける技術の変遷は一般に図5-1のような流れがある。この変遷の近年の方向性の1つとして,包括的アセスメント(個人,家族,組織,地域等)と各アプローチの活用を行う"ジェネラリストアプローチ"やクライエントに合わせたプランニングを包括的に用いる"ケアマネジメントアプローチ"へ至っている。臨床福祉学的援助技術は,ケースワーク的側面を帯びる直接的な対話の中でもクライエントの生活状況や生(成)育歴(つまり生活背景)を捉えた支援であり,必要であればその生活(環境)への支援を行う特徴がある。

一方で,臨床心理学的援助もソーシャルワークの変遷に大きく影響してきており(図5-2),ジェネラリストアプローチ的なカウンセリング体系へも至っている。臨床心理学的援助技術は,子どものパーソナリティや病理,障害特性を理解し捉え,症状改善,学習・発達促進(つまり成長)させていく特徴がある。自治体によってはスクールソーシャルワーカー(以下,SSWr)に双方の技術の活用が求められている。言うなればカウンセリングの実践者はカウンセラーだけではないのである。

そういう意味で臨床福祉学的援助には包括的な点(間接援助の点)で心理学的援助も含まれる。バイスティックの原則を捉えたワンダウンポジションの発言と姿勢の他,ロジャーズ(Rogers, C. R.)の来談者中心療法で行われる技法(うなずき,内容の再

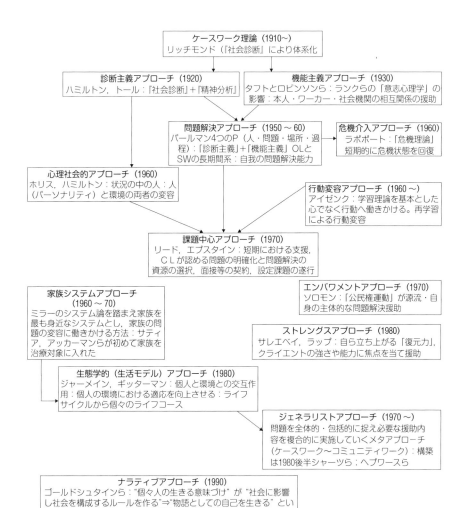

図5-1　ケースワークの変遷（久保・副田，2005を参考に作成）

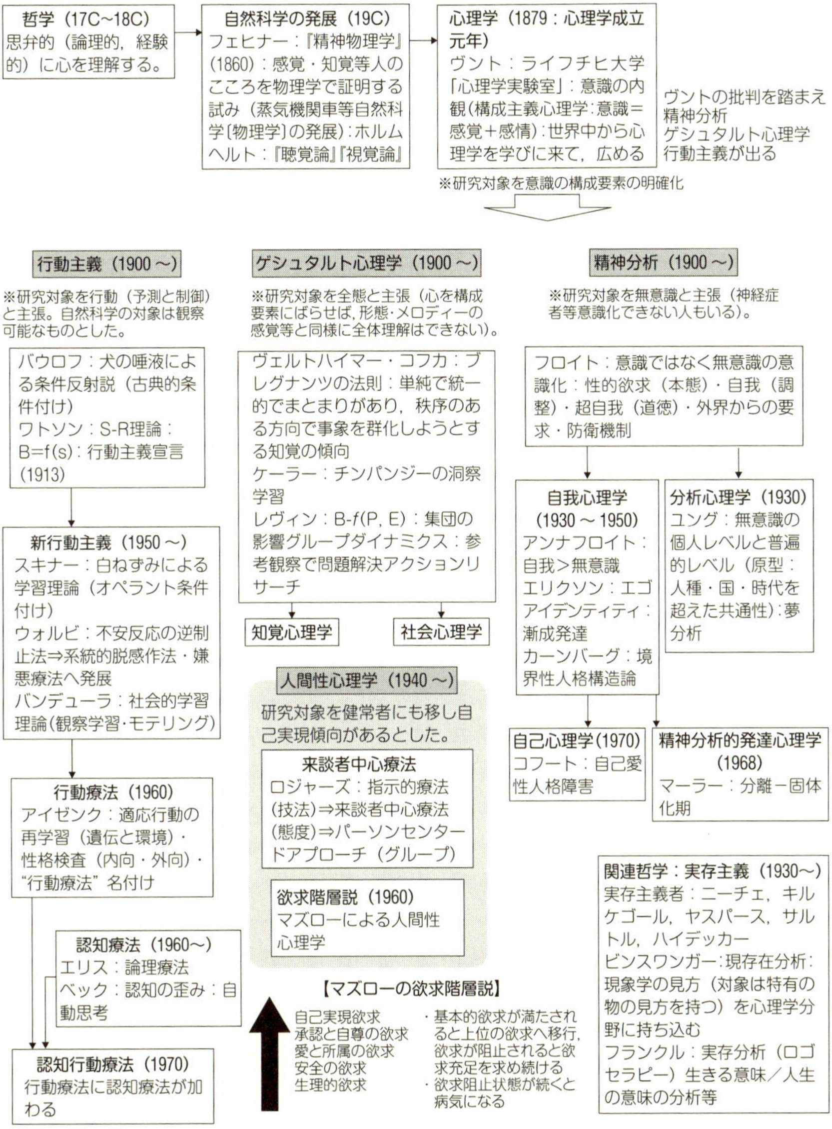

第1節　ミクロ～メゾレベルの相談援助：ケースワーク

```
┌─────────────────┐  ┌─────────────────┐  ┌─────────────────┐
│哲学（17C～18C）  │  │自然科学の発展（19C）│  │心理学（1879：心理学成立│
│思弁的（論理的、経験│  │フェヒナー：『精神物理学』│  │元年）             │
│的）に心を理解する。│  │（1860）：感覚・知覚等人の│  │ヴント：ライフチヒ大学│
└─────────────────┘  │こころを物理学で証明する │  │「心理学実験室」：意識の内│
                      │試み（蒸気機関車等自然科│  │観（構成主義心理学）：意識＝│
                      │学［物理学］の発展）：ホルム│  │感覚＋感情）：世界中から心│
                      │ヘルト：『聴覚論』『視覚論』│  │理学を学びに来て、広める│
                      └─────────────────┘  └─────────────────┘
```

ヴントの批判を踏まえ精神分析・ゲシュタルト心理学・行動主義が出る

※研究対象を意識の構成要素の明確化

行動主義（1900～）
※研究対象を行動（予測と制御）と主張。自然科学の対象は観察可能なものとした。

- パウロフ：犬の唾液による条件反射説（古典的条件付け）
- ワトソン：S-R理論：B=f(s)：行動主義宣言（1913）

新行動主義（1950～）
- スキナー：白ねずみによる学習理論（オペラント条件付け）
- ウォルピ：不安反応の逆制止法⇒系統的脱感作法・嫌悪療法へ発展
- バンデューラ：社会的学習理論（観察学習・モデリング）

行動療法（1960）
- アイゼンク：適応行動の再学習（遺伝と環境）・性格検査（内向・外向）・"行動療法"名付け

認知療法（1960～）
- エリス：論理療法
- ベック：認知の歪み：自動思考

認知行動療法（1970）
行動療法に認知療法が加わる

ゲシュタルト心理学（1900～）
※研究対象を全態と主張（心を構成要素にばらせば、形態・メロディーの感覚と同様に全体理解はできない）。

- ヴェルトハイマー・コフカ：プレグナンツの法則：単純で統一的でまとまりがあり、秩序のある方向で事象を群化しようとする知覚の傾向
- ケーラー：チンパンジーの洞察学習
- レヴィン：B=f(P, E)：集団の影響グループダイナミクス：参考観察で問題解決アクションリサーチ

知覚心理学　社会心理学

人間性心理学（1940～）
研究対象を健常者にも移し自己実現傾向があるとした。

来談者中心療法
- ロジャーズ：指示的療法（技法）⇒来談者中心療法（態度）⇒パーソンセンタードアプローチ（グループ）

欲求階層説（1960）
マズローによる人間性心理学

【マズローの欲求階層説】
- 自己実現欲求
- 承認と自尊の欲求
- 愛と所属の欲求
- 安全の欲求
- 生理的欲求

・基本的欲求が満たされると上位の欲求へ移行、欲求が阻止されると欲求充足を求め続ける
・欲求阻止状態が続くと病気になる

精神分析（1900～）
※研究対象を無意識と主張（神経症者等意識化できない人もいる）。

- フロイト：意識ではなく無意識の意識化：性的欲求（本能）・自我（調整）・超自我（道徳）・外界からの要求・防衛機制

自我心理学（1930～1950）
- アンナフロイト：自我＞無意識
- エリクソン：エゴアイデンティティ：漸成発達
- カーンバーグ：境界性人格構造論

分析心理学（1930）
- ユング：無意識の個人レベルと普遍的レベル（原型：人種・国・時代を超えた共通性）：夢分析

自己心理学（1970）
- コフート：自己愛性人格障害

精神分析的発達心理学（1968）
- マーラー：分離－固体化期

関連哲学：実存主義（1930～）
- 実存主義者：ニーチェ、キルケゴール、ヤスパース、サルトル、ハイデッカー
- ビンスワンガー：現存在分析：現象学の見方（対象は特有の物の見方を持つ）を心理学分野に持ち込む
- フランクル：実存分析（ロゴセラピー）生きる意味／人生の意味の分析等

図5-2　心理療法の変遷（梅本・大山，1994；サトウら，2012を参考に作成）

陳述,感情の反射・明確化,要約,オープンクエスチョン,共感,自己概念を現実の自己と一致させる等)は基本技能等の1つと言えよう。

　実務的な観点で言えば,子どもに「ぐっすり眠れた?」「ご飯食べてきた?」「警察にお世話になったことあるの?」など,その何気ない質問1つにおいても明確な意図があり,その回答では会話内容だけでなく,子どもの目が輝く事項(つまり本心)を捉え,子どもが自己を客観視し(例:ミラーテクニック「君から見たお父さんはどのように見えるの?」「お母さんは君のことどう思っていると思う?」),成長へ繋がるような工夫がなされる必要がある。この時の成長には,宿題,家族や友だち等との関わりを通した成長も含まれる。とりわけ,普通子どもは幼少期ほど単独で存在せず,親子で存在するという点を踏まえれば(館,2013;There is no such thing as an infant by Winnicott),子どものウェルビーイングを高めるためには,当然であるが,家庭のウェルビーイングを上げることは必要となろう。このことは,子どもが認められる安心安全な場がないのに行為を改善しようとしても難しいという,Being(存在)が認められて初めて肯定的なDoing(行動)が出るという考えに関わる。さらに言えば,子育てに関心のない親がいるならば,保護者として関心を持てるように援助していくことが求められるのである。

　また応用領域の援助技能を捉えれば,単にクライエント(以下,CL)から一対一で話を聴くだけでなく,自己との向き合いができそうにないCLならば,①同様の課題等を持つ第三者のことについて話し合ったり,②CLが抵抗感なく自己を客観視できるようわかりやすい例え(ヤマアラシのジレンマ等)で説明したり(メタファー),③"問題のCL"という家族の認識から問題に悩む"CL"と"問題(Pさんと命名)"とを切り離してPさんについて家族で話し合う等,アプローチにおいてもCLを尊重する姿勢を持つことが求められる。もちろん,CLに意見を述べる前に「これは私の勝手な考えなのですが……」などといった相手に配慮した言葉かけを添える優しさが必要な点は言うまでもない。このような配慮がなければCL中心ではない威圧的な専門家がCLの前に立つことになってしまう。

近年の統合的アプローチ/モデル

①トランスセオレティカルモデル
　　人が行動を変える場合,5つのステージを通ると考え,その人が今どのステージにいるかを把握し,それぞれのステージに合わせた働きかけを行うプロチャスカ(Prochaska, J. O.)によるモデル。厚生労働省(2008)の健康行動促進にて示されている。

第1節 ミクロ〜メゾレベルの相談援助：ケースワーク

②システマティック・トリートメント・セレクションモデル（米川, 2009）
　研究論文と25年以上の実践から導き出された心理療法の原則を示したビュートラー（Beutler, L. E.）によるモデル。大きく「基本的な原則」（例：治療改善は，社会的支援がプラスに働き，機能の欠如がマイナスに働く），「臨床的な原則」（例：危機的行為は，診断や過去の行為から危険な要因を用心深くアセスメントすることで，少なくすることができる），そして「幸福感を最大限に導く原則」（例：援助の過程において，クライエントによる抵抗を引き出さない場合，治療効果が最大になる）からなる。ここには，クライアントの持つ性格要因と適合する心理療法の介入がウェルビーイング（Well-Being）を増やすという原理を含む。なおエビデンスを基盤にしながらも援助者に対してクリエイティブな活動が求められている。
実践方法：他者の批判ばかりするクライエントを外向型，自分を責めてばかりいるクライエントを内向型とした場合，外向型の人にはスキルを教えたり兆候を緩めたりする介入が，内向型の人には洞察や人間関係を用いた介入が治療効果を高めるとされている。またクライエントの援助者に対する抵抗力のレベルに合わせて，高いレベルでは非指示的に，低いレベルでは指示的に対応すれば治療効果が高まるとされている。さらに主観的なストレスが高い場合，支援的な介入を，低い時には感情の興起を促す介入をし，主観的なストレスレベルを中間にすれば治療効果が高まるとされる。なお抵抗とは援助者や介入に対する抵抗，主観的ストレスは特定の状態におけるストレス（例えば，苦手な上司と話しをする時のストレスは気のおける同僚と話しをする時以上に高いというような特定の状態のストレス）のことである。

2．学校コーチング：エンパワメント・ベースド・アプローチ

　多くの研究者における知見を統合したエンパワメント（共通）理論を基盤に，効果測定と10年間の実績を含め，子どもたちの生きる力を促進させるという目標を持つ予防開発な教育相談理論・技術として構築されたのが学校コーチングである。
　価値観編を含むその基盤は，自己の長所・短所等の性格傾向の自己受容をし，生活・対人関係技能を高め心身の安定や成長等の向上行動を図ろうとする統合的な理論・実践モデルである（図5-3，表5-1）。多くの研究者の定義を踏まえ，エンパワメントを「自分らしさを活かして自律して生きる」としている。"自分らしさ"は"自分の長所や強み"のことであり，自律とは"お互いの長所（ストレングス）を相互に活かしている状態（他者は関係なく自分だけできるから OK という意味ではない）"の

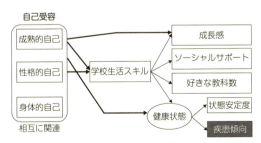

図5-3　生きる力促進モデル

第5章 スクールソーシャルワークの相談援助技術Ⅱ：ミクロからマクロレベルの介入技術

表5-1 学校コーチングにおける基盤（米川，2009；米川ら，2009に追記）

【エンパワメント（共通）理論】
◎人をエンパワメントすることで，エンパワメントされた人が環境にも肯定的な影響を与える。
　※子どもにエンパワメントすれば，エンパワメントされた子どもは，今度，エンパワメントする側になり得る。
◎自己を理解し，肯定的に受けとめることが，行動の選択に続いて，行動に至らせる。長所理解も重要な視点。
　※自己を理解（長所・短所の理解の他，自己の理解している部分・理解していない部分を理解）し，肯定的に受けとめることができれば，行動を促進させることができる。
◎自己を肯定的に受けとめるためには，援助者が必要で，その関係性は，肯定的な信念をベースに共同的である必要性がある。
　※自己理解したこと（長所・短所）を肯定的に受けとめるには援助者が必要である。とくに短所は1人で肯定的に受けとめるのは難しい。その援助者は家族や教員，親友等でもよい。

【3つの学習基盤】
◆価値観編
　エンパワメント的思考（共通理論）
◆理論編
　生きる力促進モデル・援助技術論（対人援助技術の対象と分類・知情意・TARGETモデル）・エリクソンなどの発達過程論・成長環境論（循環過程・フルダウンポジション・ドラゴンボール方式・パワー曲線）
◆技術編
・カウンセリング 「受容」「共感」子どもの心を受けとめ，子どもの心を温める技術：うなずき，くり返し，気持ちの確認，見守り等
・ティーチング 「教育」「基本（指導）」社会常識や教科書により基本を教え，子どもの思考・運動能力を整えていく技術：マナー指導，即行指導，一貫指導，継続指導（良さの指導含）
・アドバイス 「方向付」「応用（指導）」自分の経験からの考えを教授し，個々の子ども，家庭，教育の方向性を定める技術（教科書には載っていない）：目標達成への知識・経験の伝達技術，やる気を高める共に動くサポート／モデリングの技術（姿勢），目標達成のための提案（リクエスト・宿題）の技術
・コーチング 「行動」「創造」「やる気」子どもの思考を明確にし，子どもの長所・能力・思いを子ども自ら行動に活かす技術：称賛・承認（「過度ではなく」，「嘘ではなく」，「根拠がある」長所，プロセス，結果の称賛），焦点付け（直前のクライエントの言葉の重要点に焦点を当てた質問〔開かれた／閉ざされた〕の形成）：どう「考えて／思って／感じていますか？」，開発的観点なため「なぜ？」も用いる。

【表面上の事項】
状況
物事

【内面上の事項】
考え
思い
感じ

枝葉のアプローチから幹へのアプローチへ

枝葉
物事の表面上の内容となり得る"枝・葉"の情報に目をとらわれない
「英語をもっとできるようになりたい」
→どの単語がわからないのか？どこの学びが足りないのか？

樹（幹）
なぜそうなのか，なぜそれを選択するのか，本質的な本人の"あり方"に目を向ける
「英語をもっとできるようになりたい」
→なぜできるようになりたいのか，できるようになったらなにをしたいのか

ことである。つまり，"エンパワメント・アプローチ"は"自分の長所を活かして相手の長所を活かす（さらに活かし合う）アプローチ"ということになる。

理論編の対象と分類では，"行動する力"と"考える力"の合わさる9つのステージに対応した技術を示す（図5-4左）。またステージの右上に分布する子どもほど教師や友だちをピアサポート的にサポートしてくれる。右上4ステージ以外の子どもが3割を超えると学級崩壊しやすく，周囲の教員等のサポートもなければ担任等のメンタルヘルスに支障をきたす可能性があると仮定されている。子どもの成長は，右上のステージ（マス）を目指すだけでなく，そこから循環過程的に左下に行くような新たな環境へ果敢にチャレンジし，さらに生きる力を高めていく必要性を示す考えである。

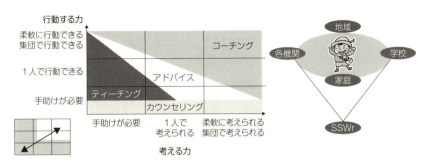

図5-4 対人援助技術の対象と分類（左）とエンパワメントポジション（右）（米川，2009年より作成）

　次に子どもたちが成長していくモデルとして成長の循環過程がある（図5-5上）。人は人とのよりよい関係性を持てればポジティブ思考になりやすく、行動に対する勇気を持ちやすくなる、そこまでくれば行動（アクション）に結びつきやすい。よい行動が多ければモラルのある環境が生まれる。この時、モラルのある環境は、行動による失敗と成功どちらからも相互に学び合える環境である。そして、そこからよりよい学びを得て、さらにその場に"感謝"が生まれよりよい人間関係を深める動機を与えるという考えである。この循環過程を回す教師の特性には「よい人間関係性の捉え」「ユーモア」「子ども自身の成長感」を持たせ、その根幹には自分や子どもと本気で向き合っている（自分の長所・短所等に向き合っている）状態があると仮定している。

　一方で、人との関係性が悪い／ないと人はネガティブになりやすく、客観的な物事を考えることができなければ、感情（本能）的に反応しやすくなる。結果としてそのような時の行動は、闘う（非行）か逃げる（不登校）しかなく、当然、モラルが低下していく。その結果、人を自分勝手に力づくで（または自己を傷つけて）動かす行為に走ったり、何をしてもだめだという学習性の無力感にさいなまれる。当然、人間関係はさらに悪くなるという成長抑制の循環過程の考えがある（図5-5下）。そのため、これらの改善のためにはどの時点で介入するかは、重要性と即効性を捉えて決めていく。それぞれに重要事項を再学習してもらうのである。当然、安心安全な環境となるモラル回復は継続して取り組む必要がある。

　次にエンパワメントな相互作用を生む者はフルダウンポジション（すべての人々を尊重し大切にする概念）を取り、子どもだけでなく、家庭、学校や各専門職でさえも環境の中心と捉え、それぞれの長所を活かしていくという（謙虚な）姿勢を持っている（図5-4右）。もちろん自分自身も大切（中心）にすることは言うまでもない。

　次に専門職側のネガティブな言動（極度に自分、他者のどちらか、または双方を責める、否定する言動）が出てきた時、器を一回り大きくし成長すべき、自他と向き合うチャンスとする考えがある。これは自他を責める自分と向き合わせることを求めているというよりは、成長のチャンスが来ていることを褒め称えることを求めていると

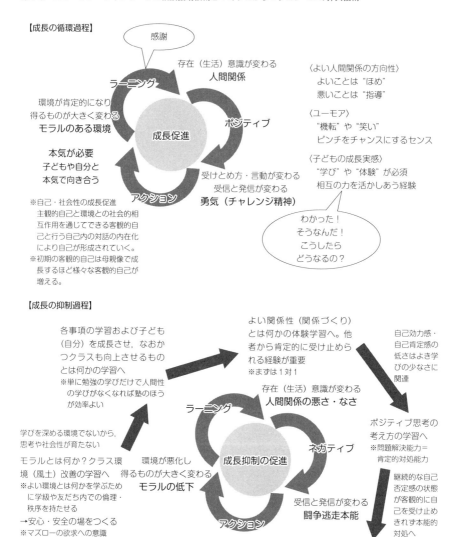

図5-5　理論編における成長モデルと介入の観点

第1節　ミクロ〜メゾレベルの相談援助：ケースワーク

表5-2　ドラゴンボール方式

孫悟空は，
- 自分より強いストレス（敵）に出くわすと「おら〜わくわくしてきたぞ！」とストレスを楽しむ。
  →ストレスとは楽しみながらのお付き合いが大切。
- ストレスを乗り越えるほど成長し，成長すればするほどさらに強いストレスに出会う。
  →レベルが高くなればなるほどレベルの高いストレスがやってきて自分を高めてくれる。目の前の高いストレスは自分のレベルが高くなった証拠。
- 1人で乗り越えられないときは「おらにみんなの元気（力）を少し分けてくれ」等と他者の力を借りる。
  →強い人ほど自分の限界を理解し，1人で解決が難しい場合は周囲に助けを求める強さを持っている。

※失敗した時は「失敗をしている人ほど人の気持ちがわかる」，だからこそ「失敗は自分自身を成長させる最高の糧でもある」とする。

いうスタンスである。換言すれば，今あなたがいる場（職場等含）がソーシャルワーカーのいる場としてウェルビーイング（Well-Being）を高めている場になっているのか？　そうでなければそのための動きをせよというもので，その動きはその環境をよりよくする温かな力を持つチャンスであるという考えである。なお子どもたちにおいては，そのストレス耐性の低さを勘案し，孫悟空のあり様から失敗などのストレスを楽しむことを推奨し，ストレスを成長の糧とする考えがある（表5-2）。

最後に人のコミュニケーションのあり方を知情意の3つの類型とその基本・応用レベルから捉える知情意モデルがある（表5-3）。他者から評価してもらうことから自己の特性を理解するのに活用する。それぞれの能力をバランスよく持ち合わせた"バランス型"もある。知情意の3つの類型からその質問観点も「〜をどう感じる？」「〜をどう思う」「〜をどう考える」と相手の類型に合わせて使用する質問項目もある。人の第一印象や他者の特性に合わせる観点を学習する上で，相互にどの能力の強弱があるかを理解する演習で活用されるものである。演習では8名程度から意見を聞くことを推奨する。

表5-3　知情意の能力類型

知情意類型	特　徴
知 考える能力	主に理論的・分析的な人のことで，基本的に企画立案やリスクマネジメントなどの計画を立案する能力で，応用的には，客観性が高まるだけでなく，いろいろなものを想像したり，突拍子もない問題にどう対処していくかを考える能力。感覚的な捉え方は苦手または理解できず，理詰めで貫こうとする。そのため常識的配慮はできても相手の気持ちに合わせた配慮は不得意。リーダー・管理職向きだが，応用レベルないと自らの持論の正当性を相手に求めてしまうため対人関係を壊しやすい。上司・先輩に気に入られるが同僚・部下・後輩に嫌われ，最悪，部下・後輩が潰れることもある。
情 感じる能力	相手の気持ちを感じることができる人のことで，基本的には，自分や他者の態度がどのような影響を相手に与えているかを理解する感性的な能力で，応用的には，人当たりがよかったり，人づきあいがうまいなど，その人やその場に応じて動ける能力。その場の雰囲気を温かく（または柔らかく）してくれるが，論理的な考えが苦手で，感覚的に選択したり，楽しむことを好むため周囲がその動きにとまどうこともある。応用レベルでないと，誰からも好かれるが本人

129

		がストレスを負っていることもあり，最悪，調子に乗る部下・後輩が出る。気分で動いたり，論理的説明が苦手なため管理職・指導者には不向き。
意 思う能力		自分の意思をしっかりと持つ人のことで，基本的に，自分の思い（一般には考え）を貫くための努力・忍耐を惜しまずに動ける能力で，応用的には，自分自身のビジョンを達成させる意志を熱く持つ能力。意思が強い一方，臨機応変な動き，論理的に考えることや相手に共感することが苦手だったりする。感覚的なことや難しいことは思考停止し真っ白になりやすい。応用的な状態でないと，誰からも嫌われやすいが，上司・先輩及び部下・後輩に相手にされなくとも本人がストレスを負っていないこともある。応用レベルでないと対人関係の仕事は難しい状況が起こり周囲に迷惑をかけることもある。一方で応用的な状態であれば，凡人にはできないことを成し遂げていく最高の力となる。
中庸 バランス		どの能力が高いということはないがバランスよく力を身に付けているため，基本的に様々な場における偏った能力の人々をフォローする側となっていることが多い。応用的には人材育成係にて相手に合わせた対応ができる。ストレスを被りやすく，顔に疲れが出ている時がある。各能力の強みにも影響されるため，応用レベルでないと，それぞれの短所が出てしまうこともある。

TEACCH *

ノースカロライナ州（大学医学部精神科 TEACCH 部）から始まった，環境を変えることで自閉症児者が自立した生活を送れるように支援する，診断，評価・療育，教育，生活・就労支援という包括的なプログラムのことである。とりわけ完全ではないが一部ならできるという「芽生え反応」を特定し，視覚的理解（重要な情報を目立たせる，見通しを持たせ終わりがどこかわかりやすくする）を捉えて環境に働きかける下記の3つの構造化の支援技法を用いる。図や写真を用いることが特徴ではあるがアセスメントにより決定することが重要で，文字で示すこともあり得る。

○**物理的（環境的）**：「この場所は何をするところか」（例：荷物の整理，着替え，遊び，学習，給食）目で見て判断できるように，区切る，他の視覚的刺激物を減らす等の空間の構造化
○**時間（スケジュール）**：見通しを持って生活ができるよう示すスケジュール（今取り組むこと，1単位時間，1日，1週間～1年間等で1つ終わるごとに裏返したりする）の構造化
○**ワークシステム（作業内容）**：今なにをするかの活動内容における組み立て（例：図工の作業順番〔良い例・悪い例の図示〕；体育のサッカーのパスからシュート順番〔ボールの蹴る方向性をラインで引き，パスからシュートの流れがわかったらラインを消す等〕の構造化
☆自閉症の特性：①視覚的な刺激で学習する，②詳細な部分に目が行ってしまう，③様々な観点からモノを見ることが難しい，④時間の概念を理解することが難しい，⑤組織化することが難しい，⑥感覚が敏感である

* Treatment and Education of Autistic and related Communication handicapped Children

（梅永，2008より抜粋一部追記）

3．行動療法：基本理論と基本技法

　行動療法とは，行動の原理をもとにした手続きに基づいて，症状（不適応な習慣的行動）を適応的な方向に変化させる治療技法である。その適応範囲は，精神疾患，発達障害，子育て，特別支援教育，矯正教育，リハビリテーション，健康管理，高齢者支援，夜尿や習癖・嗜癖の治療など多岐にわたる。行動療法の基礎となる行動原理は，1950年代からスキナー（Skinner, B. F.），アイゼンク（Eysenck, H. J.），ウォルピ（Wolpe,

J.）らによって，数多くの基礎実験から得られた学習の法則性や傾向を体系的にまとめたものであり，行動の「予測」と「制御」を高めるものである。行動は，刺激により行動を誘発させる（刺激誘発型）レスポンデント行動，自らの自発的な行動による（自発型）オペラント行動に大別される。

　まずレスポンデント行動の学習の仕組みとして，初期の有名な実験である「パブロフの犬」という条件反射の実験がある（パブロフは実験者）。犬にとってもともと特定の反応を誘発しなかったベルの音（条件刺激：それだけでは反応の要因にならない）が，肉片（無条件刺激：唾液分泌させる要因）と併せて提示（対提示）され続けることで，後にベルの音だけで肉片を想起させ，唾液分泌を引き起こすようになる（唾液分泌がレスポンデント行動）。この行動を生起させる条件をレスポンデント条件づけとよぶ。レスポンデント条件づけは，船（条件刺激）の振動（無条件刺激：酔わせる要因）により船酔いした後に船を見ただけで気持ち悪くなるというように日常生活で広く観察できる現象である。臨床場面の治療技法としては，暴露反応妨害法，系統的脱感作などがあげられ，個人に特有の緊張，恐怖，嫌悪（味覚嫌悪等），不安など，情動的な症状のコントロールに重要な役割を果たす。

　次にオペラント行動の学習の仕組みとしては，自発的な行動の直後にどのような結果が伴うかによって決まってくる。行動の結果，メリットがもたらされる（良いことがある，嫌なことがなくなる）とその行動は増え，デメリットが生じる（嫌なことがある，良いことがなくなる）とその行動は減る。誘発刺激を必要とせず自発的に外界に働きかけた行動の結果形成されるものなのである。例えば，暗い部屋で電気をつけるという行動は明るくなるという環境の変化をもたらす。さらに行動の前後で何も変化がない時にも行動は減る。行動の結果，行動が増える現象は「強化」，行動が減る現象は「弱化」，行動の前後で環境側変化がなく行動がなくなることは「消去」という。オペラント行動における学習を用いた技法としては，シェイピング（段階的に目標とする行動に近づけていき，新しい行動を教える；段階的に関わりを減らしていくのはフェイディング），トークンエコノミー（よい行動が出ればシールなどの代替貨幣が報酬として与えられる），タイムアウト（不適切な言動によりその場から退出させられる；参加させるのはタイムイン）などがあげられる。

　オペラント行動の直後に出現するとその後の行動を増やす機能をもった刺激，出来事，条件を好子（こうし）（強化子のこと），行動を減らす機能をもった刺激，出来事，条件を嫌子（けんし）という。好子，嫌子はその刺激の持つ固定的な特性ではなく対象や条件によって異なる。例えば，ある子にとっては，くすぐりが心地良い好子となるが，触覚の過敏さを持つ自閉症児にとってはたいへん不快な嫌子となる場合もある。また，ふだん大好きな唐揚げであっても満腹状態の時には好子として機能しない。臨床場面では，対象にとっての強力な好子を探すことは治療や指導を有効（よりよい行動を強化）にすすめていくための要となる。行動療法を用いた事例を紹介する。

■事例　行動療法におけるアセスメントと介入例
対象：A君，軽度精神遅滞を持つ中学2年生男子．特別支援学校在籍
　中学2年に進級した時に友だちに対して汚いと言うようになり，混雑した更衣室に入れず授業に遅れる，自分の椅子以外は座れない，持ち物や机やイスをウェットティッシュで何度も拭く，教室移動のある授業に出ない，友達が自分の体に当たると暴言を吐くなどの行動が見られたため母親に連れられて療育センターを受診した。来所時にも，面接自体を嫌がり暴言を連発していた。
　アセスメント：母親から，A君の起床から就寝までの生活の様子を平日，休日のパターンに分けて聴取した（生態学的アセスメント）。さらにA君の生育歴，家族について，好みや趣味について，現在の症状に関連する情報，さらにA君の暴言の合間のぼやき発言や面接時の行動観察から情報を整理した。
　　①A君は，特別なきっかけがあったわけではないが，友だちが汚いということが気になり，直接友だちに触れたり，友だちがさわったものに触れると自分も汚れてしまう気がした。
　　②ウェットティッシュで拭くと，一瞬汚れが取れたような気がして不安が下がるが，友だちが動いたり当たるたびに汚れた気がして何度も拭きながらいらいらしている。
　　③友だちや小さい子どもが特に汚いと感じており，小さい子と関わることの多いセラピストも汚い対象で，面接室のイスや机もすべて汚いので，座らず立っていた。
　　④A君はアニメ"セーラームーン"に興味があるが，それをビデオ屋で借りるのは恥だし，それを見ているところを姉に見つかると馬鹿にされると思い込んでいた。
介入：まず，療育センターでの治療面接の終わりにアニメ"セーラームーン"のビデオを見る時間を設ける提案をしたところA君は急に来所に前向きになりセラピストからの質問や指示にも素直に応じるようになった。A君にとってはセーラームーンのビデオを鑑賞する機会を得られることは強力な好子として機能した。
　A君と面接場面で椅子に座る，机にさわる，机にA君のゲーム機を置く，セラピストと握手する等，できそうなもの，嫌なものをA君と1つずつ確認した。その後，症状改善のための治療手続きとしては，不安を誘発する汚れた気がするものにさわり続けることで，不安を喚起する反射が弱くなる，消去手続きを行った（暴露反応妨害法）。A君にとって取り組みやすい順番に設定された課題にA君は，"セーラームーン"を励みに取り組んだ結果，約半年の治療経過で，友だちやまわりのものや人に触れることを避ける行動は消失し，A君は，学校の活動に支障なく参加できるようになった。最後の面接ではA君は「心からと言えるくらい感謝しています」と言って握手して帰って行った。

専門家としてのスタンス

　行動療法の特徴は，①援助の対象も目標も方法も治療の進め方も具体的である，②介入の入り口や経路は1つではない，③生活，社会技術の学習の方向を持っている，④問題に応じた方法を用いる，⑤問題を対象化し主体的に対処しやすい，⑥自己制御・セルフコントロールの方向を持っていることがあげられる（山上，2001）。
　複雑なケースや困難な症状に出合うとしばしば「自閉症だから」「あの親だから」「自分には手に負えないから」など，様々な理由づけがなされるが，島宗（2004）はこれを「個人攻撃の罠」と名づけている。具体的な行動とその随伴性に着目する行動療法は，ここに風穴をあける道具となり得る。一つひとつの行動の随伴性を推定していくことで，対象や環境や自分自身を悪化させることなく，行動変容の方法を見いだすことができるからである。
　A君の事例でもそうであったように，援助者は時としてクライエントに対して，嫌な刺激や状況にも対峙することを求める必要性が出てくる。この時，クライエントを支えるのは，単にラポールとよばれる信頼関係ではなく，クライエントの行動を具体的に扱う中で，その後のセルフコントロールに繋げていく体験的な学習の

プロセスだと考える。
　援助の最終的なゴールはセラピストがいない日常で，クライエント自身が自分の行動を制御し，相対していくことである。専門家の仕事はクライエントに，今すぐ食べるだけの魚を提供することではなく，目の前のクライエントが自分で魚を釣って生活していくための道具と技術を提供すること，それが行動療法の援助である。

4．応用行動分析

（1）不適切行動の援助過程

　学校現場において子どもたちは，様々な行動を示す。大きく分けると「肯定的に捉えられる行動（肯定行動）」と「否定的あるいは不適切に捉えられる行動（不適切行動）」の2種類である（図5-6）。これらの行動上の問題に対する効果的なアプローチとして，「応用行動分析」がある。

　応用行動分析では，子どもが不適切行動を起こすには必ず原因があるという考えを持ち，その原因を明らかにし，不適切行動に対する支援計画を立案し，介入していくという図5-7のような流れを持つ（大石・大橋，2011）。またこの援助過程は行動コンサルテーションを通じて展開される。

　不適切行動のアセスメントでは，主に機能的行動査定法（Functional Behavior Assessment: FBA）を用いる。FBAでは，これまでの実証的な研究知見の蓄積から，不適切行動の原因として，①注目（獲得），②要求（物品獲得），③回避（逃避），④感覚（好子獲得）の4つをあげている。なお学校や家庭・地域で生じる行動上の問題に対するアプローチ（技法の名称と技法内容の概略）を表5-4に示す（加藤・大石，2011; Miltenberger, 2001）。

（2）SSWrが応用行動分析を用いる上での留意点

　応用行動分析は，行動上の問題を示す児童生徒に対して適用されることが多い。ただ，問題や困難を示す理由は一人ひとり異なるため，その背景や契機，行動がもたらしている所産（事後の環境変化）などを確認することが必要である。その際，心理的支援を行うSC等と連携することが有効である。応用行動分析は，児童生徒やその背

図5-6　学校における子どもたちの行動

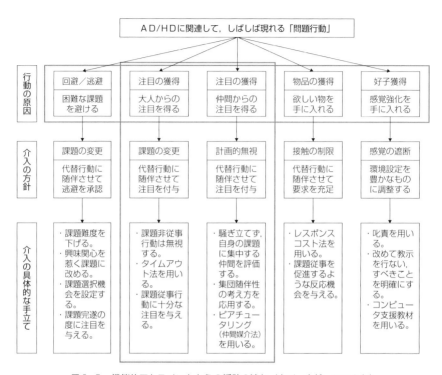

図5-7 機能的アセスメントからの援助の流れ（大石・大橋，2011より）

表5-4 応用行動分析のアプローチ

	技法の名称	技法内容の概略
行動査定技法	機能的行動査定法	①機能査定面接（関係者からのインタビュー），②直接行動観察，③機能分析などの一連の情報収集によって，問題となる行動がどのように生じて維持されているのかを明らかにする。非嫌悪的支援を行う前提となる技法である。登校しぶりや不登校の原因推定のために開発された「不登校機能査定尺度（School Refusal Assessment Scale-Revised: SRAS-R）」などがある（Kearney, 2007）。
	ABC分析法	AはAntecedent（先行事象）のAであり，BはBehavior（行動）のBである。最後に，CはConsequent（結果事象）のCである。つまり，「どんな時に（A），その行動が起き（B），行動の後にどのような対応をしたか（C）」というような流れで行動の成立を整理・分析する。
	課題分析法	日常場面で遂行される必要のあるスキルを，一連のより細かい行動要素に分割し，個々の行動要素やその遂行の有無について査定することである。例えば，身辺自立技能や買い物行動など日常的な場面で用いられる。
行動形成技法	分化強化手続き	「適切な行動は強化し，不適切な行動は消去する」という，「強化と消去の組み合わせ」の技法である。分化強化には代替行動分化強化，他行動分化強化，低頻度行動分化強化がある。
	プロンプト・フェイディング法／シェイピング法	目標となる行動を形成するための手続きである。行動の変動性を利用して徐々に目標となる行動に近似した行動を分化強化していき，最終的には目標となる行動を形成する。形成に向けて，プロンプト（手がかり刺激）を徐々に増やしていくフェイド・イン手続きと，徐々になくしていくフェイド・アウト手続きがある。
	チェイニング法	多くのスキルや行動は，実際には複数のオペラント行動が連続して生起することが多い。このような複数の行動から成り立っているスキルなどを形成する場合，各々の行動を一定の順に徐々に形成していく方法である。例えば，身辺自立技能や買い物行動などである。

第1節　ミクロ〜メゾレベルの相談援助：ケースワーク

般化促進技法	代表例教授法	関連する刺激事態と行動バリエーションの範囲を代表する複数の訓練事例（刺激事例）を用いることである。
	基軸反応支援法	子どもの発達的要素と ABA（応用行動分析）のテクニックが融合された自然環境下で学習機会を提供する広範囲なセラピーを机上学習セッティング以外の日常的な場面で行う。
	環境調整法	子どもの気になる行動の前と後で行う教師の働きかけを工夫することで，その子の行動の幅を広げたり調整力を高めたり，また環境を整備したりして，問題を解決していく。
	トークンエコノミー法	トークンとは，カードや連絡帳などに貼り付けられるシールなど，代替的な価値（貨幣）を意味するものである。このトークンを，児童生徒の特定の行動が生じることに与えることで，適切な行動を増加させたり，また不適切な行動を減少させたりできる。児童生徒は，一定の基準に応じて入手したトークンにより，本人の好きなものや活動などの「バックアップ強化子」と交換ができる。
	セルフ・モニタリング	目標設定を自分自身で行い，目標となる行動が生起するたびにそれを自分で記録する方法である。この方法によって，目標に対する進歩を自分で評価することができる。
	強化スケジュール	目標とする行動のすべてに対して強化が与えられる「連続強化スケジュール」と，ある一定の配分で与えられる「部分強化スケジュール」がある。
行動コンサルテーションの重点事項 ※詳細は加藤・大石(2004 ; 2011)		① 行動査定技法の適用：行動上の問題をできるだけ客観的に見極めることができるように，具体的に操作的定義を行い，コンサルテーションの前後及びコンサルテーションの過程においても行動上の問題を測定する。 ② 介入の整合性（treatment integrity）を重視：a）コンサルタントによる介入計画と，コンサルティの計画と実行度との間の整合性，b）コンサルテーションによって策定された介入の計画や内容が，コンサルティによって正確かつ継続的に実行されている整合性。 ③ パフォーマンス・フィードバック（performance feedback）の意図的・計画的活用：コンサルティの支援や指導行動を正確に遂行させたり改善させたりするために，それまでの行動についての評価や記録など情報を提示する。 ④ コンサルティの行動随伴性の検討：コンサルティの支援・指導行動の評価や記録を視覚的情報によって提示し，コンサルティの支援や指導行動を持続させたり動機づけたりする。 ⑤ クライアントの支援や指導のために行動論的な方法の適用：クライアントに関わる問題や主訴の解決のために，上記各種技法を用いる。 ⑥ コンサルテーションの効果の評価：コンサルティの支援や指導行動の改善，般化や維持の評価や，クライアントの行動の改善や問題の解決の評価を中心的に行う（加藤，2011）。

後にある保護者・関係者，関与する実践家のすべてが正の強化で維持される環境のもとに置かれることを目指しており，これはソーシャルワーカーの中核任務に通じるところがあるだろう。

過度に引っ込み思案な子どもに対する支援の方法

　学校現場には，危機介入こそ必要としないが，友人関係や学校生活に困難感を抱え，対人場面での社会恐怖や集団活動での場面緘黙を示す児童生徒がいる。彼らには，家庭や学校や地域での社会生活技能訓練が必要である（Kearney, 2011）。家庭での実践（practice）は，引っ込み思案を克服するために必要な事柄を子どもが行動した際に，報酬を与えたり，他人と関わり，人前で何かをするように励ましたりすることである。学校や地域での実践は，第一に，実践が必要な対人場面や評価場面の段階を決める。第二に，その段階ごとに地域での実践を開始する。地域での実践において引っ込み思案な様子が見られなくなったら，第三として，学校での実践を開始する。第四に，学校関係者との協働により，引っ込み思案な子どもが安定した学校生活を送れるようにしていく。上記の家庭での実践や学校・地域での実践と並行して専門家によるSSTを実施していくことにより，より円滑にスキル獲得を達成できる。これらの支援の方法には，伝統的な行動療法や近年広く普及している認知行動療法の概念・技法が活かされている。

5．認知行動療法

認知行動療法は，認知や行動の歪みが症状を生み出していると考え，認知（ものの見方）と行動の適応的変容を目指すアプローチである。とりわけ，問題行動の要因となる「認知」（ものの見方を規定する考え・信念：自動思考・スキーマという）を特定していくところに特徴の1つがある。また個人と環境の相互作用と思考・感情・行動等の個人内相互作用から人を理解する特徴を持つ（図5-8）。それまでの行動療法の刺激⇒反応（反応が様々な刺激を生む）という因果関係に"認知"を加え，刺激⇒認知⇒反応の視点へ至るのが認知行動療法である。

精神科治療や犯罪者処遇等で「治療パッケージ化」されているものが多い。純粋な認知療法は，ホームワーク（HW），スモールステップ，生理的アプローチがない点で違いがある。そのため，利用者の希望に基づき，人との関わり行動をより適切で効果的に行うことができるよう手助けする（「ものの見方」「理解や判断」「言動の仕方」の学習を助ける）援助の方法であるソーシャルスキルトレーニングも認知行動療法の1つである（前田，1999；福島，2004）。

なお小学生などの低学年は考える力が発達途中なため，行動療法を主とし（相手の表情を見て挨拶する習慣），認知療法的に思考を扱う時は図を使うなどわかりやすい援助（表情の図にて相手の表情の理解）をする考えもある。それぞれの認知や行動への働きかけ，技法と症例の参考を表5-5に示す。図5-9は治療全体と各セッションの流れである。

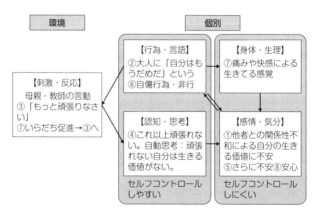

図5-8　認知行動療法における個人と環境の事例概念図（伊藤，2005を参考に作成）

表5-5 認知行動療法の働きかけ・技法の関連（坂野，2005，2012を参考に作成）

【認知・思考への働きかけ】技法：認知療法・論理情動療法（症例：うつ病，対人不安）
・ベックの認知療法はクライエント自らが気づきを得ていくことを大切にしている。
・エリスの論理情動療法はクライエントの不合理な信念を指摘し，論理的に論破していく積極性がある。

　　A 出来事　　⇒　　B ビリーフ　　⇒　　C 感情・行動の結果　⇒　E 自己啓発
　　Activating event　　Rational Belief　　　Consequence　　　　　Effectiveness

　　D 論駁　　⇒　Irrational Belief ↑　　※Eより先に Gaols として自己利益，柔軟性，自己受容等，健康な人間になる
　　Dispute　　　　(should, must)　　　　こと

【感情・気分（情動）への働きかけ】技法：系統的脱感作法（逆制止法〔不安拮抗反応活用〕・不安階層表）・エクスポージャー法（症例：パニック障害，PTSD，各種恐怖症，心身症）
【行為・言動（行動）への働きかけ】技法：社会的スキル訓練法・主張訓練法（症例：自閉症スペクトラム）
【身体・生理への働きかけ】技法：系統的脱感作法・自律訓練法・バイオフィードバック（症例：高血圧・不眠症）

※働きかけや技法は，他の働きかけや，提示する症例に関与するため症例・技法は参考程度。

【セッションの流れ】
0．開始15分前に来てベックうつ病スケール（BDI）等に記入
1．チェックイン
2．ホームワークをふり返る
3．アジェンダ（取り扱う議題）を設定する
4．アジェンダについて話し合う
5．ホームワークを決める
6．セッションをまとめ，フィードバックを求める
※はじめは援助者主導→徐々に患者主導

事実　　　スキーマ　　　自動思考
会話中のあくび → 私は愛されない → 私の話は退屈？
食事の誘いを断られた → → 私なんかと食事したくないのかな？
電話も来ない → → ああ，嫌われた…(><;)

【援助全体の流れ】

ステージ	セッション	目的	アジェンダ	使用ツール・配布物
1	1-2	症例を理解する心理教育と動機づけ 認知療法へ socialization	症状・経過・発達歴などの問診 うつ病，認知モデル，援助構造の心理教育	うつ病とは 認知行動療法とは
2	3-4	症例の概念化 援助目標の設定 患者を活性化する	援助目標（患者の期待）を話し合う 援助目標についての話し合い 活動スケジュール表など	問題リスト 活動記録表
3	5-6	気分・自動思考の同定	3つのコラム	コラム法 〜考えを切り替えましょう
4	7-12	自動思考の検証（対人関係の解決）（問題解決技法）	コラム法（オプション：人間関係を改善する）（オプション：問題解決）	バランス思考のコツ 認知のかたよりとは 人間関係モジュール 問題解決モジュール
5	13-14	スキーマの同定	上記の継続 スキーマについての話し合い	「心の法則」とは 心の法則リスト
6	15-16	終結と再発予防	援助のふり返り 再発予防 ブースター・セッションの準備 援助期間延長について決定する	援助を終了するにあたって

※スキーマはその人の根底にある中核的信念（「私は愛されない」等）と，ある状況において生じる条件的な信念（「人から頼まれたら断ってはいけない」等）からなり，自動思考形成（様々な状況でその時々に自動的に沸き起こってくる思考やイメージ）に寄与する。

図5-9 認知行動療法における各セッションと援助全体の流れ（平成21年度厚生労働省こころの健康科学研究事業「うつ病の認知療法・認知行動療法治療者用マニュアル」より作成）

解決志向行動療法

　解決志向行動療法は，もともとシステム理論の影響を受けたブリーフセラピー（システム論的家族療法）を発展させたものであり，問題に焦点を合わせずに解決に焦点を当てたブリーフセラピーである。

1．中心原理
　①もしうまくいっているのなら，それを直そうとするな。
　②もし一度うまくいったのなら，またそれをせよ。
　③もしうまくいかないのなら，何か違ったことをせよ。
2．援助における留意点
　①即時のフィードバックの原理
　②強化スケジュールとフェードイン
　③行動課題（small step）
3．有効な質問
　①スケーリングの質問
　　「1～10点のスケールの評定」
　②相談前の変化の質問
　　「これまで（前回の相談から今日まで）の間で少しでもうまくいっていることはどのようなことですか？」
　③例外の質問
　　「問題が起きる時とそうでない時は，どのような違いがあるのでしょう」
　④結果の質問（ミラクルクエスチョン）
　　「思った通りの結果が得られたとしたら，何によってそれがわかりますか」
　　「もし奇跡が起きら，あなたはどんな違いから問題が解決したと気がつくでしょう？」
　⑤コーピングの質問：②～④で，良いところがなく，考えることもできないという場合，よりひどい事態にならずに済んできたことに焦点を当てる
　　「そのようなたいへんな問題を抱えて，どうやってこれまで耐えられてきたのですか」
　　「死にたくなってもおかしくないようなたいへんな事態を，どうやって生き抜いてこられたのですか」
　⑥肯定的焦点づけの質問：問題行動の"代わりに"どのようなポジティブな行動が考えられるかに焦点を当てる
　　「落ち込んでいたくないなら，その代わりにどのような状態でありたいですか」
　⑦関連性の質問：問題の現在への影響を聴く
　　「それはどのように助けになっているのですか」
　　「それはどのように問題になるのですか」
　⑧関係性の質問：解決に向かう連鎖を全体的に明確化することで変化しやすくする
　　「あなたに変化が起きて解決に向かって進んでいくと，あなたは今とどのように変わってくると思いますか？」
　　「あなたが家族と一緒に取り組んでいることに，ご家族の一人ひとりはどうやって気づくでしょうか？」

	問題がありますか？	解決のため懸命にやりたいですか	すべきこと	避けるべきこと
カスタマー（顧客）	ええ，私には問題があります。	懸命にやってみたいです。	チャレンジを与え，変化について聴き，新しい行動を起こさせる。将来に焦点づけ，すでにできたことを強調する。やってきたことをさらに続けさせる。	過去や変えられないことに焦点づけない。カスタマーはワークをする用意ができてチャレンジを求めている。
ショッパー（買い物客）	はい，でも今日は，問題解決のための情報がほしいんです。	やりたいけど，今ではなくて，考えさせて。	変化した人についての情報を与える。買い手が問題について自覚していることを賞賛し，何が決断を助けるかを聴く。	早期の決断を強要しない。情報や選択肢を集める時間を認める。課題や行動変化のワークをさせない。データ収集は

			過去を分析し理解することが利益になる場合もある。変化のコスト分析が手助けになる。例外と対処の質問が助けになる可能性もある。	させることができる。「問題が起きる時と起きない時の違いは何でしょう」「代わりに何が起きているのでしょう」
コンプレイナント(不平を言う人)	はい、でも私ではないんです。他の人が変わるべきです。	いいえ、他の人の責任ですから。	誠実な賛意を表す。問題の起きていない例外に注意を向けたり、問題にいかに対処してきたかに焦点を当てる。	問題にではなく、どう対処したかに焦点を当てる。問題解決の方法について示唆してはならない。
ビジター(訪問客)	いいえ、うまくいっています。	そのつもりはありません。すてきなところですね。	誠実に賛意を示し、今の会話に没頭し、自分の物語を語りビジターの物語を聴く。関係を保ち、また来てもらうことが目標。隠れたカスタマーを探す。良くなる前に悪くなることもある。	関わりや変化を強要しない。対決しない。変化した人の物語を話すが、反応を期待しない。物語は楽しいのでビジターは普通は聴こうとする。

(千葉, 1999をもとに一部著者加筆・修正)

6. 家族療法

(1) 家族療法の考え方

　家族療法では，患者は家族システムの「病理」を代表して症状や問題を表している家族成員という意味で，IP (Identified Patient) =「患者の役割を担う人」とよばれる。

　家族を1つのまとまりをもったシステムと見なし，その家族システムを援助の対象にする。そこには，成員間の複雑な相互作用が存在し，すべての事象が互いに関連を持ちながら循環している。このようなシステムに対しては，1つの原因から1つの結果が生まれるとする直線的因果律ではなく，因果的連鎖が円環状に繋がっているという円環的因果律の見方が当てはまる。この見方に立ち，家族療法家は，家族の「関係」ではなく，家族の「相互作用」を変えようと考える。家族との新たなやりとりをすることで，家族に新たな状態をつくり出すというわけである。その際に重要なのは，家族だけでなく，その関係者をも視野に含めることである。

　以上はシステム論的家族療法，あるいはシステムズアプローチの立場からの説明になる。それは"誰が原因で，なぜ起こったのか"という視点ではなく，"どんな状況で今何が起こっているのか"に注目し，問題場面の共通因子や相互作用のパターンを捉え，そこに働きかけていこうとする立場と言い換えることができる。

　最後に家族とのやりとりの際に気をつける点は，その家族ごとの価値観・信念・関わり方などには多様性があり，セラピストのそれを押し付けないということである。

(2) 家族療法の種類と一例

　表5-6は，代表的な家族療法や，積極的に家族に関わる他の心理療法をまとめたものである。

表 5-6 代表的な家族療法と関連する心理療法

構造派家族療法（第一世代の家族療法）	十数年前まで，家族療法と言えば構造派を指すほど，代表的な流派であった。それは創始者であるミニューチンのスタイルが独創的で，斬新だったからであろう。面接場面での家族の相互作用をつぶさに観察し，臨機応変に積極的な介入を行うのを特徴とする。介入のための基本技法は"joining"と呼ばれ，家族にとって「よそ者」であるセラピストは，まずその家族の雰囲気やコミュニケーションのパターンなどを取り込み，それらに調和し，まるで以前からの馴染みの知人であるかのように家族に快く受け入れられる必要があるとされる。その上で症状行動をきたす典型的な相互作用を家族に起こさせたり（enactment），症状や問題行動に新しい意味づけをしたり（reframing）する。いずれにせよセラピストはジェスチャーやユーモアを交えながら大胆に介入し，介入を通じて家族構造を再査定し，新たな介入の方法を模索していく。
ソリューション・フォーカスト・アプローチ（Solution Focused Approach：SFA，第二世代の家族療法）	ディ・シェーザーとバーグらによって創始されたアプローチで，SFAの理論も技法もすべてシステム論的な視点に基づいている。他の療法との大きな違いは，「問題解決」の思考をとらない点である。つまりSFAは，「クライエントにとっての解決とそのためのステップ」に焦点を当て，「解決構築」の文脈を構成していく。ここから「解決（未来）志向」という言葉が出てくる。面接の進め方は，まずクライエントの訴えを傾聴し，十分な労い（コンプリメント）をしてから，目標を明確にする協働作業に入る。目標が明確になれば，それに近づくためのステップを話し合い，クライエントがそこに向けて進んでいく過程を支える。SFAを有名にしたのは，「ミラクル・クエスチョン（Miracle Question: MQ）」や「スケーリング・クエスチョン（Scaling Question: SQ）」などの質問法である。確かに，MQやSQは初心者が解決の文脈を構築するのを助けてくれるが，肝心なのは，会話の流れの中でそれらの質問を発する適切なタイミングを計ることである。 ※コンプリメント：クライエントのこれまでの努力を労い，称賛あるいは承認することで，クライエントが自分の肯定的変化，長所，力量に気づけるようにする技法。
CRAFT（Community Reinforcement and Family Training）	薬物・アルコール依存者と家族のための優れた治療プログラムとして，米国において広く普及している認知行動療法である。治療困難とされる薬物・アルコール依存症患者に対して，認知・行動的技法，機能分析を主として用い，クライエントに関わる家族や友人を通して治療に取り組むことによって，治療を拒否している患者を治療に繋げることを可能にする，エビデンスレベルの非常に高い介入法である。日本でも藍里病院の吉田精次副院長がCRAFTを広めるため，各地でワークショップや講演を行うなど精力的に活動している。また，厚生労働省のガイドラインにおいて"ひきこもり"の家族支援として取り上げられ，今後ひきこもりの若者支援において活用が期待されている。
PCIT（Parent-Child interaction Therapy）	1970年代にフロリダ大学において開発され，現在も発展を続けている。当初は発達障害児童における外在化行動障害とその養育者が治療の対象となっていたが，次第に虐待被害を受けた子どもにも対象が拡大され，現在では米国の国立子どものトラウマストレスネットワーク（NCTSN）において最も推奨される，エビデンスに基づいた治療の1つとなっている。PCITは親子間の愛着（アタッチメント）の回復と養育者の適切な命令の出し方（しつけ）の2つの柱を中心概念とした行動療法であり，対象となる子どもの最適年齢は2〜7歳だが，場合によっては12歳までは治療可能であるとされている。養育者には実父母の他，実際の養育にあたる里親や祖父母なども含まれる。日本にもPCIT—Japanという組織があり，東京女子医大の加茂登志子教授を中心としたグループがワークショップを行っている。
Open Dialogue	直訳すれば「開かれた対話」で，1980年代にフィンランドで考案され，今も実践されている急性期の精神病（主として統合失調症）に対するケア技法。現在欧米のみならず，日本でも大変注目を集めている。依頼から24時間以内に専門家チームが出向き，状態が改善するまで毎日，患者と家族や関係する重要人物を交えて対話をくり返す。Open Dialogueの介入により，抗精神病薬をほとんど使うことなく，2年間の予後調査で初発患者の82%の症状を，再発がないか，ごく軽微なものに抑えるなど，目覚ましい成果が得られている。

下段の心理療法のうち，CRAFT と PCIT は家族療法ではなく認知行動療法の世界から生まれたものであるが，いずれも何かしら困り事を抱えた家族や親に対する関わりであるため，行われていることは非常に家族療法に近い。一方，Open Dialogue は家族療法との繋がりがある。そこではミラノ派家族療法（第一世代に属する手法が援用されており，さらに第二世代の家族療法であるナラティブアプローチ〔ドミナント・ストーリーを脱構築して，オルタナティブ・ストーリーを分厚くしていくセラピー〕やリフレクティング・プロセス〔セラピストとセラピーを観察する人，そしてクライエントが互いに意見を反響させ，異なった循環を生み出すことで解決を図る技法〕）からの理論的影響も強く認められる。
　この中から構造派家族療法を用いた事例を示す。

■事例　不登校児童の保護者へのアプローチ例
　初回に両親が「私たちは無力だ。どうしてよいかさっぱりわからない。相談室にも子どもを連れて来られない。」と訴えるのに対して，セラピストは「私もまだどうすればよいのかさっぱりわからないが…」と応じつつ，方法は大雑把に分けて2つ（積極的に登校を促す・自主性に完全に任せる）あると提示する。すると両親は，前者では失敗ばかりくり返した，しかし後者のやり方では不安だと応ずる。それを聞いてセラピストは自主性に任せる方法を2人に勧める。なぜなら2人はすでにそうしているから。そして更に，両親が無力感に陥っているのは「子どもに自主的に立ち上がってもらうための，知らず知らずの工夫だと思う。」と続け，次のような課題を出す。「今度来室するまで，2人は今の無力感を協力し合って深めてきて下さい。どちらか一方が前向きなことを考えても，必ずどちらかがそれを打ち消すようにしてください。」というのである。
　一週間後の2回目の面接。やはり両親だけで来室。2人は「無力感にひたるのは難しい。積極的に子どもに働きかけてみたいので，その方法を教えて欲しい。」と訴える。そこでセラピストが「まずお子さんを治療に連れてくることから始めなければなりません。」と応じたところ，両親は話し合って子どもを治療に連れてくることを決める。しかし，その一週間後の3回目の面接にも，両親は子どもを連れてくることができない。父親が連れてくる気になると母親は不安になり，父親が自信を失うと母親は連れてくる気になる，というパターンがあり，それはこの件についてその場で2人が話し合う際にもくり返される。
　ここで別のセラピストが事前の計画通り入室。「私はあなた方が次回来る時もやはり子どもを連れてこられないだろうと思います。それどころか，連れてくるべきではないと思います。」などと言い出す。理由は「今回の子どもの問題は，あなた方が親として家庭の問題に取り組む技術を修得するチャンスとして与えられたものだから。なので2人はもっと迷い続けるべきで，まだ大きな決断をしてはいけない。」「迷う期間が長ければ長いほど，2人はもっと親密になれるでしょう。あなた方はもっと親密になりたがっています。だから恐らく今度来室する時も，今の決断は宙に浮いてまた迷った状況で来られることでしょう。」と言う。当然両親は怒る。「それでは子どもがいつまでも登校拒否で可哀想。子どもをだしにして私たちが親密になろうとしているというのですか！」と。それでもそのセラピストが自説を譲らないと，2人は「とにかく連れてくると決めたのだから，今度は必ず連れてきます。それに状況も以前よりよくなってきているんです。」と言って，次回の予約を4日後に取って帰る。そして4回目の面接，両親はついに子どもを連れてくることに成功するのである。
　　　　　　　　　　　　　　　　　　　　　（東，1986より抜粋・一部表記修正）

　この事例の以後の展開に興味を持たれた方は，ぜひ引用元の文献を参照されたい。ここでは，経過の中で"父親がその気になると母親も不安になり，父親が自信を失う

と母親もその気になる"という強固なパターンが見いだされたので,それを崩すために別のセラピストを用意して,"子ども連れで来てはいけない。もっと逆らわないといけない"という逆説的な介入を行った結果,両親は悪循環から抜け出せたのである。

第2節　メゾレベルの相談援助：グループワーク

1．学校における包括的なソーシャルスキルトレーニングの進め方

（1）ソーシャルスキルとは？

　ソーシャルスキルは表5-7のように,大きく2つに分類される。ライフスキルのSST（Social Skill Training）を計画する場合には,ターゲットスキルを的確にアセスメントする必要がある。高次のコミュニケーションスキルは,様々な分類の仕方や教材があるため,対象者のニーズに応じたものを組み合わせることを勧める。

　図5-10右のグラフは多動性が高く集団活動が苦手であった小学生A君のSST前後の状況である。SST事例は基本的なソーシャルスキルが不足していること,自己主張と友だちづくりはできているが維持ができていないことがわかる。このことから,教室でのルールにA君が従いたいと思えるように担任の先生との関係をつくること（担任の先生のA君への接し方含む）,A君が「友だちとの作業」を続けられるように「他者理解力」や「状況理解力」をつけることを目標に,アンガーマネージメントの一環として計画したのが図5-10左のSST内容である。眼を動かし確認範囲を広げ,「見る」ことができるようにし,それができてから相手の気持ちを「読解」する力をつける。テキストが読めて初めて文脈が理解できる。従来のSSTでは6回までにクラス変化が起きるが集団生活が難しい子どもがいる場合,このように個別SSTを実施していく。朝の会,道徳・総合学習などの時間で計画的に編成していく。実際には2か月で生活が安定し,学習支援に移行していく例もある。

表5-7　ソーシャルスキルとトレーニング内容

ライフスキル　自立して生活するためのスキルで,前者は病院や療育機関,特別支援学校等で実施されており,身辺自立,移動,日常生活への基本的なコミュニケーション（挨拶,自己紹介,自分の身体の状態の説明等）が含まれる。就労支援分野では,履歴書の書き方,電話の受け答え,メモの方法など仕事上必要とされるスキルも教えていく。
コミュニケーションスキル　高次のスキルで,例えば,向社会的行動ができる力なら以下がある。 ①基本的なソーシャルスキル（集団生活のルールが理解でき指導者に従える力） ②仲間づくりができる力（集団に入り,維持し,トラブル時に自分で解決できる力） ③メタ認知力（①②を行うために必要な全体を見たり時系列で見通しをつける力） ④自尊心（①②を支える感情の力）

※ライフスキル測定には,新版S-N式社会適応尺度（旭出学園教育研究所,2015）,Vineland-II適応行動尺度（Sparrow et al., 2005）等がある。コミュニケーションスキル測定には,SST尺度（本田,2007）がある（SSTの内容の選定,及び効果測定に活用可能）。

第2節 メゾレベルの相談援助：グループワーク

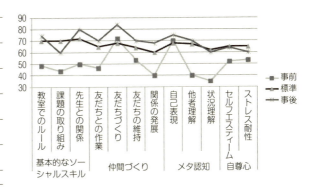

A君へのSST内容
（1回15〜30分）

ストレスマネジメント（2回）	「刺激の排除」「緊張をほぐす」
自己理解（2回）	「できごとを整理する」
状況理解（2回）	「メリットとデメリット」
道徳性・ルール（2回）	「なっとくのりくつ」
自己表現（4回）	「ロールプレイ」
学習の支援（4回）	ビジョントレーニング※
学習の計画・実践	

※週2回程度約3か月間

図5-10　SST前後のA君の変化例（本田，2015a）

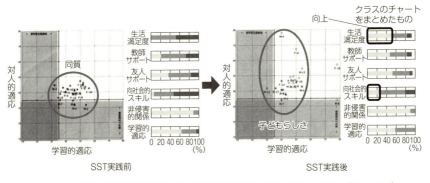

図5-11　SST実践前後のASSESSの結果の変化例（本田，2015a；栗原・井上，2013）

表5-8　クラスへのSST内容（各45分）

自分のストレスを知る（2回）
自己理解・自己表現1（2回）「私は誰でしょう？」
自己表現・他者理解1（2回）「四つの窓」「〜といえば」
自己表現2（1回）「ちくちく言葉ふわふわ言葉」
協力1「人間コピー」（2回）
協力2「共同画」（2回）
「なっとくのりくつ」（1回）
協力3「課題解決」（2回）
協力4「話し合い」（2回）

一方，A君のクラスの児童は，A君が衝動的に発言したりルールに従わなかったりする場面でこれまで我慢していた。図5-11は，A君が所属する学級にSST（表5-8参照）を実施した前後のASSESS（クラス内の対人適応と学習適応を調べる尺度）の比較例である。ASSESS（栗原・井上，2013）では，学習的適応（横軸）と対人的適応（縦軸）が測れる。SST前では同質の子どもたちが多く，対人的適応，学習的適応共に平均付近に分布していた。そこで，クラスの児童に「仲間づくり」（友だちの維持・関係性の発展）と「メタ認知」（他者理解・状況理解）のソーシャルス

キルを育て，授業中やそうじ，給食当番などでグループ活動が楽しくできるようにし，受け身であるクラスの子どもたちの自発的な行動を起こすことを目標とした。そのためにアンガーマネージメントの一環として計画したのが表5-8である。

（2）脳の発達と向社会的行動の実践力の関係
1 脳の仕組み

図5-12は脳の断面図と機能図である。自律神経系は，呼吸・消化・循環等の反射行動，視床下部から出される脳内物質は情動機能，大脳辺縁系は筋肉を動かして行動を実践，側頭葉は言語やルールの理解，前頭葉の制御機能はアクセル・ブレーキの働きをし，実行機能は様々な方略を組み合わせ，頭頂葉は全体を見通し目的意識を持つ機能を司っている。表5-9は，発達障害や愛着障害のある子どもたちの不適応行のとりやすさと脳機能の関連性を示したものであり，脳機能を捉えたSST計画の留意

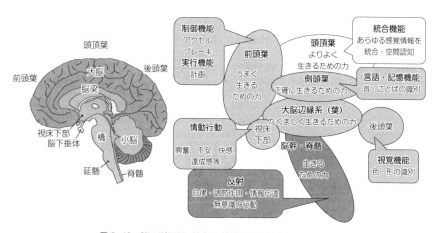

図5-12　脳の断面図（左）と機能図（右）（本田，2014a）

表5-9　発達障害や愛着障害のある子どもたちの不適応行のとりやすさと脳機能の関連

予測される不適応行動		関連する脳機能
1）生理的な興奮を調節しにくい	⇔	自律神経系：調節機能
2）感情の質が分化されておらず量が調節しにくい	⇔	視床下部：情動機能・感情
3）パターン化された行動が強化されていて変えにくい	⇔	大脳辺縁系：運動機能・行動
4）気持ちを言葉で表現しにくい	⇔	側頭葉：言語機能・ルール・道徳
5）獲得したソーシャルスキルを組み合わせる思考力の不足	⇔	前頭葉：遂行機能・思考
6）全体を見通す広い視野や目的意識が持ちにくい統合機能	⇔	頭頂葉：感覚統合機能・見通し
SSTを計画する時の3つの注意点		
1）子どもたちの不適応行動が脳のどの機能不全によるものかを適切にアセスメントし，周囲が支援する部分と本人の力を育てる部分に分けて支援計画を立てる。		
2）子どもが「何のために学んでいるか」を明確にし自分の意思で行動指令を出せるようにする。		
3）トラブル場面で新しいスキルが使えるよう行動の練習をする。		

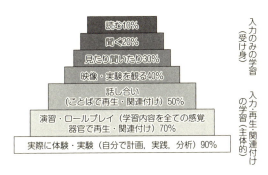

図5-13　学びのピラミッド（本田，2014a；本田ら，2010）

点も示した。

例えば自分の過ちを素直に認めて謝れない子どもの場合，支援者はこの子が謝れない背景を理解する必要がある。悪いと思っていないなら道徳性の課題，悪いと思っているが怒られたり罰されたりすることが不安なら感情の課題，謝り方を知らないならスキルの課題として取り組む。謝ることを不安がっている場合は，「謝る」には相手の気持ちを不快にさせたことを許してもらうための「ごめんなさい」と，自分の行動を真摯に反省した「謝罪」があることを教える。ロールプレイを通じて，相手が怒り始めた段階で「ごめんね」と一言伝えることで相手の怒りが静まる体験をした子どもたちは，お互いが落ち着いた状態で「言いわけではなく，事情を説明する」スキルの練習に入りやすくなる。SSTには，年齢や発達段階に応じた対応があるため市販のワークをそのまま使うのではなく，発達心理や動機づけ理論を理解して子どもの実情に合った実施計画を組み立ててほしい。

[2] **体験学習としてのSST**

図5-13は，デール（Dale, E.）が提唱した「学びのピラミッド」（本田ら，2010）である。異なる方法で学習した内容を24時間後にどのくらい記憶しているかを示している。目，耳から情報を入力するだけの学習では，映像や実験を観ても40％程度の記憶量だが，話し合いや演習など入力した情報を関連づけたり，再生したりする学習では50〜70％に記憶量があがる。"入力した内容を再生すること"，また"楽しい活動"は「またやりたい」という"動機づけ"や「やれそう」「できた」という"達成感"にも繋がりやすい。育てたいスキルをくり返し使うような活動を組み立てる「潜在的なカリキュラム」構成が大切になる。またやりっぱなしにならないように体験学習の最後に「振り返り」を行い「自分が学んだこと」「できたこと」「日常生活で活かせること」を言語化・数値化することも大切である。

表5-10 1学期のSSTの目標と活動案の例

大目標	小目標	朝の会(SST)	学級活動(SST)	授業(国語)
自己理解 4〜5月	自分の気持ちを理解する	気持ちのモニター	「ストレス風船」	感情の言葉を学ぶ
	考えをわかりやすく表現する	上手な謝り方 上手な断り方	「伝言ゲーム」 「人間コピー」	事実を客観的に説明する
他者理解 5〜6月	友だちの特徴を知る	上手な聞き方1 (うなづく, 促す)	4つのコミュニケーションタイプ「予想外!」	心情の理解1 言葉からの理解
	相手の行動の背景を理解する	上手な聞き方2 (詳しく聞く)	「カチッとファイブ」	心情の理解2 行動からの理解
相互理解 6〜7月	話し合い活動	私メッセージ1 (気持ちを伝える)	課題解決型のワーク・共同絵	作者の主張をまとめる 賛成・反対を分ける
	意見を合わせる活動	私メッセージ2 (考えを伝える)	課題解決型のワーク	共通点を見つける

(3) ソーシャルスキル教育のプラン

校内で行うSSTにおいては，アセスメントができたら，授業プランを立て（表5-10参照），クラスや学校の実情に合わせて時間数を確保する（外部講師実施の場合，講師の調整も行う）。学校内で組織的に実践する場合は以下の手順を踏む。

①学年担任と話し合う
②管理職に説明し提案する分掌部会を確認する
③起案書を作成し企画会議に提出する
④職員会議で承認を得る

SSTを成功させるには，学年や管理職の理解を得て，教育活動の一環として位置づけることが大切になる。いじめや非行など継続的に指導が必要な子どもたちの場合，組織の理解とバックアップがあれば必要な講師，ボランティア，教材の確保等がしやすいためである。

2．ピアサポート：長期計画型

"ピア"とよばれる"仲間"同士で行うサポートには，一般にピアカウンセリングとピアサポートがあり，前者は，カウンセリング的な関わりに重きがあり，後者は教育的な関わりに重きを置いている。ただし，近年では，ピアに関わる活動を包括してピアサポートと言うようにもなっており，概念が広い。ここでは，SSWrが実施した学校コーチングを学習した者が行うピアサポートトレーニング（高校生が訓練を受け中学生のプレピアサポートトレーニングを実施する内容）について紹介する（詳細は米川，2010等より）。

第 2 節　メゾレベルの相談援助：グループワーク

キャリア教育における人間関係形成能力等

小中高におけるキャリア教育の手引き等について国立教育政策研究所にて様々に報告されている（例えば，2011）が，社会的・職業的自立や社会・職業への円滑な移行に必要な力として「基礎的・基本的な知識・技能」「基礎的・汎用的能力」「論理的思考・想像力」「意欲・態度及び価値観」「専門的な知識・技能」をあげており，「基礎的・汎用的能力」の具体的な内容として「人間関係形成・社会形成能力」「自己理解・自己管理能力」「課題対応能力」「キャリアプランニング能力」があげられている。クラスや学年を超える点があり，ピアサポートはこれらの力を養うのにSST以上に効果が認められることがある。

　予防開発的なピアサポートのトレーニングは，クラスワイドで行われるSSTと異なり，初期は「後輩を支援するコミュニケーション学習をする場である」という主旨にて参加を募った。学校への不満のある生徒や意欲のない生徒をピアサポートにてフォローしていこうという目標があったからだ。SSWrは，エンパワメント（共通）理論に基づき（学校コーチング参照），SSWrがピアサポートの後方支援をしていく。なおピアサポートは1回限りで実施することは可能だが効果は見えにくい。そのためSSWrは長期計画（図5-14，表5-11）を立てて学校・担任と調整しながら実施していくことが求められる。

中学生支援		高校3年生	広域活動（社会貢献等含） PPPの実施／システム導入 ピアコーチ養成
		高校2年生	ピアコーチのスキル般化（アシスタント活動） PPPの実施
		高校1年生	ピアコーチ養成プログラムの参加開始 ピアコーチのスキル般化（アシスタント活動）
後輩支援	中学3年生		中学1年生及び2年生の支援 プレピアコーチのスキル般化
	中学2年生		プレピアコーチ養成プログラム〔PPP〕の参加開始
中学1年生			学校環境への適応

図5-14　ピアコーチの養成と活用のシステム（米川，2010）

表5-11　プレピアサポートプログラム（PPP）（米川，2010；米川ら，2010に一部追記）

〈第1回〉 『コミュニケーションの基本の理解並びに自分の行動目標の設定』	〈第2回〉 『自分の悩みやクラスにおける悩みを中学生同士で改善する』	〈第3回〉 『クラスのあり方を考える』
①自己紹介 ②エンパワメントの考え方 ③コミュニケーションの権利と義務 ④共通の約束 ⑤コミュニケーションの基本（うなづき，ほめ方等） ⑥長所理解（ストレングス視点） ⑦行動目標選択：宿題設定※1　　1週間校内でのピアコーチサポート	①宿題の振り返り ②心の悩みと行動の悩み※2 ③行動目標選択：宿題設定 　必要な場合，ピアコーチサポート ※1 高校生向けのピアサポートトレーニングでは，基本はSSWrが実施し（アシスタントは修了生），第3回目に異学年意見交換・交流，第4回目に教師間意見交換・交流等を持つ ※2「心の悩み」は過去の出来事の悩みや漠然とした悩み，行動の悩みは将来の悩みや現在の行動できない悩み等で，ピアサポートでは心の悩みは担任等に任せ，行動の悩みを中心に扱う	①宿題の振り返り ②コミュニケーションの流れ ③討論（先輩・後輩のロールプレイ） ④行動目標選択

第5章　スクールソーシャルワークの相談援助技術Ⅱ：ミクロからマクロレベルの介入技術

プログラム	内容及び教示
自己紹介	自己紹介においては，本人がどのような目的を持ち参加しているかを確認し，必要であれば，プログラム内に本人の目的に合致するような場を設ける。
エンパワメントの考え方	（1）「相互の信頼関係の上で相互の力（長所）を活かし合うことができるコミュニケーションを学習すること」を伝える。 （2）エンパワメントは「自分らしさ（長所）を活かして自立して生きること」と提示した。 （3）相互の長所を活かし合うことが自立して生きることに大切と伝え，積極的に相互の良さを認め，活かし合うことを推奨した。
コミュニケーションの権利と義務	（1）自分の感じたこと，思ったこと，考えたことを伝える権利が誰にでもあること （2）意図的に相手を傷つけてはいけない義務があること （3）共動の約束を守ること
共動の約束	共に動くという考えから，プログラムにおいては，以下の約束を毎回確認した。①信頼関係：プログラムでは相互（自他）を否定しない。否定的だとコミュニケーションが取れなくなる。このため，自分が自分を信じられるような参加の仕方をしていくことを大切にする。②勇気：いつも話さないことを少し話す，いつも聞かないことを少し聞いてみる，いつも行動しないことを少し行動してみる，自他を肯定的に捉えていく，というチャレンジマインドを大切にする。信頼関係がないとチャレンジができないことを伝える。スモールステップで無理のないようにしていく。③モラルのある環境づくり：自分が楽しめるように，学べるように，モラルを守る場を自分から作るということから，否定的にならない，守秘義務を大切にする，思うだけでなく行動してそこから学ぶ，ということを伝える。
自己の長所を受容する	自分の長所や頑張りを相手に話し，その良さを積極的に伝えてもらうようにした。書面に記載し，プログラム終了後も残るようにした。1分で話し手の長所を伝え，1分で聞き手が感じた相手の長所（これまでの経験を踏まえ）を書面に記載し，1分でその記載した理由を伝える。これを5人程度相互に実施。
行動目標の達成度振り返り	毎週最後に次週までの取り組む宿題を設定し，次の週の初めにその結果を報告する。自己のやりたいこととやれることの一致を進ませ，自己の状態に合う活動をしていくこと。例えば，これまでに行動したときのない人に関わる宿題を出す。ピアコーチが目標を達成できるように毎日確認する等の関わりを行う。
コミュニケーションの基本	（1）うなずき　主として1週目 聞き手が，話し手に一方の耳を向けて座り（話してから見て横向），表情やうなずきをせずに話を聞く。次に正面を向き（聞き手は，話し手の顔を見て；辛い場合は鼻か顎を見る），同様に話を聞く。最後に表情をつけてうなずきだけして話を聞く（各1分ずつ）。 （2）質問　主として1週目，3週目 質問により，CLに気づきを与え，考えを明確にし，自己理解と自己受容を進ませる。 ・〜について，どのように感じ，思い，考えているか？ ・何をしたいか？　どのようにしたいか？　何ができるか？　何ができるようになりたいか？ ・そのために必要なものは何か？ 　1週目では，聞き方や称賛の一番上手な生徒を見本として皆の前でロールプレイしてもらう。毎週，適宜質問を用いた対話をしてもらう。とくに3週目では，質問の練習の時間をとる（「学校生活をどうしたらよりよくできると思うか？」等をテーマに）。
コミュニケーションの流れ	質問をして相手の考えを聞きながらも，そこから長所を捉え，ほめていく。自己をより肯定的に捉えられるようにした。相手をほめる時，長所を言う時は，度が過ぎないこと，嘘でないこと，根拠があることを教示する（毎週，適宜教示していく）。
討論	初回では，中学生内でチームを作り先輩または後輩役を割り振り，後輩から先輩に学校生活改善についての意見を言うという役割演技。この時後輩役から厳しいことを言われても，先輩役は相手に感謝するという肯定的な関わりを練習する。このことで，先輩及び後輩の気持ちが理解でき，自分たちの現状の学校生活についても理解できる。

（内容及び教示は，米川，2008；米川ら，2009を一部改定）

表5-12　第1回目の目標とその達成の結果と目標設定前の行動（米川ら，2010）

生徒	目標1	達成結果1	目標設定前までの行動
A君	自分の班の人に日本史のノートを取るように勧める〈昼食の時にノートチェック〉。	5人全員書くことができた。	書くように言っていたが，何度も言っていないし，言うのは2〜3度程度だった。
B君	1日10回ほめる〈食事後にその前日に何回ほめたか確認〉。	2週間1日10回ずっとほめた。一応成功した。何回も同じ人にほめるとネタが尽きるので自然と普段しゃべら	同じ人としか話せなかった。全然ほめれなかった。

第2節　メゾレベルの相談援助：グループワーク

		ない人などとも話してほめた。	
C君	先輩（ピアコーチ）と体力づくりのために筋トレをする。月・火・木・金〈一緒にやる〉。	最初1週間はしっかりやった。2週目は期末テストもあり、かぶったのでやらなかった。	筋トレなし。
D君	自分の思った事（よいこと）に従って正直に行動する〈相談に乗る〉。	1日6回くらい気づいたことを2回程度しか言えなかった。先輩に相談できてよかった。目標を立てた事によって自分の意識が高まった。行動はあいかわらず。	目標を立てない。気づいたことも言えない。
E君	ばらばらになっている下駄箱のくつをしまうように呼びかけをした。1日10回以上言い、朝の挨拶の前後にも言う〈相談に行き、アドバイスをもらった〉。	1日15回程度は言っていた。85％は達成できたと思う。	とくに言わず、または1日1～2回ほどしか言わない。
F君	1日1つ指針を決める。その指針は、その時がくるまで折れない。折れないために曲げるのはあり〈一緒に活動する〉。	14の目標をつくった：ごみの分別は終わるまで（みんなを）帰さない；仕事（そうじ・委員）を終わった人たちには「ご苦労様でした」と声をかける。疑問は解決する；感情が動いたら原因を探すなどできた。	目標すら立てなかった。
G君	悪いことには注意する。15回はする〈できたかの確認と思われる〉。	1日15～17回まで2週間〈できた〉	前までは注意をほとんどしなかった。今後はもっと注意をしていきたい。
H君	毎日1つ成長して、先輩に話す〈話を聞く〉。	毎日できた。すぐに（成長）できたものもあったが大変なものもあった。2週間続けたので14個できた。なにが成長できたか見つけるのが大変だった。	1か月前は気をつけていないので1個もできていない。今は自分と向き合えるようになった。

〈 〉内はピアコーチのサポート内容

表5-13　介入群及び比較群における生きる力に関わる要素の t 検定の結果（米川ら，2010）

	クラス事前 (n=28～31)		介入群事後 (n=8)		比較群事後 (n=16～18)		介入群比較群事後
	M	SD	M	SD	M	SD	t
集団活動（12-48）	28.8	9.28	35.3	5.12	28.75	9.39	1.81†
同輩コミュニケーション（7-28）	16.8	5.89	20.9	4.39	17.42	5.88	1.48
進路決定（14-56）	28.1	8.00	34.4	8.02	27.38	9.02	1.86†
長所理解（1-4）	2.13	0.81	2.75	0.46	2.11	0.76	2.19*
全体的な成長（1-4）	2.83	0.89	3.63	0.52	2.78	1.00	2.24*
考えの成長（1-4）	2.53	1.04	3.63	0.52	2.72	0.96	2.49*
行動の成長（1-4）	2.34	1.04	3.25	0.46	2.50	0.92	2.75*
学校サポート（3-15）	9.77	2.84	12.8	1.83	10.17	3.76	2.35*

（ ）内は測度得点範囲　† $p < .10$, * $p < .05$, ** $p < .01$
※高校生向けプログラムでは実験群、統制群での差が出ている。

表5-14 12名の教師によるピアコーチ活動の効果の有無

(米川, 2010)

	中学	高校	管理職	合計
不登校	2	0	0	2
特別支援	2	1	0	3
非行・暴力	3	1	1	5
精神的ケア	4	2	1	7
苦情処理	1	1	0	2
授業	0	1	1	2
授業以外の学習	0	1	0	1
クラスの問題	1	3	1	5
学校の自治	3	3	1	7
職員メンタルヘルス	0	1	1	2
教師のやる気	0	3	1	4

　表5-12～表5-14は効果の1つであるが，ピアサポート導入により，学校環境が大きく改善したことがあげられる。そこには，各種諸問題事項の軽減に加え，教師と生徒間の関係性改善など，様々な変化があったことが中高共に認められた。

3．教員研修：スクールソーシャルワーク紹介方法

　ここでは，SSWrを教育現場で活用するためにSSWの紹介を教員研修にて行う方法について紹介する。
　スクールソーシャルワーク（以下，SSW）に関する教員研修の種類は主として以下が多い。
①自己紹介・オリエンテーション
②SSWに関する概論（講義）
③SSWが活用するスキルの理解（講義と演習）
④SSWの事例紹介（講義）
⑤SSWの実践検討（演習）
⑥SSWの役割や活用方法について発表

　地域の実際事例の紹介でない場合は，大学講師等が行うこともある。SSWrが講義を行う場合，大学の講師とは違い不安なイメージを持たれる場合もあることに留意する。しかし，現場で実際に弱い立場の子どもや保護者に寄り添った支援をしていることや学校を拠点に活動している身近な存在として教師にも専門的なアドバイスや新たな視点を与えられるというメリットを簡潔に伝えることで教員の不安は解消できることが多い。
　ところで，"教師"という専門職は，教育のプロであっても福祉の専門用語である「社会資源」や「アセスメント」「エコマップ」等の言葉は初めて聞くことが多い。そのためにもSSW概論の講義時はわかりやすい言葉で丁寧に伝える必要がある。演習を

表5-15 SSW研修プログラム例

時間	事項	講師名
8:30～8:50	受付	
8:50～9:00	注意事項説明	
9:00～10:30	SSWに関する概論（講義）	○○大学講師
10:45～12:15	SSWが活用するスキルの理解（講義と演習）	
12:15～13:00	昼食	
13:00～14:30	SSWの事例紹介（講義）	SSWr ○○
14:45～16:15	SSWの実践検討（演習）	
16:15～16:30	休憩	
16:30～17:00	振り返り，評価	

通じて伝えていくと理解されやすい。

　この時，ソーシャルワーカーとして活動している人々は，SSWrだけでなく，様々な分野にいるということを知ってもらうことも重要である。学校だけでなく病院や児童家庭支援センター，地域活動支援センター，児童相談所，独立型社会福祉事務所，刑務所を出所する高齢者や障害者を支援する福祉専門官等を紹介することも大いに福祉の視点を理解することにも繋がる。

　④⑤⑥については，実践者であるSSWrが実際の活動について講義し，1つの事例をもとにグループディスカッションを行う。その中で，アセスメントシートの作成とプランニングまでグループで作成・集約し発表に至る。各グループでの発表の後，振り返りを行う。表5-15では，ある日の教員向け講習のプログラム例を紹介する。加えて，教員研修時等に配布するSSWrのパンフレットを紹介する（図5-15）。

4．ケース会議：ファシリテーション

（1）ファシリテーションとは

　ファシリテート（facilitate）とは，もともと「促進する」「物事を容易にする」という意味の英語（動詞）である。その名詞形がファシリテーション（facilitation）である。

　対人援助の領域，中でもソーシャルワークにおいては，グループワークを実践する際によく用いられる技術（スキル）である。それと並んで，ソーシャルワークの重要な機能として発揮される場面が，ケース会議である。優れたファシリテーターとは，ケース会議をどう運んでいくのだろうか。ここでは，SSW実践におけるケース会議の場面を想定し，ファシリテーションを軸としてその流れについて見てみる。

（2）ケース会議実施に向けての注意点

　SSWのケース会議は，学校内で行われることが多く，また教師という教育分野の専門職がおおむねキーパーソンとして参加することになる。SSWとしてのケース会

表面

裏面

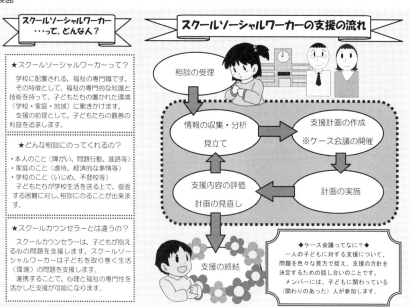

図5-15　SSWrのパンフレット（高崎市教育委員会のパンフレットより）

議は，チームで支援を行うという観点から支援ケース会議や支援チーム会議（チーム会議）ということもある。

　学校（校内）におけるケース会議の場合は，一般に，クライエントである児童・生徒の担任，学年主任，生徒指導担当教師，教育相談担当教師，養護教諭，管理職（校長・教頭）などの教職員に加え，スクールカウンセラー（以下，SC），SSWr，特別支援教育のコーディネーター（教職員が担うことも多い），種々の相談業務を担うボランティアといった人々が参加者として想定される。

　どのようなメンバー構成であっても，大切なことは，校内に核となる児童・生徒支援のためのシステムを事前に築いておくことである。いわゆる生徒指導上の問題が発生する度に，単発的に招集される集団ではなく，日常的に確固とした支援チームとして共通認識を図っておくことが肝要となる。ケース会議を定着させていくには，学校組織において公式に位置づけられた校内支援システムの存在がその成否に大きく影響を及ぼすと言える。

　ここでいうシステムとは，ある特定の有能な個人に依存しないでもすむよう，支援チームを恒常的に校務分掌（教職員が校務を分担する仕組み）として位置づけることを意味する。そのことによって，メンバーの転勤等によって支援の枠組みが崩れてしまうことのない確固とした仕組みがつくられることになる。要するに，スーパーマン（ウーマン）に頼るよりも揺るぎないチーム体制を築くということである。そのためにもシステムづくりの提案とその効果を共有して，継続の価値があるというような方向に進ませることが求められる。

　ところで，西尾（1998）は，非効率で非生産的な事例研究やケース会議の光景として，表5-16のような状況をあげている。こういったケース会議が後を絶たない理由として，西尾はケース・カンファレンスの理論と実践について，実践者がその手法を

表5-16　非効率で非生産的なケース会議の光景（西尾，1998を改編）

- ケース会議の場に上下関係を持ち込み，管理者が会議をとりしきり，若い職員が発言する機会を制限してしまう。
- 経験豊富な職員が自分の経験だけを根拠として会議をリードする結果，経験の浅い職員の発言が抑制される。
- 概して結論を急ぎすぎる。
- 話題が四方八方に無限に拡散し，収拾がつかなくなる。
- 繰り返し同じ話題が重複し，時間を有効に活用できない。
- 経験豊富な職員がいきなり結論を押しつける形になり，若い職員が結論に至る経過，結論の根拠や必然性が理解できない。
- ケース会議の準備が十分になされないまま，始められる。不十分な準備のもとに始められたケース会議は期待される結果が得られない場合が少なくない。
- ケース会議についての体系的知識・技能に欠けるため，ケース会議の進行が「いきあたりばったり」になる。
- ケース会議の進行中，質疑や意見が前後して交錯し，概して効率が悪い。

研究し，体系化できていないからだと指摘している。

なお，ケース会議の規模は，活発な討議等により参加者の積極的な関与が図られやすいという意味では，原則として10名程度で，多くても20名位での実施を推奨する。それ以上の人数的な規模になると，小グループに分けて行うか，中核的な実務者会議を設定するなど，進行や運営に工夫を加える必要があるだろう。

ここで述べたことから，ファシリテーションとは，チームの価値を最大限に引き出すことと言い換えることもできる。その意味では，ケース会議としての運営に際してSSWrには，ある程度の高度なファシリテーション力が求められると言えよう。

（3）ケース会議の展開

社会福祉分野では，ケース会議の進め方については，ほぼ定型と言えるような共通認識が普及していると思われる。西尾（1997）も，ケース会議を効率的に進めるには，進め方の定型があるとし，図5-16の順に従って進めるのが要諦であるとしている。

図5-16 ケース会議の展開過程

ここでは，一般的な福祉現場におけるケース会議の進め方を踏まえ，学校におけるケース会議を進めていく上での展開手順について，まとめたものを表5-17に提示する。また適宜に進行上の留意事項を追記しておく。

ケース会議が円滑に展開することは，子どもの「ストレングス」の発見といった，新たな気づきを生む等，チームアプローチの促進に繋がる。これは，同時に子ども個人やその家族を見るミクロレベルから，関係機関を含めて子どもや家族を見るメゾレベル以上への視点の拡大を意味する。さらに，ケース会議における学校や地域に対するアセスメント等の実施が，「関係機関とのネットワークづくり」をはじめとするSSWのエクソ－マクロ実践としての「学校を含めた教育行政システムの構築」，すなわち地域にある組織を動かし，支援体制の改革を行うことや政策提言に発展していく可能性を有していると言える。

この時，SSWrは，学校の一員として，しかし教師とは違った視点で支援のあり方を提案しながらケース会議を重ねることになるが，学校組織などの既存の体制の中で，どのようにチームアプローチを推進していくのかという視点と，子どもの「最善の利益」を保障するための組織変革の視点が必要である。

（4）多職種ケース会議

司会（ファシリテーター）は，多職種ケース会議の要であると言えるほど重要な役割を持つからこそ，その高度な技能や運営が求められる（表5-18参照）。例えば，ケー

第 2 節　メゾレベルの相談援助：グループワーク

表 5-17　学校におけるケース会議の実施展開手順

①学校内支援システムの構築と参加メンバー選定
　先述の通り。
②進行係（司会者）及び記録係の選任
　実際には，進行係は生徒指導担当などの特定の教員が担うことが多いようであるが，検討するケースの性質によっては，その特性に詳しいメンバーを選ぶこともある。記録係は原則として輪番制が適当であろう。
③メンバーの紹介
④進行係による開始（運営上の確認を含む）
　ケース会議に予定されている時間枠について，あらかじめ参加者に告げる。
⑤ケース報告担当者による概要及び経過の紹介
　ケースの報告者は資料を準備の上，発表を行う。その際，発表にあてる時間配分に留意すること。例えばケース会議全体に予定している時間が 1 時間 30 分であるならば，発表にあてられる時間は 20 分程度となる。当該ケースについて 2 回目以降のケース会議の場合には，前回の会議において決定された事項を確認する。そのために，各担当者から対策の実施状況などの経過報告等をしてもらう。
⑥質疑（情報の追加）
　進行係はケース報告を聞いた参加者から質問を受け，主として発表者に答えてもらうが，質問によっては進行係や他の参加者が答える場合もある。この質疑応答の過程は，参加者全員が質・量ともに必要な情報を共有化しつつ，情報量を追加・調整する作業として極めて重要である。
⑦問題の洗い出し
　質問が終われば，当該ケースについての問題点を参加者にアトランダムにあげてもらう。いわゆるブレーンストーミング形式にて，問題の重要度や序列は問わず，まずは気づいた問題点をできるだけ多く列挙させる。その際，他人の意見を批判してはいけない。批判があると良いアイデアが出にくくなるからである。
　なお，問題点としては次の諸側面からの検討が必要になると考えられる。
・子ども本人（行為，パーソナリティ，ニード，ストレングスなど）
・環境（学校，家庭，地域社会，親の職場など）
・社会資源（キーパーソン，制度，施策，施設，機関など）
⑧問題の検討
　⑦において抽出された問題群について，その背景，直接的原因，問題相互の関係などを検討して問題の性質を浮き彫りにする。多くの場合，複数の問題が互いに絡み合っているので，それらの関連を明らかにする必要がある（例えば，校内暴力の背景に虐待があった等）。その上で，類似の問題をまとめ，整理し，多くの問題を 2 点ないし 3 点に集約していく作業を行う。
⑨問題の緊急性（対応の優先性）の決定
　先にあげられた問題点について，その緊急性（対応の優先性）の順位を決定する。危機介入の必要性を含め，さしあたって放置できない問題に対して具体的に対応しなければならない問題を検討する。問題の優先性がほぼ固定まった段階で，あまり主要でない問題点は保留にする。
⑩社会資源の確認（新たな資源の創出も）
　これまでの作業で焦点化された問題について，具体的な援助に役立つ資源を検討する。資源には大きく分けて次の 3 つがあり，支援のために活用できるものはすべて含まれる。（）内に SSW に関連するものの一部を記載する。
・子ども本人が持つ資源（ワーカビリティ，ストレングス，意欲，好きなこと，楽しみ，家族，親類，ペットなど）
・学校内部の資源（担任及び他の教師，友だち，SSWr，SC，部活動，養護教諭，保健室，校内の居場所など）
・学校外部の資源（家庭，地域，塾，学校外の友だち，教育センター，児童相談所，フリースクール，電話相談，就学支援制度，奨学金など）
　社会資源については，あらかじめ調査整理し，資源一覧表などを作成し，いつでも利用可能なように整理しておくことが望まれる。そのことによって，メゾからマクロへと，アプローチの更なる発展へとつながっていく。
⑪支援方針の決定
　問題解決に向けて，現実的な支援方針を策定し，いくつかの具体的な対策を講じていく。対策は「当面の

もの」と「抜本的なもの」に分けた上で，まず重点的に実施できる対策から取り組んでいくことを決定する。その際，ニーズと社会資源との適切なマッチングを考慮する。
　　例えば，いじめや虐待の場合，「当面のもの」は子どもの身を守るために講じる対策であり（危機介入，保護等），「抜本的なもの」は友だち関係や親子関係の修復やそれを通してのお互いの成長といったことが考えられる。
⑫分担の決定
　　決定された支援方針に基づいて，誰（またはどの機関・施設など）がどの対策を実施するかを決める。
⑬対策の実施時期の決定
　　各自が分担する対策（支援としてのかかわり）の実施時期を，支援チーム全体との整合性を図りつつ決定する。
⑭会議の総括（結論の確認）
　　進行係が支援ケース会議の結論を整理・要約し，参加者全員に確認を求める。特に記録とも照合して確認する。また，次回開催日程の決定と確認を忘れないようにする。
〈実施の留意点〉①日頃から学校教育・文化の理解を深めること，②地域の社会資源についての知識をある程度身につけておくこと

表5-18　多職種ケース会議の展開と司会の基本姿勢

【多職種ケース会議の展開】

①事前準備確認，ケース方向性確認
②司会は事前に参加者の座る席を決めておく（少なくとも司会とケース報告者は全体の中心や全体から見える位置で，隣同士または近接席，研修等でスーパーバイザー（以下，SVr）がいる場合は全体を俯瞰〔全体と少し離れている場所でもよい〕できる席）
③司会者紹介（参加者着席後に自己紹介手短，参集への謝辞）
④ケース会議の目的・テーマ・方向性（ケース会議をなぜやるかの目的・個別支援計画作成・情報共有等）確認（簡潔に）
⑤守秘義務確認
⑥参加者の紹介（職制へ配慮した順番；実施先〔訪問先〕の長の順番は最初に来談者へ謝辞）
⑦検討すべき具体的テーマ確認。例えば，担当者の困っている点や改善したいと思っている点がどこか，なんの情報共有をしたいか等目的等の具体的事項を伝える。ケース情報の垂れ流しをして時間を無駄に使わない（詳細は"ケース紹介にて"）；担当者がどのような捉え方をしているかを理解する点にもなる。
⑧クライエント（本児）の意向の確認
⑨家族の意向の確認
⑩ケース報告者の意向（この他，担任の意向など）の確認
⑪ケース紹介（情報提供；時間による問題・課題，本人の状態〔病気・障害・身体機能・特性・ストレングス，家庭環境等，支援状況等〕
⑫各立場の状況の報告　※順番は報告者の立ち位置より，家庭の状況，施設（各機関）の状況（本人に困っている人・本人を助けてくれる人等）
⑬質問
⑭各機関からの提案（仮説提示含）と方向性の検討（協力依頼・逆提案含む）
⑮方向性の決定（長期・短期目標と参加者の役割の確認）
⑯時間があれば各参加者からコメント（目標に向けてまたはケース会議の感想等）
　　※決定事項を覆すようなことはここで発言してはいけないが不安な点があれば最終確認はここしかない。SVrは最後に。
　　※進行等がうまくいっていればケース報告者や司会へ労いの言葉を忘れずに
⑰ケース報告者から謝辞
⑱実施先〔訪問先〕の長から謝辞，次回日程確認
⑲決定事項への事後フォロー

時間は1ケース45分～90分以内を目標
　※10分程度などの短時間の場合は，ケース会議目的や担当者の意向など具体性・詳細性が求められる。

第2節　メゾレベルの相談援助：グループワーク

【司会の基本姿勢】
①司会は，可能ならば本ケース会議方法のルールについて事前確認及び同意を得る。
　※熟練者でない限り，ケース報告者と司会は一緒じゃないほうがよい。
②司会は，ケース会議のプロセスにおいて事前に必要な事項を準備または整っているか確認（各機関の日程調整・会場確保，おおよその方向性の確認，ケース内容・配布資料，ファシリテーター学習，SVrへの依頼〔選定含む〕内容等）する。
③司会は，会議全体を潤滑に進めていく役割を持つため，ケース報告者と同様，参加者と喧嘩などしないように充分留意する。万が一，きつく注意する時は度が過ぎるハラスメント事項が起こった時のみなど事前に上司（機関倫理）等と決めておく必要がある。
④決定事項は全体で責任を持つため，司会は何も話さずに終わったというメンバーを出さないように発言を促す。
⑤司会は，本ルールを度外視した発言をする参加者がいたら緩和する発言を述べケース会議環境を鎮静化・前向き化させる。参加者全体を大切にし，ケースに力を発揮していただくというエンパワメントの概念が基本
　※折角意見してくれたのに少数意見として却下されるような場合，意見者への配慮をしていく。
⑥司会は参加者の役職に配慮する（参加者紹介でも同様に配慮）。
　※訪問頂いた場合など自らが先に名刺を出すなど。このとき役職の高い方から渡していくことと類似。
⑦司会はとくに参加者の役割（職域）・事業内容と合致した役割・協力の要請となるよう配慮する。つまりそれぞれの専門性を活かしたチームアプローチが行えるように配慮する。
⑧司会は各機関の決定事項に無理がないか（理想論や無理な決定事項になっていないか）を配慮する。
　※ケース会議内に決定できない場合は，参考意見としてケース報告者と検討していく旨を伝え，検討の感謝は伝えていく。
⑨ケース会議での決定事項が必ずしも取り組まれることはないことを踏まえ，ケース報告者または司会が取り組めるよう事後フォロー（動いてどうだったか，方向性をさらに検討すべきかの確認などミニケース会議等の実施）をしていく。

【ケース報告者の基本姿勢】
①自らのケースのために多くの方々に集まっていただくという感謝を忘れないで臨む。
　※一番真摯な態度が求められる。キレたり，勝手に落ち込むなど支援者にふさわしくない（マナー違反の）態度を取らないよう注意。初めて参加するケース報告者は真摯に受けとめる練習を事前にしておくのもよい。
②よいケース会議となるよう事前にケース記録（フェイスシート等含む）など配布物への情報記載は漏れがないようにしておく（上司等への確認）。重要事項には下線を引くなどわかりやすく（各機関の記載方法厳守は前提）。
③ケース報告はプロセスを捉え，"無駄な話"や"情報の無用な垂れ流し"をする等時間の無駄遣いをしないよう注意する。情報漏えいが多いため守秘義務については必ず確認する。

【SSWrが司会でない時の姿勢】
①ケースに集中し過ぎて目の前のケース報告者を1人にさせないよう，その表情や態度にも気を配る。
②参加者の発言に対して肯定的な言動（ストレングス）を捉えた前向きなフィードバックを忘れない。
③ケース会議後のフォローへ気を遣い，ケース報告者や関係者が孤立しないよう，計画を遂行できるように配慮する。時に機関連携の仲介をする。
④司会やケース報告者が新人等で緊張している時は事前練習や報告の基本事項文章（逐語）を（一緒に）つくり渡す。

ス会議の基本を厳守できない場合，ケース会議は「やりたくないもの」「面倒なもの」になり得て，何も生まれない会議となる。そこは，責任点・改善点だけを探す場ではなく，各機関やケース報告者の現在の頑張りを発見する場でもある。そして，クライエント（以下，CL）の幸福（Well-Being）の向上を前提にしながらも，目の前のケース報告者（担任等）もCLの支援に悩む・励む大切なCLと捉える。つまり目の前のケース報告者を大切にすることができずして，CLの幸福の向上はあり得ないとする，ケース報告者を全員で支えようとする空間づくりが重要なのである。CLの意向だけでなく，担当者の意向やケース会議の目的の確認もその配慮の1つなのである。

（5）問題解決型ケース会議

問題解決型ケース会議の目的は，普通教育の中で子どもに学習の機会を最大限に提供し，できる限り制約の少ない状況下で子どもの学校でのパフォーマンス（学習成績・行動など）を改善することにある。会議を円滑に進めるためには，参加者が協力し合わなければならず，会議を成功させるためには，いくつもの押さえておくべきポイントがある（表5-19）。

まず軽視してはならないのが事前準備である。とりわけ改善したい問題のベースラインデータ（支援開始前の記録）を取っておくこと，また，関係者が持っているその他の本人にまつわる様々な情報（学校や家庭での様子，健康状態，家族の状況など）を1枚のシートに集約しまとめておくことは重要である。ベースラインデータを取っておくことで，支援開始後との比較ができ，支援の効果を客観的に判断できる。会議の前に情報が整理されていることで，会議開始後の情報交換の時間も短縮できる。

会議の初めには表5-19の"3つの約束"を参加者皆で確認し，約束が守られるように気をつけながら会議を進行させる。ファシリテーターは，参加者の発言をくり返す，要約するなどしながら，書記担当者にすべての意見をホワイトボードに簡潔に書き出してもらう。また，問題の明確化が済んでいないのに支援方法の話を始めるなど，話を脱線させる人がいたならば，軌道修正を図る必要がある。問題点ばかりではなく，「強み」も確認して目標設定や支援内容検討の際に生かすことも不可欠である。また，背景要因を考える際には，子どもの個人的特性や家庭環境の問題などだけではなく，ク

表5-19　問題解決型ケース会議の基本事項

〔特徴〕
①領域の教育者・支援者及び保護者から成るチームで問題解決過程に取り組む。
②問題解決チームは，全生徒に向けて行われているレベルの学習・行動面への支援では十分でない生徒に対し，集中的に個別の支援計画を作成する。
③問題解決過程では具体的で測定可能な目標を定め，課題に取り組むために"証拠に基づいた支援方法"を計画する。
　※本人や保護者がケース会議に参加することを当然視しているが，参加できない場合，会議で話し合った事柄を本人に伝え，本人の意向を確認しながら支援を展開していく

〔根底にある基本的な考え方〕
①子どもは皆学ぶ力を持っている。
②学習や行動上の問題は子どもとその子どもを取り巻く環境との交互作用の結果として生じる。
③アセスメントでは，子どもの個人的特徴だけでなく，環境や指導方法にも焦点を当てる。
④具体的な支援方法を導き出すようなアセスメントを行う。
⑤問題の発見をしたり，問題を並べあげたりラベリングをするためではなく，問題解決を行うために会議がある。

〔プロセス〕①事前準備，②問題の明確化，③本人の強みの確認，④目標の設定，⑤問題の背景要因の検討，⑥支援方法のブレインストーミング，⑦支援法の評価と決定，⑧支援計画の策定，⑨支援の実施，⑩モニタリングと評価

〔3つの約束〕①会議参加者は必ず発言をする，②他者の意見を否定しない，③1つのステップごとに合意形成を果たしてから次のステップに進む

ラスの状況，教員の指導方法，学校の支援体制，地域の状況など多角的に検討できるようにサポートする。目標も，支援内容も，特定の人の意見に従って拙速に決めるのではなく，様々な案を出し合った上で，具体的で，実現可能性の高いものを選んでいく。

支援計画では，誰が，いつ，どのぐらいの頻度で行うのか，いつ，どのように効果を確認するのかなども決める。会議での決定事項は「まとめ票」に記録し，モニタリングや次回会議の際に活用する。支援開始2週間後ぐらいには「ふり返り」を行い，支援の実施状況を確認，必要に応じて支援計画に修正を加える。会議を「やりっぱなし」にしないことが重要である。

5．心理教育・福祉教育関連

(1) 修復的アプローチ

多様な背景，価値観を有する人と人が集まる場所において，対人間のコンフリクト（葛藤）は避け難く発生する。修復的アプローチ（Restorative Justice；以下，RJ）は，コンフリクトに対して厳罰的な対応ではなく，当事者全員が参加し，対話によって協働して，その解決の道を模索する「人間尊重」をその基本理念とした調和的で安全な学校コミュニティ形成を目指すプログラムであり，コンフリクト場面においては，対話によりこじれた関係性を修復する手法である。具体的には非行や犯罪を国家に対する違法行為として見るのでなく，人間関係に対する侵害と捉え（坂上，2012），被害者，

表5-20 修復的アプローチ（RJ）の基本的事項（日本社会事業大学，2012より一部引用）

共通事項	基本理念：人間尊重 約束：お互いを尊重する，お互いの話をよく聴く，批判しない，話をしたくない時はしなくてもよい。 ファシリテーター（以下，FAと記す）・キーパーに求められること：よく聴くこと，非審判的態度，非指導的態度，参加者の力を信頼すること。
RJサークル	参加者：クラス，異学年等のグループ5～40名程度にキーパー1名。輪になってテーマを設定し話す。 ※トーキングピース（石や柔らかく片手で包める程度の大きさの物）使用。トーキングピースを回し，それを持っている人のみが話す。他の人は聴く。キーパーは参加者の1人として，自らもテーマについて話しをする。 　対話例）あなたの安心する場所は？あなたに影響与えた人は？自信のあることは？等。 　キーパーはまず①参加してくれたことに対する謝辞を述べ，②約束事の確認をし，③対話，最後は④クロージング；朝の会など短い時間で行う時は実施しないこともあるが，45分程度～の時間をとれる時には詩を読んだりする。※可能であればRJサークル前や終了後のお茶やお菓子等を用意する。
ファミリーグループカンファレンス（以下，FGC）	参加者：加害を行った人，加害者の相談援助者，保護者，教師等関係する人。場合によっては地域においてサポートしてくれる人も入る。 事前準備：FGCを行う日までの事前準備が何より大切である。FAは参加者全員との信頼関係を築く。FGCへの参加は強制であってはならない。 FGC：会場設定，座席設定，話題設定，対話の主旨説明，対話の場の約束事の確認，全員の自己紹介 　対話の開始：①参加者各々が事柄について聞いた時の気持ちを語る，②本人の魅力について話す，③本人に希望することを語る。 　加害を行った子ども：①その時何が起きたか，②どのような気持ち，考えだったか，③その後の気持

	ちの変化，④今後の自分の取組み等を話す。 　そして最後に次回の確認，事後フォロー等行う。※可能であればFGC終了後のお茶やお菓子等を用意する。 　FAの子ども観，社会を捉える力，加害被害を捉える力が試されることから，FAは訓練を受けている必要がある。 **期待される効果**：加害を行った子どもが人として尊重される場で，①自分のしたことと向き合う，②自分は大切な存在であることを実感し，その上で害を与えた人の大切さを想像する，③人の大切さを知り，再び人を傷つけることをしない。
コンファレンス	**参加者**：被害者，被害者の相談援助者，加害者，加害者の相談援助者，保護者，教師，事柄に関係する人 **事前準備**：FAは参加者各々と対話をし，信頼関係を構築する。参加者は事前準備段階で承認経験を得て，安心して，コンファレンスに臨めるようにする。コンファレンス参加は強制であってはならない。FAは訓練を受けている必要がある。 **コンファレンス**：参加者（加害者，被害者，保護者，教師，友だち等）にとって，本事案がどういうことだったのかを共有する。これは，事実を浮き彫りにすることを目的としておらず，（事情聴取，事実確認とは意味合いを異する），その事柄が各々にとってどのようなものだったかをあるがまま聞く（その人にとっての事実）。「私」を主語にして話してもらえるように促す。 **期待される効果**： 　加害とされている子どもにとって＝全人格を否定されることがなく，人として尊重される場で ①自分が与えた影響について，直接話を聞く。 ②自分が想定していたより多くの人に影響を与えていることを知る（ex. 被害を受けた人の保護者や友人も傷つく，周囲で聞いていた人も心になんだかの影響を受ける） ③上記が直接語られ，知ることによる心からの謝罪（しかし謝罪を目的にしていない。謝罪が行われないこともある） ④自分のことを大切にしてくれている人の思いを聞く。 　被害を受けた子どもにとって＝ ①自分が受けた被害とその気持ちを直接語ることによる癒し，回復。 ②自分を大切に思ってくれている人の思いを知る。 ③謝罪（があれば）を受けることによる癒し，回復。 ④コンファレンス後の暮らしが安心しておくれるよう，被害を受けた子どもの希望に添ってルールを設定（ex. 今日，話せたけれど，不安や恐怖がすべて消した訳ではないので，しばらくは一緒に帰ることはしない等）することによる，安心な暮らしの保障をされる。 　その他の参加者＝ ①自分も傷ついたことを語ることによる癒し。 ②自分は誰かの役にたてることを実感することによる無力感からの解放。

RJの構成
①RJサークル：予防的な取り組み
②ファミリーグループカンファレンス（以下FGCと記す）：被害者が加害者と同席できない場合の関係者による対話の場
③コンファレンス：加害者と被害者と影響を受けた人が同席する
※RJサークルで，対話を進める役割はキーパーといい，②③FGC・コンファレンスではファシリテーターという。ファシリテーターは難易度が高く，訓練を受けている必要がある。

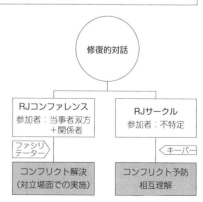

図5-17　修復的アプローチ（RJ）の構成と構造

加害者，影響を受けた人が関与して，損なってしまった関係性を修復する発想及び実践である。その目的は人々が相互に敬意を払う調和的な社会を創造するところにあり，人々が生きるあらゆる場で用いることが可能であるとされる（山下，2011）。換言すれば，RJは，相互尊重を基盤に学校の文化を築く実践的哲学（竹原，2010）であり，教職員と生徒が共に体現していくことに意義を置くアプローチでもある。なお2013年度より日本の学校分野においてもSSWrによって試みられている。

表5-20に基本的事項，そして図5-17にRJの構成と構造を示す。

（2）タッピングタッチ

タッピングタッチとは，基本的に2人で交代しながら行う非常にシンプルな心と体，そして関係性へのホリスティックなケア（中川，2004：表5-21，図5-18）の手法である。両手の指の腹を使って，相手の体に左右交互にトントンと軽くはずませるように15分ほどタッチする。心臓の鼓動にも似た一定のリズムと，侵入的でない丁寧な優しいタッチに，ほどなく相手も自分もほっこりと心と体がゆるみ，互いの存在を大切に感じられ優しくなれる。同時にその場全体が和み，安心安全な空間ができる。

1999年に臨床心理学者の中川一郎により開発され，様々な分野で活用されてきたが，2011年の東日本大震災の被災者支援をきっかけとして，支援に入ったボランティアや臨床心理士を通して地域や教育現場に広まっており，学校現場では様々に活用されている。

例えば，保健室のような「ケアして欲しい」子どもたちが訪れる場所では，心身両方のケアの方法として，養護教諭がしたり教えたりすると，落ち着いて元気に教室に戻れたりする。SCからはリラクセーションやセルフケアの方法として紹介され，エンパワメントの手法としても活用されている。

生徒同士が相手を大切に思えるかどうかが1つの鍵となる，学級づくりや生徒指導，また人権学習の一環として，あるいはピアサポートプログラムに組み込むことや，部活動のチームづくり等に使うことができる。児童生徒たちは，日頃からタッピングタッチをすることで，互いにケアすることが自然になっていき，学校生活の様々な場面で，自分たちで問題解決ができるようになっていく。東京にある自由学園では，教員が生徒の「思いやりの心を育む」という目標を共有して，タッピングタッチを導入したこ

表5-21　タッピングタッチの効果（有田・中川，2009；中川，2012）

効果
①身体的効果：体の緊張がほぐれてリフレッシュし，ストレス反応が減り，疲れや痛みが軽減する。また副交感神経とセロトニン神経の活性化が起きる。
②心理的効果：不安や緊張が減りリラックスする。肯定的感情が増えプラス思考になり，否定的感情やうつ的症状が軽減する。
③関係性における効果：親しみがわき，安心や信頼を感じる。また話したくなり，場が和やかになって交流が深まる。

タッピングタッチ：2人でおこなう基本型

- ひなたぼっこのように、ゆったりと♪
- 全体で15分くらいかけてすると効果抜群！
- 床に座ってもOK！
- 力をいれたり、マッサージにならないように！
- 1〜2秒に、左右交互一回ずつのリズムで♪
- 交代してお互いをケアするようにしましょう♪

タッピング

① タッピングタッチをすることが決まったら相手の後ろに座ります。椅子でする場合は、じゃまにならないように、背もたれが脇にくるように座ってもらいます。

② 相手の首から少し下がったところの、肩甲骨の内側の辺りに軽く手をそえます。「こんにちは、これから始めますよ〜」と相手の体に知らせるような感じで、ほんの数秒でOKです。

③ 手を置いていた肩甲骨の内側の辺りを、1〜2秒間に左右1回ずつのリズムで、左右交互に均等にタッピングします。タッピングは、指先の腹のところを使って、軽く弾ませるようにソフトにタッチします。

④ しばらくタッピングできたら、背骨の両脇の筋肉をタッピングしながら、徐々に下りていきます。腰の辺りは、相手の後に立って「ゾウの鼻」タッチをします。ゾウの鼻のように、腕をぶらんと左右交互に振りながら、手の甲を相手の腰のあたりにポンポンと当てるようにします。

⑤ 腰が終わったら、立ったままで肩や腕、そして首と頭をタッピングしていきます。首と頭は他の所よりも繊細ですので、相手に「首と頭もしてもいいですか〜」と聞いてからおこなってください。

⑥ もう一度座って、背中に「ネコの足ふみ」タッチをおこないます。手を軽く丸め、ネコがその場で足ふみをするような感じで、左右交互にタッチしていきます。力を入れず、腕の重みを利用しながら、左右に少し揺らぎながらおこなうと良いタッチになります。

⑦ 手のひらで相手をやさしく包むようにタッチする「コアラの木登り」も試してみてください。

⑧ ここまででー通りできたので、相手にしてほしい場所やタッチの種類のリクエストを聞いておこないます。心地よく感じるところへのタッチはより効果的です。

⑨ 終わりに向けて、柔らかい手のひらで左右に触れる「ソフトタッチ」をします。そして再び、肩甲骨の内側あたりに軽く手をそえて静かにします。落ち着きや暖かさが感じられ、最後は背中や腕を気持ちよく何度かさすっておわります。

⑩ 全体を15分くらいかけてゆったりとおこなうのが理想的です。ここまできたら、少し感想などを聞いてから、交代しておこなうようにします。

ゾウの鼻

ネコの足ふみ

コアラの木登り

図5-18 タッピングタッチのパンフレット

（一般社団法人タッピングタッチ協会提供資料　www.tappingtouch.org）

とで，人と繋がることの大切さを体験することができ，「親（や他人）にしたくなった」など子どもの成長が報告されている。（更科，2011，2014）

このように生徒へのタッピングタッチ導入の準備には，まず教員が体験することは大切であるが，教職員自身のストレスマネジメントとしても効果が高い。管理職も含め職員が日々の業務で消耗し，互いを思いやったり助け合ったりする余裕がなくなりがちな学校現場では，SSWrの支援もうまく生かされないことが多い。タッピングタッチを導入することで，学校は「ケアし合えるコミュニティ」になり，職員のバーンアウトを予防し，チーム支援がしやすくなる。

タッピングタッチを保護者に紹介することで，親から子どもに，また夫婦や友だちとする中で，保護者自身の不安，混乱，否定的な考え方を軽減し，子どもは安心感，信頼感，幸福感を高め，親子の絆を取り戻していく助けにもなる。保護者対象の研修会などで体験すると，保護者同士の関係性や，教員と保護者の信頼関係が変化し，共同体制を構築する土台づくりに役立つことも確認されている。

以上のようにタッピングタッチの導入は，学校教育においても様々な利点を生み，本来人と人との関係は「心地よく，楽しく，前向き」なものである，ということを再認識させてくれる。そして，その集団や地域ひいては社会をよりよくしていくことが可能だという実感をとおして，関わる人たちがエンパワメントされる。このような特徴を持つタッピングタッチは，学校に「互いがケアし合うことが社会を良くする」という福祉教育を導入することに役立つ。

（3）エモーショナル・フリーダム・テクニック

エモーショナル・フリーダム・テクニック（Emotional Freedom Technique；以下，EFT）というつぼを指で叩くタッピングテクニックは，クレイグ（Craig, G.）によって開発されたテクニックで，本項では，従来のEFTを短縮させ（ショートカット・バージョン；ブレンダ，2007），さらに教職員を含むグループに実施し，20分程度の短時間で10名以上のストレス軽減に効果のあったEFT-YONEKAWA-3 Times（以下，

表5-22　EFT-Y3により軽減した被験者のストレス内容（米川，2006より概要抜粋）

被験者	ストレス原因	被験者	ストレス原因
Aさん	職場の人間関係	Jさん	やるべきことの前に次のことがおこる
Bさん	部屋が散らかる	Kさん	仕事での勉強不足
Cさん	1人の時間が持てない	Lさん	肩こり
Dさん	犬がほえる対処	Mさん	子どもについて
Eさん	仕事と職場の人間関係	Nさん	認知症の夫の言動
Fさん	娘について	Oさん	息子の行動態度
Gさん	実母との同居	Pさん	就職採用の連絡がない
Hさん	犬の毛が抜ける	Qさん	職場におけるうらまれるような行動について
Iさん	仕事		

※平均年齢45歳（±8.3）

EFT-Y3；米川，2006）を紹介する。

表5-22は，EFT-Y3にてストレス軽減のあった人々のストレス内容である。ストレス半減の効果だけでなく，一部の自己受容，自己効力感，コーピングの向上も認められた。この他，自己でタッピングを行う課題による1か月後のストレス軽減維持の効果や同一人物の異なるストレス軽減効果なども報告されている。EFT-Y3のステップ（表5-23）においては，周知のカウンセリングのような気づきを与えるための質問や論理的な質問は必要なく，自己を受けとめたり，やる気を高めるためには速効性がある。

表5-23　EFT手順（米川，2006を改訂）

ステップ1	：ストレス（問題）の意識
ステップ2	：Subjective Units of Distress（SUD）の測定．
ステップ3	：文章化；感情・思考・身体におけるストレス反応とその理由を文章化する（3回目にファシリテーターが，真逆のポジティブな言葉を文章化する；被験者自身を信じられる温かな言葉を入れる）。
ステップ4	：ステップ3で文章化したものを口に出しながら鎖骨上を揉む
ステップ5	：ステップ3で文章化したもののキーとなる単語や会話をファシリテーターが伝え，その内容をそのまま参加者がタッピングポイント（左右あるものはどちらでも可）を叩きながら口に出す。1ワード1～3回で各ポイント1～3ワード口に出す。
ステップ6	：これらのステップを3回実施し3回目に1～2回深呼吸し，SUDを再測定する。
ステップ7	：上記の一連の流れを3回実施が概ね20分程度である。

〔タッピングポイント〕
①頭
②こめかみ近くの両眉毛上
③目の下
④横頬骨
⑤鼻下
⑥顎
⑦両鎖骨上
⑧腋下（胸の横）

心理的ストレス過程と不登校に対するスピリチュアルケアの必要性

ラザルスとフォルクマン（Lazarus & Folkman, 1984）は，心理的ストレスを人間と環境との間の特定な関係とし，その関係を，その人の原動力（resources）に負担をかけたり，資源を超えたり，幸福を脅かしたりするものとした。尾関（1993）は，本明（1988）を引用し，心理的ストレスの過程を①刺激特性（ストレッサー），②認知的評価及び対処法（コーピング），③ストレス反応という流れで示した。ストレスの過程は入力系として刺激特性（ストレッサー），媒介過程として認知的評価と対処法（コーピング）の選択，そして出力系としてストレス反応の3つの部分に分けられるとしている。

終末期ケアにおける実存的苦痛，つまり「自己の存在と意味の消滅から生じる苦痛」について森（2015）は，①時間性の痛み（もう先がない等の生の無意味という将来の喪失），②関係性の痛み（周囲との関係の消滅・希薄さという孤独），③自律性の痛み（他人に迷惑をかけてしまってつらい等の生の無価値）をあげている。死を受け入れるまでのプロセスに「否認」⇒「怒り」⇒「取引」⇒「抑うつ」⇒「受容」（Ross, 1969）も含め，不登校やひきこもりに類似した内容と言えないだろうか。つまり，社会との断絶は大いに本人の苦痛を伴うスピリチュアルペインを要する状況であり，それを緩和するスピリチュアルケアを要するのかもしれない。

6．SNS 教育

(1) SNS の現状

中学3年生と高校1年生を対象にした調査（ガイアックス，2014）によると，YouTube，LINE，Twitter の普及率が高く，友だち限定でのやりとりもできる SNS（Social Networking Service）の利用が多い（図5-19参照）。

ところが，SNS で表5-24のような事件が起きており，ソーシャルメディア教育や LINE コミュニケーションの実態を大人側が理解していくことが必要である。SSWr にとっては，学校側での理解に至っているか確認は必要であろう。

(2) SNS 教育の基本

SNS の言葉や画像は，「その画面」が残存し拡散するため影響力が増す。追い打ちをかける機能が，便利なはずの検索機能である。名前や居住地域，学校名で検索をすると，想定外の検索結果が現れることもある。一度発信した内容が後先までどうなるのか考えず，注目を集めるためになんとなく投稿してしまう。結果として，想定以上の被害を得ることになる。自分の投稿を自分で削除できるサイトもあれば，運営会社へお願いしないと削除してくれないサイトもある。

そこで，SNS の投稿練習を行い，その投稿内容が適切かどうかをグループ形式で議論を行ってみてはいかがだろう。さらには，書き込みの削除方法を知ることは重要な対処方法なので，削除の練習までを行うと理想的である。利用規約違反の内容であれば，違反報告や削除依頼により消されるが，微妙な内容のものは消されないことも

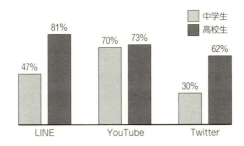

図5-19　中学生・高校生の SNS 利用（ガイアックス，2014）

表5-24　インターネット事件簿

2014年，男子中学生が自殺未遂。同級生に LINE を通じてウソをつかれる等のいじめを受け，ウソを信じたことにより，部活の顧問から注意を受けた。「毎日生きるのがとても辛かった」と残していた。 （日本テレビ2014年 Web 記事掲載）
2015年，女子高校生2人が，イスラム国事件を想起させる不謹慎画像を Twitter に投稿し，個人情報をさらされ批判が殺到する騒ぎに。うち1人は専門学校進学を断念した。 （毎日新聞2015年2月14日 Web 記事掲載）

ある。自分のアカウントでログインしていれば，自分の書き込みは消せるので，パスワード，登録メールアドレスをしっかり管理する等の教育も必要である。

一般財団法人インターネット協会のサイト「インターネットを利用する際に知っておきたい『その時の場面集』」（http://www.iajapan.org/bamen/）では，主要SNS（Ameba, Google, GREE, LINE, Mobage, Twitter, YouTube, ココログ, ニコニコ動画など）の実画面を掲載し，利用方法や注意方法，トラブルにあった際の問い合わせ方法，有害情報を見つけた場合の連絡方法などを紹介しているので参考にしてほしい。

子どもたちを理解する5つの段階的質問

子どもが利用するサイト（SNS等）やアプリの実態を把握するのは難しい。次にあげる①から⑤の質問を順番にすることで，子どもを尊重しつつ実態を知り，いざという時のための相談しやすい雰囲気をつくることができる。子どもたちは「ネット利用状況を知ってくれているし，相談にのってくれるかもしれない」と思うことだろう。
①友だちはインターネットで何をしているの？
②あなたの最近の一番おもしろいサイトやアプリの名称は？
③あなたのお気に入りのサイトを見せてくれる？
④ネットいじめのことは知ってる？　目撃したりしたことはある？
⑤あなたが悲しい気持ちになるもの，嫌な気分になるものをネットで見たことがある？

＊Norton 家族のためのインターネットセキュリティガイドより　マリアン・メリット著
http://now.symassets.com/now/ja/pu/images/Promotions/onlineSafetyGuide/FamilyOnlineSafetyGuide_4thEd_Final.pdf（2014年4月1日取得）

第3節　メゾ〜マクロレベルの相談援助：コミュニティワーク

1．地域における連携機関

マクロレベルで行われるSSWrのコミュニティワークとは，家庭や学校への視点だけではなく，当該地域に存在する様々な分野の関係機関同士のネットワークを構築し，地域に不足しているサービスに目を向けて資源の発掘や立ち上げ，行政への問題提起を促していくことである。

表5-25のように子ども支援に関する連携機関は，一見子ども支援には関係がないように見える機関もあるが，アセスメントやケースの理解の仕方によって大きく変わってくる。ここにSSWrの包括的な専門性を見ることができる。

連携の内容としては，例えば不登校の子どもの支援において，不登校で学校に行くことができていないからといって教育支援センター（適応指導教室）やフリースクールを紹介すればよいということでは決してない。保健センターの保健師による保護者

第3節 メゾ～マクロレベルの相談援助：コミュニティワーク

表5-25 地域における連携機関一例

児童相談所，子ども家庭支援センター，子育て支援課，子ども家庭支援課，学童，児童館，福祉事務所（障害福祉課），発達障害者支援センター，自立生活支援センター，地域活動支援センター，高齢者支援課，地域包括支援センター，保健所，保健センター，医療機関，警察，少年鑑別所，少年センター，弁護士（法テラス），家庭裁判所，保護観察所，社会福祉協議会，保護司，民生児童委員，主任児童委員，青少年委員，地域の団体（スポーツチーム，学習支援団体，居場所，フリースクール），商店（駄菓子屋，喫茶店，飲食店）など

のメンタル面のサポート，地域包括支援センターの関わりによる保護者の介護負担の軽減，社会福祉協議会によるひとり親家庭へのヘルパーの派遣，地域の民生児童委員による子どもへの温かな声掛け，孤食の子どもを理解してくれる飲食店での食事など，活用できる社会資源は無数に存在する。しかし，それらの関係機関の支援が個別に行われるならば，ケース全体の支援にはなり得ない。ケース会議のコーディネートだけではなく，全体の視点から調整（ケースマネジメント）することがSSWrの役割になる。

2．連携の留意点

関係機関との連携での留意点は，SSWrが各機関の役割，法的な位置づけ・根拠，できること／できないこと，構成メンバーや職務内容，人柄（見立てや活動の仕方の違い等含む）を正しく理解することが何よりも重要である。これらを理解して初めてスムーズな連携ができる。例えばある自治体におけるセンターの職員は社会福祉士が多く勤務しているが，別の自治体では保健師が多く勤務しているなどがある。このような点を押さえず"わかったつもり"で繋ごうとすることは，相手に過度な期待を持たせてしまったり，不必要な失望を経験させてしまったりすることにもなり，関係機関からの不信感を買うことにもなる。一度失ってしまった信頼を回復するまでには，長い年月を要する。

とりわけ，SSWrは各関係機関の担当者と直に顔を合わせる機会をつくり，担当者の"人柄を捉えた繋がり"は重要である。関係機関の役割を頭で知っていても，それだけでは中身のある連携にはならない。関係機関の○○さんという具体的な名前を伴って，初めて関係機関との連携が成立する。同じ機関に所属していても「連携できる人」と「連携できない人」が存在する。機関の役割があっても，人によって支援の可能性の幅は変わってくることは多い。結果として地域全体の各機関のアセスメントを行う視点が大切である。

3．教育に関する機関との連携と支援

教育に関する連携機関としては，教育支援センター（適応指導教室含む）はSSWrにとって大きな社会資源となりうる。しかし，不登校になっている子どもをはじめ，すべての子どもたちにとって社会資源となるわけではない。例えば，適応指導教室の

職員は退職した教職員が多く，学校で苦しい思いをしてきた子どもたちにとっては，それだけでも繋がりにくさを感じることがある。その結果，不登校の子どもを対象としている適応指導教室であっても，学校と同様に行くことが難しい場になってしまうこともある。そのため，地域に存在しているフリースクールや学習支援団体，居場所等への参加も出席認定がなされるようになってきていることから，関係機関のアセスメントもSSWrにとって不可欠である。教育支援センター（適応指導教室）に繋がれない子どもの支援においては，居場所の発掘や新規の立ち上げを行い，出席認定をしてもらうためにそこへ繋がることの意義を在籍小中学校へ伝えることは，SSWrにとって大きな役割である。

教育委員会ごとに異なるが，様々な担当役割を持つ教員・支援員を定めている自治体もあり，研修会や定例会（校内外研修会含む）において情報共有／ネットワークづくりを行うことも重要な活動になってくる。この時，SSWrを効果的に活用してもらうためには，SSWrの紹介やケースへの対応だけでなく，校内外研修での講師活動も欠かせない。

教育現場で活動するSSWrは日常的に学校（教職員）との連携を行う。活動の中では，基本的に派遣要請依頼権限のある校長や副校長（教頭）とのやりとりが最も多くなるが，実務面では担任のほか，生徒指導主任，養護教諭，特別支援教育コーディネーターとの連携も多くなっていく。学校組織をアセスメントする視点も重要になってくる。

ところで，通常の支援活動における学校（教職員）との連携はもとより，教職員の所属する会合や研修へ顔を出すことも重要になる。連携の基本は相互理解であり，顔の見える関係性を築くことが効果的なソーシャルワークを行う上で重要なポイントとなる（表5-26参照）。

表5-26　学校等における会合／研修会（教育センター等実施含）

1 ）校長会／副校長（教頭）会
2 ）小学校教育研究会／中学校教育研究会の各部会の研修会・定例会
　①生徒指導部会
　②教育相談部会
　③保健部会
3 ）研修会／定例会
　①特別支援教育委員会
　②不登校対策委員会
　③いじめ対策委員会

第3節　メゾ〜マクロレベルの相談援助：コミュニティワーク

コミュニティソーシャルワーク連携例

　教育委員会・学校に次いで連携が多い機関として、直接子ども支援に関わる家庭児童相談室（児童家庭支援センター／子ども家庭支援センター）や児童相談所等があげられる。都内にある子ども家庭支援センター（児童福祉法上の児童家庭支援センターのほか、自治体独自のセンターもある）は"児童家庭福祉"という教育と違った組織を基盤に活動しているが、共にソーシャルワークを担う役割であり、対象とする領域やアプローチにおいて重なる部分も多い。実際の子ども家庭支援センターとの連携では、まずはソーシャルワーカーとして互いに共通する姿勢と、所属機関の法的根拠の違い／役割の違いを確認する必要がある。

　「家庭とのコンタクトが取れていない」ということで学校からのSSWr派遣要請を受けることがある。ケースとして受理すると、SSWrは学校へ足を運び、関係している教職員（管理職、担任、学年主任、生徒指導教諭、養護教諭、SC等）から詳しい状況を聞き取ることになる。そこで、虐待、子どもと長期間会えていない、家庭とのコンタクトが取れていない、養育の困難があるなど、子どもの育ちの中で家庭が十分に機能できない状況が認められる時、子ども家庭支援センターと連携することが多くなる。「家庭とのコンタクトが取れていない」という状況であれば、子ども家庭支援センターの職員と家庭訪問を行うこともある（学校の担任と家庭訪問することとは意味合いが大きく変わってくる）。そして、何度か家庭訪問をくり返す中で保護者と会えるようになると、保護者は子ども家庭支援センターの職員、子どもはSSWrという形で分けて対応を行っていくことがある（もちろんケースによっては逆の場合もある）。ケースの見立てと支援計画の中でどういう方向性を描くかによって、対応の仕方は変わってくる。そこでは、SSWrのアセスメント力が重要になる。

　教育委員会に所属するソーシャルワーカーとしてできることは、学校教育を含めた子どもの環境調整である。学校の教職員への代弁や仲介であったり、教育支援センター（適応指導教室）への繋ぎであったり、フリースクール等の活用であったりする場合には、教育分野にいることの強みを発揮することができる。そして、子ども家庭支援センターに所属するソーシャルワーカーは虐待対応をはじめとして、子どもの安全確認や権利擁護、福祉サービスの活用などでの家庭の調整を行っていくことになる。もちろん1人のソーシャルワーカーが両面を担うこともあり、担当する人の得意／不得意によっても変わってくる。連携においては、それぞれの機関の役割と担当する職員の強みを正しく理解しておくことが何よりも重要になる。

4．教職員メンタルヘルス維持増進への連携と支援

　近年、教職員メンタルヘルス支援においてSSWrが関わることが示唆されており、休職中から復職時に実際にSSWrの関与によりスムーズな職場復帰へ繋がるという結果もある（米川、2012）。図5-20は、SSWrが教師の意向を尊重しながら1年かけて各機関と連携・調整し繋げていった多職種連携図である。復職後、主要機関以外は減らしていくという流れとなった。

　留意事項は、本人同意の上、教育委員会、校長等の許可を得て、主治医との確認をしながら個別支援計画を立てていく点にある。休職者側は自らの意向を校長等に伝えるのをためらったり、準備段階であるのに「もう大丈夫」と元気ぶることもあるため、SSWrが代弁していくことで、無理せず相互のあり様を調整していくことに繋がる。丁寧な振り返りや目標設定をしつつ、教師は、これまでの働き方を見直し、再発防止に向けてリハビリしていくことで健全な考えや働き方を検討できるようになる。なお復職したからといって支援を打ち切るのではなく継続的な見守り・確認が必要である。

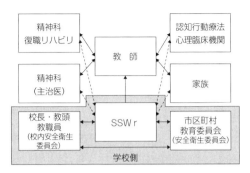

図5-20　休職中の学校関係者・地域機関への働きかけ
（ミクロ～マクロレベルの援助）（米川，2012）

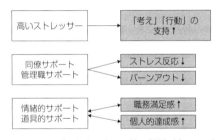

図5-21　サポートとストレス等の関係（森，2006）

　可能ならSSWrは教育委員会または校内等の安全衛生委員会に所属できることが望ましい。

　ところで，ストレスの緩衝材として教職員のサポート等があげられており（図5-21），メンタルヘルス不全の予防活動として，いかに職員室環境をよくしていくかが校長等との連携にて求められる。この時，子どもとの関係性が良好だと精神的健康やストレス軽減になること（村上，2008），期待はずれのサポートがストレスを高めることや低ストレス時のSCのサポートがストレス反応を高めることなどもあげられており（森，2006,2007），単にサポートがあればよいというものではないことに留意する必要がある。

文部科学省（2013）「教職員のメンタルヘルス対策について（最終まとめ）」

40〜50代，そして中学校に精神疾患による休職者が多い傾向があり，精神疾患を再発する者は，回数を重ねるほど短期間に再発する可能性が高くなることから，最初の復職支援がきわめて重要である。さらに同僚が多く，自らの指導等に干渉されたくないことなどから職場における人間関係が持ちにくいこと，校長等に相談した場合，仕事の仕方などについてのアドバイスが中心で（ストレス軽減というよりも）精神的に問題を抱えている教師にとってさらなる精神的な負担を感じさせることも指摘されている。加えて，教職員間の人間関係が良好であるほど，ストレスが軽減されることが明らかになっている。精神科受診要因は，生徒指導35％，同僚・校長等との人間関係26％，校務10％，学習指導9％，保護者との関わり3％である。疾患別では，業務等に係るストレスを要因とする適応障害が過半数（59％）を占めている。

学校種別ストレス

小学校	生徒指導，事務的な仕事，学習指導，保護者への対応及び業務の質
中学校	生徒指導，部活動指導，事務的な仕事，業務の質及び保護者への対応
高等学校	生徒指導，学習指導，事務的な仕事，部活動指導及び業務の質
特別支援学校	業務の質，事務的な仕事，学習指導，保護者への対応及び同僚との人間関係

＊学校規模が多くなるほどストレスが高くなる。異動後2年以内の休職が多い。

5．防災における地域との連携と支援

防災教育におけるSSWrの役割は，予防教育，危機介入，復興における地域連携の繋ぎ役である。それぞれの段階で専門的な知識とスキルが必要になるが，決してすべてを1人で担おうととしてはならない。自分が勤務する学校とその地区にある内的資源と外的資源をリストアップし日常的にコミュニケーションがとりやすい状況にしておくこと，さらに，それぞれの組織が過去の危機に際してどういう活動をしたか，バックアップ体制，利害関係なども把握しておくことを勧める。そのためには，日常的に地域を歩いて自治体職員や住民と対話したり，ICTを活用して情報やニーズを集めると同時に，子ども，保護者，地域住民がアクセスしやすい場所や配信システム，例えば学校からの防災新聞を定期的に作成してHPや役所・郵便局などの公的施設，商店など日常的に住民が目にする場所に置く等の検討も必要であろう。

文部科学省（2012）は「東日本大震災を受けた防災教育・防災管理等に関する有識者会議」の最終報告において，災害発生時に自ら危険を予測し，回避するための「主体的に行動する態度」を育成することの重要性を報告した。そのために「発達段階に応じた系統的・体系的な指導内容を整理」することや防災訓練における地域連携の重要性を示唆し，教職員用参考資料「『生きる力』を育む防災教育の展開」資料を作成し，防災教育の具体的かつ系統的・体系的な指導内容の例，DVD教材等を示しているが，活用度は被災地でも1割程度である。このことから表5-27にあるように予防教育への意識，計画案，教材を改善する必要性が明らかになった。

表5-27　東日本大震災後，被災県と非被災県の学校に防災教育に関するアンケート調査結果（本田，2015b）

①被災して初めて予防教育に取り組み始めている。
②防災訓練を災害の種類，発生の時期，時間帯も実際に即した形に想定して地域住民と一緒に行うことが困難（現状は，授業時間帯に学校内での避難訓練がほとんど）。
③危機介入時の情報の収集と配信方法が確立されておらず，ICT に弱い人や独居老人などに支援物資，義援金，復興住宅，生活のサポート等の必要な情報が行きわたっていない。
④避難所の設営・運営時の学校と自治体の役割分担と連携，支援の人材確保が難しい。
⑤復興計画における自治体ごとの意思の統一や連携に時間がかかり，復興についての長期ビジョンが作りにくい。町，市，県と自治体が異なり全体の構想がまとまらない等があった。これらの要は福祉におけるアクセスビリティである。

6．ソーシャルアクションによる自治体との連携

　学校や自治体に新しい活動や制度改革を提言する場合について概説する。2015（平成27）年度から地域連携が必要な学校の課題は，いじめ防止法案の実現に対する具体的対応，少年院法改正に伴う非行予防や対応，2016（平成28）年4月から法律が施行される障害者への「合理的配慮」のガイドラインづくりである。
　ソーシャルアクションで大切なのは，PDCA である。Plan では，地域のニーズアセスメントと具体的なデータの提示，解決策の方向性と具体的な効果のエビデンスに基づく示唆，Do では実践の組織づくりと協働，Check では評価とフィードバック，

表5-28　学校・地域連携へのソーシャルアクション PDCA サイクル例

【学校実践】
P：自治体（教育委員会：地域振興課）と大学が連携し課題を統計データから分析。取り組むテーマを「規範意識の向上事業」に設定。
D：1年目：モデル校小中1校ずつで実践：職員研修，保護者研修，公開授業（校内），OJT。
C：研究発表会で公開授業を実施し，成果を県全体に報告。
A：2年目：発表会に参加した学校からの要請が増え，県全体への実践が決まる。
P：教育委員会と実践の計画，実践母体を生徒指導室に置き，指導主事が運営・大学との連携役になる。
D－C：教育委員会主催で5月に教員への全体研修，8月に実践希望校への集中研修2日間，9月～2月希望校が各学校内で実践し定期的に集合研修で SV を実施。
C－A：2月成果報告会で実践報告と次年度以降に実施希望校へのガイドブックを配布。
A：3年目以降：2年目の実践校が相談役となり他の希望校が実践を行う予定。県としての取組みは2年で終了し，その後は各市の教育委員会が母体となって実践計画を組んでいる。全市で取り組むこととなった自治体も出ている一方で各学校や教員個人に任されている地区もある。

【非行予防実践】
A：前提条件：少年院，刑務所内，保護観察等で個別に再犯防止プログラムを継続実践し成果を収めていた。
P1：情報収集と現状の提言を知事との懇談会にて行う。
P2：実践の可能性を雇用労政課と調整。
D1：実践チームの稼働（4月～）雇用労政課での雇用事業実施（県庁での6か月間の雇用期間中に，SST，就労相談，インターン等の包括的な支援を実施し就労復学につなげている）。
C：評価のための「有識者懇談会」（9月），協力雇用主への研修会・シンポジウム実施。
A：継続実践の決定，計画案・予算案の承認，2年目は住居，就労先，自立支援に向けての取り組みが加わる。

Actでは改善策の提言のためのスーパービジョンが必要になる。

　表5-28は，実際に学校や自治体のトップに方向性を示唆し，自分も実働し，組織が動き出したら併走し，稼働し始めたらバックアップに回って自立活動ができるような制度・組織・人材を育成するという一連の流れを行ったソーシャルアクションの例である。1つは，暴力事案の低減のために「規範意識向上事業」を2年計画で実践した例，もう1つは大学研究者が提言者となり知事主導で県の雇用労政課と矯正機関が連携した雇用促進事業を立ち上げた例である。ソーシャルアクションを起こすには，前提条件として実践の成果が統計的に報告できる必要がある。後者の事業が迅速かつ効果的に進められているのは，行政機関の長である知事が主導権をとりながらも，これまで稼働していたすべての専門分野の代表を懇談会の形で一同に集めたことにある。有識者の会議という硬い形式ではなく実務者の「懇談会」という意見交換の場を設けたことで現場のニーズが汲み取りやすく実現可能性も話し合い安くなった。また，決定は議会，実働は雇用労政課や保護観察所という現状の組織を最大限に活用しているところである。ここには，傾聴，明確化，ミディエーションなどの対話術が必要になる。取り組みの詳細は，奈良県公式HP「刑務所出所者等の円滑な雇用に向けて」を参照されたい（奈良県，2014）。

7. 学校危機，コミュニティでの危機の連携と支援

(1) 学校危機管理とスクールソーシャルワーク

　2011（平成23）年3月11日の東日本大震災発災の際，被災した地域の学校の6割が，子どもの安否確認を電話で行い，約5割の学校が自宅訪問を行ったという（文部科学省，2012a）。この学校の危機管理における当然の行動が，「学校は子ども（児童生徒）の全数把握ができる機関」であることを示したとも言える。また，2009（平成21）年4月，学校保健安全法が施行され，総合的な学校安全計画の策定及び実施（同法第27条）や地域の関係機関との連携による学校安全体制の強化（同法第30条）などが定められた経緯から，危機管理については各学校で強化されていたことが考えられる。東日本大震災の翌年には，文部科学省（2012b）から「学校における防災マニュアル」が出され，都道府県の教育委員会では，学校の危機管理マニュアルと合わせたガイドを発行し，危機管理体制の徹底をうたっているところもある。

　学校危機が一度発生すると，平常時の教育活動は一瞬にして変更を余儀なくされ，教職員は様々な対応にあたることになる。また，教育委員会等外部から，SCやSSWrの派遣を行う等のケースもある。SCについては，学校現場への導入から20年が経過し，相当の知見が蓄積されている。SSWrが学校危機に応答する事例については，各地での実践の集積が待たれるところである。

　表5-29は，学校における危機管理上の分類である。SSWrは生徒指導提要における定義などから，校内では主に「生徒指導」に関わることになると考えられるが，子

173

表5-29 学校危機管理の分類と項目（内容）例

分類	項目（内容）
学校運営	安全対策・学校開放、情報公開・開示、個人情報保護、家庭環境調査、保護者対応、マスコミ対応、入学式・卒業式等セレモニー運営、就学指導、学校事故、集団食中毒、公金管理、説明責任（アカウンタビリティ）、テロ対策等
教育指導	学級崩壊、保護者からのクレーム（学級担任変更要求等）、課題を抱える児童生徒への対応、理科実験・体育等授業中の事故、部活動、教材に関する問題（著作権侵害等）等
生徒指導	いじめ、不登校、ネット（携帯・スマホ）トラブル、校内暴力、校則（違反・処分）、体罰、器物破損、盗難・万引き、飲酒・喫煙、バイク事故、事件（補導・逮捕）、自殺予告・自殺、警察・家庭裁判所との連携等
教職員	不祥事（パワーハラスメント・セクシャルハラスメント、飲酒運転等）、職務命令拒否、政治的行為、個人情報の紛失・流出（指導要録等）、部活動、メンタルヘルス等
非常災害	防災計画、防災訓練、地震、水害、竜巻、原子力発電所等の被害、避難所運営、救援活動、備蓄（飲料水・食糧）、不審者対策、関係機関との連携等

どもや保護者との関係から、その他様々なケースに関与することもあると思われる。

（2）コミュニティでの危機に関する留意点

　SSWrは、学校危機だけでなく、コミュニティでの危機にも目を配る必要がある。昨今の、ネットを介した校外の人物との関係等は、バーチャルなコミュニティとして、子どもたちの生活空間にも浸透している。交友関係を大人が把握できず、結果として突発的に事件が発生する（したかのようにみえる）ことがあり、注意を要する。

　さらに、通学路での死亡事故や、校外行事（夏祭りなど）での突発的な事故など、防ぎようがない出来事がコミュニティで起こった時、学校は無関係ではいられない（筆者自身、通学路での周辺住民の自殺現場を目撃した子どもや保護者の対応を行ったことがある）。SSWrには、自身の所属部署と相談、連絡調整しながら、学校の教職員やSCと協働、あるいはバックアップする必要が生じてくることが予想される。加えて、状況に応じ、自身のネットワークにおける社会資源の活用、各関係機関と連携を図れるような体制づくりを日頃から構築し、緊急時のみならず、事後対応（アフターフォロー）まで配慮できるようにしておきたい。

第6章

スクールソーシャルワークの相談援助技術Ⅲ
―スーパービジョン―

> ●学習ポイント
> ・ミクロからマクロレベルにおけるスーパービジョンの包括性とはどのようなものか
> ・教育的・管理的機能のスーパービジョンとは何か
> ・認定社会福祉士等専門／応用領域のスーパービジョンの観点との違いとは何か

第1節　学校現場におけるスーパービジョン

1．スーパービジョンとは

　ソーシャルワークにおけるスーパービジョン（以下，SV）は社会福祉施設や機関などにおいてソーシャルワークの専門的知識・技術等有するスーパーバイザー（以下，SVr）によって知識・技術や経験が少ないスーパーバイジー（以下，SVe）に対して行われる専門職を育成する過程と言える。それをスクールソーシャルワーク（以下，SSW）に当てはめていうと，教育現場で実践するスクールソーシャルワーカー（以下，SSWr）に対して，教育・福祉等に関して専門的知識・技術や経験を有するSVrが行うSSWr育成の過程と言える。SVは直接的にはSSWrの成長を目指し，間接的にはそれらを通して子どもやその保護者等当事者への質の高いサービス提供を目指すものである。

　なお，SVの構成要素としてはSVr，SVe，SV関係等があげられる。SV関係とはSVrとSVeとの間に結ばれる関係性をさすが，SSWrが対象者とよい関係を築くにはSSWr，SVr共に良好なSV関係を維持するように努めなければならない。

　ところで，現在の日本ではSVrがどのような専門性を持っているのかについてきちんと整理されていない。厳密に言えば，SVは同じ専門性を持つ者同士の指導・助言をさすが，現状ではそうではない。換言すると，SSWrのSVrには社会福祉に限らず，心理，教育，法律等の専門家が選定されている自治体も散見される。

2．スーパービジョンの機能

 ここではまず，ソーシャルワークにおけるSVの3機能について説明する（表6-1参照）。
 これら3機能は別々に存在するのではなく，密接に関連している。つまり，3機能はSVの最終的な目的達成のためには必要不可欠であり相補的に重なると言える（図6-1）。SVrの立場やSVrとSVeの関係あるいは，施設や機関の機能・特徴によっても変化すると言える。また，SVにはSVeの主体的な参加が求められ，SVrの受容的・共感的な態度があって成立するものである。
 一方で村田（2010）は，支持的機能を土台として初めて主題となる具体的な仕事上の困難や課題の克服，SVeの成長に焦点をあてた管理的・教育的機能が成立する，と指摘する。

表6-1　スーパービジョンの機能

支持的機能	信頼関係に裏づけされたSV関係を通して，ソーシャルワークを実践するSVeを精神的に支え，ストレスから生じるバーンアウト(燃え尽き症候群)を防ぐ。SVrがSVeの後ろ盾となることで，SVeは安心し安定した状態で業務を遂行することができる。
教育的機能	具体的なケースを通して，SVeが抽象的な理論を実践に応用できるように理論と実践を結ぶと共に，ソーシャルワーク実践に必要な知識・技術・価値を伝授する。このような経験を重ねることで，柔軟に対応できる実践力を修得する。
管理的機能	SVeが職務を遂行できるように，組織環境を管理し，またSVeが組織の方針に沿った支援活動を展開することができるようにSVeを管理する。

図6-1　スーパービジョンの機能

3．スクールソーシャルワークにおけるスーパービジョン

 次に筆者らが行った調査（門田ら，2014：2010（平成22）年9月現在，SV体制があると回答した全国18自治体を対象とした調査である。実施年は2011（平成23）年度であり，当該自治体のSVrを対象とした）をもとに，SSWに焦点化したSVを上記

3機能の側面から捉えて述べていきたい。

（1）SSWにおける支持的機能

具体的には，SSW実践に対し肯定的な評価や学校管理者・教職員との協働がうまく図れない状況に労をねぎらうこと，個々のSSWrが抱える課題について共に考えるなどの心理的サポートがあげられる。SSWrは単独で学校現場に入っていくことが多く，いわゆる"一任職"になる。学校関係者とうまく連携が図れないとSSWrのバーンアウトに繋がりかねない。SVrはそのことを十分に理解した上で，SSWrを受容し側面から支持しなければならない。

（2）SSWにおける教育的機能

ケース検討を進めていく上で支援の全過程においてSVrからSSWrへの助言が行われる。具体的には，子どもや保護者との関わり方，学校管理者・教職員との関わり方，関係機関との連携・協働の図り方，支援成果でのエビデンスの示し方等である。その他には，専門知識を提供すること，SSWrの自己覚知を促進することなどがあげられる。

その際に重要なのは，SVrからSSWrに答えを示すことではなく，SSWrが自ら考え自ら答えを導き出すことができるように"待つこと"である。

（3）SSWにおける管理的機能

具体的には，SSWrの言葉遣いや面接態度，学校管理者・教職員と接する際のコミュニケーション，関係機関との協議時の態度及びその他改善が必要と思われるSSWrの業務の監視等があげられる。通常，現場における支援は，個々のSSWrの判断に委ねられる部分が多いが，業務を遂行する上での基礎的な部分についてはしっかりかつ丁寧に取り組んでもらう必要がある。例えば，支援の前提となる，①管理者をはじめとする教職員との関係構築について，上から目線にならず協働するパートナーとして関わる，②支援者としての基本的姿勢（受容，共感，傾聴等）の確認，③時間厳守等がある。そのチェックが管理的機能である。特に経験の浅いSSWrが初めて学校文化に入り教職員等とどのように関係を築いていくかは，その後の支援に大きな影響を与えるため，SVrはそのことを意識してSSWrをサポートする必要がある。

4．スーパービジョンの形態

SVの形態について助川ら（2012）は7つの形態をあげている。それは，個別SV，グループSV，ピアSV，ライブSV，ユニットSV，セルフSV及び誌上SVである。ここでは，まずSSWの現場で比較的よく用いられる前4者とSSW事業の運営に関するスーパービジョン（以下，システムSV）について説明する（表6-2参照）。

5．システムスーパービジョン

SSWrがその専門性を発揮するにはその所属する教育委員会のバックアップが必要

第6章 スクールソーシャルワークの相談援助技術Ⅲ：スーパービジョン

表6-2　スーパービジョンの形態

個別スーパービジョン（個人SV）	基本はSVrとSVeが1対1の対面方式で行うもので、「個人SV」ともいう。最大のメリットは、マンツーマンでSVが行われるためSVe個々の抱える課題に焦点をあてた内容で指導助言を行うことができる点である。一方デメリットとしては、複数のSVeが存在する場合、時間や予算の制約がかかるということから定期的な実施が困難である。
グループスーパービジョン（グループSV）	基本は1人のSVrに対し、2人以上のSVeによって行われるSVを指す。わが国ではSVrの人材不足や個別SVの実施が困難であるという理由から、グループSVが多く取り入れられている。メリットは、SVrの指導・助言に加え、グループの持つ力（グループダイナミクス）を活かしながら、同じ立場であるSSWrの専門性について共有し、自らの実践を振り返り、新たな気づきを得る点にある。特に一任職であるSSWrにとっては専門職集団としてのグループから連帯感や安心感を得ることにつながり、仲間に支えられることになる。
ピアスーパービジョン（ピアSV）	通常の個別SV、グループSVを補うものであり、参加者がお互いにSVr、SVeになり仲間（ピア）として支えあうものである。主として、教育的・支持的機能でお互い成長しあう方法である。経験年数や実務能力、年齢等の異なるもの同士の集まりで親しみやすいメンバーでSVが行われるというメリットがある反面、SVの意義や方法、役割分担などある程度コンセンサスがないとうまく展開できないことに留意すべきである。
ライブスーパービジョン（ライブSV）	ライブSVでは、SVrがSVeの目の前で実際に対象者（子ども・保護者・教職員等）に対し支援を行い、現場で身をもって体験することによって学ぶ、より実践的なSVである。ソーシャルワーカー養成のための実習指導や新人教育（初任者研修）の場面でよく用いられている。具体的には子どもや保護者への面談場面や教職員及び関係機関職員との連絡調整等の場面をSSWrが同席・同行し学びを深める。これまで述べてきた個別・グループ・ピアSVとは異なり、即座に対応可能である点がこのライブSVのメリットである。
SSW事業の運営に関するスーパービジョン（システムSV）	教育委員会主催の連絡協議会やSV研修時などを活用し、SVrが定期的に教育委員会担当者（指導主事等）やSSWrへ事業全体に対して指導・助言を行う。換言すると、SSW事業に関するガイドライン、マニュアル作成や修正などSSW事業の運用に関わる点へのSVである。

不可欠であり，そのためにSVrから教育委員会担当者（指導主事等）や教育委員会全体への働きかけとなるシステムSVはSSWr事業へのあり方にも関係し重要である。その目的は4点ある（表6-3参照）。

　システムSVが必要な理由としては，SSWの2つの特性が関連する。1つがソーシャルワーカーの二次分野への配置である。つまり，福祉分野ではなく，学校・教育現場という二次分野へのソーシャルワーカーの配置である。2つ目が，現在のSSWの社会的認知及び"一任職"との関連である。換言すると，まだSSW自体の社会的認知度が低いことや通常1校に1人配置され仕事を任されるということからその上司である学校管理者，教育委員会担当者（指導主事等）や教育委員会全体の理解やバックアップなしには業務遂行が難しいということである。言うまでもなく，SSWrがマクロアプローチとしてSSW事業全体の改善に向けて働きかけることも重要な役割と言える。

表6-3 システムスーパービジョンの目的

SSWrの効果的な配置	SSWの効果は，SSWr配置形態（配置型・派遣型等）に左右されることに鑑み，地域の特性を踏まえて配置することを示唆する。
SSWrの職場環境の整備	SSWrが業務に専念できるようにデスク・パソコン・携帯電話を揃えること，待遇面の充実及びスキルアップのための研修機会の確保等。
教育委員会担当者（指導主事等）のSSW理解の促進	人事異動（配置転換）によって1～3年で担当者が入れ替わる教育委員会担当者（指導主事等）の実態に合わせ，新任者のSSW理解促進を図る。
SSWrと学校とを繋ぐ教育委員会担当者（指導主事等）の役割理解	SSWrの導入初期には教育委員会としてのビジョンを学校等へ示す必要性がある。また困難事例に対応する場合には，SSWrが個人ではなく市町村教育委員会という組織（チーム）の一員として取り組めるように繋ぐ必要性がある。

ところで，筆者の居住する自治体においては，2008（平成20）年度の「SSWr配置事業」開始以来毎年のように，年に1回県社会福祉士会，県精神保健福祉士協会及びSSW研究会（県内のSSWrを中心に組織される任意団体で，会員のスキルアップや相互の交流を行う）の3団体連名で県教育委員会教育長，県議会議長，SSWrを配置している市町村教育委員会教育長等宛に「スクールソーシャルワーカー配置事業に関する要望」を提出している。要望の主なポイントは，①社会福祉士や精神保健福祉士等有資格者の優先採用，②SSWrの常勤化，③SSWrの待遇改善（安定的な身分保障）等である（章末資料参照）。

6．ケーススーパービジョンを行う上での留意点

ここでは，各SVの形態全体に関わる教育委員会主催の「SSWr連絡協議会」等におけるSV研修時などを活用し，事例検討を行うケーススーパービジョン（以下，ケースSV）の留意点について示す。

（1）事前準備

SVeは，ケースSV研修の1週間前を目処にケース概要等をSVrに報告する。ケース概要以外にも「今」困っていること，SVを通じて学びたいポイント（優先順位をつける）等について整理して伝える。それにより，SVeはケースに対し客観的に向き合い，支援のプロセスを振り返ることができ，さらにSVrにとっても事前に準備ができる。

また，参加者に配付する資料には，事例を扱うため事前に通し番号をつけ終了時には回収することを徹底するなど，細心の注意を払い対象となる子どもや保護者のプライバシーには十分に配慮しなければならない。具体的には，個人が特定されるような名前や住所等は最初から記載しない，アルファベット表記をするなど工夫が必要である。さらに，SVrとSVe間でインターネット上でのやりとりを行う場合，パスワードを設定するなど電子データのセキュリティにも充分に気をつけなければならない。

表6-4　グループ時タイムテーブル

	内　容	
1	ケース概要の紹介（15分）	ポイントを絞り説明してもらう
2	事実の確認・情報の整理，他の参加者からの質疑応答含む（10分）	アセスメントの確認
3	SVで学びたいこと「事例提出者（SVe）及び他の参加者」(10分)	SVeの着眼点の確認
4	課題の整理，今後の方向性の確認（45分）	プランニング（短期・長期目標，役割分担）の確認
5	まとめ「SVrの総括，事例提出者（SVe）の感想等」(10分)	SVeへの労いの言葉を忘れない

※グループSVでケース検討に割くことができる時間が正味1.5~2.0時間を想定している。

（2）タイムテーブルの確認

　SV当日は，開始前に時間枠の確認をする必要がある。時間は1.5~2.0時間が理想と考えるが，全体枠の長短については柔軟に対応しなければならない。時間枠の確認は，効率・効果的なSVを進める上で非常に重要である。表6-4「グループスーパービジョン時のタイムテーブル」が，ケース検討を中心に進めるグループSV開催時のポイントである。

（3）記録

　SW実践における記録と同様に，SVにおける記録が重要であることは言うまでもない。現時点ではSV自体をコンスタントに開催することが難しいので，SVrや他の参加者（グループSV時）からもらう指導・助言やSVe自身の気づき等はその後の支援（面談や環境調整等）に有効に活かさなければならない。

第2節　学校現場におけるコンサルテーション

1．コンサルテーションとは

　コンサルテーションは，SVとの区別が曖昧になりやすく，時には混同されることも多い。コンサルテーションとは，独立して仕事をする能力のあるソーシャルワーカーが，業務遂行上，ある特定の専門的な知識・技術について助言を得る必要がある時，その領域の専門家（コンサルタント）と相談する，あるいは助言を受けることをいう。SVが同一職種によって行われるのに対し，コンサルテーションは他職種から特定のことに焦点を当てた助言を受けることと定義する場合もある。

　コンサルテーションの特徴として，植田（2007）は，①機関外からの人材に依頼されて行われること，②その人材は直接，援助活動に関与しないこと，③専門分野に関する特別な知識・技能を教示すること，④機関の管理者としての機能を有しないことなどをあげている。

コンサルテーションでのソーシャルワーカーとコンサルタントの関係は，任意で対等な関係と言える。また，コンサルタントは助言を行うが，ソーシャルワーカーの業務に責任を負うわけではない。助言を受けたソーシャルワーカーがそれを採用し，実行するか否かは本人の裁量に任されている。

2．スクールソーシャルワーカーがコンサルテーションを行う／受ける場合の留意点

SSWr が教職員等の異職種へコンサルテーションを行う際の留意点について，以下6点をあげる。①お互いの専門性を尊重し，パートナーとして関わる。支援対象者を尊重するのと同様に，教職員をはじめ関係機関の専門職の専門性を尊重する。②あくまでもソーシャルワークの視点からという謙虚さが必要である。自身の意見を押しつけてはならない。③「社会構成員すべての人権尊重」と「子どもの最善の利益を主として考慮する」というソーシャルワークの譲れない価値を確認することである。④時間的な制約を考慮することである。つまり，教職員の「多忙さ」を念頭におき，授業の合間や休憩時間，放課後等時間を有効に活用する。⑤学校の雰囲気（教職員間の人間関係等）をつかむことである。学校現場は，管理者が代わると学校全体の雰囲気が変化すると言われている。⑥教職員の「困り感」に着目し，協働するということである。言うまでもなく，関係づくりのため寄り添いながら共に取り組むというチームワークを意識することが重要である。

逆に，SSWr が医師や心理士等他専門職からコンサルテーションを受ける場合の留意点をあげると，以下の2点である。①事前にコンサルタントの専門性を鑑み，自らの問題意識等を整理しておくこと，②SV とのバランスを考えながら，積極的にコンサルテーションを活用しコンサルタントから助言を得ること等である。

一方，47都道府県に SVr 配置が求められているところであるが，各市区長の SV の体制を確保することまでは，まだまだ容易ではないことから，コンサルテーションの実施はより難しいと考える。そのため SV と同様に，またそれ以上に SSWr，学校管理者，教育委員会担当者（指導主事等）の三者が協働し，その必要性を共通理解し体制を構築していく必要があろう。

3．コンサルテーションの事前準備等

SSWr がコンサルテーションを行う前に，表6-5に示す「ケースプレゼンテーションのアウトライン」を参照に事前準備するとスムーズに進行できるであろう。これは自身が行う場合だけではなく，受ける場合にも参考になり得る。

また，コンサルテーションの形態については SV 同様に様々なパターンが想定されるが，時間的制約やその効果を考えると，グループ単位でケース検討を行い，必要に応じて個別対応するのもよいだろう。

表6-5　ケースプレゼンテーションのアウトライン

	内　容
1	コンサルテーションで何を学びたいのか（困っていることは何か）。
2	事前にわかっていることは何か（年齢，家族構成，児童生徒や家族の病歴等）。
3	主訴は何か（問題はいつ起こりどれくらい続いているか，深刻度はどれくらいか，問題に対する児童生徒・保護者の認識はどうか等）。
4	児童生徒のストレングスは何か（学力，人間関係，特技・趣味，問題解決能力等）。
5	児童生徒を取り巻く環境のストレングスは何か（家族，友人，学校スタッフ等）。
6	児童生徒の抱える問題に対しどう説明するか（児童生徒・保護者・学校スタッフはどのように説明するか，自分はどう考えるか等）。
7	これまでどのように援助し，その結果（効果）はどうであったか。
8	児童生徒の行動や困難をどのように捉えるか（人間関係，ソーシャルスキル等）。

第3節　スーパーバイザーによるマニュアルづくり

　SVrは単にSSWrや指導主事等の話しを温かく聴いていればよいというわけではない。その特性上通常のSSWrや教育委員会が着手できないSSWシステムに関わるマニュアルづくりは，まだまだSSWを機能的に活用できていない教育委員会等においてSVrのとても重要な職務の1つと言えよう。新任のSSWrに対して以下のマニュアルづくり／配布は必須であり，とりわけ派遣要請依頼マニュアルは重要であることから表6-6に作成のポイントを記載する。

表6-6　マニュアル化すべき事項とポイント

派遣要請依頼マニュアル	SSWの要請を受けてから支援を行う一連の流れを示す。
ケース会議マニュアル	ケース会議の進め方（SSWが司会の場合とそうでない場合），ケース会議でのねらいやポイント，参加者名簿の作成等，実務的なもの。
家庭訪問時マニュアル	訪問時の礼儀作法，服装，持参物，提供された飲食物や手渡された土産の扱い，家の室内外の片づけを手伝う場合，飲酒・喫煙等を勧められた場合への対応等。
〔派遣要請依頼マニュアル作成のポイント〕 ポイント①　SSWの立ち位置について 「子どもの最善の利益」という目標の下に支援を展開していく中では，学校，保護者，あるいは双方にとって「耳の痛い話」を，SSWがする必要が出てくる場合がある。しかし，その場合，事前に教育委員会とよく協議をする必要がある。正しい助言でも「耳の痛い話」は，状況次第では重大な結果につながることがある。特に，保護者や学校から「SSWから一方的に責め立てられた」，「不適切な発言で不愉快だ」等の感想を持たれると，その後の支援が立ち行かなくなる。「耳の痛い話」をするまでに，学校と関係機関，理想を言えば，本人や保護者も加わっての「共通の目標」を設定して支援していれば，「この目標を実現するためには～」と，説明できてよい。また「SSWがそうしろと言ったばかりに，こんなことになったじゃないか！」と，ならないためにも，最終的な決断は「自己決定」によることが必要である。 ポイント②　ケースに対応可能かを判断 初めにケースの概要を聞き，求められている活動内容と時間帯，家庭訪問の有無などを考え，SSW自身の他	

の仕事や家庭との兼ね合いや，関わることで利益相反にならないか等を判断する。家庭訪問するためだけに，後で別のSSWを追加しなければならないようなことは避ける。

ポイント③ケース会議前に学校に直接聴き取り行く
事前聴き取りをした場合のメリットとして，報告書にはない新たな情報を得たり，ケースのニュアンスが認識できたりする，教員と面識が持て，ケース会議当日も快く親しみを持って受け入れてもらえ，以後の連絡も楽になる，等がある。ただし「仲良くなる」と「慣れ合う」をきちんと区別せねば，SSWは教員とは違う立ち位置であるという存在理由を失う。事前聴き取りをしなかった場合，ケース会議参加者の多くがすでに経緯や詳細を理解していることが多く，SSWだけが曖昧な情報把握であると，「SSWに説明してあげるための会」になってしまうことがある。そうした中，SSWに意見を求められると，その場での雰囲気や流れに添うような発言になりがちで，後で悔やむことになりかねない。加えて，ケース会議前までにスーパーバイズを受けることが望ましい。

ポイント④ケース会議に参加
SSWは，参加者で一番苦労している人や関係機関を労い，会議の方向性が子どもや家庭に対して肯定的でポジティブな向きになるように下支えをしていかねばならない。また，専門家的な上から目線の発言，参加者への指示的発言，過去の経験を長々と話すことなどは慎み，低く，ワンダウン・ポジションで会議に臨む。

ポイント⑤会議終了後，今後の支援についてのスーパービジョンを受ける
SSWが全ての支援の方法についての知識や技術が完全であるはずも，必要もない。ネットワークを活用し，「生活保護」「精神疾患」「母子保健」「発達障害」など，必要な情報や支援方法を獲得し，最適な支援を展開していく。ケース会議の1週間後には，SSWから学校や関係機関に，状況確認の電話をいれる。「ケース会議の2日後に保健師が家庭訪問する」「ケース会議後にSCがWISC検査をする」など重要な事案がある場合には，1週間を待たずとも確認の電話をいれる。

ポイント⑥ケースの支援が終了するまで，1か月に1回の確認の電話
新任のうちは，ケースのインパクトや動きだけで支援の必要性や困難性を判断しがちであるので，例えば毎月20日前後と日を決め，動きがないケースも含めて，関わっているすべてのケースに様子伺いの電話をする。確認の電話から，モニタリング→再アセスメント→ケース会議→プラン作成→支援実施と進めていく。

ポイント⑦支援終了，途中での辞任，時間外の活動について
ケースは，解決や好転，本人の転居や卒業による支援継続不能，もしくは，SSWの都合により終了となる。いずれにせよ教育委員会と学校の了解を得ることが必要である。終了した元SSWが，関係した子どもや保護者・関係機関からの相談を，その後，個人として受けたり支援をしたりしては絶対にいけない。そのような依頼があった場合には，教育委員会へ報告する。また，休日や勤務時間外に支援対象の子どもが参加する行事などに立ち寄ってみるなどの活動も，教育委員会へ事前の相談と，事後の報告をしておくことが大切である。

第4節　専門性によるスーパービジョンの特徴

1．認定社会福祉士におけるスーパービジョンの観点

　認定社会福祉士でありながら，認定社会福祉士制度上のSVrよりSVを受けた点も踏まえ，その特徴について紹介する（表6-7参照）。
　多くのソーシャルワーカー（以下，SW）は自分の実践に自信を持てなかったり，また業務を評価したり，妥当性を周囲に伝えることを苦手としている。これには，テキストと臨床実践は乖離しているからとの認識で納得し，忙しいからと課題を置いたままにする傾向が関係するかもしれない。そしてSV場面では，SVrに答えを求めてしまい，かつその答えが自分に合わないとSVrを否定するのである。しかし，認定

表6-7 認定社会福祉士におけるスーパービジョンの観点

① SVr は SVe のメンタル面の支持であったり，至らない点を指摘してくれる単に家庭教師のような存在ではない。いい意味で一方的に様々な助言をくれる実習指導の SV とも異なる。
② SVr は SVe が日々行う実践に対して，ソーシャルワーク理論やアプローチ，倫理綱領などの認定社会福祉士上の共通専門科目等に関わる専門的な根拠の理解を促すものである。つまり，SVe の気づきの支援や目標立ての裏づけには，どのような根拠を置くか／置いているか／置くべきかが設定される。
③ 上記を踏まえて，科学（学問）と臨床実践とを出合わせ，平易に，そして意図的に理論・技術の活用に向かわせようとする。
④ 定形のアセスメントツールにおいて，自分の経験や能力を整理することで，自分の立場や何に関心を置いて実践しているかを明確にする。

〔事務手続き〕
・SVr は異なる分野の社会福祉士でも登録名簿から選択することができる（機会がある）。
・SV 契約が必要であり，また，SV 実施において必要な書式（SVe 自己チェックシート，SV 実施契約書・覚書，SVe 個人記録，SV 機能表）はすべて制度で認められたものによる。
・SV 契約前の事前面接では，学びの方針やモチベーション，費用等の確認が必要。
・年に6回，1回1時間程度という枠組みを少なくとも5年続けて初めて必要単位数（10単位）が得られる。その後も継続しなければ認定保持ができないが一度更新すれば以降は年2回程度に緩和される。
・SV を受ける場所の設定が必要。

〔留意点〕
・自分の目標が依頼する SV で達成できそうかという判断が必要。
・SSWr 実務経験者の SVr は多くはないため必要により他県へ依頼する。

　社会福祉士 SVr は，答えを"簡単に"出すのではなく，"答えは何か"を様々な理論・アプローチの側面等から SVe に考えさせる点が大きな特徴である。
　ところで，SVr 経験からの留意すべき事項としては，一定の信頼関係の中で SVe が感情をさらけ出すことへの対応である。認定制度の SV では感情面を取り上げるような項目やその受けとめ方などの詳細な案内はない。しかし，当然，業務への不安や自分の育ち等の課題など，自己覚知から得た克服したい課題が取り上げられ，時には感情を大きく取り乱すような状況にもなる。心理職でないとはいえ，諸科学を用いた社会福祉学を基盤にするからこそ，最低限の心理学の専門性も範疇に入れる姿勢は必要であろう。
　なお SV は，実施するほうも受けるほうもたいへん難しく，相互に失敗がつきまとうかもしれない。しかし SV の受け方，行い方を丁寧に相手を替えながら学ぶことが，専門職として生涯学び続ける姿勢を体得していく方法になるであろう。SV を学ばず，経験せず，できずに，SV をしている反面教師の SVr は非常に多い。

第4節　専門性によるスーパービジョンの特徴

SV実施におけるSVeの感想と効果

Aさん（SVe）：倫理綱領等から社会福祉士が職業的な価値として謳っている各項を照らし合わせた時、改めて専門職の価値について意識し、学びの姿勢へと変わっていった点が印象的である。自己覚知と共に一緒に目標を話し合って決めていく方法に、明確な方向性と、強い後ろ盾を得た。また宿題が出されるため業務姿勢にも明らかな変化が出た。

Bさん（SVe）：認定社会福祉士で指定されているアセスメントツールは現場実習の指導計画にもリンクする内容であり、根拠という視点を得たことで、それまで消極的であった実習生受け入れについても、理解的となり、実習生もSVは実施するものという視点を持つことができた。認定のためのSVでないSVも多く生まれていった。

Cさん（SVe）：1人では学べない専門職の価値について、共有していける同志を得ることは、喜びを感じる場面であり、仕事をより豊かなものとし、生涯をかけて実践していこうという意思が生まれてきた。

＊趣旨の変わらない程度に一部情報を本書に合わせて修正

2．認定医療社会福祉士におけるスーパービジョンの観点

　認定医療社会福祉士は、病院等のメディカルソーシャルワーカー（MSW）が中心となった医療系SWの職能団体である日本医療福祉協会が認定する資格制度（5年更新制）である（表6-8）。認定社会福祉士の制度化と並行する形で準備し、2010（平成22）年より資格認定を開始している。目的は、「医療分野における専門的なソーシャルワーカー」を整備していくことにある。近年、診療報酬上の社会福祉士の業務として法整備があり、退院調整加算や介護支援連携指導料など、算定の上で必要な行動や連携が進められており、実務として家族システムを把握し、情報を周囲に伝える能力や理論的な退院調整技術が必要となって来ている。

　認定医療社会福祉取得に必須となっているSVr養成研修（2日間、25ポイント）では、退院や難病、家族療法的な対応等、病院ならではの支援場面を取り上げ、SVeを管理的に、教育的に、守りながら成長を図っていくこと、先輩や同僚の中で支持を受けながら立場や責任のあり方等を学んで行くことに視点が置かれているようである。これらは、「経験すべきこと」が前提にある、理論・アプローチを根拠に添えられる

表6-8　認定医療社会福祉士の資格認定条件

①実務経験5年以上の者
②協会が中心となった研修受講等180ポイント※（概ね1日研修で10ポイント；フレッシュ医療ソーシャルワーカー1日研修、基幹研修Ⅰ・Ⅱ、ソーシャルワークスキルアップ研修、保健医療分野におけるソーシャルワーク専門研修等、必修研修として SV 養成認定研修及び実習指導者養成認定研修）取得
③（上記を満たした後に）論文考査

※ポイントのつく研修と活動実績等を掲載したポイント基準表による。ポイントとして認められる研修は、認定社会福祉士の研修とプラットホームを共通としている。

という認定社会福祉士のSVではなく，実際の業務を進める上で浮上する課題を，個人，グループ，ライブ等様々な方法で力を注ぐというような違いがある。SVを実施するための技術や環境づくり，他職種からみたMSW部門の組織的な地位の表明等，枠組みの案内も含めたハード面，そして理論・アプローチのソフト面を兼ね備えた多様性のある専門性を身につけるものと推察する。これらは認定社会福祉士はジェネラリストへ，認定医療社会福祉士は，医療機関，地域医療場面を中心としたスペシャリストへと向かっていると整理することもできる。

「科学的根拠に基づいた業務の遂行」「SVを行うことができる能力を有する」という認定の要件は，会員は手帳として必携となっている「医療ソーシャルワーカー倫理綱領」「医療ソーシャルワーカー業務指針」にある姿勢や行動が体現できる者ということが，推察され，専門職の育成は実習生の指導（SV）から始まっているという，人を協会ぐるみで育てようとする一貫した考えが見える。日本医療社会福祉協会では過去に，SVr登録事業（2003年〜2009年）を実施し，地域単位でSV体制を構築しようと研修を施し，SVrの登録（200名），紹介の体制を敷いたが，利用者がいない状況のため，一度その取り組みは打ち切りとした経緯がある。そのため今回の指導的立場となる認定医療社会福祉士が生まれていく中で，地域のSV環境がどのように変化していくかも関心の的となっている。

3．認定精神保健福祉士におけるスーパービジョンの観点

（1）精神保健福祉士の専門性における価値

精神保健福祉士は，長年，精神科医療現場を中心に活動してきた精神科ソーシャルワーカー（以下，PSW）が，1997（平成9）年に国家資格化されたものである。PSWが支援の対象としてきた精神障害者は，様々な生活上の困難さを抱えている。その困難さは疾病や障害からのみ生じるものではなく，社会からの偏見，制度的な不備，家族間の葛藤など様々な要因が絡み，多くの社会的障壁の中で生じてきている。PSWはそのような当事者の社会的復権と主体性の回復を目的として，当事者の生活課題に向き合いながら，その専門性と価値を培ってきた。このような実践の中でPSWは，ソーシャルワークの定義を基盤に据え，専門性の価値として，かけがえのない人として尊重される「人権の尊重」，クライエントの成長が社会全体の成長へ繋がる「人と状況の全体性」，生活の主体者として捉える「生活者の視点」，自分自身で決定できるようになる「自己決定の原則」を重視してきた。

（2）認定精神保健福祉士におけるスーパービジョンの観点

公益社団法人日本精神保健福祉士協会の認定スーパーバイザー養成研修の受講要件は認定精神保健福祉士であることと精神保健福祉分野におけるソーシャルワークの実務経験が10年以上あること，また原則として，協会認定SVrもしくは認定SVr養成研修講師によるSV（個別・グループ・ピア等）を受けた経験を有する者（ただし，

当面の間，本協会認定SVrもしくは認定SVr養成研修講師との1時間以上の面談をもって要件を満たしたものとする）である。事前書類審査に合格し，「SV概論」や「ソーシャルワーカー論」「ソーシャルワーク業務論」「SVの課題」の講義及び「SV演習」等の基礎編を受講後，基礎編の審査に合格，実践編として1対1のSV契約のもと約1年間のSVを実践する。その実践編の中間レポート，最終レポートを提出し合格した者は，翌年応用編を受講し応用編の審査に合格し理事会の承認をへて登録することにより認定スーパーバイザーになることができる。その後は実践等を要件とした5年ごとの更新が必要である。本研修では，SVを，「ソーシャルワークを実践する専門職同士での契約に基づき，一定程度の経験を有する先輩ソーシャルワーカーが，新人ソーシャルワーカー等の，現場での学びを手伝うプロセス」と定義している。

SVでは，事例の支援方法ではなく，前述の価値を基盤にしたSVeの「かかわり」に焦点を当て，自己洞察を深めるプロセスを大切にする。具体的には，SVeの語りに寄り添い，SVe自身が振り返り，問い直すことにより，気づき，答えを出していくことを促す作業である。それはSVrとSVeが共に歩むプロセスでもある（日本精神保健福祉士協会，2014）。

SSWでは，不登校や問題行動等の解決だけでなく，そのプロセスを通して児童・生徒あるいは保護者が自己信頼を取り戻し，エンパワメントされることが重要である。そのためには4つの価値を基盤にしたかかわりが必要であり，そのことを振り返り，問い直す作業がSVの観点である。

第5節　スーパービジョン：スクールソーシャルワーカーにとって支えとなるもの

1．機関内スーパービジョンの定義

本稿では，SSWrにとって，専門家養成と人材活用の過程において，表6-9のようなSVを機関（施設）内にて受けることの意味について述べる。

表6-9　機関（施設）内スーパービジョンの定義

①専門家養成と人材活用の過程（プロセス）で展開されるものである。
②上記の場合，所属組織，例えば相談機関や施設の上司から，SSWrや心理士など対人援助をしている専門職（スタッフ）が，相談業務を遂行する上で受けるものである。
③相談業務の内容や専門性を保障してもらうことである。つまりバックアップされてこそ自信を持って相談業務を実践できると考えるものである。

2．管理的機能の重要性

　まずSVは個人的なものというよりも，組織で展開される体制である。どのスタッフも仕事をする時，上司や同僚から「支えて」もらっていることの実感を持つことで，仕事にやりがいを見いだせると言えよう。

　SVでは，SVeに対して管理的機能，教育的機能，支持的機能の3つの機能をバランスよく果たせることが望ましい。特に，管理的機能を果たすことはSVの効果を出す上で，とても重要である。SVの管理的機能とは，SSWrが仕事をしたのかどうかを判定するような意味ではなく，実際には，上司（またはチーフクラスSSWr）がSSWrに相談業務をする上でのリスクマネジメントを行い，業務を行う際に起こりうるリスクを事前に予測し，それへの対応策を練っておくことである。その上，この機能を発揮することで，援助をする際に，どのような理論や技術を適用したかについて，またその援助の効果や限界の予測を確認することも大切である。

　例えば，学校で議論の対象になっている特定の子どもについて，上司（またはチーフクラスSSWr）から家庭訪問をするようにとの依頼を受けた時，先にSVを受けて，業務内容を確認してもらっておく。当然のことであるが，SVにより家庭訪問の際に起こりうるリスクを予測でき（母親が留守かもしれない等），事前に対応策（母親へ電話をかけておく等）を講じることができるのである。事前に対応策の確認を上司（またはチーフクラスSSWr）から受けることで活動の効果をそれなりに出すことができるのである。

　一方，SVにおける教育的機能とは，支援をする際にSVeに不足している情報や知識，技術を教え，その不足を補い，支援の質を維持することである。

3．スーパーバイジーの専門性とは

　SVeの専門性と，上司（またはチーフクラスSSWr）のそれとが同じであるとは限らない。この場合，上司（またはチーフクラスSSWr）の専門的視点からSSWrの相談業務を確認するが，SSWrには十分に自己の持つ専門的技術を活用することが求められる。

　また上司（またはチーフクラスSSWr）は，指示系統の責任者として，経験浅いSSWrに，ソーシャルワーク・アセスメントに基づき援助計画や面接計画を立てさせ，起こりうる支障を事前に予測させ，その支障への現実的対処策を準備させた上で，業務についての「ゴーサイン」を出す。

　例えば，SSWrが多問題家庭への訪問で児童の父親から殴られた時，それは殴る親が悪いと捉えることもあるかもしれないが，殴られたSSWrがそこまでの専門性のレベルであると捉えることもできる。事前に殴られる可能性があることを予測できるならばそのSSWrの専門性は高いとも言える。だからこそ，面接室などでクライエ

ントから暴力を受けることは専門家として予測可能なリスクとして捉え，その場合の防御法について事前に作戦を立てて，面接室に向かわせることが上司（または先輩SSWr）のSVにおける重要な機能であり，専門性なのである。

4．多職種との連携・協働のためのスーパービジョン

　心理士が行うSVの効果は個人の成長や自己覚知を促すことであるが，上司（またはチーフクラスSSWr）が行うSVの効果は業務の遂行や個人の力量低下を防ぐことにある。この点が心理士とソーシャルワーク専門職（施設内の上司や先輩）のSVにおける重要な相違点となろう。

　最後に，SSWrは多くの児童福祉司などの職種と協働して子ども支援を展開するが，SVではその効果的展開を捉え，SSWrに子どもやその家族と支援することの成果について考えてもらう。つまり，SSWrが行う子どもや家族への支援において，彼らを取り巻く環境（制度，サービス，多機関・施設など）との効果的な連携を考える上での組織からのバックアップとも言えよう。SSWは子どもたちの尊厳の保持をした上で彼らの生活課題へ取り組む支援であり，特に支援期間が長期化することもあり，未来を見つめた生活への支援が求められる。このような支援は，メゾ～マクロレベルの連携・成果も求められるため，個人的対応だけでは疲弊してしまうことをSSWrも上司（または先輩SSWr）も自覚しておくことが必要である。

第6節　スーパービジョンの包括性

1．スクールソーシャルワーカーに求められるスーパービジョン学習

　SSWr活用事業の広がりにより，SVr運用も多くの自治体で始まっており，5年以上の実務経験のあるSSWrが担うことも多くなっている（表6-10）。認定社会福祉士制度とも関連し，これまで以上にSSWrがSVを学習する意義は大きい。このことは，表6-11のよくあるSVrへの苦情を見ても理解できるだろう。SVが機能しなければ「無駄なのでSVr訪問時にSVを受けないよう面接予約を入れている」という意見が出ることもある。現在の自治体内においてSSWr同士の仲が悪く隣の自治体へ移るSSWrが出ることもあり，SVrはそんなSSWr同士の関係性もエンパワメントしていくことが求められる。なお苦情の1つにSSWが

表6-10　都道府県スーパーバイザーの配置状況

	結果	自治体数
有無	SVr 配置あり	10 (33.3%)
	SVr 配置なし	20 (66.7%)
属性	大学教員	6
	SSW 実務経験者	8
	心理士	1
回数	2～8回	7
	12～35回	9
	48回以上	4

※東京社会福祉士会　平成26年度調査結果より

表6-11 よくあるスーパーバイザーへの苦情

①SVrの（主義・思想）持論／自治体批判で，SVの時間がほぼ終わる。
②できない人ほどできる／できていると思っている，肩書きだけで中身が伴っていない。無理な指示命令・要求をしてくる。
③事例検討ごっこをしたがる。教育委員会等の組織への働きかけがない。
④SVrの専門性に偏りがあるため（現場を知らない研究者／以前のわずかな実務経験者），SVrに合わせたケース相談をしている。
⑤支持型（放置型）SVだけでなく研鑽させてほしい（教育型・管理型を知らない）。
⑥SSWというビジネス行為のみができる人たちがSVrになった場合，思い通りにいかないとハラスメントや無視が始まりやすい。「教えなくてもわかれ」という高圧的態度が出ることもある。

できても人材育成ができない意見がある。SVrといえど，ソーシャルワーカーが教育の専門でない点を浮き彫りにしていると言えよう。

「なぜSVrが必要なのか」の回答として「SSWrの支援内容の向上のため」という認識では初任者レベルである。前節までに示されてきたようにSVrの活動内容はミクロからマクロレベルに関わり，SSWr活用事業そのものにも影響を与え得るものだからである。換言すれば，SVrはSVの他，教育委員会等へのコンサルテーションという両輪の役割がある。逆に言えば，「SVr活用・設置の目的は何か／どこに設定するか」は，SVr運用前に教育委員会，SVr，SSWr三者がしっかりと確認すべき事項なのである。

SSWrがSVを学習する意味はこれだけでない。SVrには権限があるように思う人々が多いが，システムとして機能する以前は，実際的に教育委員会内における権限もなく，SSWrのようにケースを持っているわけではないため，関係性ができていなければ無用の長物になってしまいかねない。その点も踏まえず，権限を振りかざしてしまうSVrが出てしまうのは，学習不足のあらわれなのかもしれない。ただし，認定社会福祉士制度上の研修等も踏まえ，全国における様々なSV研修は，支持的機能の学習に偏り，教育的機能・管理的機能の研修がまれである点が窺える。これには，権利を持つ人々を支援するソーシャルワーカーが逆に権利を持った時の権利の乱用を防ぐのに重点を置いていること，並びに実務者に対するSVの研究が不足しているという研究者側の課題も関連するだろう。

さらにSSWrがSVを学習する意味は，SVeとして客観的な観点を身につけるという点にある。自治体によって様々なシステムを取るため，必ずしもワーカー個人の希望するSSWのみができるとは限らない。この時，単に自治体や先輩批判をするのではなく，いかにSSWシステムの機能を高めていくかという視点がSSWr自身にも求められる。ミクロからマクロレベルのSSWシステムを検討する上でもSV学習は必要であり，主観的なSVr批判を行っているのであれば，SVrと共にシステムづくりをしていくことにも寄与することになるだろう。

以上を踏まえ，SV学習の大きな重要点の1つは，「SVにおいては，SVrがSSWr

(SVe) を支援するだけでなく，SSWr が SVr (SVe) を支援し，SSW 活用事業を活性化せるというエンパワメントな交互作用を起こしていく点にもある」ことを知ることである。結果として，子ども支援内容，SSWr 雇用内容，自治体体制等の質の向上へ寄与する可能性を高めるのである。

2．そもそもスーパービジョンって何？

SV の源泉は「支持」「教育」「管理」の３つの機能と言っても過言ではないだろう。しかし，SV をその小さな枠だけで限定してしまう必要はない。様々な諸科学を取り入れ向上していくソーシャルワークに限界を設けてしまえば，子どもたちの支援への限界を設けることにも繋がってしまうからである。

例えば，ホーキンスとショエット (Hawkins & Shohet, 2007／邦訳, 2012, p. 69) は，表６-12のように SVe と SVr 双方に開発的な機能を求めている。また図６-２は SSW

表６-12　様々なスーパービジョンの機能

SVe & SVr に適用される SV 機能 (Hawkins & Shohet, 2007)	カウンセリング SV 機能 (Proctor, 1988)	ソーシャルワーク SV 機能 (Kadushin, 1976)
発展的	発達的	教育的
資源開発的	修復的	支援的
質的	規範的	管理的

※質的 SV: 援助の質を高める機能　発展的 SV: 能力と力量を発展させる機能　資源開発的 SV: 自身で自己の能力を開発させていく機能

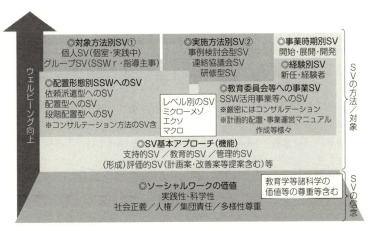

図６-２　スクールソーシャルワーク領域におけるスーパービジョン概念図

191

第6章　スクールソーシャルワークの相談援助技術Ⅲ：スーパービジョン

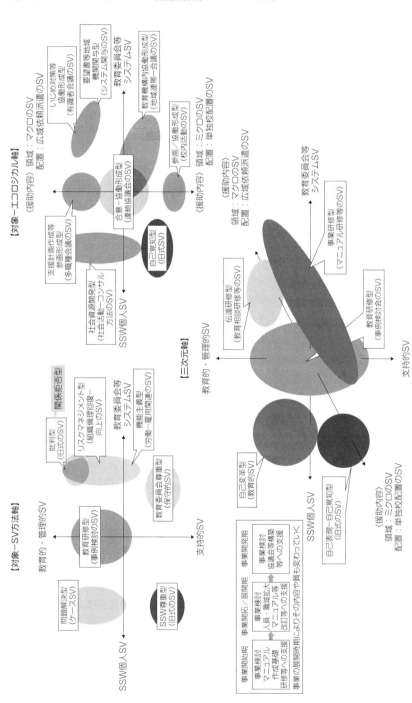

図6-3　スーパービジョン方式座標（仮説概念図）

におけるSVの概念図、さらに図6-3は様々な座標軸上のSV方式であるが、これらの広範囲なSV方式を捉えるためには、SVr及びSVe双方に自己の資源開発機能や発展的機能を持つ必要があると言えよう。つまり様々なSV学習をする意義は大きいのである。なお、SVをSVeがどう受けとめるかにより、その後の実践が変化するプロセスが図6-4である。

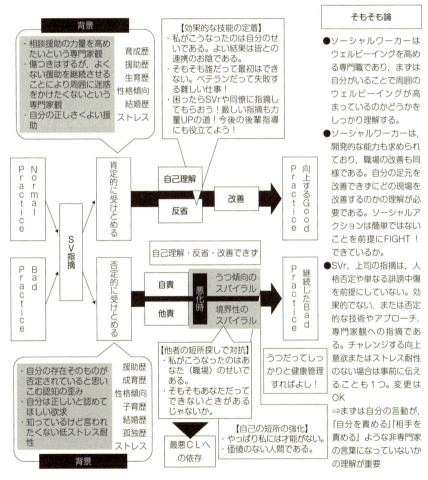

図6-4　SVeによるSVの受けとめ方の違いによる実践の差

第6章　スクールソーシャルワークの相談援助技術Ⅲ：スーパービジョン

章末資料 スクーソーシャルワーカー配置事業に関する要望〈参考〉

平成○年　○月○日

○○県教育委員会
教育長　　○○　○○　殿

> 児童生徒に関する最新情報を掲載することが望ましい。

スクールソーシャルワーカー配置事業に関する要望

　貴職におかれましては，日々学校教育にご尽力されていることに敬意を表します。
　さて，学校，地域，家庭環境等をはじめ，子ども達をとりまく社会環境が複雑化，多様化する中で，児童生徒の問題行動等に関しましては，平成○年度「児童生徒の問題行動等生徒指導上の諸問題に関する調査」結果からも明らかなように，県内の不登校児童生徒数は小学校で○○人，中学校で○○人，高等学校で○○人とそれぞれ全国の発生率と比べ高い傾向にあります。さらに，いじめ認知件数は，○○件，暴力行為の発生件数が○○件と横ばい傾向（全国平均並）です。加えて，平成○年度の就学援助受給者は過去最高を示し○○人（受給率○○％）と高率となっていて，約○人に1人が経済的支援を受けている現状があり，教育現場における教職員の負担はますます大きくなっていることは想像に難くありません。
　このような状況の中で，文部科学省では児童生徒の問題行動等の背景には，児童生徒が置かれた様々な環境の問題が絡み合っていることから，平成20年度より小・中学校にスクールソーシャルワーカーを配置する「スクールソーシャルワーカー活用事業」を実施しております。
　社会福祉士及び精神保健福祉士の国家資格を有するスクールソーシャルワーカーは，児童生徒本人や家族への面接，家庭訪問，地域社会への働きかけ，関係機関や関係者等との連携や調整を図りながら，教育現場における問題解決を行います。また，教職員の方々に対しても，ソーシャルワーク（福祉に関する相談援助）の視点から様々な情報提供や相談に応じるなどのサポートに努め，教職員の方々の負担軽減に寄与することができます。
　一方，平成25年6月に制定された「子どもの貧困対策の推進に関する法律」，それを受けて平成26年8月策定された「子供の貧困対策大綱」の中にも，学校をプラットホーム（拠点）として位置づけ，スクールソーシャルワーカーを配置しその役割が大いに期待されているところです。文部科学省としては，今後スクールソーシャルワーカーの大幅増員を図り，教育相談体制の充実を図る予定です。

> 各地域のSSWr配置状況を加味して記載するといいでしょう。

　ここで○○県内のスクールソーシャルワーカーに目を向けてみると，今（平成○）年度は県全体で○名のスクールソーシャルワーカーが配置されています。配置数こそ年々増加していますが，スクールソーシャルワーカーの働く環境（身分保障）は十分とはいえない状況にあります。また，身分保障が整っていないことから有資格者が入職できないのが現実です。
　つきましては，下記の点に関して，地域の実情を踏まえてその実現に向けて是非ともご努力くださいますよう，要望致します。

章末資料

> ここでは，地域の独自性を反映させた要望項目をあげていくべきでしょう。

重 点 要 望

1．「スクールソーシャルワーカー配置事業」の人材任用においては，国家資格である社会福祉士や精神保健福祉士のソーシャルワーカーを優先的に活用してください。

2．すでに任用されている社会福祉士や精神保健福祉士の専門職としての安定した活動を確保するため，常勤化してください。

3．社会福祉士や精神保健福祉士資格をもつソーシャルワーカーとその他の者との差別化を図ってください。
　　具体的には，社会福祉士や精神保健福祉士など国家資格をもつ者の時給をその他の者（準ずる者）に比べ引き上げてください。また，スクールソーシャルワーカーの報酬を社会福祉士有資格等が要件となっている児童相談所生活指導専門員等と同等水準に引き上げてください。

4．スクールソーシャルワーカーの身分保障を安定的なものにしてください。
　　具体的には，社会保険への加入をお願いします。

5．スクールソーシャルワーカーの勤務環境を改善してください。
　　具体的には，①スーパービジョンの回数を増やしてください。「一任職」の勤務では必要不可欠です。②一ヶ月の勤務日数の制限を撤廃してください。上限設定のため，現場の必要に応じた勤務ができません。③業務引き継ぎ時期の勤務への配慮をお願いします。年度初め・年度末の勤務ができないため，ケース引き継ぎ業務に支障が生じます。④スキルアップのための研修に積極的に参加させてください。

> 要望する団体についても，地域の事情が反映されるでしょう。その他には，日本社会福祉士養成校協会，社会福祉士等養成校（大学等）や他社会福祉専門職団体などが名を連ねることも考えられる。

一般社団法人 ○○県社会福祉士会
　　　　　　　会長　　○○　○○

一般社団法人 ○○県精神保健福祉士協会
　　　　　　　会長　　○○　○○

スクールソーシャルワーク研究会○○
　　　　　　　会長　　○○　○○

第7章

子ども支援に関わる専門職

●学習ポイント
・各連携機関の役割・機能と活動内容とは何か、また所属組織はどこか
・スクールソーシャルワーカーがまず連携すべき機関とはどこか、どのような連携が必要か
・上記を踏まえて、教育、司法・警察、保健福祉、児童福祉（生活困窮含）の各領域機関ごとの専門性の違いとは何か

第1節　教育・心理関連機関

1．指導主事

　指導主事は、教育課程、学習指導その他学校教育に関する専門的事項の指導に関する事務に従事する。そのため教育に関し識見を有し、かつ、学校における教育課程、学習指導その他学校教育に関する専門的事項について教養と経験がある者である（地方教育行政の組織及び運営に関する法律第19条）。また事務局職員としての指導主事の他、大学以外の公立学校の教員を充てることができるとされ、これを「充て指導主事」という。教育委員会内で、スクールソーシャルワーカー（以下、SSWr）と関わる指導主事は、SSWr活用事業を担当する指導主事や指導主事を統括する統括指導主事（名称は自治体で一部異なる。この他、同じ指導主事名称でも階級が異なることがある）が多い。その場合、SSWr活用事業の陣頭指揮を執るのは統括指導主事である。また、事務的な補佐役割をするのが係長（行政職事務職員）であることも多く、自治体によっては係長がSSWr活用事業の下支えをしていることもある。なお指導主事が後に、校長、副校長になる場合もあり、SSWr活用事業の理解者として大いに関係性を深めるべき存在と言えよう（図7-1）。

　SSWrが教育委員会（または教育センター等）に所属した時、最初に関係性を築く必要があるのが指導主事や係長である（自治体内でSSWrを独自に養成できるシステムを持っている場合はチーフクラスのSSWrや同僚SSWrとの関係性が先になる）。

第 7 章　子ども支援に関わる専門職

- ※1 **主任教諭**：校務分掌などにおける学校運営上の重要な役割，指導・監督層である主幹教諭の補佐，同僚や若手教員への助言・支援などの指導的役割を職務内容とする教員。東京都教育委員会独自の職。
- ※2 **主幹教諭**：校長・副校長の補佐機能，調整機能，人材育成機能及び監督機能を果たすとともに，経営層である校長・副校長と実践層である主任教諭等との間で調整的役割を担い，自らの経験を生かして主任教諭等をリードする指導・監督層の教員。
- ※3 **指導教諭**：高い専門性と優れた教科指導力を持つ教員で，模範授業などを通じて，教科等の指導技術を自校・他校の教員に普及させる職務を担う教員。
- ※4 **教育管理職選考**：【A 選考】主任教諭または指導教諭である者もしくは主任教諭歴 2 年以上の教員を対象とする選考で，合格後 5 年間は原則指導主事として勤務する。44 歳未満で受験が可能。【B 選考】主幹教諭または指導教諭である者を対象とする選考で，合格後 2 年間は主幹教諭で勤務する。39 歳以上 54 歳未満で受験が可能。【C 選考】主幹教諭歴または指導教諭歴が合わせて 3 年以上で，区市町村教育委員会及び校長から推薦があった者を対象とする選考で，原則として選考年度の翌年度から副校長に任用される。50 歳以上 58 歳未満で受験が可能。
- ※5 **指導主事**：教育委員会事務局の職員として学校における教育課程，学習指導その他学校教育に関する専門的事項の指導に関する事務に従事する。

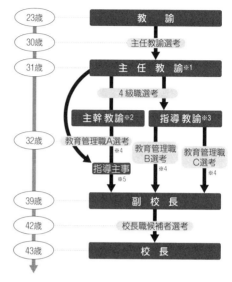

図 7-1　東京都教育委員会のキャリアアップ制度
（東京都公立学校教員採用案内ホームページより　http://www.kyoinsenko-metro-tokyo.jp/career）

具体的に指導主事は教育委員会に所属（出勤）し，学校と SSWr とを繋げるコーディネートをしたり，SSWr 配置方法を検討する役割もあり，教育側の SSWr 的な動きをする時もある。なお，学校における生徒指導担当の教諭を生徒指導主事というが，これは中高において，校長の監督を受け，生徒指導に関する事項を司り，当該事項について連絡調整及び指導，助言に当たり（学校教育法施行規則），全教員で行う生徒指導を組織的に行う情報（収集・集約，整理，発信）のキーパーソンである（国立教育政策研究所，2010）。横浜市のように小学校に同様の教員を置く自治体もある。

2．教育相談員

　一般に教育相談は，生徒指導の一環として，子どもだけでなく保護者や教師を対象に，教師等（自治体により委員会設置，SC や養護教諭担当等様々）が行うカウンセリング的支援であり，予防・開発から問題解決を行うものである。ただし，ここでの教育相談は，教育支援センター等に所属（の教育相談室等）する教育経験者や心理士等により行われる教育学的，心理学的，カウンセリング的アプローチを行なう相談員

について紹介する。なお近年，教育相談員は，家庭や学校に訪問することはあまりなかったが自治体の状況により様々な活動へ至っている。

茨城県水戸市教育委員会（水戸市総合教育研究所）教育相談室及び教育相談員の概要は表7-1の通りである。教育相談の仕事に携わっていると，どの段階でどのように児童生徒に関わったらいいのか，他の専門機関に繋げたほうがいいケースなのかどうかなど，いろいろ思い悩むことが多い。次の事例は，不登校が始まり，ひきこもりがちになってきている中，保護者と本人との「困り感」が異なり，子ども本人は相談を受けたがらないケース例である（よくあるケースを合わせた作話）。

■事例　よくある不登校ケース例
　小さい頃から白黒はっきりつけるタイプの子。きまりはきちんと守り，それに反する子には厳しい言葉をかける。例えば，並んで順番を待つ時に順番が待てない子や係の仕事をやらない子に対して強く叱ったり叩いたりしてしまう。ルールはちゃんと守らなくてはならない，自分に与えられた仕事は責任を持ってやり通さないといけない，それが自分の中にあるきまり事。それでも，小学生の低～中学年頃は先生が間に入っておさまり，何とか適応できていたが，心身が急速に発達する高学年～中学生になると周りは次第に距離を置くようになってしまう。誰一人自分の理解者がいなくなり孤立してしまい，自分の意思で「学校に行かない」と決断し不登校に至る。保護者は，不登校が長期化しひきこもりに至ってしまうのではないかと心配になり焦っている。ところが，焦っているのは周りの大人ばかりで，本人には困っている様子が見えない。保護者や先生が，本人に相談室をすすめても一向に行こうとしない。仕方なく，母親だけの来所相談が開始する。

事例のようなケースをどう理解し支援したらいいのだろうか。保護者の関わりや本人の性格が関係しているのか，何か発達的な問題を抱えているのか，多感な時期にさしかかっているので思春期の問題と捉えたほうがよいのか……。このケースのように，いくつかの課題が重なり不登校に至ったと考えられるケースはとても多い。相談員と

表7-1　教育相談員の職務内容・事業

職務内容
- 勤務専門職：来所相談担当8名（常勤2名，非常勤6名）適応指導教室担当3名（常勤2名，非常勤1名）。そのうち，心理教育相談員（心理学関連分野出身）8名，一般教育相談員（教職経験者など）3名となっている。職務内容に違いはない。
- 勤務内容：常勤週5日，非常勤週3日
- 施設内容：相談員室，相談室5室，プレイルーム2室

事業内容
　来所相談・電話相談においては，不登校・集団不適応など教育上の諸問題について，児童生徒・保護者の状況を把握し，カウンセリング・環境調整など，実情に応じた適切な対応をする。適応指導教室においては，不登校・集団不適応などの児童生徒の学校復帰・自立を目指した支援を行う。事例に応じて，医療・福祉などの関係諸機関との連携を図る。教育相談の理論や技術についての研修会を実施し，児童生徒・保護者の心理面の理解・社会的スキルの習得などを図る。

（情報提供：茨城県水戸市教育委員会（水戸市総合教育研究所）教育相談室）

しては，本人が「困った」時が相談開始の時期なのだと理解してはいるのだが，焦って困っている保護者を見ていると，何とかして本人も相談室に繋げられないかとあれこれ考えてしまう。本人に何が起きているのか，他の専門機関にも繋げたほうがよいのか，訪問相談も検討したほうがよいのかなど，総合的にみるために以下の検討が必要になってくる。

・家庭と相談機関では，不適応を起こしている難しさの背景（性格・発達の課題）などについて一緒に探っていく。
・家族または学校の関わりなどへの環境調整
・医療等の専門機関・訪問相談への紹介や繋ぎ，また繋げるとすればどの時点でどのように保護者や本人に伝えていったらいいのかの決定

上記に関して，家族や学校関係者との連携・協力，提案や実施の見極め，研ぎ澄まされた感性や技術（児童生徒の発達段階や問題となっている行動の背景などを理解する力，児童生徒や保護者の内面にアプローチしていく力），また，ケースの必要性に応じて地域の関係諸機関と連携する力などが必要とされる。子どもを取り巻く社会全体に積極的に関わっていく姿勢が，相談員にはいつも求められている。

3．養護教諭

養護教諭は，学校にて児童の養護（保健衛生）を司る職務を行う専門職である（表7-2参照）。近年では，心の健康問題をも取扱う他（リストカット，保健室登校支援は最たる例），学校によっては衣食への働きかけをすることもあり，時に最も学校内

表7-2　養護教諭の職務内容（文部科学省「養護教諭の職務内容等について」に一部追記）

1．学校保健情報の把握に関すること
　1）体格，体力，疾病，栄養状態の実態
　2）不安や悩みなどの心の健康の実態等
2．保健指導・保健学習に関すること
　〔個人・集団対象〕
　1）心身の健康に問題を有する児童生徒の個別指導
　　※アナフィラキシーによるエピペン対応等含
　2）健康生活の実践に関して問題を有する児童生徒の個別指導
　〔集団対象〕
　1）学級活動やホームルーム活動での保健指導
　2）学校行事（性教育，飲酒喫煙，薬物の授業）等での保健指導
　〔保健学習〕保健学習への参加・協力
3．救急処置及び救急体制に関すること

4．健康相談活動に関すること
5．健康診断・健康相談に関すること
　1）定期・臨時の健康診断の立案，準備，指導，評価等
6．学校環境衛生に関すること
　1）学校薬剤師が行う検査の準備，実施，事後措置に対する協力
　2）教職員による日常の学校環境衛生活動への協力・助言等
7．学校保健に関する各種計画・活動及びそれらの運営への参画等に関すること
　1）一般教員の行う保健活動への協力
　2）学校保健委員会等の企画運営への参画等
8．伝染病の予防に関すること
9．保健室の運営に関すること

※看護師資格を持つ養護教諭はストレスチェック実施者にもなり得る（精神保健福祉士も同様で，どちらも3年以上の労働者の健康管理等の業務に従事していれば研修を受けなくてもよい）。

で子どもの問題を把握している存在とも言える。長期の虫歯の情報提供から，SSWrが家庭へ就学援助の説明を行うこともあり得る（担任の訪問時にも会えない場合等）。

〈就学援助「医療費」例〉

むし歯（齲蝕・う歯）の他，トラコーマ，結膜炎，中耳炎，慢性副鼻腔炎，アデノレイド，寄生虫病，特定の皮膚病（白癬・疥癬）の治療費；通院距離が4km以上の場合，通院費も出されるのが一般

4. 特別支援教育に関わる専門職：特別支援教育コーディネーター

特別支援教育は，障害のある幼児児童生徒の自立や社会参加に向けた主体的な取り組みを支援するという視点に立ち，子ども一人ひとりの教育的ニーズを把握し，その持てる力を高め，生活や学習上の困難を改善または克服するため，適切な指導及び必要な支援を行うものである。

各学校では，校長のもと，全校的な支援体制を確立し，校内に特別支援教育に関する校内委員会を設置している。委員会は，校長，副校長（教頭），特別支援教育コーディネーター（以下，コーディネーター），教務主任，生徒指導主事，通級指導教室担当教員，特別支援学級教員，養護教諭，対象の幼児児童生徒の学級担任，学年主任，その他必要と思われる者などで構成されている。2007（平成19）年4月の文部科学省通知（19文科初第125号）では，コーディネーターの役割を「各学校における特別支援教育の推進のため，主に，校内委員会・校内研修の企画・運営，関係諸機関・学校との連絡・調整，保護者からの相談窓口などの役割を担うこと」とし，校務分掌への明確な位置づけが義務づけられている。コーディネーターは，現在ほぼすべての学校で，校長より指名されているが，児童生徒指導上の中心的な役割を担う教員の他，学級担任や養護教諭が兼ねることが多い。

この他，特別支援教育対象児童生徒の学校生活上の介助や学習指導上の支援を行う「特別支援教育支援員」の配置も進められている。「特別支援教育支援員」制度は，各自治体によって違いが見られるが，コーディネーターを中心として特別支援教育支援員を効果的に活用していくことが望まれる。

5. スクールカウンセラー／サイコロジスト

スクールカウンセラー（以下，SC）は，生活指導・教育相談に深く関わっており，児童生徒の心のケア，教員のカウンセリング能力等の向上のための校内研修や児童生徒の困難・ストレスへの対処方法等に資する教育プログラムの実施などを主な業務として担っている。選考基準は表7-3の通りであるが，地域や学校の実情を踏まえ，SCの任用よりも合理的であると認められる場合にSCに準ずるものを配置できることとしている。

表7-3　スクールカウンセラーの選考基準

- 財団法人日本臨床心理士資格認定協会の認定に関わる臨床心理士
- 精神科医
- 児童生徒の臨床心理に関して高度に専門的な知識及び経験を有し，学校教育法第1条に規定する大学の学長，副学長，学部長，教授，准教授，講師（常時勤務をする者に限る）または助教の職にある者またはあった者

※文部科学省初等中等教育局スクールカウンセラー等活用事業実施要領（平成25年4月1日）

スクールカウンセラー等活用事業実施要領（2013（平成25）年4月1日）

文部科学省は，教育支援体制整備事業費補助金（いじめ対策等総合推進事業）交付要綱第20条において，「公立の小学校，中学校，高等学校，中等教育学校及び特別支援学校に児童生徒の臨床心理に関して高度に専門的な知識・経験を有するSCや，児童生徒の非行・問題行動等の早期発見や緊急時の対応等を行ったり児童生徒の悩みや不安などの相談を受けたりする『生徒指導推進協力員・学校相談員』を配置すると共に，24時間体制の電話相談を実施し，教育相談体制を整備する」としている。

（1）臨床心理士

　臨床心理士は，臨床心理学に基づく知識や技術を用いて，人間の"こころ"の問題にアプローチする「心の専門家」で，指定された大学院を終了後，大学院公益財団法人日本臨床心理士資格認定協会が実施する試験に合格し，認定を受けることでその資格を取得できる。5年の更新制である。SCの多くが臨床心理士である。

（2）臨床発達心理士

　臨床発達心理士は，大学院修士課程修了者を基本とし，現職者や研究者も申請ができる資格である。実習や臨床経験，大学院での指定科目の履修，あるいは資格認定委員会の開催する講習会を受講し，資格試験に合格し登録となる。5年の更新制である。

　この資格は，日本発達心理学会等関連4学会による連合資格で，「人の健やかな育ちを支援する専門家」であり，発達心理学をベースにした"発達的観点"を持つところが特徴となっている。発達をめぐる問題の査定と具体的な支援を通じ，子どもから高齢者まで生涯発達にわたる支援と家族・地域への支援を目指している。教員や福祉施設職員での資格取得者が多い。

（3）学校心理士

　「学校等をフィールドとした心理教育的援助の専門家」として，学校生活における様々な問題について，アセスメント・コンサルテーション・カウンセリングなどを通して，子ども自身，子どもを取り巻く保護者や教師，学校に対して，「学校心理学」

表7-4　公認心理師の行為（公認心理師法より）

1) 心理に関する支援を要する者の心理状態を観察し，その結果を分析すること。
2) 心理に関する支援を要する者に対し，その心理に関する相談に応じ，助言，指導その他の援助を行うこと。
3) 心理に関する支援を要する者の関係者に対し，その相談に応じ，助言，指導その他の援助を行うこと。
4) 心の健康に関する知識の普及を図るための教育及び情報の提供を行うこと。

の専門的知識と技能を持って，心理教育的援助サービスを行うことのできる者に対して認定する資格である。教員や教育行政職が多く取得している。

(4) 公認心理師

　2015年9月9日に成立（公布16日）した公認心理師法にある資格名称である。「公認心理師の資格を定めて，その業務の適正を図り，もって国民の心の健康の保持増進に寄与することを目的」としており（表7-4参照），関係機関との連携や支援を要する者に当該支援に関わる主治の医師がある時は，その指示を受けなければならないことが規定されている。「公認心理師」以外は，公認心理師の名称または心理師という文字を用いた名称を使用してはならないとなっており（名称独占：違反者には罰則），文部科学大臣及び厚生労働大臣の共管となっている。本資格化により心理士関係分野に大きな影響を与えることが推察される。

6. 心理関連機関との連携の留意点

　SSWrが各機関と連携をとる時の留意点として，様々な職種との中でどのような役割をお互いに担うのかが大きな鍵である。実際は，家庭と関わる問題（経済的，社会的な関係など）について，ケース会議やサポート会議のような形で，学校や関係機関に出向き，時には家庭訪問を行い調整役として従事している。

　まず，指導主事はSSWr活用事業運用で大いに根幹（上司）となり得る存在で，初任でありSSWrについて知識のない場合，その共有から始める必要がある。その理解によってSSWrの権限移譲は180度異なってしまう。なお学校からのケース依頼初期にSSWrと共に学校へ出向くこともある。次に教育相談員は学校外部にて子どもと家庭的な情報を得ていることがあり，養護教諭は学校内部にて健康面を含め子どもと家庭の様々な情報を得ていることがあり，子ども-家庭支援において，早期に連携すべき機関である。次にSCは主に学校の中で保護者と関わり，心理的な相談に応じることが多いが，その心理的な課題の背景として，家庭内の課題や地域との関わりなど社会的な関係性において解決を導き出すことが求められる。次に特別支援教育コーディネーターは，特別支援教育に関わる学校の調整役でもあり，窓口的な役割として連携することができる。また生活指導部会や教育相談部会など，校内には特別支援教育以外にも様々な校内委員会があり，それぞれ校内委員会の役割があることを事前に理解しておくことが大切である。

ところで，インクルーシブ教育の推進においては，多様な学びの場の整備と学校間連携等の推進を示しており，学校間の連携や学校以外の機関（就学前機関，療育機関，医療機関，児童相談所，子ども家庭センター，行政機関，放課後等デイサービスなどの福祉施設，フリースクールなど）における企画調整などを期待する声も多い。どちらにしろ教育委員会がSSWrをバックアップし，組織的な対応ができるようシステムを構築していくことが，連携を成功させる上で一番の留意点であり課題でもある。

第2節　福祉関連機関

1．福祉事務所

（1）福祉事務所の組織と機能：連携の大切さ

福祉事務所は全国で1247か所（2014年4月現在，都道府県の設置208か所，市996か所，郡部の町村43か所）。都道府県は，郡部の町村のすべてに福祉事務所を置いているわけではない。これは社会福祉法で，町村には福祉事務所の設置が義務づけられていないためである。

市町村や福祉事務所の業務は表7-5の通りであり，福祉事務所には，社会福祉主事（ケースワーカー）や福祉司等が配置され，民生委員（児童委員）が協力機関としてある。この他，新たな契約理念に基づく障害者総合支援法等も市町村が担う業務である。さらに町村部の多くでは「健康保険は町（村）役場だが，福祉は県の事務所」になる。また精神保健福祉法の一翼を担う保健所は，都道府県及び政令指定都市が設置している（戦前に軍港のあった市も設置。現在は一般市にも設置例が増えている）。

このように，福祉や社会保障の最前線では，"制度が別なら組織も別"であることが多く，かねてより"狭間"の問題が指摘されてきた。

表7-5　福祉事務所と市町村の業務

市町村の業務	福祉事務所の業務
〔社会保障に係る業務〕 国民健康保険：1958年 国民年金：1959年 介護保険：1997年 ※市町村が必ず行わなければならない法定受託事務（地方自治法：1947年）	〔福祉六法に係る業務〕 児童福祉法：1947年 身体障害者福祉法：1949年 生活保護法：1950年 知的障害者福祉法：1960年 （旧精神薄弱者福祉法） 老人福祉法：1963年 母子及び父子並びに寡婦福祉法：1964年
関連法に係る業務 障害者総合支援法：2005年（旧障害者自立支援法） 生活困窮者自立支援法：2013年	

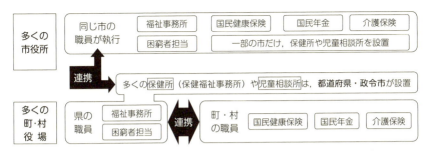

※生活困窮者自立支援法：2015年4月施行。主旨は困窮世帯の自立支援。都道府県市と福祉事務所設置町村が担う。自立相談と住居確保給付金は必須。就労・学習支援等は任意。行政は支援計画に加わるが、相談や支援は社会福祉協議会やNPO等へ委託も可。

図7-2　福祉事務所の都道府県・市町村連携等

　こうした背景もあり、2013（平成25）年12月成立の生活困窮者自立支援法第3条では、"連携"を都道府県市町村の責務と定めた。支援者は、地域ごとの窓口の実状を把握し、寄り沿い、橋渡しする支援も必要になる（図7-2）。

(2) 福祉事務所における学習支援効果①：進学と自立

　自治体における学習支援は、生活保護世帯の子どもを中心に2010年前後から始まった。2014年10月の実施は全国で184か所だったが、生活困窮者自立支援法施行の2015（平成27）年度には324か所と大幅に増える見込みだ。それでも約75％の福祉事務所設置自治体に実施予定がないのは、支援策の普及不足に加え、"効果"の説明不足も1つの要因だろう。

　実は、生活保護現場の学習支援の効果は、子どもの進学だけにとどまるわけではない。必要以上に受診していた親の受診回数が減る、働けないと思われた親が働き始める、親が前を向いて意欲的に生き始める、等々。こうした報告が現場から多数上がっている。学習支援が始まるまでは、生活保護のケースワーカーは、親とだけ向き合うことが圧倒的に多かった。生活保護は世帯で見立てる制度なので、支援の軸足が親に偏りがちなのだ。学習支援が始まると、ケースワーカーは「子を支援すると、不思議と親の問題も解決する」ことを実感する。しかも、SSWrや子ども支援員という強力な新戦力も支援に加わり、ケースワーカーたちの孤立感は減って、逆に達成感が増え始める。

　財政効果はさらに大きい。生活困窮者自立支援法の学習支援は必須事業ではなく、財源も1/2が地方負担なので、事業開始を図る自治体には、効果説明が大きな助けになる。

　図7-3は2009～2011年度までの横須賀市の生活保護世帯の中学卒業生113名（累計）が属す世帯が2014年12月までに自立したか否かについて、全数追跡調査した結果である。また表7-6は、2011～2013年度までの同市の生活保護世帯の中学3年生のうち、

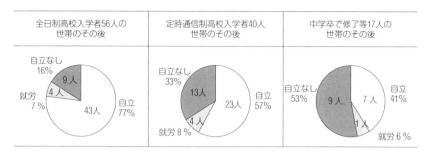

図7-3　2009～2011年度までの中学卒業生による2014年12月までの生活保護世帯の自立度

表7-6　2011～2013年度までの学習支援に参加した中学3年生の全日制高校合格率

被保護 中学3年生	2011年度			2012年度			2013年度		
	人数	合格者	合格率	人数	合格者	合格率	人数	合格者	合格率
学習支援参加	2	1	50%	5	5	100%	13	13	100%
同　不参加	54	27	50%	48	30	63%	33	23	70%
合計（平均）	56	28	50%	53	35	66%	46	36	78%

学習支援に参加した者と，しなかった者，それぞれの全日制高校合格率の違いである。全日制高校入学者がいる生活保護の世帯は，8割近くが数年で自立する。学習支援は，本人・行政両者に大きな効果をもたらす可能性があると言えるだろう。

（3）福祉事務所における学習支援効果②：社会保障の回復

　学習支援を展開している自治体の中には，子ども支援員を配置しているところがある。子ども支援員の第1の業務は，困窮世帯の子どもを訪問し，不登校・学習などの相談に応じ，学力の向上や健全な成長を援助して，貧困の連鎖を防止することである。一方，横須賀市の子ども支援員には，独自の支援策として，障害年金裁定請求の支援という業務が与えられている。

　困窮相談に訪れる市民の中には，「療育手帳を持たないまま40代，50代を迎えた知的障害（疑）の人々」も混在している。手帳はもとより，本来なら20歳から障害基礎年金を受給していたはずだが，もらわないまま中年を迎えてしまった人々だ。このような人々の障害年金請求を支援する場合，小学校の成績表があれば理想的なのだが，肝心の成績表は亡失していることがほとんどである。この場合，成績表の代わりに，当時の教員の証言を得るという代替策が有効となる。

　そこで，子ども支援員は，この"証言"を得るために，当時の小（中）学校の担任教員を探し出して訪問し，主旨を伝え，当時の状況を子細に聴取した上で，知的障害の疑いが濃厚と考えられた場合には，その状況を証言書にまとめてもらう。この支援は，とても繊細で時間も手間もかかる専門的作業のため，以前，生活保護のケースワー

カーが行っていた当時は，荷が重すぎて，あまり芳しい結果は得られなかった。

一方，子ども支援員を配置した2012（平成24）年度からは，着実に成果が上がっている。障害年金は，ほとんどの場合，一旦支給が決定されれば一生涯の支給が約束される。このため当事者が生活保護を受給している場合は，福祉事務所の財源も助かる。

生活保護費は，75％を国が，25％を地方自治体（福祉事務所設置の市等）が，各々負担しているが，年金には地方自治体の負担がない。障害基礎年金（2級）の年額は80万円足らずだが，ほぼ一生もらえる年金のため，その累積効果は極めて大きい。

もちろん障害年金という本来の社会保障を回復させる事自体に，本質的な意義がある。

障害年金受給に至るまでには，当時の教員から証言を得ることのほかにも，本人自身の障害受容の問題や，受診してテストを受ける必要があるなど，ハードルは多い。将来を見据え，子ども支援を担うSSWrにも，ぜひ理解する必要のある支援の1つである。

なお"学習支援"は，"居場所"の支援でもある。横須賀市福祉事務所では，「子ども支援員が，生活保護世帯や生活困窮世帯の子どもたちを訪問し，"学習支援"という"居場所"に結びつけることは，虐待防止にも繋がっている」と認識されるようになってきた。

子どもの人生を支える学習支援の意義

不登校やひきこもりにおいて，学習が不得意，または大幅に滞っている子どもにおけるキャリア支援という意味でも学習支援の意義は様々に大きい。漢字の書き順，かけ算九九の理解という勉学的なものだけでなく，鉛筆の持ち方，コンパス・分度器の使い方などのライフスキルは，知らなければ教室に戻った時に周囲の友だちから笑われてしまうこともあるため，大いに役立つ。道具の使い方を理解し使えるようになることは有能感を得ることにも役立つ。当然，一つひとつのスキルは一生活用できるものともなろう。つまり，学習支援は，単に勉学を修めるだけでなく，人生において基本的なスキルをも学習する支援となる。この時，器用さや学習発達段階のアセスメントは，子ども理解に重要である。なお，家庭で学習支援をする場合，保護者が子どもの悩みについて相談したいと申し出る時があるが，子どもが聞くかもしれない相談状況はできるだけ避け，場所を変えたほうがよい。学習支援員がいるのであれば，SSWrは家庭支援に，学習支援員は子どもにと担当を分けてもいいだろう。

（4）困窮者支援は，Win-Winに繋がる：境界層証明書の効果

親への支援に視点を移そう。医療費や介護費の自己負担額は，前年の所得に基づいて決まる。しかし，前年は「ある程度所得があった」人でも，失業等で「今の所得は激減している」場合もあり，前年の所得で決められた医療・介護の自己負担額を支払うと，生活保護法が定める最低生活も送れなくなる場合がある。また，前年は非課税区分だった人が，税制の改正で課税対象の区分に組み入れられても，同じことが起こ

図7-4　自己負担額支払いによる最低生活以下の所得状態

り得る。生活保護法は憲法25条（生存権）を受けた法律でもあり，仮に医療や介護の自己負担額を払うと"最低生活費"さえ残らないとなれば，制度上の矛盾となり調整が必要になる（図7-4参照）。調整には，生存権，すなわち生活保護法上の最低生活費の確保が優先される。

そこで，まず「自己負担額をいくら下げれば，最低生活費を浸食せずにすむか」について，福祉事務所の生活保護担当課が計算し証明書を交付する。次に医療や介護の担当課では，この証明書に基づいて，一旦決めた自己負担額を下げる。これは，厚生労働省から通知されている方法である（健康保険1979（昭和54）年9月29日社保発第108号通知，介護保険2000（平成12）年7月4日社援保発第44号通知，障害2006（平成18）年3月31日社援保発第331007号通知，難病2014（平成26）年12月12日社援保発1212第2号）。この証明書のことを，「境界層証明書」（または「特例該当証明書」）とよぶ。

実は，境界層証明書とは，医療や介護の自己負担の軽減額が明記された生活保護の"却下通知書"のことだ。したがって便宜的とも言えるが，一旦は生活保護の申請が必要になる。

境界層証明は，困窮する人が自立を維持するにはとても良い手法だが，本章第2節1．（1）で見たように，制度も組織も違う担当者が相互に理解しあい，強く連携する意欲が必要になる上，計算はもちろん，証明内容もたいへん難解で，作成には時間もかかる。

このため，特に健康保険分野での普及が，いまだ十分とは言い難い。しかし，資産・親族等，様々な面でスティグマの危惧がある生活保護に頼らず暮らせるようになるので，当事者からは切望される支援だ。当事者目線を考えれば，一層普及に努力すべきだろう。

財政効果も顕著だ。横須賀市では年間約600件の保護申請のうち，約120件を境界層証明で救済。保護費"減"と医療や介護費の"増"を相殺し，年間4000万円強の効果（2013年度市費負担減額分推計値）を上げた。境界層証明は当事者と行政両者にとってWin-Win の支援策なのである。

2．広域における地域若者サポートステーション：不登校・ひきこもり支援におけるアウトリーチの基本

　長期化した不登校・ひきこもりの支援の子ども・若者に共通しているのは，「在学中に問題が起きた」「複数の専門家による支援を受けてもなお孤立化している」という点である。この孤立においては，来ることを待ち支援する限界が大いに関係している。例えば，助言やカウンセリング等で本人の主体性に任せた支援は，背景要因に生育環境などの問題を抱える子どもたちには難しい支援体系である（図7-5参照）。また医療，福祉，心理，教育，地域におけるそれぞれのライフステージごとの縦割り行政的な支援では，トータルに子どもの社会的自立を支援することの限界がある。このことは，佐賀県から委託を受け運営する「子ども・若者総合相談センター」における子ども・若者の実態（表7-7）からも理解できる。

　アウトリーチは4つの形態があり，連携機関は様々であるが（表7-8），地域における各機関が連携した支援体制と個々人に合わせた伴走型の支援が最も求められるのである。「誰が伴走するのか？」が最も重要であり，単に資格や職務だけで決められないものがある。費用対効果及び子ども・若者の支援の困難度合いを捉えた支援者の選定が求められる（図7-6）。

　さらに筆者らが認定を受け運営する「さが若者サポートステーション」での実態調査では，アウトリーチが必要な子ども・若者において自立を難しくする学校教育段階での事項として，就学時の不適応経験97.2％，いじめ被害経験52.8％，複数支援機関の利用経験63.1％があげられ（2010（平成22）年度），専門家が関わった経験があるにもかかわらず改善に至らなかったと考えられる。「相談」「支援」自体に対する不信を持つ若者も訪問対象者では61.4％と高く（2009（平成21）年度），支援の失敗があると不信が高まると考えられる。だからこそ，このような子ども・若者支援には，直接支援の前に，包括的で緻密なアセスメントがきわめて重要と言える（表7-9）。

　例えば，これまでの失敗や成功からどのような存在が一番受け入れられやすいか，本人の興味・関心とは何かなどを詳細にアセスメントし，それに合わせた支援計画を立てていくのである。この時，支援に入る人々の選抜で大切にしているのは，自らの支援について，子どもたち，指導者からのフィードバックに対して，「子どもだからわかっていませんね」等と否定するのではなく，それを真摯に受けとめ，学びに変えていけるという姿勢である。支援において，やってあげているという視点ではなく，させていただくというくらいの謙虚な姿勢が求められるのである。

　実際の支援では，2人体制での支援をしていく等，アウトリーチ現場の特殊性を捉えながらも，最初から答えを与えても効果が薄いことから，経験を重ねながら段階的に言動を変化させていく伴走が必要なのである（表7-10）。もちろん導入方法がとても重要なことは言うまでもない（表7-11）。また支援者に「会いたくない」「行きた

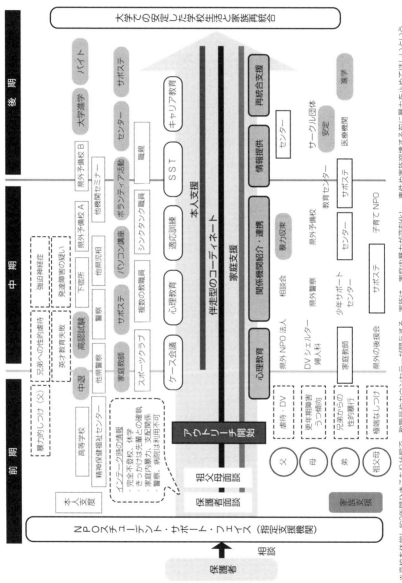

図7-5 重度の家庭内暴力のあるひきこもり支援展開

※高校を休学し約2年間ひきこもり状態で、教職員やカウンセラーが関与する。家族は、家庭内暴力が深刻化し、事件や家族崩壊する前に暴力を止めてほしいという。

第2節 福祉関連機関

表7-7 平成25年度 佐賀県子ども・若者総合相談センターにおける実態

精神疾患（疑い含）43.3%　　　家族問題（家族の精神疾患，DV等）63.8%
発達障害（疑い含）43.9%　　　被支援困難者（経済的理由で支援が受けられない等）22.3%
依存行動（ネット依存等）25.4%　多重困難家庭84.5%
虐待（疑い，過去の経験含）15.4%

相談件数 H22.4〜H26.3	0〜9歳	10〜19歳	20〜29歳	30歳以上	不詳	合計
	56	679	268	159	4	1166

不登校対策で実際に対応が必要になった事項
○いじめ被害，暴行，恐喝，性犯罪等　　○暴走行為，粗暴行為，暴力団勧誘，青少年犯罪
○ネット依存，ギャンブル依存，ストーカー行為　○性的・身体的虐待，ネグレクト，DV，貧困，離婚問題等
　　　　　　　　　　　　　　　　　　　○出会い系サイト被害，ドラッグ，児童買春，援助交際

※2013（平成25）年度に当該センターとの連携のもとで運営する佐賀県の若者サポートステーションで就職した376名の若年無業者のうち，将来生活保護のリスクが高かった50%を捉えれば（188名），税金の差額（188名×生保年10万×12カ月＝−2億2560万円；376名×年間納税36万＝1億3536万円）は多大である。なお佐賀県の若年無業者の就職者数は本事業を実施する平成18年以降全国上位に位置している。

表7-8 アウトリーチの分類と専門家チーム（内閣府，2010）

アウトリーチの分類
①機関誘導型
　若者自立支援機関に誘導するための家庭へのアプローチ
②関与継続型
　直接的自立支援を行うための家庭へのアプローチ
③機関連携型
　支援対象者を発掘し，接触するための関係機関へのアプローチ
④直接接触型
　支援対象者を発掘し，接触するための若者の集まる居場所へのアプローチ

専門家チーム（20代〜70代）
産業カウンセラー（キャリア・コンサルタント）
臨床心理士・社会福祉士・精神保健福祉士
教員免許（小中高・特別支援）・医師・看護師
LD教育・支援コーディネーター

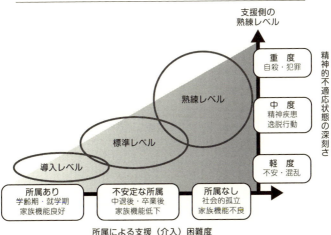

図7-6 支援や適応の困難度による役割分担とチーム対応

表7-9　アセスメント事項と留意事項

アセスメント事項
①現状や経緯，主訴，障害及び精神疾患，好き嫌い，得意不得意，興味関心，起床・就寝時間，習慣・行動等の生活実態
②家族関係，支援経験とその後の経緯
③やってはいけないこと，避けるべきこと等回避事項
④訪問支援に対する同意の有無

留意事項
①情報を聴きとる過程で尋問・詰問に感じられないよう配慮。
②複数回に分けて面談することで「見立て」の精度を上げる。
③支援対象となる若者の考え方や価値観を理解する。
④導入段階は支援者側の都合ではなく若者の生活実態に合わせる。
⑤これまでの対立構造など関係性の分析を通じて同じ轍は踏まない。例えば，相手に常識を振りかざし「すべて」の役割や「完璧」な対応を求め始めると関係性を崩し，不信を生み，孤立するリスク大！
⑥同意の取り方はできるだけ具体的なやりとりを押さえる。
⑦玄関先等，本人のいる状況で他の部屋でも保護者からの相談を受けない。長時間の話し込みや本人批判はタブー。打ち合わせは本人のいない場所で。家から出ても車に乗るまで関係ないことで笑わないなど配慮も必要。
⑧「お前が出てくるまでドアの前で待つ」の持久戦（食事・トイレにも行けない），「帰る！」といって階段下で待っている等の待ち伏せ・だまし，強行突入は絶対に避ける。
⑨「○日後の△時に出直すね」（今度ピアノ聴かせて等はまじめな子は緊張することも），「□□のついでに来るね」などの使い分け。
⑩暴力や"死ぬ""殺す"などの言葉に振り回されない。依存度や支援の段階によって軽度の問題には対処しないことも一つで，段階的にポジティブコミュニケーションへ。
⑪ゲーム依存などは代替物で楽しめるような環境をつくっていく。
⑫手紙やE-mail，電話等のツールは発展性が大事で，同じ内容の「くり返し」や会うことを「急かす」内容の語りかけは逆効果で，1度なら会ってもいいかなと思わせるように本人が関心を持てる内容（毎回ストーリーが進展するもの等）にする。ネガティブな話や理由を問う語りかけは追いつめる危険性あり。
⑬朝起きるのが遅いなら起きている時間に面接を合わせる，兄弟等と対立関係にある場合は，該当する家族とのバッティングに配慮する等，訪問の時間帯，回数，方法，内容を変える。
⑭保護者や家族だけで抱え込まないよう「木」の上に「立」って「見」る「親」の役割バランスを保つための手段を持つ（保護者のネガティブな反応で二次的なダメージを受けることもあるので，保護者がストレスを抱え込み過ぎないように配慮）。
⑮連携において，誰がどのように関わると効果的なのか全体での位置づけを意識する。他機関へ繋ぐ際は，本人の抵抗感，拒絶感への配慮が重要！　まずは支援機関同士がつながることが大切。
⑯本人が自身のことを告白しようか迷っている時は支援者に前ふりの質問をしてくる場合がある。信用できるかどうかを試しているので注意。
⑰過去を知る人に頼る時はその後の影響も考慮した上で対応する。本人がうまくいっていた時の知り合いに協力依頼する時は，本人との関係性を悪化させたり，自己否定感を高めさせるリスクも想定する。
⑱警察等強制力のある機関との連携は慎重に事前相談や調整が必要。必ずしも本人の問題を解決してくれるわけではないため，配慮なき訪問はリスクが高くなる。暴れた時，逃げ出した時，拒否した時等の対処を事前に話し合っておく。

学習支援の留意事項
①一時的な成績を上げるのではなく学ぶ意欲や力を伸ばす。単年度の視点ではなく長期的観点から支援内容を考える。勉強を教えることを第一義としない。
②危機意識を煽る安易な教育手法に走らない。「こんなものだったら」「これだったら」と思えるような導入方法，課題や自習，長時間学習の排除によるメンタル面への配慮（アニメキャラクターを用いた問題形式等）。得やすい「結果」から導き出す「希望」と「やる気」。
③配慮のない学習支援はストレス要因の1つとなって自立を阻害するリスクとなる。
⇒完璧主義からの脱却と成功体験の積み上げによる自尊心の回復
⇒子どもの状態により通信制や高卒程度認定試験を利用

第2節 福祉関連機関

表7-10 アウトリーチ現場の特殊性と支援過程

特殊性
① 困難事例が多い：複数の相談支援の失敗，孤立状態の長期化による問題の深刻化・複雑化，「最後の手段」としての利用等
② 相談意欲が低い：対人関係の苦手意識，警戒心，恐怖心，無力感，絶望感，学校不信・人間不信，認知の歪み等
③ 関係性が複雑：本人との関係性の構築の難しさ，専門職を含め限られた人間関係の中での依存状態
④ 危険性が高い：追いつめられた心理状態，家庭内問題に関わるリスク，自殺企図や暴力など自傷他害のリスク等

支援過程
導入期：本人やこれまでの支援における緻密なアセスメントを活かした関係性づくり（本人の負担軽減のため初回は5〜15分程度でもよい，次回へ繋げる工夫，約束による本人の負担軽減に配慮し，会いたくない権利も尊重し会う方法を変えていく，何事にも無理強いしない，子どもの前（いる状況）で保護者から相談を受けない，こちら側の約束は徹底して守り，本人には機会があったらよろしくと柔らかい約束をする）
安定期：継続した支援と本人に合わせた個別プログラム検討（「この前話した釣りに行った子もそのゲーム好きなんだって」という情報提供や第三者との関係づくりの開始）
展開期：安全と安心が確保されたオーダーメイドの個別プログラム（本人が「楽しい」と思える興味関心に沿った内容。釣りであれば，夜でもでき，作業をしているため対話はしたい時でよい，楽しめるよう必ず釣れる場所，途中の釣り具やコンビニの店員さえも本人に合うかを検討する。援助職との2〜3人の小集団活動）
終結期：実際の活動を通じた「楽しみながら」の中集団活動へ移行し，専門職との依存関係で終わらない環境づくり（ゲーム好きと伝えていた子と後半，顔合わせ）。ここまでくれば，社会貢献を通じた就労体験事業等へ移行していく。
⇒就労体験では，優しい職親さんを捜し，その職親さんと専門職との関わり方をモデリングし本人らが話しかけやすく工夫していく。

表7-11 訪問困難なケースへの特例的導入時のアプローチ

年齢	事例内容	アプローチ
14歳	対人恐怖，ネット依存，家庭内暴力，教職員や支援への不信	オンラインゲームの共有とチャットからの導入
14歳	不登校，虐待の疑い，アルコール依存の父親が訪問を拒絶	家出事件への緊急対応からの訪問導入
15歳	英才教育失敗，高いプライドとコンプレックス，進学への焦り	パソコンを用いた学習支援からの導入
19歳	傷害事件，教職員や大人への恨み，家庭内暴力，友人の存在	唯一交流のある友人の仲間としての導入
19歳	高校中退・ひきこもり，母親からの家庭内暴力，避難で家占拠	母親の知人としての導入と食料や伝言係としての導入
20歳	受験失敗，親子関係の悪化，祖母との関係良好，年金手続き	祖母の知人として手続き業務の補助からの導入
25歳	対人恐怖，家族間安定，公的支援の不信，海外勤務の兄弟	外国語の指導を受ける立場として家族との交流からの導入
25歳	発達障害，ひきこもり歴7年，学校への殺人予告，自殺未遂	学校に対する交渉の代理人としての役割
35歳	高校中退，ひきこもり歴約15年，貧困，年金未納，親の失業	家庭内でできる親の内職の紹介からの導入
36歳	IT企業リストラ，ひきこもり歴5年，高いプライド，裕福な家庭	ポスター，パンフレット等デザイン作業からの導入
45歳	母親との共依存，ひきこもり歴20年，盗聴等の被害妄想	母親が信頼できる知人として盗聴器等の発見調査・対策からの導入
48歳	大学卒業，ひきこもり歴25年，精神疾患，重度の家庭内暴力	措置入院後の生活全般のアドバイザーとしての導入

くない」という言動には「話が合わないから」「認めてもらえないから」等の気持ちもある。また「殺す」「死ぬ」という言動には，「そこまで思うくらいに『つらい』んだね」「その『つらさ』を解消する手伝いならできる！」と言葉の拾い方で関わりの展開を変えていく等，ネガティブな言動が出た時もその言動の背景にある真意を察しながら寄り添う姿勢が必要である。つまり背景さえ本人に合致していけば多分に本人の言動が変わる可能性があるのである。

ところで，様々な機関と連携する時に，それぞれの専門職は別々の観点で話し合うのではなく，共通言語で話し合えるよう，統一的なアセスメント指標として"Five Different Positions"を用いている（図7－7）。これは経験則だけでなく，根拠について確認し合うことにも役立つ。

若者のキャリアを支援する機関

若者のキャリアを支援する機関は各都道府県等に設置されているが，佐賀県では，複合的な施設として，ヤングハローワーク，ジョブカフェ，若者サポートステーションが集う"ユメタネ"という施設がある。
ヤングハローワーク：おおむね35歳未満（35歳～40歳代前半の不安定就労の方を含む）で各学校に在学中の方や卒業後未就職の方を対象とし，職業検索，模擬面接，応募書類作成支援，新卒・就職応援セミナー，職場見学会，ミニ面接会など，就職支援・就職活動の支援を行う。管轄は労働局（全国8カ所）。
ジョブカフェ：おおむね45歳未満の方を対象とし，就職支援サービス（履歴書・職務経歴書の添削，模擬面接（面接の練習），キャリアカウンセリング，就職支援セミナー（マナー研修等），職場見学（若年求職者対象），チーム支援，求人検索，職業相談，紹介状の発行等），職場定着支援（個別相談，セミナー等）を実施し，職業適性診断が特徴である。管轄は都道府県（46地域）。
地域若者サポートステーション（略称「サポステ」）：おおむね15歳～39歳の若者のうち，学校を卒業・中退後，あるいは離職後，一定期間職につかれていない方を対象とし，臨床心理士，産業カウンセラー等，専門相談員による相談，講座・セミナーの受講（職業講話を含む），高卒認定試験（旧大検）試験，その他，資格・進路相談，職場見学，職親制度を活用した就労体験，ジョブトレーニングなど様々であり団体により異なる。「地域における若者自立支援ネットワーク整備事業」（厚生労働省が2006（平成18）年実施）として，厚生労働省からの認定を受けた団体が実施（全国160か所）。ハローワークでは職業紹介が中心となるため，進路の方向性が明確でない場合，あるいはコミュニケーションに課題がある場合，サポステやジョブカフェなど他の就労支援機関へリファーされることがある。そのためサポステでは，ハローワークやジョブカフェへの同行や適切に繋ぐための見学会を実施するなど，個々の状況に応じて段階的に丁寧に支援している。なおサポステ事業は根拠法がなく不安定であるが，恒久的な若者支援の確立に向け，2015（平成27）年3月に勤労青少年福祉法内に位置づける改正法案が国会に提出された。（一部情報提供，篠原健太郎）
引用，一部抜粋，加筆：ヤングハローワーク SAGA，ジョブカフェ SAGA，さが若者サポートステーション
URL=http://saga-roudoukyoku.jsite.mhlw.go.jp/riyousha_mokuteki_menu/kyushokuchu/gakusei.html
URL=http://www.jobcafe-saga.info/whatsjobcafe/34.html
URL=http://student-support.jp/saposute.html（いずれも2015年4月1日取得）

3．学習支援・居場所：設置の基本と留意点

SSWrとして教育現場で経験を重ねる中で，子どもの貧困や不登校，非行，発達障害などの課題を抱える子どものための社会資源づくりとして，地域で学習支援・居場

対人関係
Level 1　対人恐怖等を抱え，他者への警戒心，拒絶感が強く接触が全くできない状態にある。
Level 2　他者への警戒心，拒絶感が強い状態であるが，特定の人間であれば接触が可能である。
Level 3　個別での対人接触は可能であるが，強い苦手意識があり，コミュニケーションが不全である。
Level 4　小集団での対人接触が可能で，一定の枠組みのもとでのコミュニケーションは可能である。
Level 5　集団での対人接触が可能で，日常的なコミュニケーションをとることができる。

メンタル
Level 1　精神疾患を有する状態で，重度の幻覚・妄想や自殺企図があり，自傷他害のリスクが高い。
Level 2　精神疾患を有する状態で，投薬等によって症状が抑えられているが自傷他害のリスクがある。
Level 3　精神疾患もしくは境界領域で，ある程度の自制が可能で，条件次第で限定的に社会参加ができる。
Level 4　精神的に不安定であるものの，助言等で自制が可能な状態で一般的な社会参加が可能である。
Level 5　精神的に安定しており，社会生活を営む上での支障がない。

ストレス
Level 1　ストレス耐性が脆弱で，些細なストレスでも心身に影響が生じるため，社会生活が送れない。
Level 2　ストレス耐性が弱く，しばしば心身への影響が認められ，社会生活を営む上での困難がある。
Level 3　ストレス耐性が中程度で，一定のストレスが溜まることで，時折，社会生活に支障が出ている。
Level 4　ストレス耐性が比較的強く，助言等があれば自制が可能で，一般的な社会生活が送れる。
Level 5　ストレス耐性が強く，自制が可能で社会生活を営む上で支障がない。

思考
Level 1　すべてにおいて悲観的・否定的な考え方で，客観的な意見を受け入れられず，自制もできない。
Level 2　悲観的・否定的な思考で，自制はできないが時として客観的な意見を受容することができる。
Level 3　悲観的・否定的思考傾向にあるが，助言等を受け入れ，ある程度の自制が可能な状態にある。
Level 4　一般的な思考傾向にあり，助言等によって物事を合理的に考え，自制が可能な状態にある。
Level 5　一般的な思考傾向にあり，自ら物事を柔軟に捉えたり，合理的に考えることができる。

環境
Level 1　虐待やDV，不法行為等の深刻な問題が存在し，行政による緊急介入が必要な状態にある。
Level 2　家庭内暴力や家族間の対立等の問題が存在し，家族機能が著しく低下した状態にある。
Level 3　家族間の不和等の家族問題が存在し，家族機能が低下した状態にある。
Level 4　家族問題が存在するものの，家族機能がある程度保たれている。
Level 5　一般的な家庭環境で，家族機能が健全に保たれた状態にある。

※ Level 1～2が1項目でもある場合，長期化・深刻化する危険性が高い。

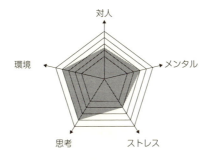

図7-7　Five Different Positions

第7章 子ども支援に関わる専門職

所づくりに携わることがある。ここではその基本と社会資源づくりの留意点について紹介する。

(1) 設置にあたって

既存の法制度に基づいて始めるのか，全く法制度の枠を意識せずに立ち上げるのか大きく2つの選択肢に分かれる。法制度（児童福祉法，障害者総合支援法，生活困窮者自立支援法，各自治体の不登校・非行対策施策など）に基づいて始める場合は，法的な根拠や財源，スタッフについて明文化されているのでソーシャルワーカーとしてそれらのポイントを押さえておく。それに対して民間団体などで自主事業として立ち上げる場合は，財源の確保やスタッフ体制，ネットワーク体制（関係機関や地域への啓発と連携），リスクマネージメントなど，多くの項目を白紙状態からつくっていくこととなる。そのため他の地域で行われている類似性が高い実践活動を調査研究しておくことも重要である（図7-8）。

(2) 運用について

実際に事業が始まってきて必ずぶつかる課題として，必要な子どもに情報を届け繋げることの困難さと個別課題にどこまで対応していくのかの2点があげられる。

多くの子どもたちは家庭と学校を往復しながら成長していくため，学校が子どもに関わる関係機関の中で一番情報を持っている。しかしながら，個人情報保護や守秘義務の観点から学校で見えている子どもや家庭の課題は，外に出しにくいのが現状である。だからこそSSWrが学校で見えている情報を生かし，地域でつくられている学習支援・居場所にうまく子どもたちを繋ぎ，連携していくことが期待されている。

2つの目の課題は，せっかくつくられた学習支援や居場所が，運用の都合で子どもの最善の利益よりも管理や価値観の押しつけになってしまうことがよくある。特に教育的価値観が強くなれば居場所といえどもルールを守ることが優先される。よくあるルールとして学習をやる気がなければ帰ってもらう，ゲーム機や携帯・スマホの持ち

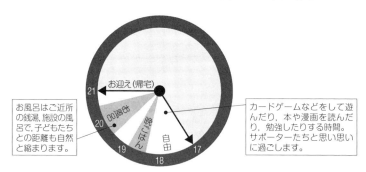

※NPO職員（社会福祉士）が地域の学生ボランティア（子どもと1：1）をコーディネート。夜1人で過ごす小中学生を対象としている。帰りは自宅まで送る。商店街の空き店舗や老人ホームなどを使用し，財源は補助金や地域の募金でまかなわれている（月間諸経費10万円程度）。

図7-8 トワイライトステイ（山科醍醐こどものひろば，2013）

込み禁止などがある。そしてそのルールを守れない子どもや保護者はそこからもさらに排除されてしまうという本末転倒の事態が起こることもある。多様な価値観を持つ子どもが集まる場所であるので，個を集団に合わせるのではなく，それぞれの個を生かした集団づくりが必要となるため，ここではソーシャルワークの技法であるグループワークやストレングスモデルやエンパワメントに基づく支援が有効である。

(3) 社会発信の必要性

最後にソーシャルワーカーとして関わる以上，目の前の子どもや家族と関わるミクロレベルの視点や支援で終わらずに学習支援・居場所づくりから見えてきたことをメゾレベルからマクロレベルの支援に引き上げていくことが大事である。市民向けの啓発イベントの開催や行政・研究者への調査視察協力，またマスコミなどと連携しての社会発信など学習支援・居場所づくりの必要性を行政や社会へ発信していくための力もSSWrに求められている。

4. 児童相談所

(1) 相談の流れ

児童相談所（以下，児相）は児童福祉法に基づいて設置された児童福祉行政の第一線機関であり，18歳未満の子どもに関する様々な相談に応じている。児相は，①相談機能（児童福祉法第12条第2項），②一時保護機能（児童福祉法第12条第2項，第12

表7-12 児童相談所の業務

①子どもに関する家庭その他からの相談のうち，専門的な知識及び技術を必要とするものに応じる
②子どもとその家庭について必要な調査並びに医学的，心理学的，教育学的，社会的及び精神保健上の判定を行う（出張診断，療育手帳等）。
③児童及びその保護者に対して判定に基づいて必要な指導を行う。
④一時保護を行う
⑤施設入所の措置を行う（里親委託措置等）。※援助者は児童福祉司
〔虐待通告〕虐待通告があると48時間（自治体により24時間）以内に目視による安全確認を行うことが児童相談所運営指針で定められている。相談員が直接赴くことができない場合は保健師，担任の先生等に依頼することもある。
　※児童虐待防止法　8条関係：通告された児童の**安全確認義務**／保護者の児童同伴の**出頭要求**，
　　9条関係：立入調査（調査・質問）；立入調査ができない場合の**臨検・捜索**（要家庭裁判所等の許可状）；
〔親権制度〕親権は「身上監護権（世話，教育，しつけの権利・義務）」「財産管理権（子どもの財産管理，子ども名義の契約の同意・代理）」がある。親権喪失（無期限喪失：親権喪失宣告・財産管理権の管理権喪失），親権停止制度（上限2年），施設長・里親への親権者による不当な主張の禁止，親のいない子ども，親権の停止中・喪失の子どもに未成年後見人の家庭裁判所による選任（法人・複数可），里親，一時保護中の児童相談所長の親権代行がある。

※児童相談所は全国で207か所，一時保護所は134か所（厚生労働省，平成26年4月1日現在）設置されているが，横浜市などの一部について一時保護所は児相に併設されていない。なお奪還の恐れのあるケースについては，保護所の所在地を開示しないこともある。

第7章 子ども支援に関わる専門職

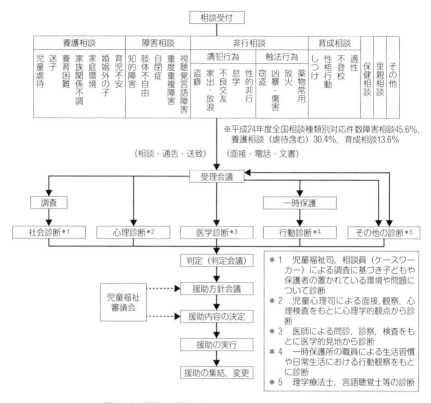

図7-9 援助・相談の流れ（横浜市, 2012を一部抜粋）

条の4, 第33条), ③措置機能（児童福祉法第26条, 27条), ④市町村への支援機能（児童福祉法第12条第2項）を持つ。その業務や援助, 相談の流れは表7-12, 図7-9及び虐待における一時保護までの図7-10の通りである。

(2) 学校との連携

表7-13にあるように学校は児相の重要な連携機関の1つである。一時保護中に学校に対し不安を持つ子どもについては児相と学校とが協議し, 表7-14のような支援方法を検討していく。また2015年7月31日付の文科省通知で, 一時保護所が学校と連携し, かつ学習環境が整っている場合に出席扱いにできるとした（配偶者から暴力を受けた親と一緒に保護された場合も同様)。出席扱いの目安として, 午前は学習指導, 午後はスポーツなどのプログラムがあること, 必要な教具があることなどを挙げた。

(3) 一時保護中の子どもへの支援と課題

一時保護所は子どもの生命の安全を確保するための緊急避難場所として24時間態勢で受け入れが実施されている。その入所理由としては虐待等からの緊急保護, 迷子や

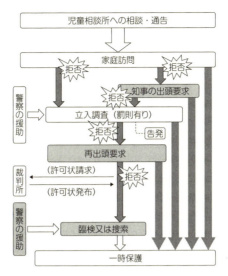

図7-10 児童虐待における通告から一時保護までの流れ（東京都児童相談センター，2009より）

表7-13 児童相談所の学校，教育委員会との関係
（厚生労働省「児童相談所運営指針　第7章」参照）

- 日頃から学校（幼稚園，小・中・高等学校等）との連携を密にし，要保護児童（虐待を受けたと思われる子どもを含む）の通告が早期に図られるよう体制を整えておく。また，援助（巡回相談等）に当たっても，学校，教育委員会との連携を十分図る。
- 学校との役割分担を明確化する。担当者の学校訪問は原則としてその趣旨等を子どもや保護者等に説明し同意を得る必要がある。担当教師等（SSWrも含まれる）の協力を求める。
- 非行，不登校等の行動を有する子ども，障害児，教育委員会が行なう教育相談についても学校と十分に連携を図りつつ対応する。
- 学齢児童の入所措置に当たっては，教育委員会と密接に連携をとり，その子どもが適切な教育を受けられるようにする。

※なお東京都は2013年に福祉保健局（東京都児童相談センター），教育庁（東京都教育相談センター），警察庁（警視庁新宿少年センター）の3つの機関（児童・教育・少年）を集約した「東京都子供家庭総合センター」を開設した。

家出・触法行為による補導などの警察からの身柄付き通告，施設内で問題行動が顕著になり施設不適応となった場合などの施設後方支援，さらには保護者の入院などのレスパイト（一時的中断）があげられる。保護中は環境要因を限定・制御することができるため，治療や支援が安全に提供されている。しかし，一方で制限された環境におくことで子どもの自由や権利を一時的に奪う形になるため，子どもがそれを納得していなければ逆効果になることもある。このため一時保護の利用については，まず環境の統制・制限が必要なケースであるか，またこのような閉鎖的環境においても入所が

表7-14 一時保護中の学校側における子どもへの支援

つながり感不安感支援	在籍児童としての対応として、教科書やプリントを持参して担任とのつながりを維持したり、学級通信や行事について報告することは、不安感軽減にとって重要である。このように学校関係者が関わりを持つだけでも子どもにとって安心感を与える。一方で、学校や教師に対して拒否的な子ども、長期欠席しているため不安感を抱く子ども、またいじめられるのではと心配する子どもなどへのアプローチのチャンスとしても学校関係者との面会は重要である。
進路指導	一時保護中に受験せざるを得ない子どもは、進路についての不安が大きい。また隔離された環境の中では受験に対する現実感を持つことが困難である。このため面会などを利用して、学校関係者による具体的な進路指導や受験への意識付けは必須である。ところで、中学生以上の子どもについては保護所で定期テストを実施しており、今後在籍校教師によるテストの実施（出張サービスなど）や支援が望まれる。一方で、実際には在籍校に戻れないケースも多く、学校関係者として、どこまでの対応が適切か児相ケースワーカーの方針に沿った調整が必要である。

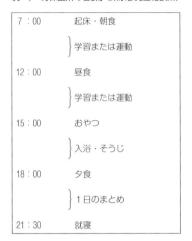

例：「一時保護所の日課」（東京都児童相談所）

7:00	起床・朝食
	学習または運動
12:00	昼食
	学習または運動
15:00	おやつ
	入浴・そうじ
18:00	夕食
	1日のまとめ
21:30	就寝

必要かどうか（生命の危機がある等）を見極めることを重要視している。なお一時保護所の現状は非常に厳しく定員を超えることもあるため、個別の対応が必要な様々なケースにおいても部屋の確保ができず、場合により、虐待された子どもや非行などで暴力をふるう子ども、さらには性被害・加害児童が同一空間で生活することのリスクがある。現在は様々な理由から長期入所の子どもも多く、入所期間中は面会や屋外での活動以外は基本的に外部との接触を遮断されているため、通学、通園ができず閉鎖的環境にある。一日の学習時間も3時間程度となる。

（4）SSWrにおける連携と留意点

児相と学校との連携について地域によりできていないこともあり、家庭の状況や子どもの状態の確認などの相談窓口として現在、専任の教師等が行っている対外的な調整を代替できるSSWrの役割も期待される。SSWrが機能すれば、多忙な児相ケースワーカーにかかる負担を軽減し、さらに子ども支援に時間を割くことに寄与するだろう。

5．子ども家庭支援センター

（1）子ども家庭支援センターとは

子ども家庭支援センター（以下、子家セン；東京都は2005（平成17）年より導入）は、区市町村における、18歳未満の地域の子どもと家庭の総合相談窓口として、子どもと

子育て家庭の相談に応じると共に，子育て支援事業を行い，地域の関係機関と連携をしながら，子どもと家庭に関する総合的な支援を行っている（表7-15）。一般的には，児童福祉法上の児童家庭支援センターや福祉事務所等が管轄する家庭児童相談室（名称は児童を"子ども"としている等様々）と類似した機関であり，自治体によっては

表7-15　子育て支援事業

先駆型	従来型
①～③　児童虐待対応	①　②

①子どもと家庭に関する総合相談
　主たる相談内容は，育児相談，養護相談，虐待で，近年はこれらに関わる不登校等の相談にものる。
②子ども家庭在宅サービス（ショートステイ・トワイライトステイ・一時預かりなど）の提供・調整
③要保護児童等の適切な保護・支援を図るため関係者により構成される要保護児童対策地域協議会の設置・運営

子育て相談体系

・情報収集が目的の相談⇒サービス案内
・育児方法や話し相手を求めての相談⇒相談者の気持ちを受け止める。
・継続して支援できる機関を求めての相談（子どもの発達・発育，DVなど）⇒より適切で具体的な相談先へ繋げる，動機づけをする。
・育児不安，虐待の危惧がある相談⇒詳細を聞き込み，子どもの置かれている状況，子どもの様子を確認していく。
・育児を放棄したい，虐待行為がある相談⇒子どもの置かれている状況を確認，親の子どもへの態度や思いを聞く。

表7-16　要保護児童対策地域協議会の構造

構成（参加者）と頻度	役割と活動内容
代表者会議（各関係機関の代表者） 〇年1～2回	〇会の活動状況の報告と評価 〇実務者会議が円滑に運営されるための環境づくり 〇児童虐待防止・支援システムの検討 ・関係機関との連携，協力，情報交換 ・広報，啓発，講演，研修
実務者会議（各機関の実務者） 〇定期的（月1回もしくは2～3か月に1回程度）	〇個別ケースの総合的な把握（進行管理） 〇児童虐待防止対策の課題整理 ・定期的な情報交換 ・ケースの進行管理 ・ネットワーク全体の年間活動の策定，代表者会議への報告
個別ケース検討会議（各機関の対応者） 〇必要に応じて（緊急時等を含む）	〇個別ケース対応 ・支援方針の確立と役割分担の決定 ・支援の経過報告及びその評価，情報の共有

（情報提供：土屋佳子）

※この他，情報共有等各地区の連絡会として，定例連絡（ネットワーク）会議なども任意で行う。

子家センの名称を用いている時もある（子家センは法律上の機関ではない）。子家センと児相は，共に連携をして虐待をはじめとする児童相談を行っているが，子家センが児童相談の第一義的窓口で，専門的知識及び技術を必要とする困難事例の対応窓口は児相である。

（2）児童虐待が発生する要因と予防

児童虐待が発生する要因として，「経済的困窮」「親が子ども時代に大人から愛情を受けてこなかった」「子育ての援助者がいない」「親にとって意に沿わない子」「母性神話への囚われ」などが考えられる。

児童虐待の予防として，「日頃から『虐待』の観点を持つことで，漏れのないようにサインをキャッチする」「『特別な家族の問題』ではなく『どの家庭にも起こりうる問題』という意識を持つ」「自分たちの組織内で解決できない場合は，ネットワーク対応へ持ち込む」ことが重要と考える。

表7-17　要保護児童等の定義（高知県，2011；文部科学省，1964一部抜粋）

要保護児童	○保護者に監護させることが不適当であると認められる児童（児童福祉法第6条の2第8項）○保護者のない児童（現に監督保護している者がいない児童）（児童福祉法第6条の2第8項）	○被虐待児童・非行児童など ・保護者が虐待している児童 ・保護者の著しい無理解または無関心のため放任されている児童 ・保護者の労働または疾病などのため必要な監護を受けることのできない児童 ・知的障害または肢体不自由等の児童で保護者のもとにあっては，十分な監護が行われないため，専門の児童福祉施設に入所して保護，訓練・治療したほうがよいと認められる児童 ・不良行為（犯罪行為含む）をなし，またはなす恐れのある児童 ・孤児，保護者に遺棄された児童，保護者が長期拘禁中の児童，家出した児童など（厚労省児童家庭局：「改訂児童福祉法の解説」1991年参照）
要支援児童	○保護者の養育を支援することが特に必要と認められる児童（児童福祉法第6条の2第5項）	○課題はあるが，主に市町村サービス等の支援によって対応できる児童と保護者 ・出産後，間もない時期（おおむね1年程度）の養育者が，育児ストレス，産後うつ状態，育児ノイローゼ等の問題によって，子育てに対して強い不安や孤立感を抱える保護者及びその児童 ・食事，衣服，生活環境等について，不適切な養育状態にある家庭など，虐待のおそれやそのリスクを抱え，特に支援が必要と認められる保護者及びその児童 ・児童養護施設等の退所または里親委託の終了により，児童が復帰した後の保護者及びその児童（厚労省雇用均等・児童家庭局：「養育支援訪問事業ガイドライン」参考）
特定妊婦	○出産後の養育について出産前において特に支援が必要と認められる妊婦（児童福祉法第6条の2第5項）	○ハイリスク妊婦 ・若年の妊婦及び妊婦健康診査未受診や望まない妊娠等の妊娠期からの継続的な支援を特に必要とする妊婦（厚労省雇用均等・児童家庭局：「養育支援訪問事業ガイドライン」参考）

就学援助における要保護児童生徒の定義
・要保護児童生徒：児童または生徒の保護者が，生活保護法第6条第2項に規定する要保護者である児童生徒，ただし生活保護を受けていないが保護を必要とする状態にある保護者である児童生徒も含む
・準要保護児童生徒：要保護者に準する程度に困窮していると認められる保護者である児童生徒

第 2 節　福祉関連機関

(3) 要保護児童対策地域協議会

　要保護児童対策地域協議会は，要保護児童等の適切な保護・支援を図るために必要な情報の交換を行うと共に，要保護児童等に対する支援の内容に関する協議をする（児童福祉法第25条の２）。また，情報の交換及び協議を行うため必要があると認められる時は，関係機関等に対し，資料または情報の提供，意見の開陳，その他必要な協力を求めることができる（児童福祉法第25条の３；表7-16，表7-17参照）。

　児童虐待への対応は，子どもと家庭に関わる様々な要因に対応することでもあり，関係機関とのネットワーク（児相，民生・児童委員，学校等）を組み，それぞれがお互いの役割を理解し合い，補いながら，子どもと家庭の抱える複雑な問題を解決していくことが必要である。子家センはその調整機関であり，支援の実施状況の進行管理を行っている。

　SSWrも関係機関の１つであり，不登校の原因に親による虐待が疑われる場合は，子家センに通告し，連携をして支援する。

6．要保護児童対策地域協議会での連携と支援

(1) 要保護児童対策地域協議会とスクールソーシャルワーク

　2005（平成17）年４月施行の改正児童福祉法（以下，児福法）により，市町村が児童家庭相談の一義的窓口と位置づけられ（児福法第10条），その対応機関として，要保護児童対策地域協議会（以下，要対協）が法定化された（児福法第25条の２）。

　児童虐待の発見及び通告は，すべての国民に課せられた義務であり（児福法第25条），児童虐待の防止等に関する法律（以下，児童虐待防止法）第６条にも規定されている。児童虐待防止法では，「虐待を受けたと思われる児童」を通告対象としており，虐待を発見しやすい立場にいる人や団体には，より積極的な関与（早期発見と通告）が第５条において義務づけられている。当然，SSWrも，「職務上関係のある者」となり，学校での発見や通告について，学校との連携のもと実務的な役割を果たしていくことになる。

　全国的に要対協やネットワークが設置されても，その運営については，市町村によって差が生じていることが指摘されている。要対協での登録ケースの経過の確認（進行管理）は，厚生労働省作成のスタートアップマニュアルでも推奨されているが，進行管理台帳を作成していない市町村が21.6％あることからも，市町村の対応に課題があることが推察できる。SSWrには，こうした実状を踏まえた上で，担当する地域の要対協の状況を把握し，適切な連携を図る力量が求められる。

児童虐待の防止等に関する法律（第5条）

1　学校，児童福祉施設，病院その他児童の福祉に業務上関係のある団体及び学校の教職員，児童福祉施設の職員，医師，保健師，弁護士その他児童の福祉に職務上関係のある者は，児童虐待を発見しやすい立場にあることを自覚し，児童虐待の早期発見に努めなければならない。
2　前項に規定する者は，児童虐待の予防その他の児童虐待の防止並びに児童虐待を受けた児童の保護及び自立の支援に関する国及び地方公共団体の施策に協力するよう努めなければならない。
3　学校及び児童福祉施設は，児童及び保護者に対して，児童虐待の防止のための教育又は啓発に努めなければならない。

要保護児童対策地域協議会の実態（厚生労働省，2014）

　平成20年4月施行の改正児福法では，要対協の設置が法定上努力義務となり，平成25年4月1日現在，全国1,742の市町村のうち，1,722が設置済みとなった（設置率98.9％）。また，要対協を未設置の市町村のうち，任意で設置する児童虐待防止ネットワーク（以下，ネットワーク）の設置済みの市町村は14か所（設置率0.8％）となっている（全国合計設置率99.7％）。
　要対協では，要保護児童，要支援児童ならびに特定妊婦についてのケースを扱う（児福法第6条の2第8項ならびに第5項）。厚生労働省が毎年公表する調査結果における登録ケース内容については，児童虐待，非行，いじめ・不登校が大半であり，中でも児童虐待は，全登録ケースのうち，47.5％を占めている。

（2）連携と支援の実際

　要対協が適切に運営されることの意義として，①早期発見・早期対応，②関係機関の連携，③関係者間の意識変化があげられる。関係者が定期的に顔を合わせてケースの管理や検討を行うことで，早期対応はもちろんのこと，それぞれの機関の特徴・特色を知ることができ，支援の幅が広がる。また，学校だけで抱え込むことなく，負担が軽減されることも期待される。しかし，教職員のすべてが，要対協について理解しているわけではなく，実際に支援すべきケースに出会って初めて知ることも事実である。要対協を構成する機関（メンバー）は，市町村によって異なる。既存の会議・組織を組み替えている例もあるが，ネットワークを構成する機関はおおむね図7-11の通りである。この時，多様な機関が一丸となって子どもを支援するには，様々なルールやマニュアル等が必要になる。例えば，ケースをどのように管理していくか，初期対応はどのようにしていくか等があげられる（表7-18）。
　また，要対協についても，すでにシステムとして機能し，ネットワークが活かされている自治体ばかりではない。場合によっては，SSWrが，関与する自治体の要対協を活性化させる立場になることもある。表7-19に，学校における児童虐待対応について，学校とSSWrの動き，要対協の連携の例について示す。
　要対協では，ほぼ1つの機関での対応では難しい，いわゆる多問題家族のケースを扱うことになる。また，背景が複雑で，緊急性を伴うものもある。SSWrは，基本的

第2節　福祉関連機関

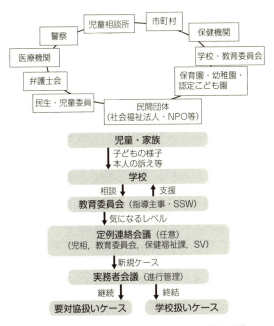

図7-11　要対協を構成する機関とケースの流れ（例）

には自身が所属する機関（教育事務所・教育委員会等）の意向を踏まえつつも，柔軟な対応が必須であり，実務者会議や個別ケース検討会議への積極的な参画も望まれる。その際，当該者である子どもや保護者，関係者に対しても，一貫したストレングスの視点を持つことが大切である。

7．主任児童委員

1947（昭和22）年の児童福祉法制定以来，地域で児童・妊婦の福祉に関する相談・援助活動を行う児童委員以上に児童福祉を専任的に担うことができるのが主任児童委員（2001（平成13）年；児童福祉法第16条）である。期待される活動としては，①子育て支援活動，②児童健全育成活動，③個別支援活動がある。これらの活動分野では，区域を担当する児童委員と連携・協力して活動に取り組み，学校や児童家庭支援センター等の関係機関とも連携を図りつつ，子どもが安心して豊かに暮らせる地域づくりを目指した活動を充実させていくこととされている。

現代の地域社会の相互扶助が自然に機能しなくなりつつある状況においては子育て家庭が孤立し，問題を抱え込み，虐待に陥るケースが多々見られるようになってきた。そのため，子どもが保育園・幼稚園・学校，家庭や地域のどこかで発しているSOSのサイン，さらにその親もまた発しているSOSのサインを地域が気づく必要がある

225

表7-18 ケース管理ルールと初期対応マニュアル（例）

ケース管理ルール	初期対応マニュアル
①新規 ・保健福祉課で相談等のあったすべてのケースについて、原則新規ケースとして情報提供を行う。 ・初期対応マニュアル〈学校編〉に基づき新規ケースとして扱う。 ・気になるレベルでの相談（図7-11で流れを説明） ②継続 ・実務者会議内では、進行管理を行い次回の実務者会議までの対応方針（役割分担等と責任の明確化）を決定する。 ※幼保小中学校へ入学段階での児童の情報（登校状況や支援内容）の引き継ぎ等は教育委員会及び校種間での連携を図って行う。 ③終結 ・虐待の恐れがない。心配されていたところが改善された。 ・1つの機関で対応が可能なケース（例：保育園への入園、学校等でのモニタリング可能など） ④終結後のケース管理 ・要対協として「終結」後も、関係機関では関わり続けるため、記録を残すようにする。 ・「終結」後も、リスクがあればすぐに要対協ケースとする。 ・実務者会議用シートは、「終結」後も当該年度はシートに掲載する。	①相談・通告 ・児童虐待通告受付票をもとに聞き取る。 ・相談に虐待に関する情報が含まれた時は、相談者の意向によらず、積極的に通告として対応する。 ②（緊急）受理会議〜安全確認 ・（緊急）受理会議で、「どこの機関」に、確認及び調査を行うかを決定する。 ・通告を受理してからすみやかに複数の職員で協議するなど、柔軟な会議を行う。 ・虐待事実を再確認し、緊急度を判定する。 ・安全確認は、基本的に保健福祉課または通告のあった学校等で直接行い、その結果を保健福祉課が評価するまでの一連の工程である。 ③当面の方針決定 ・調査結果及び安全確認の情報を整理する。 ・児童や保護者と話して新たにわかった事実をもとに、「当面の方針」「支援方針」を検討する。支援で虐待の再発を予防する。 ・支援は、保護者にとって、誰から提案されて誰に支援されると負担感が少なく、かつ、スムーズに児童の利益に繋がるかを考える。 ・虐待に該当しない事例は、要支援児童等の管理の要否について検討する。

※福島県矢吹町要保護児童対策地域協議会（2012）各種資料をもとに作成。

表7-19 虐待の段階と学校・SSWr・市町村児童福祉担当（要対協）の連携例（日本学校ソーシャルワーク学会、2008をもとに作成）

虐待の段階	学校の動き	SSWrの動き	市町村／要対協
予防	・児童生徒や保護者の様子を捉える（観察・相談等） ・SSWrとの情報交換	・教職員とのラポール形成 ・校内研修・啓発活動 ・法律・制度についての情報提供	啓発活動（講話・研修等）の実施
気づき・発見	・虐待状況の発見	・SSWrの立場での関与（客観的姿勢）	・通告義務についての情報提供
判断	・通告する際の流れの確認（SSWrから意見を聴取） ・校内での共通理解（最終的には校長判断）	・判断のための意見伝達 ・課題の整理 ・通告後の関係機関の動きや判断基準の説明	
通告	・一義的には市町村、緊急の場合は児童相談所へ通告	・通告に必要な情報の整理	・通告を受理（受理会議） ・確認・調査
確認・調査	・市町村や児童相談所と連携し、調査に協力する	・調査内容・項目等について、市町村や児童相談所と連携す	・受理後は、48時間以内に確認・調査を実施

	・調査内容・項目に応じて，SSWrとも連携し，聞き取りなどを行う	る（学校への橋渡し役） ・状況に応じて，学校と連動する（聞き取りの同席等）	・要対協扱いケースとして登録（市町村の判断基準による）
介入・積極的関わり	・SSWrや市町村，児童相談所と連携し，虐待状況のアセスメントや保護者への介入の糸口について協働する ・個別ケース検討会議への参加	・学校とともに，虐待状況のアセスメントや保護者への介入方法を検討 ・市町村，児童相談所との個別ケース検討会議の開催について助言等を行う（側面的支援・参加） ・援助のシナリオについて，市町村，児童相談所とともに検討	【要対協】 ・個別ケース検討会議の実施，役割分担 ・支援計画についてのケアマネジメントを実施
他機関連携	・SSWrと協働しながら，校内での役割を想定する ・校内の窓口（担当者）を明確にする ・個別ケース検討会議での役割を担う（支援の実施）	・学校の思いや判断を代弁し，機関と機関をつないでいく（橋渡しや説明を行う） ・それぞれの機関の役割や権限，限界について，学校に説明する	【要対協】 ・個別ケース検討会議での役割分担 ・ケース管理（援助状況の確認）
見守り・アフターケア	・役割分担に従い支援を行うが，必要に応じて校内外でのケース会議等を実施していく（SSWrとの協働）	・子どもの状況に見合った支援が行われているかを確認 ・関係機関と連携し，適宜学校へ情報を提供する	【要対協】 ・実務者会議でのケース進行管理 ・援助継続・終結の判断

ことは，様々な方面から指摘されてきたことである。

そこで個々の家庭と接点を持ち続け，必要な支援を届けていく役割を地域の中で意識を持って担っていく一資源が主任児童委員なのである。さらにSSWrとの連携においては，場合により何十年も地域で暮らし，地域を支援してきた主任児童委員だからこそ得ている情報を共有することで，当事者の子どもや家庭を多面的に理解し支援する一助となるであろう。具体的な事例を一口メモに示すので参考にしていただきたい。

主任児童委員のよくある実践事例

精神疾患を抱える母と姉妹の3人で暮らす母子家庭の長女が小学校低学年時にネグレクト及び身体的虐待があるとして一時保護されたことから，児童相談所や学校との連携のもと，主任児童委員が母子の支援を担当することとなった。当該家庭との信頼関係を築き，折にふれて母親への声かけや子どもたちへの声かけ，家庭の見守り，学校との情報交換などを行ってきた。途中，子ども家庭支援センターが制度化され，センターや学校との連携のもと，母子支援を行っていった。任期で担当委員が交代しても同じ地域に住んでいることから新旧両委員が情報共有し，子どもたちの成長に合わせて，進路のこと，アルバイトのこと，異性関係についての相談にのるというような支援を長年にわたり続けた。成人となり，子どもを生むまでになっていた場合，基本的に主任児童委員は18歳未満の児童以外は支援の対象としないが，親となった長女が子育てに不安を抱いたことから，再び長女と関わることとなり，三世代にわたって支援することとなった。なおこれらの経験から，早期支援の必要性を鑑み，保健所における母子支援にも携わるようになった。

8. 児童養護施設

　社会的養護(施設養護・家庭的養護)は,「子どもの最善の利益のために社会全体で子どもを育む」という考え方を理念とし,保護者の適切な養育を受けられない子どもを社会の公的責任で保護養育し,子どもが心身ともに健康に育つ基本的な権利を保障する(厚生労働省,2011)。その機能は「養育機能」「心理的ケア等の機能」「地域支援等の機能」の3つがある。

　施設養護となる児童養護施設への入所事由は,親の死亡・結婚・勾留,被虐待などであるが,特に近年では,被虐待を事由として入所する児童が全体の約8割を占める(地域により異なる)。また,退所事由をみても家庭引き取りは年々減少し,大部分の児童が高校卒業と同時に施設から自立を果たすこととなる。高校卒業後の進路は,ほとんどが就職であり,専門学校等へ進学する児童は全体の1割にとどまる傾向がある。

　子どもに対する支援については,より家庭的できめ細かい対応ができる小規模ケアが目指されている。しかしながら,虐待や不適切な養育による子どもの心身への影響は大きく,施設内だけでは十分な支援を行うことが難しい。そのため,児童相談所をはじめ,地域の学校や病院など,フォーマル,インフォーマルを問わない関係機関との連携が必要となる。

表7-20 児童養護施設の特徴

根拠	児童福祉法第41条に基づき,保護者のない児童・虐待されている児童・その他環境上養護を要する児童を入所させ養護し,併せて退所した者に対する相談その他の自立のための援助を行うことを目的としている。入所対象者は18歳未満の児童であるが,場合によっては20歳まで延長ができる。
施設形態	大きく分けて大舎制(1舎につき20人以上が住んでいる),中舎制(1舎につき13人から19人が住んでいる),小舎制(1舎につき12人までが住んでいる),グループホーム(定員6～8名)に分けられる。
当施設の特徴	当施設の運営形態は8寮の小舎制と1グループホームであり,定員は合わせて64名である。職員数は約40名おり,児童を直接的に支援する福祉職員は24名である。以前は,各福祉職員の資格により児童指導員と保育士に名称が分かれて,職務もそれぞれ分けられていたが,現在は名称に関係なく全福祉職員が同じ職務を行っている。また,福祉職員の他にもファミリーソーシャルワーカー(養護係長が兼務),自立支援スタッフ・自立支援コーディネーター(アフターケア担当職員),栄養士,看護師,調理師,心理士などが協働している。
連携ポイント	子どもに対する支援は,地域全体が一体となって取り組むという共通認識を深める中での連携についての3つのポイント ①施設・学校職員間でコミュニケーションを図り,日頃から連絡を取り合いやすい環境をつくる。 ②施設に入所する子どもについて特性や今の状況の情報交換を行う(生活の状況,学校での状況)。また,研修等を通して被虐待児や発達障害児など専門的知識についての共通理解を深める。 ③進路選択についても施設・学校・児童相談所等と協議し決定する。

表7-20の通り，児童養護施設においては，様々な形態の取り組みや連携が行われている。

連携ポイントを踏まえた施設と学校との連携例

小学校・中学校・高校担当である福祉職員（各2名）は，施設と学校を繋ぐパイプ役としての機能を持ち，具体的に次の項目を実施し学校との連携を図っている。
懇談会：年度始めに，一年間協働する上での顔合わせの場として全職員が参加し実施。
定期連絡：在園する個々の児童の状況及び学校・施設職員の対応についての情報交換を行い相互理解への努力を図る。
研修・講習会：施設職員・教職員が「被虐待経験」や「発達障害」を持つ児童への対応についての専門的知識を学び，共通理解を深める。施設が企画する研修・講習会に教職員にも参加を呼びかけている。
その他：日々の生活の中での特記事項は随時連絡帳や電話で直に連絡を取り合い対応し，進路決定等の重要な取り決めがある場合にはその都度面談等を行っている。さらに，児童による学校での問題行動やトラブルがあった際には，施設職員が学校へ行き，教室での見守りや授業のサポートに入る場合もある。

〈SSWrとの連携留意点〉

児童養護施設と連携をするSSWrは被虐待児童や発達障害児童への対応について専門的知識を持つ必要がある。学校側が被虐待児の行動が理解できずに施設との関係性が難しくなる場合があるからである。「子どもの情報共有」や「信頼関係繋ぎ」の"仲介者"，さらに「教職員と施設職員が共通認識を持てるような研修」の"企画者"といった働きかけが求められるだろう。当然ながら，個人情報の取り扱いには，十分留意して学校側にもその意識を繋ぐ働きかけをしていただくことが求められる。なお学校側と施設側では子どもが生活する時間帯が正反対のため（施設内は学校に子どもが行っている時間は会議ができる），ケース会議等の調整についてはお互いの職員に配慮して設定する必要がある。

9．独立型社会福祉士

「ソーシャルワーク（以下，SW）の大義」とは何か？ それを具現化する実践の喪失が叫ばれて久しい。一連の福祉改革により生み出された制度や政策の渦の中で，ただ単にそれらを傍観し，主体性もなく依存し，あるいはその中で求められる役割を従順にこなすのみであれば，SWの援助過程は限定化され変質化を余儀なくされていくであろう。この変質化に慣れ，そのようなソーシャルワーカーがアイデンティティを構築していくのであればSW領域の援助過程に懸念を抱かざるを得ないだろう。この時，「SWの大義」とは何かを問い，それを自分にでき得る等身大の実践を通して具現化していこうとするのが独立型社会福祉士なのである。

独立型社会福祉士とは，既存の制度・サービスでは支援することができないSW

課題の解決を図るため，リスクを負うことを恐れず，社会保障施策及び自らも含めた援助専門職の有する専門性の中身をクリティカルに検証し，徹底した「当事者主権」のSW実践を志向，創造していく者のことをいう。"これをやらなければソーシャルワーカーとして生きてはいけないといったテーマ"と真摯に対峙し続ける中で，自分の内奥と呼応するSW実践が生まれてくる。また，自らが地域の中でデラシネではなく生活者として暮らし，生きる覚悟を持ち，地域に根ざしたSW実践を行うことになる。それゆえ，独立型社会福祉士の長所は地域で生きる子どもと家族の生身の姿と彼らの有するニーズを依頼派遣配置や学校配置のSSWr以上に感じ取ることができ（アセスメントし），当事者の生活を分断しない長期的スパン（小学校または中学校，高等学校等の児童生徒の間だけでなく）のもとでの包括的な支援を創出することができる点である。

ところで，学校の「プラットフォーム」化も含め，今後ますます地域コミュニティの拠点としての学校の役割は重要となるだろう。SSWはSWの中の一領域に過ぎず，その実践の中に地域包括支援とそのためのシステムづくりを含めないのなら，その役割・機能は矮小化されてしまうであろう。SSWrは黒子的役割を基本としつつも，学校教育の単なる補完的役割を果たすのではなく，「子どもの最善の利益」の尊重の上に立った発見機能と予防的機能を果たすと共に，ミクロ，メゾレベルの実践にとどまらず，ソーシャルアクションなどによる資源開発や制度への提言等エクソ・マクロレベルの実践を行う必要がある。

時に，このようなソーシャルアクションの展開には，長期にわたる地道な活動が必要な時がある。静岡市での実践では，2015年度より静岡市の「子どもの貧困」対策事業の予算化に寄与することができたが，これには筆者が独立型社会福祉士及びSSWrも含め26年間，SW実践を愚直に積み重ねてきたことが関係していると認識している。これも地域で活動する独立型社会福祉士だからこそ貢献し得るものかもしれない。

10. 司法・更生保護に関わる機関

少年法は，「少年の健全な育成を期し，非行のある少年に対して性格の矯正及び環境の調整に関する保護処分を行うとともに，少年の刑事事件について特別の措置を講ずることを目的とする」（少年法第1条）。とりわけ，法を犯した子どもには，刑罰ではなく，自分が犯したことを認め，反省させたり（教育），今後，非行を行うことのないような環境づくり（福祉分野のサポート）をし，少年に保護処分を行うこと目的とする。"少年の健全な育成"とは少年が更生するためのプロセスを指し，少年が更生することが社会の安全に繋がることを意味する。

また更生保護の目的は，犯罪をした者及び非行のある少年に対し，社会内において適切な処遇を行うことにより，再び犯罪をすることを防ぎ，または，その非行をなくし，これらの者が「社会の一員として自立」し，改善更生することを助けることであ

る。この時,更生とは,人格の成熟の結果,自己を客観的に把握し加害者としての自己を認識し,将来,社会の一員として生活していく能力を獲得することを意味すると言ってよい(黒沢・村松,2012)。

　SSWrとして,担当している子どもが触法行為等をした時,または少年院・児童自立支援施設等の施設から子どもが地域に戻ってくる時に大いに子どもや関係機関に関わることがある。図7-12は,少年が表7-21のような非行に関する状態となった時の一連の流れの例である。この各機関における専門職を表7-22に示す。

　SSWrとしての連携の留意点は,まず司法に関わる専門職がSSWrの存在,専門性を理解していないこともあり,各機関との連携には,学校長,各機関の長,児童相談所が関わる場合はその長の許可を取っての活動となり,各機関の長には,学校長等を通して許可を受け,またケースを通してSSWrを理解してもらう関わりが必要になる。しかし,校長が連絡対応をしても,各機関の長(担当者)によっては面会が不可になる時もある。

　次に子どもがどのような機関に身柄・生活を置こうが,将来,地元地域に戻ることを踏まえれば,子どもへの支援の有無にかかわらず,家庭への支援は継続すべきである。罪を犯した子どもが生活の場を自宅から施設等へ移すことは,家族にとっても大いに重要な時となる。なぜなら,きょうだいにおいては,それまでしんどさの表現をしていなかった(できずに静かにしていた)子どもに非行等の発現が見られたりすることもあり,また保護者においては,今までの子育てを振り返ったり,自身の抱えているしんどさ等に向き合う時間になるからである。SSWrにとっては,それらに寄り添いながら,彼らを社会資源と繋ぐチャンスでもある。ここで重要なのは,更生した子どもが家庭に戻った時に本人が以前の状態に戻ってしまう環境であってはせっかくの機会を無駄にしかねない点である。だからこそ,対象となる子どもが保護され,担当地域外に暮らすことになっても家族支援は継続していく必要があろう。

　しかし,区市町村(以下,区)雇いのSSWrの場合,児童自立支援施設や児童養護施設が担当区域外(他自治体)に所在する時には,職務として関われないことがあるため,その家族への支援も難しくなる。自治体の職務基準が区に住む子どもか区立学校の子どもかで大きく異なる。さらに保護時期が中学3年生の最後のほうになると,中学卒業以降の釈放となるため,義務教育内の支援しかできない場合には,継続した支援ができなくなることがある。自治体側として地域の問題をどのように捉えるかまでのソーシャルアクションがSSWrには求められるのである。

第7章 子ども支援に関わる専門職

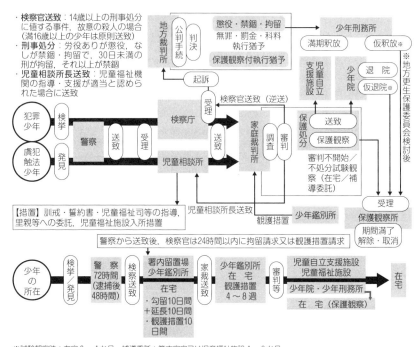

図7-12 非行少年の処遇と支援の流れ（検察庁「少年非行の処遇」を参考に作成）

表7-21 少年法における非行少年の分類（黒沢・村松, 2012）

犯罪少年	○14歳以上20歳未満の罪を犯した子ども 少年法に基づく措置がなされる。犯罪を行った年齢が14歳以上は刑事裁判を受けることもあり、16歳以上で殺人など重大な非行を行った時には原則として検察官へ逆送致され刑事処分となる。
触法少年	○14歳未満で刑罰法令に触れる行為を行った子ども 少年法ではなく、児童福祉法上の措置が優先される。ただし、非行内容が重大である・少年が事件を否認している場合は、家庭裁判所へ事件が送致されて、審判が開かれ、おおむね12歳から少年院に送致されることもある。
虞犯少年	○20歳未満で、①保護者の正当な監督に服しない性癖がある、②正当な理由がなく家庭に寄り付かない、③犯罪性のある人もしくは不道徳な人と交際し、またはいかがわしい場所に出入りする、④自己または他人の特性を害する行為をする性癖がある、のいずれかにあてはまり、その性格、環境から将来、犯罪や触法を行う虞がある少年。 14歳未満は触法少年と同様、児童福祉法上の措置が優先され、14歳以上18歳未満は家庭裁判所に送致されることもあり、18歳以上であれば家庭裁判所に送致される。
罪種分類	①凶悪犯：殺人・強盗・放火・強姦（性犯罪分類を設ける場合はそちら）、②粗暴犯：暴行・傷害・脅迫・凶器準備集合、③窃盗犯：窃盗など、④知能犯：詐欺・横領・偽造・背任など、⑤風俗犯：賭博・わいせつ、⑥その他の刑法犯：公務執行妨害・住居侵入

第2節　福祉関連機関

表7-22　司法及び更生保護に関わる機関概要（法務省「内部部局」，「更生保護とは」説明，「更生保護」
パンフレット；黒沢・村松，2012をもとに作成）

家庭裁判所	送致された非行事実が法律上認定できるか，非行事実の存否の確認，そして罪を犯した少年などに過ちを自覚させ，更生させることを目的として，少年の調査，審判を非公開で行い，不処分・保護処分（保護観察・児童自立支援施設または少年院送致）・送致（検察官・児童相談所長）を決定する機関。 ※審判：少年の再非行を防止することを目的として，少年が本当に非行を犯したかどうかを確認の上，非行の内容や少年の抱える問題点に応じた適切な処分を選択するための手続きで，家庭裁判所調査官，付添人による調査の結果を踏まえた審判で不処分，審判不開始となっても教育的な措置が行われる。
裁判官	裁判官は調査官の調査の内容や意見を参考にし，また少年鑑別所の意見も参考にして最終的な処分を決める。
家庭裁判所調査官	少年が家庭裁判所に送られてから（本人の身柄は自宅または少年鑑別所），審判が行われるまでの間に「少年の要保護性」を調査する。要保護性とは，少年がどのような問題を抱えていて，どのような保護が必要かということであり，調査官は心理学，教育学，社会学などのいわゆる人間関係諸科学の知識や技法と法律知識を活用して，非行の原因などの調査を行う。
付添人	地域差があるが，東京近郊の場合は当番弁護士制度等を利用し，少年及び保護者が，付添人の弁護士を選任することができる。大人の裁判と違い，検察官のいない少年の審判においては，付添人は審判までの間，少年との信頼関係を築き，少年が裁判官ときちんと向き合うための（教育を受けるための）パートナーとなり，また，保護者のような役割も担う。さらに学校との調整（本人や家庭の配慮点などを伝えてくれる）をしてくれることがある。少年事件であっても捜査段階では刑事事件として刑事訴訟法が適用されるため，被疑者である少年の請求で"国選弁護人"が選任される（より費用負担の必要な私選弁護人もある）。家裁に送られ審判を受ける間の担当は"国選付添人"となる。少年が逆送され，検察官により起訴された場合（被疑者⇒被告人），"被告人国選弁護人"となる。弁護人も付添人も同一の者がつくべきと判断する場合，弁護人から付添人等への切替え手続き（弁護士対応）により家裁から選任される必要がある。なお当番弁護士制度，被疑者国選弁護制度，少年保護事件付添援助制度により費用負担なく利用できる（以上，石井ら，2011）。
法務省	主な機関は以下である。この他，刑事局，公安調査庁，最高検察庁などがある。 ・民事局：登記，戸籍，国籍，供託，公証，司法書士及び土地家屋調査士に関する事務，さらに民法，商法及び民事訴訟法など民事基本法令の制定，改廃に関する法令案の作成などの立法に関する事務を行なっている。 ・矯正局：矯正施設（刑務所，少年刑務所，拘置所，少年院，少年鑑別所及び婦人補導院等も組織の一つ）にて被収容者に対する処遇の適正における指導，監督，新しい処遇方法の調査研究を行なっている。 ・保護局：矯正施設における仮釈放等に関する事務，保護観察に関する事務，恩赦や犯罪予防活動，犯罪被害者等施策に関する事務など更生保護の仕事を行っている。直接的な仕事は，「地方更生保護委員会」と「保護観察所」，さらに心神喪失等の状態で重大な他害行為を行った精神障害者の社会復帰の促進を目的とする「医療観察制度」に基づく地域社会における処遇等に関する事務を行なっている。 ※地方更生保護委員会（保護処分により少年刑務所，少年院への収容者は非対象）：高等裁判所の管轄区域ごとに全国8か所に置かれ，少年院や刑務所に収容されている人の仮釈放に関する決定を行う。 ・人権擁護局：人権擁護委員が組織する人権擁護委員連合会及び人権擁護委員協議会と協力して，様々な人権擁護活動（人権相談等）を行なっている。 ・入国管理局：出入国管理および難民認定法に関する事務を行なっている。
少年鑑別所	家庭裁判所に事件が送られて，まだ本当にやったかどうか，どういう処分になるか決まらない間に，その少年の精神的な状態などを調べるために入れられる施設。在宅では虐待や悪い交友関係

233

	に至る場合にも観護措置が取られることがある。所内には心理学を専門とする職員がいて，子どもが非行をした原因などを心理学の立場から明らかにした上，鑑別結果通知書として家庭裁判所に提出して，最終的な処分の資料とする（凶悪事件を犯した少年の心身の状況の鑑別は重要）。鑑別所の入所期間は精密な鑑別をするためという理由で最大8週間となった。なお少年院送致後，保護観察処分後にも継続的に関わることもあり，また地域の非行相談，学校連携等も行う。 （一部，子どもの視点から少年法を考える情報センターより引用）
少年院	・初等少年院（概ね12歳〜16歳未満），中等少年院（概ね16歳〜20歳未満） ・特別少年院（犯罪傾向の進む概ね16歳〜23歳未満） ・医療少年院（心身に著しい故障のある概ね12歳〜26歳未満；治療と教育を一緒に実施する） 少年院では教育のため，生活指導，学科指導，職業指導などのほか，心理学などを応用した様々なプログラムが実施されている。大人の場合に刑務所にいる期間が判決で最初から決まっているのとは違って，少年院は非行の内容とは関係なく非行から立ち直ったと判断されれば出ることができる。多くは1年から2年で仮に退院し，社会復帰できるよう保護司の監督を受ける。 （一部，子どもの視点から少年法を考える情報センターより引用） ※**生活環境調整**：少年院や刑務所に収容されている人が，釈放後にスムーズに社会復帰を果たせるよう，釈放後の帰住先の調査，引受人との話し合い，就職の確保などを行い必要な受入態勢を整えること。これにより地方更生保護委員会で仮釈放や仮退院の検討がなされる。
保護観察所	各都道府県に置かれ，保護司をはじめとする地域の人々の協力を得て，保護観察や犯罪予防活動などを実施する機関で，地方裁判所の管轄区域ごとに全国50か所に設置されている。 ※**犯罪予防活動**：毎年7月は，「社会を明るくする運動」強調月間として，講演会，シンポジウム，非行防止教室，非行相談，街頭補導活動などの様々な活動が展開され，通年で保護観察官の出張講座などもされている。　　　　　　　　　　　　　（以上，法務省，2012をもとに作成）
保護観察官	犯罪をした人や非行のある少年に対して，通常の社会生活を行わせながら，その円滑な社会復帰のために更生保護の専門的な知識に基づき，指導・監督を行う「社会内処遇」の専門家（国家公務員）。犯罪や非行のない明るい社会を築くための「犯罪予防活動」等の促進をしている。 ※**保護観察**：更生保護の中心となる活動で，犯罪や非行をした人に対して，更生を図るための約束ごと（遵守事項）を守るよう指導するとともに，生活上の助言や就労の援助などを行い，その立ち直りを助けるもの。対象者の期間は，保護観察処分少年は20歳まで，または2年間，少年院仮退院者は原則として20歳に達するまでである。 ※**指導監督**：面接等により少年の生活状況の把握，また遵守事項を守りよりよい生活をするための指示や措置を取る等。 ※**補導**：住居支援，医療・療養・職業補導・就職，教養訓練を得るよう助ける。生活環境の改善・調整，生活指導等（上記，法務省，2012より一部引用）。
保護司	保護司法に基づき，法務大臣から委嘱を受けた非常勤の国家公務員（実質的に民間のボランティア）。地域における少年の支援を行う。保護観察時に保護観察官と協働し，少年の指導監督，補導を行ない更生を目指す。
更生保護施設 （法務大臣認可：民間更生保護法人）	矯正施設の出所者である少年に対して宿泊・食事の確保，就職指導等を行う。障害等により自立が困難な人達を受け入れてもいる。専門的処遇として，酒害・薬害教育（医療機関や福祉機関連携），SST（Social Skills Training；認知行動療法に基づいた対人関係力形成），コラージュ療法（雑誌などから好きな写真やイラストを切り抜いて台紙に貼り付け，言葉にできない感情を表現し，心理的な開放感や思考の深まりを促し，情緒の安定を図る），パソコン教室，ワークキャンプ，料理教室など，入所する人に応じてきめ細かく実施されている。
地域生活定着支援センター （厚労省事業補助：民間）	矯正施設（少年刑務所，少年院等）に入所中で，知的障害等障害を有するため福祉的な支援を必要とする矯正施設退所者（特別調整対象者）について，退所後直ちに福祉サービス等（障害者手帳の発給，社会福祉施設への入所など）に繋げるための準備を，保護観察所と協働して進める。各都道府県に1か所設置（北海道のみ2か所）
犯罪被害者支援センター	医師，弁護士，心理士，精神保健福祉士，相談員等による犯罪被害者への電話・面接相談，日常生活の支援，病院・警察・裁判所などの付添，犯罪被害者等給付金の申請の手伝い等を無料です

（民間組織）	る全国組織。 ※犯罪被害者等給付金：重傷病給付金（1年間の医療費自己負担額）・障害給付金（障害等級1〜3級が残った場合）・遺族給付金（被害者死亡）
その他	・**更生保護協会**：更生保護に関わる以下の会等が円滑な活動を行うための資料作成，研修，助成，広報活動等を行う。 ・**更生保護女性会**：子育て支援地域活動，保護観察対象者の社会参加活動への協力，更生保護施設・矯正施設への訪問などをしており，全国約17万人の会員がいる。 ・**BBS会（Big Brothers and Sisters Movement）**：兄や姉に当たる大学生等が非行少年の成長や自立を支援するグループで全国約4500人の会員がいる。 ・**協力雇用主**：犯罪・非行歴のある人達を雇用し改善更生に協力する事業主で全国約12600の事業主がいる。 ・**自立準備ホーム**：保護観察所に登録（委託）されたNPO法人等による刑務所出所者等への宿泊場所の提供。 ・**児童自立支援施設（児童福祉法）**：不良行為をなし，又はなすおそれのある児童及び家庭環境その他の環境上の理由により生活指導等を要する児童を入所させ，又は保護者の下から通わせて，個々の児童の状況に応じて必要な指導を行い，その自立を支援し，あわせて退所した者について相談その他の援助を行うことを目的とする施設である。 ・**自立援助ホーム（児童自立生活援助事業：児童福祉法）**：児童養護施設や児童自立支援施設などを退所し（つまり義務教育終了後），就職を希望する青少年(20歳未満)を対象に生活指導・支援を行う。

第8章 社会福祉調査

●学習ポイント
- 各機関の役割・機能と活動内容とは何か，また所属組織はどこか
- スクールソーシャルワーカーがまず連携すべき機関とはどこか，どのような連携が必要か
- 上記を踏まえて，教育，司法・警察，保健福祉，児童福祉（生活困窮含）の各領域機関ごとの専門性の違いとは何か

第1節 社会福祉調査の目的

社会福祉調査とは，様々な「社会福祉事象・社会福祉関連事象」を対象とし，「対象の存在する場（現地）」でデータを直接的にまたは間接的に収集し，そのデータを「分

表8-1 社会福祉調査の対象と目的の関係

レベル 調査対象	基礎資料的 問題解決的	問題解決的 理論構成的
【ミクロ】 クライエント個人の調査	クライエントのニーズ・特性・生育歴等 アセスメントと同様	個々のクライエントや小集団への援助の効果 SST，ピアサポートの効果検証
【メゾ】 家庭や学校等の調査	家庭・学校のニーズ・特性〔クラス・学年・学校全体〕，及びこれらを通じた子どもの理解等 アセスメントと同様	SSWrの援助の効果 学校が提供する教育，サービス等の効果 子ども・保護者からの授業評価，学習効果の調査等からの教育方略検討
【エクソ】 地域住民，各機関の調査	ニーズ，特性等の他，歴史，風土，貧困，虐待，非行等の実態等	住民・各機関が提供する活動や社会福祉サービス等の効果 いじめ防止プログラム実施による自治体内のいじめの減少及びその結果からのさらなるプログラム検討
【マクロ】 国の状況・動向，人口動向，法制度の調査 これらは各レベル事項含	一般的な国の動向等の他，法制度状況（世論調査，自治体条例）等 困窮者自立支援法施行による学習支援参加子ども数と進学率	社会福祉に関する法制度・施策・条例等によるミクロ〜エクソまでの効果 貧困と境界層の実態調査等からの制度設計検討

表8-2 社会福祉調査の目的類型

①基礎資料的接近型：文部科学省「児童生徒の問題行動等生徒指導上の諸問題に関する調査」等，調査対象の実態や意識等の"基礎的な資料"を収集することを目的とした調査
②問題解決的接近型：法務省「非行少年と保護者に関する研究」等，問題を解決する答えを引き出すことを目的とする調査
③理論構成的接近型：研究代表山野則子「効果的なスクールソーシャルワークモデルの評価と理論構築」等，比較的推測統計を用いて"般化"とされる理論仮説の検証をする調査

※上記の調査は相互に関連していることもあるが，比較的，基礎的資料は記述統計，理論構成は推測統計を活用し問題解決は双方の活用という特徴がある。

析・処理・記述」するものである。社会福祉はわが国の法制度や相談援助技術に深く関与しており，おおむね表8-1，表8-2のような目的と類型がある。

おおむねミクロ～メゾレベルでの社会福祉調査は対人援助における支援計画において大きな意義を与え，エクソ～マクロレベルでの社会福祉調査は法制度設計において大きな意義を与える。その目的は，客観的視座を捉え，または活用し，前者は対人援助のあり方やサービスの適切性等を理解・検討することであり，後者は社会情勢や法制度の適切性等を理解・検討することである。結果として，広く社会福祉（法制度・サービス〔社会資源〕・相談援助技術）の向上を目指し，問題・課題を捉え改善・解決していくこと狙いがある。このような観点は，もともと社会福祉調査を含む社会調査が相談援助技術の1つである間接援助技術であり，結果としてソーシャルワークの定義にある生活課題に取り組みウェルビーイング（Well-Being）を高める技術であることに他ならないと言えよう。

また近年，認定社会福祉士制度により実践と研究との両輪が必要視されているが，実践研究という曖昧な領域の説明において実践の説明なのか，研究の説明なのかが不明確な記述が多いことから，応用領域であるスクールソーシャルワーク（以下，SSW）分野では，実践研究への造詣（理解と活動）が不可欠であろう（図8-1）。

実践研究の専門性は，客観的な研究を示すというだけで終わらず，その知見をいかに現場で具体的に活用できるよう広げていくかという"実践"と"研究"とを"繋げる力"にあると言っても過言ではない。科学的に証明された人々を幸せにする技術（Well Being-up Technique by Science）を誰もが使えるようにしていく，そんな温かい意味が"その繋ぎ（Empowerment）"にはある。一方で，一般化へはまだ至らない個々人の芸術性の部分（Strength by Art）こそ，一人ひとりにしかないストレングスと捉え，子どもたちの困難のために力を合わせていくためにあるもの，そんな勇ましい意味も"その繋ぎ（Social Workers' Interaction）"にはある。ソーシャルワークの定義に含まれる"共に動く"考えはこれらの点にもある。

だからこそ，その繋ぎの力を示す論理性，とりわけ"考察力の論理性"はその人の専門性を示し得る。これは実践を言語化する力だけでなく，実践の精査の力量とも言

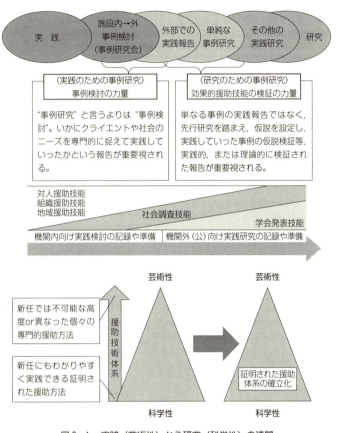

図8-1 実践（芸術性）から研究（科学性）の連関

える。そして、この専門性を身につければつけるほど、自らのことも客観的に洞察し、俯瞰することへ繋がり、主観的（自己満足）な援助から謙虚さを持った客観的な援助へ至るのである。

結果、実践研究（つまりは社会福祉調査）の技能は、スクールソーシャルワーカー（以下、SSWr）の力量を支える技能として大いに重要と言える。

第2節 スクールソーシャルワークにおける社会福祉調査と倫理

社会調査の基本的事項においては、これまで学習した社会調査のテキスト等を参考に確認いただき（米川、2013参照）、ここでは、SSWrが実施する可能性のあるメゾレベル以上の調査実施方法等を紹介する（表8-3）。

表 8-3　調査内容・調査の観点

SST，ピアサポート等グループワークの効果検証	クラス，学年，学校のニーズに沿った目的設定から内容・実施方法を検討する。感想文や目標対象（対人関係技能：「優しく応える」等）の事前事後の比較分析（t 検定，二要因分散分析等），その後のクラス状況変化（反復測定）等にて単にプログラムの実施で満足するのではなく自ら，または教師が実施したプログラム評価を客観的にできることが重要。
子ども・保護者からの授業評価，学習効果の調査等からの教育方略検討・検証	授業評価，担任評価，逆に担任からの子ども・家庭評価等様々であるが，どのような目的を持って評価を実施するのかの設定が重要で，例えば「自主性」を育てるという教育目標を学校で掲げているならば，「自主性が育っているか？」という質問項目を作り，自主性が育つために何が必要かを理解できる項目設定（例「授業が楽しい」「担任の指導が行きわたっている」）をし，なにが自主性を育てる要因なのかを示すために因果関係の分析（重回帰分析，分散分析，パス解析等）にて，教育方略を提示できるようにしていく。なお教育側評価においては相当な配慮を持ち，単なる教育批判のための調査にならないことが重要で，最終的に各クラス担任・副担任による目標設定から学校全体の目標設定にまで繋げていく視野が必要である。またそこで決まった具体的活動目標が実際に効果があったのかを検証していくところまでいけると経年変化（縦断調査）を捉えた有益な教育方略検討の調査となる。 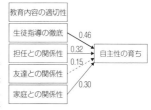 参考図：重回帰分析 or パス解析
教育委員会等が提供するサービスの効果検証	貧困家庭における学習支援がどの程度進学に結び付いているか，またこれまでの進学率との差が出ているか（反復測定の分散分析），地域・自治体内のサービス効果を検証していく。広くは各種省庁や自治体の有識者会議などにより，これまでのデータ分析から法制度・条例・プログラムの策定をしていくのも関係する。

表 8-4　実践と研究の倫理の違い

	日々の教育実践（調査の校内活用）	教育実践研究（調査の公表）
倫理基準	学校（機関）内倫理基準で実施可能 学校内（クラス担任）からの連絡・方針で決定 →どのような調査をしてもよいというわけではなく，社会的倫理範囲内という前提はある。	社会的倫理基準で実施可能 学校内（クラス担任）からの連絡・方針だけでは決定不可 →研究の同意と，研究としての倫理基準確保。
目的	子どものための教育の質向上	教育業界（社会）のための情報の蓄積
前提	同意を得た義務教育実施	子ども等の個人情報を社会に開示
留意点	事例検討　≠　事例研究 （集団守秘義務）　（個人情報保護・社会的開示）	同意を得た教育　≠　同意を得た研究

　基本的には，調査目的が設定されて，初めて調査対象，調査内容，調査方法等が設定される。SSWrにおいては，自らの支援についてどのように子ども，家庭，教師，指導主事が感じているか，年度末に関わった人々へ調査することも1つであろう。
　ところで，調査実施において倫理への配慮と遵守は最重要事項である。日本社会福祉士会は社会福祉士の倫理綱領「専門職としての倫理責任」にて，「社会福祉士は，

すべての調査・研究過程で利用者の人権を尊重し，倫理性を確保する」としており，調査そのものが子ども，家庭，学校等へ不利益を被らないようにする必要がある。なお調査を公に公表するかどうかにより，その倫理性の遵守は厳しくなる。例えば，クラス内調査にて，「ある授業の教育内容を改善するだけ」で教科担任のためのみに実施する実践的調査なのか，「ある授業の教育内容改善の結果を公に発表するため」で広く多くの人々のために実施する研究的調査なのかでは全く倫理性の内容が異なる（表8-4）。社会福祉に関する研究では，この点を意識していない（倫理事項が示されていない）実践研究が多いため最も注意すべきである。

第3節　KJ法

　調査されたデータの分析方法は質的分析方法と量的分析方法に分けられる（表8-5）。どちらにも共通するのが理論分析（先行知見調査）により，因果関係（相関関係は初心者レベル）を仮定し，その仮説を検証することである。この時，調査の分析方法のみの使用ならず，SSWrが依頼される授業の内容や講演でも活用される機会がある簡易な質的分析方法にKJ法がある。KJ法は理論分析をせずにその場で探索的理論検討や関係性のプロセス検討がしやすい初歩的な分析方法としても活用できる利便性がある。

表8-5　質的・量的分析方法例

質的分析方法例	量的分析方法例
シングルケースデザイン	χ^2検定（カイジジョウ）
KJ法	相関分析
ドキュメント分析	t検定
会話分析	分散分析
ライフヒストリー分析	重回帰分析
ナラティブ分析	因子分析
GTA	パス解析

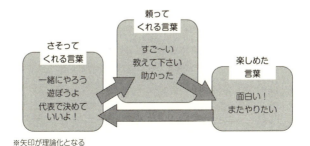

図8-2　KJ法例

KJ法は，文化人類学者の川喜多二郎（イニシャルのKとJを名称に用いた）により考案された質的データの収集・分析方法である。あるテーマ（「友だちに言われて嬉しかった言葉」）について参加者が自由に記載した内容（1枚の紙に1つの事項を記載する等）を出し合い，内容が似ているものをグルーピングして「見出し」(グループ名称）をつける。そしていくつかのグループ同士の関連性を矢印などで示し理論的に説明できるようにする（図8-2）。概念化やプロセス分析などがなされることから，ドキュメント分析やグラウンデッド・セオリー・アプローチ（GTA）に応用できる方法でもある。

第9章

スクールソーシャルワーク実習

●学習ポイント
・各関係機関の役割，機能と活動内容とは何か，また各機関の所属組織はどこか
・スクールソーシャルワーカーがまず連携すべき機関とはどこか，どのような連携が必要か
・上記を踏まえて，教育，児童福祉（生活困窮含），保健福祉，司法・警察の各領域機関ごとの専門性の違いとは何か

第1節 実習の特徴と心構え

1．スクールソーシャルワーク実習の特徴

　スクールソーシャルワーク（以下，SSW）実習は，社会福祉士・精神保健福祉士養成課程における実習（以下，相談援助実習）等と同様に，大学・専門学校等のSSWr養成校と教育委員会が実習契約を結び，実習生と誓約書を交わし行われる10日間80時間以上の実習課程であるが，相談援助実習との明らかな違いは表9-1にある通りである。なお現役SSWrの場合，実務経験年数により実習は免除されるものの，自らのスクールソーシャルワーカー（以下，SSWr）の視点を広げ，深めるためにも他自治体や学校等のSSWを学習する意義は大きい。

2．実習の流れ

　SSW実習の流れは，従来の実習と同様に実習先依頼からSSW実習教科評価まで，おおむね図9-1となる。実習評価全体総括会は，実習生，養成校と実習先による，三者協議としての総括，実習報告発表を通しての総括など養成校及び実習先との実施方法によって異なる。なお実習計画書を事前に養成校から発送する場合とオリエンテーション時に持参する場合等があるため，実習書式の活用については学生側から養成校側の実習指導者と詳細な確認をしておくことが必要である。
　ところで，実習日程はおおよそ事前に養成校と実習先とが確認し合っていることが

第9章　スクールソーシャルワーク実習

表9-1　スクールソーシャルワーク実習の特徴

①社会福祉士養成課程修了後（社会福祉士取得後）に設けられている応用領域である。 ②社会福祉に関する機関での実習でなく，教育領域の教育に関する機関での実習である。 ③主として非常勤職員であるSSWrの下での実習である。また教育行政における実習先が主である。 ④実習生扱いされず"先生"として子どもたちの前に立つことや社会人としての責任が求められる。 ⑤開発途上のソーシャルワーク実践・基盤に触れられる，または前提にした実習である。	
SSW実習指導 （90分8回） ※SSWr実務経験2年以上免除	次に掲げる事項について個別指導及び集団指導を行う。 ・SSW実習の意義，学校・教育委員会等，各教育機関の基本的な理解，実習先で必要とされる相談援助（子ども，家族，教員対象）に関わる知識と技術に関する理解，実習先自治体の子ども相談体制の理解，現場体験学習（個別面接，ケース会議，連携会議等），見学実習 ・実習における個人のプライバシー保護と守秘義務等の理解，実習記録ノート記録に関する理解，実習計画の作成，巡回指導，実習記録や実習体験を踏まえた課題の整理，実習総括レポートの作成，実習の評価全体総括会等
SSW実習 （10日間80時間） ※SSWr実務経験2年以上免除	子ども，保護者や教師，教育委員会（各機関）等における，①コミュニケーションや円滑な人間関係・援助関係の形成，②それらの基本的な理解・ニーズ把握，③支援計画の作成，④支援（エンパワーメント含む），⑤その評価，⑥校内におけるケース会議・ケース検討における進め方の実際，多職種によるチームアプローチの実際，社会福祉士としての職業倫理，教員など学校関係者の就業等に関する規定・役割・責任への理解，学校運営・学校組織・教育委員会組織の実際，市町村の子ども相談体制についての理解と学校との連携（ネットワーキング），社会資源の活用・調整・開発に関する理解等 ※SSWrを置く施設（学校，教育委員会，教育センター等）にて40時間を超えない範囲で行う見学実習を実習時間数として算入も可

実習生	・SSW理論・技能学習 ・実習目的検討 ・見学実習	・実習計画作成	実習事前オリエンテーション	・実習開始 ・毎回実習記録ノート提出	・実習後まとめ，実習先お礼状，実習報告書作成	実習評価全体総括会	・学部生は社会福祉士取得 ・SSW教育課程認定申請
【教科】養成校	・『SSW論』 ・『SSW演習』 ※SSWの理論・技能，教育領域の学習	・『SSW実習指導』 ・実習記録，実習マナー等の学習	三者協議	・SSW実習 ※実際のSSWの学習と自己洞察	※SSWへの考察と自己の将来展望		・教科成績評価 ・次年度見学実習 ・実習先事前確認
	・学生の実習先検討 ・実習依頼文書発送	・実習承諾書確認 ・実習先最終調整		・実習中SV（巡回・帰校等） ・必要により三者協議	・実習振り返り指導 ・実習報告書指導	次年度反省会	
実習先	・実習受理検討	・実習承諾書発送 ・実習プログラミング		・実習生指導	・実習評価等発送		

図9-1　スクールソーシャルワーク実習前～実習教科評価の流れ

一般的であるが、学生の実習生が4年生で実習する場合、実習先は就職活動等も踏まえ学生に配慮した実習日程をオリエンテーション時に組むことがある。さらに社会人実習生に対しては、日々の職務があることから希望する曜日または日程を事前に、または詳細事項を含めオリエンテーション時に組むことがある。これには、実習先SSWrの配慮の元で実習計画が立てられていることを念頭に置いて、軽はずみに初期に設定された日程を変更してはならない。

3．実習の心構え

(1) なぜSSW実習へ行くのか

学生は、相談援助実習以外でも、就職活動や国家試験受験に向けての学習などで忙しい時期に、SSW実習を履修することが多い。なぜそこまでして行くのか、後述の(4)の内容にも関係するが、自らの生（成）育歴、対人関係、将来の希望、相談援助技術力等様々に自己洞察し、実習計画の動機や目標に変えていく必要がある。特に学部4年生は社会福祉について学習する最後の機会でもあり、これまでの学びを完成させる時期でもあることを踏まえた見解が期待される。なおボランティアの流れからSSWrを目指す者もいるが、その場合職務とボランティアの違いを理解できる実習先を推奨する。また社会人学生の場合には、現在の職務との関係性を踏まえ、より高い目的意識を持った実習となるよう養成校実習指導担当教員との面談を重ねてもらいたい。

逆にSSW実習に関わる指導教員の立場から言えば、学生の忙しい最中の実習だらこそ、将来に役立つ実習となるよう応援するのである。ソーシャルワークを誇りに思えるような実習となることを教員・現場のSSWrは願っているのである。

(2) 応用領域の実習である

SSW実習は、社会福祉士・精神保健福祉士の養成課程の上に設けられている応用領域の実習である。実習生は基本的なSSWについての理解だけでなく、これまでのソーシャルワーク学習で学んできた基本的な知識と技術を理解しているという前提での実習となる。そのため、「なんとなく資格がほしいから」「面白そうだから」という曖昧な動機や相談援助実習等の成績がふるわない実習生はあり方を改める必要がある。

逆の立場から言えば、しっかりとした意識・目的を持った実習生であれば、それに応えないSSWrはいないと言えるくらい本気で実習生に関わってくれる。だからこそ、失礼のないように志と実習計画等を立てる必要がある。

(3) 社会人として子どもたちの前に立つ

SSW実習を受け入れる自治体側は、これまでの社会福祉に関する実習先のように実習生が来ることに慣れていないことが多い。また契約先が教育委員会等とされていても、実習の引き受けにおいてはSSWr個人の負担が大きいことを踏まえておく必要がある。SSWrの多くは非常勤であり、これまでの相談援助実習等の正規職員の下

での実習ではないことからもその負担が理解できるだろう。

　また教育委員会という行政下での実習であることから，実習生であっても関係機関や子ども等にとっては自らの発言がその自治体の発言であると解釈されかねない。さらに実習先で，SSWr 自身が「自分を先生扱いしないで下さい」と関係者に伝えていても，周囲からしたら先生という立場に変わりはないのである。つまり，実習生は学生であっても"先生扱い"されてしまうのである。学校現場の実習となればなおさらである。そのため学生気分は横に置いておく必要がある。

　同様に，子どもたちと関わることにも大きな責任が派生する。事前に子ども本人や家族，学校からの承諾を得ていても，実習生の身勝手な言動により，次の日から子どもが学校に来なくなったということがあれば，誰が責任をとるのかを考えればわかりやすいだろう。SSWr が関わるのは重篤なケースが比較的多く，教員養成の教育実習よりも実習そのものに困難がつきまとうことが少なくない。だからこそ，応用領域の学習をしっかりと実習前に身につけておく必要がある。

　逆の立場から言えば，基本を押さえれば，従来，触れることができない児童福祉領域の実際を垣間見ることができ，とりわけ，そこで果敢に取り組んでいる SSWr の姿を見ることになる。SSWr を知らない学生は，ソーシャルワーカーという職種のかっこよさを目の当たりにするかもしれない。これに伴って，教育の場になぜ福祉職が必要なのか，その核心に触れることとなり，ソーシャルワーカーの活躍する場は，従来の福祉領域だけではないというソーシャルワークの幅広さを知ることになるだろう。

（4）自己との向き合いが必須である

　実習希望理由に「かつて自分がいじめられていたから」「虐待を受けていたから」「自分が親として学校に相手にされなかったから」などを掲げる実習生がいる。このような実習生の場合，自分自身としっかり向き合い，これまでの傷つきや問題を乗り越えてきているかという点が大いに重要である。そこまででなくとも"乗り越えていないことと向き合う"ことが求められる。

　なぜなら実習先の子どもや学校等は実習生の依存対象ではないし，自分の問題を他者で解消するという転移対象でもないからである。SSW 実習は自分の問題や恨みを晴らす場ではない。自分自身の問題を乗り越えていない実習生（社会人も含め）に多いのは，自分の思う通りに実習が運ばなければ，子ども，教師，SSWr，実習先などを責めだし，自らのあり様を振り返ることができない点である。そのような実習先を選んだ養成校さえも非難の的となる。精神的に不安定な者であれば，それら批判対象に執着することも少なくない。実習希望者は，そのような自身の特性をまず実習前に理解しセルフコントロールできるようにしておく必要がある。加えて，リストカットをしているなど精神的に不安定な実習希望者にとって SSW 実習は困難であることは，実習生自身が理解していなければ，養成校や実習先だけでなく，子どもたちにまで迷惑をかけてしまいかねないのである。

なおこれまでの養成校での授業にて，テキストを購入しない，遅刻する，欠席する，指導者の指摘に真摯に向き合わない等の倫理や道徳に反する言動があるならば実習以前の問題であると認識すべきである。授業に遅刻している学生が遅刻する子どもたちを支援するのは当事者同士の支援として有効であろうが，SSWrの支援とはかけ離れているのである。

逆に言えば，自分と向き合い，自分をコントロールできる，あるいはコントロールできる限界を知っているのであれば，それに向き合った経験が大いに子ども支援における見解の広さや深さに関与し，従来のSSW実習以上の学びを修めることになるのである。

第2節　実習計画作成

実習計画（章末資料②）は，自らの実習目的を明確にすることから始まる。これには「なぜSSW実習に行くのか」という動機や，具体的に何を学びたいのかが関係してくる。現役で教育に携わる職務に就いている社会人以外は，この目的設定の後の具体的目標設定方法に困惑することがある。これについては，そもそもSSW実習でどのようなことが求められているかシラバスで確認したり，実習評価がどのような観点でなされるかを理解することで落ち着くことがある。

章末資料①のスクールソーシャルワーク実習評価用紙の項目は，実習先が実習を評価する項目内容である。自らが各項目の理解を得ているかどうかを踏まえた実習目標設定は1つの手がかりとなるだろう。

第3節　実習記録と記録方法

1．記録の意義

ソーシャルワークの中で，記録は面接とならんで重要な手段及び技法として位置づけられている。それにもかかわらず，社会福祉現場では業務の多忙さなどのために記録をとる時間がほとんど保障されていないことが多い。そのこともあってか，援助業務に比べて軽視されがちである。しかし，「いい実践はいい記録から生まれる」「よりよい記録がなされてこそ援助の効果も高まる」と言われるように，記録が援助に与える影響の重要性を認識し，記録は何のために書くのか，その目的を十分に理解することが必要である。

その重要な目的の1つには専門職として自分の援助内容を第三者に伝達することがあるため，「よりよい記録」を書く方法を習得することは必須である。記録の目的はおおよそ表9-2のようにまとめられる。

表9-2 記録の目的と条件

【目的】
①クライエントの問題や状況を振り返ることによる理解の促進,及びアセスメントやプランニング等の援助過程の検証。
②クライエントと援助者との人間関係を客観的に捉え,援助者自身の洞察を深め自己覚知に至らせる。
③施設や機関が行った援助や提供したサービス全体の理解。
④業務の引継ぎのため(記録は公文書とみなされる),また連携・送致先への情報提供の資料としての活用。
⑤スーパービジョンやケース会議のための資料,加えて,援助過程の分析や効果測定などの調査研究の資料。
⑥権利擁護や契約の観点から,クライエントに対してなぜこのサービスを提供したのかを説明する責任のための資料。

【条件】
①誰が読んでもよくわかる客観性がある。
②記録を読めばクライエントがどのような人で,どのような主訴を持ち,どのような状況にあるかが浮き彫りにされ,援助過程も具体的でよくわかる。
③面接における十分な行動観察にて,クライエントの表情,態度,しぐさ,話し方,言葉遣い,ワーカーへの反応など,非言語部分を含めたできるだけ多くの観察された側面が示されている。

2. 記録の方法

　記録は援助内容やクライエントの様子などを自由に記述すればいいというものではない。記録を書くためには,表9-2のように一定の条件があることを理解しなければならない。

　実習日誌等の記録でいえば,記録は実習生が最も不慣れで苦手なことであり,実習期間を通して頭を悩ませるところと言えるのではないだろうか。そこで,少なくとも記録として認められるためのポイントとしては,「クライエントの生活場面や援助の過程において実際に起こっている事実」と,「SSWr等他者／自分の抱く感想や所見」を明確に分け,記録を読むものに混乱を与えずに内容を伝えようと心がけることである。間違っても指導者であるSSWrの意見や指導内容を自分の考えであるかのように記載してはいけない。

3. 記録の内容

　記録の内容は,「援助目的」によって変わってくるが,その援助目的が漠然としていれば,記録も曖昧なものになってしまう。またケースワークやグループワーク,コミュニティワーク,ケースマネジメント,社会資源の活用などの「援助方法」によっても記録の書き方は変わってくる。記録とは,援助内容を映し出す鏡のようなものと言える。したがって,そのもとになる援助が漠然としていれば,記録の内容も曖昧なものになってしまう(表9-3参照)。

　さらに援助過程が反映されるような内容であることが必要である。例えばケースワーク面接ならば,インテーク(情報収集)→アセスメント→プランニング→インターベンション→エバリュエーション→終結という援助のプロセスが記録から読み取れる

表9-3　記録の記述内容

①具体的に子どもや教員等が困っている問題とは何か。
②その問題がいつ起こり，どのような経過をたどったのか。
③子どもや家族あるいは関係する人々がその問題をどのように捉えているのか。
④子どもはその問題をどのように感じているのか。
⑤SSWrや関係機関の援助内容（発言含む）。
⑥援助を通してSSWr／自分が感じたこと（所感）。
⑦クライエントや社会資源を観察した内容等。

ように書く必要がある。このことからも，良い援助と良い記録は表裏一体であることを十分に理解しなければならない。

4．記録の文体

面接等における記録は，文体によって図9-2のように分類される。

図9-2　記録の文体

（1）叙述体

叙述体は，基本的な記録の方法であり，事実をできるだけ時間にそって記録する文体である。援助過程や事実内容を正確に記録する。

逐語体は，援助や面接内容をテープレコーダーやビデオテープに記録して，ありのままを文章化し，それに加えて観察した様子や声や表情などの状態を記述する文体のことである。逐語体による記録の事例（一部）を次に示す。

■事例　逐語記録：SSWにおける不登校児の母親のインテーク面接（学校内の相談室にて）
ソーシャルワーカー（SW）：はじめまして。スクールソーシャルワーカーの田中といいます。
　鈴木さんですね。どうぞお座りください。今日はどのようなご相談ですか？
クライエント（CL）：長男の一郎が夏休み明けから学校に行かないんです。（困惑した表情）
SW：お子さんは何年生ですか？
CL：小学4年生で，10歳です。
SW：どのようなご様子なのですか？
CL：朝，登校時間になるとおなかが痛いと言って30分くらいトイレに入って出てこないんです。
　それで学校を休んでしまうんです。毎朝こんな調子で，最近は朝も起きてこなくなりました。

SW：病院には行かれたのですか？
　CL：はじめは胃腸の具合が悪いと思って様子を見ていましたが，4日たっても痛みがなくならないので，かかりつけの医院（内科）へ行きました。そこでは異常がなくて，精神的なものではないか，と言われました。

　過程叙述体は，クライエントとソーシャルワーカーのやりとりを時間の流れにそって動作や行動，感情，態度など細部にわたり記述する文体のことである。
　圧縮叙述体は，援助過程のある部分についてその全体的なやりとりを圧縮して要点だけを比較的短く記述する文体のことである。
　ちなみに，図9-3のケース記録における「相談内容」欄の記述は，おおまかに区別すると，叙述体を用いて書かれていると言える。

（2）要約体
　叙述体ほど忠実ではないが，援助内容や過程を選択し，系統立てながらポイントを明確にする文体である。そこでは，ソーシャルワーカーの考えを通してクライエントへの関わりが整理，要約される。図9-3では，「生活歴」の欄における記述が要約体に相当する。
　項目体は，援助過程を順番に記述するのではなく，事実をテーマごとにまとめて，表題や見出しをつけて整理して記述する文体である。
　また，援助が長期にわたる場合には援助の効果がわかりにくくなることがある。しかし，それでもクライエントの生活状況には微妙な変化が生じることがある。抽出体とは，そのような変化や動きについて，ある状況またはある時点を抽出して記述する文体のことをいう。
　箇条書は，援助過程や内容の重要な部分をまさに箇条書きにし，それを組み合わせて仮説を立てたりする時に用いる文体のことである。

（3）説明体
　援助過程や面接時に話された事実や事柄について，ソーシャルワーカーとして解釈や分析を行い，考察結果を説明するために記述する文体のことである。ただし，記録の中では事実とソーシャルワーカーの解釈や意見をはっきり区別しておく必要がある。図9-3では，「援助内容」欄の記述が説明体に当たる。

5．ケース記録と実習記録：実習生は「習うより，慣れる」つもりで

　上述してきたようにソーシャルワーカーにとっての記録には，様々な目的や意義がある。記録に示される事実を正確でわかりやすくするためには，記録作成の方法理解や訓練が必要である。よりよい記録を書くための訓練として，以下の2点を述べておく。特にこれから現場実習に臨む学生は参考にしてほしい。

第3節　実習記録と記録方法

氏名	鈴木一郎(すずきいちろう)	2005年4月29日生（10歳）	性別：男	日付：2015年10月26日
住所	○○市○○町○丁目○○－○○		電話	○○－○○○－○○○○

主訴　不登校

相談内容（相談者：鈴木良子　続柄：母親）
　小学4年生の長男が，2学期に入ってから登校時間になると腹痛を訴え30分くらいトイレから出てこない。3日間様子を見ていたが治らないので近くの内科医院で診察を受けた。結果は異常がなく精神的なものではないかと医師から言われた。
　登校ができない状態が続くので，1週間後に担任が家庭訪問をするが，本人は会わず電話にも出なくなった。原因を聞いても「うるさい」と暴言を吐く。そんな兄（本人）を見て弟も登校を渋る言動が始まり，母親は困っている。父親も本人への対応に苦慮している。
　原因らしきものは，親友のA君が1学期末で転校したことをきっかけに，クラスの男子から「虫オタク」「昆虫マン」などとからかわれていることが考えられる。しかし，からかいの事実を担任が把握していないことに対して母親は不信感を持った。そのため，担任との連絡が取りにくく，今後の対応をどのようにしていいのか困っていた。

援助内容（面接で行った援助・アセスメント・援助計画等）
　初回面接で，母親の話を傾聴した。母親はしっかりした感じの方。
アセスメント
・クラスでのからかいが原因と考えられる不登校。
・きっかけは親友の転校によるクラス内の人間関係の力動が変化したことによると考えられる。
・母親はクラス担任に不信感を抱いている。
援助計画
　クラス担任と母親の関係修復が必要。そのために，まずSSWrが担任と連絡を取り，担任の考えやクラスでの様子など情報収集を行う。当面，SSWrは母親と担任の仲介役を果たすこととする。
他機関等との連携
　母親の承諾に基づくスクールカウンセラーとの情報共有。

家族構成（ジェノグラム）

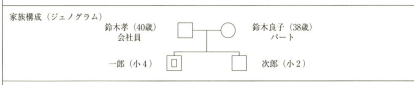

生活歴（家族歴・職歴・学歴・病歴等）
　本人は○○幼稚園と○○小学校の入学後の一時期に「行き渋り」があったが，不登校になることはなかった。元来性格はおとなしく，友だち関係も積極的に作っていくタイプではなかった。しかし，クラスでは孤立することなく話せる友だちは数人いる。
　現在，○○小学校4年生。クラス担任：○○先生

備考：クライエントは昆虫などの生き物を飼うことが大好きである。

図9-3　ケース記録の例

(1) 日常的に書く努力をすること

これは,「習うより,慣れよ」の意味合いが強い自己訓練法である。日常生活の中で,記録することを意識しながら書く機会を多く持つことである。学生であれば,実習記録(日誌)やレポート,論文などを書く時に,読みやすく,誤字脱字のない文章になるよう心がけることが大切である。

(2) 実習記録の活用

現場実習では,学生が実習内容を記録にとどめることが求められている。実習記録は学生の実習体験を記録することに意味があるが,対象理解や援助のあり方などの考察,大学での知識が現場でどのように活かされているかの検証,さらに実習生としての自分の振り返りや自己覚知といったことを表現するものとなる。その記録が実習指導者や指導教員の指導上の資料として用いられる。記録は様々な意味を持つ重要な資源なのである。なお,本節の「記録方法」の実際部分は,阪田(2008)に拠るところが大きい。

6. 感想と考察の違い

SSW実習は相談援助実習等の応用領域である。相談援助実習等では,初めて記載する実習記録に対してなんとか書き上げるということが目標となってしまうこともある。しかし,SSW実習では,記載することが求められるのではなく,これまで学習してきたことと,今回の実習で体験したこと,それらから考えられる一致点,新たな観点や方向性などの"客観性と論理性"を踏まえた考察がこれまで以上に求められるのである。

そのため,章末資料⑦はSSW実習用の記録用紙(実習日誌・実習ノートと言われることもある)であるが,本書式では,従来の相談援助実習等の実習記録よりも行数は半分程度である。養成校によっては相談援助実習等と同様の書式を使う場合もあるが,実習記録が単なる行数埋めにならないよう十分留意されたい。

実習記録の目標は,実習前設定が基本であるが,日によっては予定通りに実習スケジュールが進行しないこともあり,実習後設定となることもある。設定が前後であるかどうかよりも,目標に対する学びについて自分がどのように理解したか,学習したかの結果を示し,当日の実習におけるその結果をどう論理的に考えるかの考察が大事なのである。

結果には,目標に対しての実際や,どう学んだか,何を学んだかという実習の事実内容や指導者の言動等のみを記載し,自分の考え,思い,感じたことは記載しない。目標に対する結果の事実だけを記載するのである。その学んだことを自分なりにどう解釈したのか(考え,思い,感じたのか)を記載するのは考察の部分なのである。特にこの点が重要であるため最も広い欄を取っている。つまり,実習記録の半数以上は,単に何を学んだかの感想文等の文字の羅列ではなく,目標に的を絞って何を目標達成

(未達成)し,その達成(未達成)から何を考え抜いたのかという自分なりの学習内容の理論化や技術化が求められるのである。

　これら目標,結果,考察の流れは,社会福祉士学会等の研究発表手法で示される段階と同様である。そのため,研究の記述方法に倣い,目標と考察は現在形,結果は過去形で記載する。また理論化・技術化は,認定社会福祉士のスーパービジョンでも同様な点がある。まさしくSSW実習記録も応用領域の記載方法なのである。

第9章　スクールソーシャルワーク実習

章末資料❶　実習評価

スクールソーシャルワーク実習評価（自己・実習先）

年　　月　　日

【学籍番号】	大学　　　学部　　　学科	名前

実習日程	月　日～　月　日	全　　日　　　時間

■下記の各項目について，次の評価に基づき，当てはまる番号に○印をつけてください。経験・確認していない場合はEへ印をつけてください。

1. 達成できなかった　2. 助言によって少し達成できた　3. 助言によって達成できた　4. 達成できた

評価項目		評　価	備　考
Ⅰ	専門知識〔総合評価〕	E・1・2・3・4	
1	教育委員会等機関（組織）の理解	E・1・2・3・4	
2	学校（組織）の理解	E・1・2・3・4	
3	児童福祉／司法等機関（組織）の理解	E・1・2・3・4	
4	SSWrの職務・役割・責任の理解	E・1・2・3・4	
5	SVrの職務・役割・責任の理解	E・1・2・3・4	
		E・1・2・3・4	
Ⅱ	専門技術〔総合評価〕	E・1・2・3・4	
1	児童生徒との関係性を持てる	E・1・2・3・4	
2	教職員・他機関との関係性・連携の理解（チームアプローチ）	E・1・2・3・4	
3	アセスメントと支援計画作成方法の理解	E・1・2・3・4	
4	具体的援助方法（エンパワメント）の理解	E・1・2・3・4	
5	各種委員会・ケース会議・研修の理解	E・1・2・3・4	
		E・1・2・3・4	
Ⅲ	価値・倫理〔総合評価〕	E・1・2・3・4	
1	SWの原理・中核任務・倫理綱領の理解	E・1・2・3・4	
2	SSW実習に対する積極的姿勢	E・1・2・3・4	
3	指導者の指摘に対する理解と行動	E・1・2・3・4	
4	出勤・実習記録提出等の遂行	E・1・2・3・4	
5	自分自身の振り返り・洞察	E・1・2・3・4	
		E・1・2・3・4	

【評価の事由】
Ⅰ　専門知識

Ⅱ　専門技術

Ⅲ　価値・倫理

【総合評価／今後の課題】

【養成校への要望】

実習機関	機関長名	㊞
	実習指導者名	㊞

章末資料❷ 実習計画の例

実習計画

1．実習の動機
　生きづらさを感じている子どもや保護者のニーズに応え，自立を支援するためにスクールソーシャルワーカー（以下，SSWr）は，学校をはじめ，関係諸機関との連携とSSWr同士のチームワークが必要である。SSWr雇用が少人数の自治体が多いことからも，貴教育委員会でのスクールソーシャルワーク（以下，SSW）実践を学び，今後，自らの実践における連携体制を構築したいと思ったのが（学生の場合は自らの就職先でのチームワークに活かしていきたいと思ったのが）本実習を希望した動機である。

2．実習の目標
① SSWの職務内容を理解する。
② SSWr同士のチームワークについて理解する。
③ SSWrと貴教育委員会や関係諸機関との連携のあり方を理解する。
④ 特別な支援を必要としている児童生徒に対しての（多職種）アプローチを理解する。
⑤ 上記を通じて，SSWrのあり様を検討すると共に，どのような支援活動が広げられるのかを整理する。

3．実習課題と達成の方法
目標達成のために可能な範囲で以下を実施いただけますと幸いです。
・目標①の達成のために，職務規定の閲覧や日々の職務内容について確認する場を持っていただく。
・目標②の達成のために，SSWr内会議（ミーティング，ケース会議，連絡協議会含）等に参加させていただく。
・目標③の達成のために，SSWrまたは指導主事より確認する場を持っていただく。またSSWrの同行により関係諸機関を訪問，見学させていただく。
・目標④の達成のために，学校現場でSSWrの子ども支援のあり方を観察させていただく。
・目標⑤の達成のために，実習記録の実習指導者様のコメントを理解できるよう実習振り返りの時間をいただく。またスーパーバイザーとお話しする機会をいただく。

4．実習にあたって希望すること・配慮してほしいこと
　可能でしたら，職務における緊急時対応（学生の場合，就職活動）等と重なる場合，実習日程の配慮をいただけると幸いです。

※実際の実習記録を基に作成（作成協力：厚美薫　氏・原口一美　氏）

章末資料❸ 実習計画書

記載日 平成　年　月　日

スクールソーシャルワーク実習計画書

所　属 【学籍番号】		フリガナ 名　前	

（1）機関名：

（2）種　別：

（3）住　所：

（4）電　話：

（5）実習先の代表者名　　：　　　　　　様

（6）実習期間

　　　　年　　月　　日（　　）　～　　　月　　日（　　）

（7）実習先機関関連法規・歴史・職員等：

257

実習計画

1．実習の動機

2．実習の目標

3．実習課題と達成の方法

4．実習にあたって希望すること・配慮してほしいこと

章末資料❹ 個人表

スクールソーシャルワーク実習　個人表

記入日　年　月　日

所　属 【学籍番号】					写　真 （3×4cm） 6ヶ月以内に 撮影した カラー写真
フリガナ 氏　　名		性別	生年月日		
			年　月　日（　）歳		
現住所	〒 携帯番号　　　　　　Mail				
緊急時の 連絡先	氏名　　　　　　　　　（続柄：　　　　） 〒 TEL　　　　　　Mail				
保　有 免許・資格					
学士・修士 (授与大学)	学士 〔　　　　　〕		修士 〔　　　　　〕		
年月日	機関・施設・団体名		実務経験，ボランティア等の内容		
平成　年　月					
平成　年　月					
平成　年　月					
平成　年　月					
平成　年　月					
実習理由					
健康など 配慮を 希望する点	□身体障害者手帳　　種　　級　　所持				

（　　年　　月　　日現在）

＊個人情報保護のため実習終了後は本票を本学へご返送いただくか，シュレッダーなどで破棄して下さいますようお願いいたします。

第9章　スクールソーシャルワーク実習

章末資料❺　誓約書の例

スクールソーシャルワーク実習における誓約書

　私は，○○大学○○学部○○学科の実習生として，実習中，下記の事項を誠実に守ることを誓います。下記の内容に反した場合，実習先の決定（処置）に従います。

記

1．実習中は実習先の定める諸規則を遵守すると共に，実習指導担当者からの指示に従い，実習活動に励みます。実習中にトラブル・事故が発生した場合には，すみやかに実習指導担当者及び実習指導室に連絡し，指示を受けます。

2．実習中に知り得た個人情報等に関して以下の事項を厳守します。
　（1）　実習先における個人情報取扱規程等を遵守します。
　（2）　外部に個人を特定するような情報が漏洩しないよう，言動・話しをする場所，実習記録記載方法・記載場所，実習報告会等の報告方法，各種資料の保存について細心の注意をはらいます。
　（3）　実習先の名誉を毀損するような言動はしません。

3．実習期間中は無断で遅刻・欠勤・早退をせず，病気や事故など止むを得ない事態が発生した時は，すみやかに実習指導担当者及び実習指導室に連絡し，指示を受けます。

4．実習中に被支援者との関わりを持つときは，電話やメールの交換などをしないことも含め，実習生としての態度に細心の注意をはらいます。

以上

平成　　　年　　　月　　　日

　団体名＿＿＿＿＿＿＿＿＿＿＿＿＿＿＿＿＿＿＿

　代表者＿＿＿＿＿＿＿＿＿＿＿＿＿＿＿＿様

○○大学　○○○○学部　○○○○学科　○年次

学籍番号＿＿＿＿＿＿＿＿＿＿＿＿＿＿＿

氏　　名＿＿＿＿＿＿＿＿＿＿＿＿＿㊞

章末資料❻　御礼状の例

謹啓

　盛夏の候，時下ますますご清祥の段，お喜び申し上げます。さて先日のスクールソーシャルワーク実習ではたいへんお世話になりましてありがとうございました。お忙しい中で，いろいろとご迷惑をおかけしましたが，温かいご指導を頂き深く感謝いたしております。
　今回の実習を通じて現場におけるスクールソーシャルワーカーの役割や業務の内容，また福祉専門職としての重要性を学ぶこと（具体的な例を含めながら書く）ができました。

　　　　　　┌──────────────────────────────┐
　　　　　　│　ここに自分の感想・特に印象に残った体験・これからの抱負等を書く　│
　　　　　　└──────────────────────────────┘

　この学習で体験し，学んだことを今後に十分生かしていきたいと考えております。
　末筆ですが（実習指導担当者名）様はじめ諸職員の方と共に『（実習先）名称』の一層のご発展をお祈り申し上げます。

　　　　　　　　　　　　　　　　　　　　　　　　　　　　　　　　　　　　　謹白

　　　年　　　月　　　日

実習先名称

実習指導担当者名

　　　　　　　　　　　　　　　　　　　　○○大学○○○○学部○○○○学科
　　　　　　　　　　　　　　　　　　　　　○年　氏名　○○○○

　　　　　　　　　　　注：下線部は送る時期，実習先，状況などによって文章が変わるので注意

〈時候の挨拶の一例〉
1月：麗春の候・厳冬の候・寒冷の候
2月：春寒の候・晩冬の候・梅花の候
3月：早春の候・春暖の候
4月：麗春の候・春暖の候・陽春の候
5月：薫風の候・新緑の候・晩春の候
6月：梅雨の候・初夏の候・五月雨の候
7月：盛夏の候・大暑の候・酷暑の候
8月：残暑の候・晩夏の候・立秋の候
9月：初秋の候・清涼の候・秋涼の候
10月：清秋の候・紅葉の候・爽涼の候
11月：晩秋の候・菊花の候・向寒の候
12月：師走の候・初冬の候・歳晩の候………等

第9章　スクールソーシャルワーク実習

章末資料❼　実習記録の参考例

実習記録（実習・見学）

名　前	渡部志織	実習	1日目	年　月　日

本日の目標	実習先について理解し、学校や地域連携のあり方について理解する。

【タイムスケジュール】　　　　　　　　　　【学習内容】

時　間	実習内容事項	本日の取り組みにおける学び
8：30	実習スケジュールと目標確認 （組織内研修）	実習スケジュールごとに目標設定
10：00	A校巡回訪問	T市の教育委員会組織・SSWr配置動向
	校長先生とのミーティング	A校の特別な支援を必要とする状況
	体育授業見学	（不登校ぎみのI君の状況）
	給食	
15：00	担任の先生とのミーティング	授業見学とI君の運動能力の見立て
	T市主任児童委員研修会	「地域の子ども」を育てる観点
17：00	1）SSWrとは何か	SSWrとは何か
	2）連携における意見交換	
	実習終了	

【実習の感想：特に印象に残ったこと】

　T市は、都内で3本の指に入る人口の多さとそれに準ずる子どもの多さが特徴であった。このことからSSWrの人数はもちろん、その根本にある行政の支援体制の規模がとても大きいという印象を受けた。ただし、規模の大きさによるメリット・デメリットをそれぞれ理解する必要性を感じた。SSWrの関わる機関は、教育・児童・障害分野の機関だけでなく、高齢者の機関にも関わりのあることが印象的であった。

　また本日初めて学校訪問に同行させていただき、休み時間や授業中の子どもたちの姿を見ることができた。

　3年生のI君のクラスで給食を食べる機会をいただいた。緊張していた自分に子どもたちが話しかけてくれたので、徐々に慣れていったが、実習生としての姿勢とはどうあるべきか改めて考えさせられた。

【目標に対する結果】

　T市SSWrの（連携）体制の理解ができた。まず学校との連携では，校長先生の許可のもと，SSWrが丁寧に教室を回りながら子どもたちの様子を把握していることがわかった。その中で担任の先生たちに数分でも話しかける工夫がなされていた。次に地域の連携では，主任児童委員の方たちの要望で開かれた研修会にて，専門性が隣接するSSWrとどのように関わりながら「地域に住む子ども」を育てていくべきかについて，活発な意見交換がなされた。このような他職種集団との議論が地域連携の1つのあり方であると知った。

【本日の実習における考察・今後の課題】

　結果より，具体的な学校や地域への連携（アウトリーチ）に関するSSW方法を学ぶことができた。学校でも地域においても共通していたことは，子どもだけでなく，すべての方々に対して丁寧に関わるというSSWrの姿勢やその温かさである。自分自身は，いかに子どもを大切に支援するかが重要であること，そして，そのために高度な知識や技術がとても重要であると考えていた。しかし，それと同様にまず目の前の人といかによき関係性を築き，共に歩めるようにしていくかという姿勢を持つことがソーシャルワーカーとして重要であると実感した。

　今回の学びから，どんな高度な知識や技術を持とうが，このような姿勢なくして信頼の上でそれらを活用することはできないという考えに至った。SSWrとして，倫理にもある誠実さを大切にしていきたいが，まだまだ認識不足の点もあると思うので，継続して，自らの姿勢にも照らし研鑽していきたいと思う。本日はありがとうございました。

【実習指導者からのコメント】

【養成校実習指導担当教員】（実習指導のあった場合）

【実習先実習指導担当者】

　　　　　　　　　　　　　　　　　指導者　　　　　　㊞

※作成協力：中里裕輝氏・渡部夏奈氏・阿部志織氏（帝京平成大学スクールソーシャルワーク教育課程修了生）

章末資料❽ 実習記録

実 習 記 録 (実習・見学)

名　前		実習　日目	年　　月　　日

本日の目標	

【タイムスケジュール】　　　　　　　　　　　【学習内容】

時　間	実習内容事項	本日の取り組みにおける学び

【実習の感想：特に印象に残ったこと】

【目標に対する結果】

【本日の実習における考察・今後の課題】

【実習指導者からのコメント】

【養成校実習指導担当教員】（実習指導のあった場合）

【実習先実習指導担当者】
指導者　　　　　㊞

第10章

スクールソーシャルワークに関わる法律・制度と諸問題

●学習ポイント
- ソーシャルワークや子どもたちを支える根本(根幹)となる法制度の事項(憲法・教育基本法・社会福祉法・社会福祉士法)とは何か
- 近年の法制度の動向とはどのようなものか
- 法制度を捉えた目の前の子どもたちのアセスメント(支援の不足のスクリーニング)の違いはあるか

第1節 ソーシャルワークに関わる根本的な法律・制度

1. 日本国憲法

わが国における最高法規である日本国憲法(以下、憲法)は、国民のために、国民の権利・自由を国家権力から守るためにある。憲法には、表10-1のような社会福祉法や児童福祉法、教育基本法の基盤を成す条文がある。スクールソーシャルワーカー(以下、SSWr)が、子どもを権利の主体と認め、ひとりの人間として尊重し、接していこうとする姿勢は、子どもの独自性・固有性・可能性を大事にした支援に結びつくであろう。憲法的保障は子どもの人間としての生存・生活の全面に及ぶ。

表10-1 憲法の基本条文

・基本的人権の享有(第11条)	・表現の自由(第21条)
・個人の尊重,生命・自由・幸福追求の権利の尊重,プライバシーの権利(第13条)	・人身の自由・奴隷的苦役からの自由(第18条31条)
	・家庭生活における個人の尊厳と両性の平等(第24条)
	・健康で文化的な最低限度の生活を営む権利(第25条)
・法の下の平等(第14条)	・能力に応じて教育を受ける権利(第26条)
・思想及び良心の自由(第19条)	・勤労の権利と児童酷使の禁止(第27条)

2．社会福祉法及び社会福祉六法

（1）社会福祉法：1951（昭和26）年制定

　それまでの社会福祉制度の多くは、戦後間もなく制定されたものが基盤であったが、少子高齢化等の問題が顕著になり、時代にそぐわないと言われるようになった。そこで、社会福祉基礎構造改革を行い、福祉制度全般の見直しが1997（平成9）年にされた。

　見直しに伴い、社会福祉事業法は2000（平成12）年に社会福祉法として改正・施行された。日本の社会福祉に関するあらゆる事項の共通基礎概念を定めた法律である。この法律では、個人の尊厳を基本原理とし、生活の質の保持・向上をさせるための支援の方向性を示しており、社会福祉事業や福祉サービスの提供における具体的な実施体制について規定している。また、地域福祉の増進も追加された。

（2）社会福祉六法

　上述の社会福祉法の分野法として、「生活保護法」「児童福祉法」「身体障害者福祉法」「知的障害者福祉法」「老人福祉法」「母子及び父子並びに寡婦福祉法」の社会福祉六法がある。各々の法律では、サービスや施設設置について規定しているが、具体的な運用に関しては、「生活困窮者自立支援法」「障害者総合福祉法」「介護保険法」等も密接に関係している。

①　生活保護法：1950（昭和25）年制定

　生活に困窮する者に対し、その困窮の程度に応じて必要な保護を行い、健康で文化的な最低限度の生活を保障すると共に、自立を助長することを目的としている。2014（平成26）年7月からは、就労による自立の促進、不正受給対策の強化、医療扶助の適正化等を行うための所要の措置を講じるとし、「改正生活保護法」が施行された。詳細は後述する。

②　児童福祉法：1947（昭和22）年制定

　戦後、困窮する子どもの保護、救済と共に、次代を担う子どもの健全な育成を図るため制定された。その中で、「すべて国民は、児童が心身ともに健やかに生まれ、且つ、育成されるよう努めなければならない」とし、保育、母子保護、児童虐待防止対策等、児童の福祉を援助する具体的な項目を規定した法律である。更なる内容は後述する。

③　身体障害者福祉法：1949（昭和24）年制定

　身体障害者の自立と社会経済活動への参加を促進するため、身体障害者を援助し、及び必要に応じ保護し、もって身体障害者の福祉の増進を図ることを目的とする法律である。なお、身体障害者の自立と社会経済活動への参加とは、身辺自立や経済的な自立だけでなく、身体障害者の個人の権利と尊厳が尊重され、社会の構成員として生きることを意味している。

表10-2　ひとり親家庭の現状（厚生労働省社会保障審議会，2013より）

・ひとり親家庭の平均所得は，一般子育て世帯の約4割。平均稼働所得は，一般子育て世帯の約3割。
・ひとり親家庭の母親の約8割，父親の約9割が就労。うち非正規が母親で約5割（平均就労収入125万円），父親で約1割（同175万円）。
・就労していないひとり親のうち，母親の約9割，父親の約8割が就労を希望しているが，就業できていない状況。
・「子どもの貧困率」は，15.7％だが，「大人が1人」の「子どもがいる現役世帯」の相対的貧困率は，50.8％。
・ひとり親家庭は，子育てと生計を1人で担う不利を抱え，両立の困難，非正規雇用の増加等の影響から厳しい現況。

4　知的障害者福祉法：1960（昭和35）年制定　1998（平成10）年に現行法律名に改称

知的障害者に対して，その更生を援助すると共に必要な保護を行い，もって知的障害者の福祉を図ることを目的とした法律である。「必要な保護」とは，生命を守り，生活を維持するための経済的，職業的，及びその他の必要な活動を含む広い意味に解することができる。

5　老人福祉法：1963（昭和38）年制定

老人の福祉に関する原理を明らかにすると共に，老人に対し，その心身の健康の保持及び生活の安定のために必要な措置を講じ，もって老人の福祉を図ることを目的に制定された法律である。また，必要な措置とは，居宅における介護等や老人ホームへの入所等の福祉の措置全般を指すものである。

6　母子及び父子並びに寡婦福祉法：1964（昭和39）年制定　2014（平成26）年に現行法律名に改称

母子（父子）家庭及び寡婦（夫と死別または離婚して，再婚しないでいる女性）の福祉に関する原理を明らかにすると共に，母子（父子）家庭及び寡婦に対し，その生活の安定と向上のために必要な措置を講じ，もって母子（父子）家庭等及び寡婦の福祉を図ることを目的にしている。2014年には，同法も含め，「次代の社会を担う子どもの健全な育成を図るための次世代育成支援対策推進法等の一部を改正する法律」が施行され，ひとり親家庭への支援体制の充実や支援施策の強化などが規定された（表10-2）。

3．地域福祉計画

社会福祉法で規定され，2003（平成15）年より施行された地域福祉計画は，厚生労働省によると「地域住人の皆様の意見を十分に反映させながら策定する計画であり，今後の地域福祉を総合的に推進する上で大きな柱になる」のものである。さらに，市町村単位で地域福祉を推進していくことが求められる背景として，希薄化している地域の共同性の再構築や福祉の観点から地方自治を確立していくことがあげられる。有識者で組織する日本創生会議は，「2040年には20～30代の女性数が全国約900の自治体

で今よりも半減し，消滅危機に陥る自治体も出ることが予測される」と2014年に発表したが，地域において新たに生じている様々な生活課題にも対応できる地域自立生活支援の仕組みをつくっていくことが必須である。

4．民生委員法・児童福祉法第17条

戦後，民生委員が地域社会における家庭全体の状況を総合的に把握する必要性が求められるようになり，1947（昭和22）年児童福祉法の制定を契機にすべての民生委員は児童委員を兼ねることになった。その後政府は出生率の低下と子どもの人口が減少傾向にあることを問題視し，1994（平成6）年「国際家族年」に，今後10年間に取り組むべき基本的方向の重点施策として「今後の子育て支援のための施策の基本的方向について（エンゼルプラン）」を策定した。

このような時代背景を受けて，地域社会では児童・妊婦の福祉に関する相談・援助活動を行う児童委員への期待が高まり，児童福祉に関する事項を専門的に担当する児童委員を「主任児童委員」として新たに位置づけることとなり，1994（平成6）年に一斉選任されたのが第1期の主任児童委員である。さらに2001（平成13）年には主任児童委員の職務が児童福祉法（同法第十七条）に明記され，2004（平成16）年の改正では同委員のさらなる活動を推進するため，主任児童委員が個別条項を担当できることが明記（同法第十七条に追記）された（表10-3）。

表10-3　民生委員・児童委員に関わる法律

民生委員の職務（民生委員法第14条）
1．住民の生活状態を必要に応じ適切に把握しておくこと
2．生活に関する相談に応じ，助言その他の援助を行うこと
3．福祉サービスを適切に利用するために必要な情報の提供，その他の援助を行うこと
4．社会福祉事業者と密接に連携し，その事業又は活動を支援すること
5．福祉事務所その他の関係行政機関の業務に協力すること
6．その他，住民の福祉の増進を図るための活動を行うこと

児童委員・主任児童委員の職務（児童福祉法第17条）
《児童委員》※児童委員は，その職務に関し，都道府県知事の指揮監督を受ける。
1．児童及び妊産婦につき，その生活及び取り巻く環境の状況を適切に把握しておくこと
2．児童及び妊産婦につき，その保護，保健その他福祉に関し，サービスを適切に利用するために必要な情報の提供その他の援助及び指導を行うこと
3．児童及び妊産婦に係る社会福祉を目的とする事業を経営する者又は児童の健やかな育成に関する活動を行う者と密接に連携し，その事業又は活動を支援すること
4．児童福祉司又は福祉事務所の社会福祉主事の行う職務に協力すること
5．児童の健やかな育成に関する気運の醸成に努めること
6．前各号に掲げるもののほか，必要に応じて，児童及び妊産婦の福祉の増進を図るための活動を行うこと
《主任児童委員》
　前項各号に掲げる児童委員の職務について，児童の福祉に関する機関と児童委員との連絡調整を行うとともに，児童委員の活動に対する援助及び協力を行う。

5．生活保護法・就学援助

（1）生活保護から見る低所得者問題
[1] 生活保護と被保護者の状況

　近年，生活保護受給者（以下，被保護者）の増加が著しい。歴史的にみると，1950（昭和25）年に現在の生活保護法が施行され，戦後の混乱期を終え，高度経済成長を経て被保護人員は減少に転じた。その後，石油危機等の経済情勢の悪化の際には増加はあるものの，バブル（平成景気）崩壊まで減少している。バブル崩壊以降，被保護人員の増加は続き，さらに世界金融危機以降に激増した（図10-1）。ただし，被保護世帯，人員共に実数は増えているが，これは人口の増加と核家族化の影響であり，被保護者の割合（保護率）が過去最高というわけではない（表10-4）。しかし，被保護者が増加していること自体は，わが国で生活困窮者，貧困者が増加していること

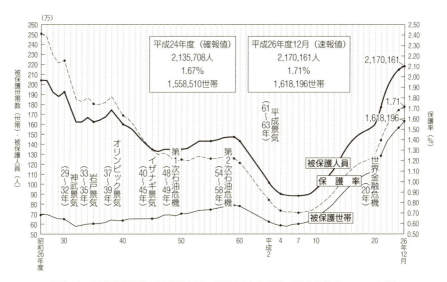

図10-1　被保護世帯数，被保護人員，保護率の年次推移（厚生労働省，2015aより）

表10-4　1950年と2013年における被保護者数（保護率）の比較

年	被保護数（保護率）
1950（昭和26）年	69万9662世帯 204万6646人（2.42％）
2014（平成26）年12月	161万8196世帯 217万161人（1.71％）

であり，大きな問題である。

被保護者増加の要因の大きな要素に景気動向などの経済変動がある。これは，雇用をめぐる問題が影響するからである。完全失業率と保護開始・廃止との間に関連が見られることからもわかる（図10-2）。

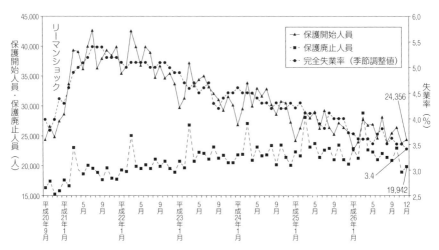

注）東日本大震災の影響により，平成23年3月から8月の失業率については，岩手県・宮城県・福島県を除いた数値を用いている。

図10-2　保護開始人員・保護廃止人員と完全失業率の推移（厚生労働省，2015b より）

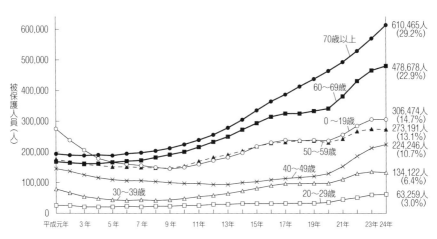

資料：被保護者調査（年次調査）（平成23年までは，被保護者全国一斉調査）

図10-3　年齢階層別被保護人員の年次推移（厚生労働省，2015c）

もう1つの大きな要因は，わが国が超高齢社会に突入したことである。全被保護者の29％以上が70歳以上の高齢者であり，60歳以上の被保護者は過半数を超えている。この人々の多くは，亡くなるまで保護が継続されることになる（図10−3）。

被保護世帯類型と分類方法

2003（平成15）年度と2013（平成25）年度の世帯類型別の保護世帯数と構成割合の推移（厚生労働省，2014）

	世帯数	構成割合％	増加率
被保護世帯総数	93万9733世帯／158万7129世帯	100％	1.68倍
高齢者世帯	43万5804世帯／72万 616世帯	46.4％／45.3％	1.65倍
母子世帯	8万2216世帯／11万2302世帯	8.7％／7.1％	1.36倍
傷病・障害者世帯	33万6772世帯／46万6192世帯	35.8％／29.4％	1.38倍
その他の世帯	8万4941世帯／28万8019世帯	9.0％／18.2％	3.39倍

　表の10年間の世帯類型の推移を見るといずれも増加していることがわかる。この「世帯類型」とは生活保護行政の分類であるが，就労についての分類ではないため，働けるのに働かない人々が増加しているというものでもない。この類型の分類方法は，まず「高齢者世帯」を抽出しその後に「母子世帯」「障害世帯」「傷病世帯」最後に「その他の世帯」と順に抽出している。したがって，母親が身体障害者手帳1級を持つ障害者であり，小学生の子どもとの2人世帯の場合も「障害世帯」ではなく「母子世帯」と類型されることとなる。同様に，70歳の母親と40歳の知的障害者の息子の世帯も「その他世帯」と分類される（高齢者のみの世帯でない）。また「その他世帯」とは文字通り，高齢・母子・障害・傷病類型に当てはまらない世帯を指すので，「その他の世帯」が就労できるかどうかはこの統計ではわからない。

世帯類型定義

高齢者世帯	男女とも65歳以上（2005（平成17）年3月以前は，男65歳以上，女60歳以上）の者のみで構成されている世帯か，これらに18歳未満の者が加わった世帯。
母子世帯	死別，離別，生死不明及び未婚等により，現に配偶者がいない65歳未満（2005年3月以前は，18歳以上60歳未満）の女子と18歳未満のその子（養子を含む）のみで構成されている世帯。
障害世帯	世帯主が障害者加算を受けているか，障害・知的障害等の心身上の障害のため働けない者である世帯。
傷病世帯	世帯主が入院（介護老人保健施設入所を含む）しているか，在宅患者加算を受けている世帯，もしくは世帯主が傷病のため働けない者である世帯。
その他の世帯	上記以外の世帯。

＊厚生労働省『社会・援護局主管課長会議資料』2013（平成25）年3月11日

② 生活保護世帯の増加要因

　ここで注意しなくてはならないのは，問題は被保護者の増加ではなく貧困者の増加であるとの認識が必要ということである。つまり，被保護者増加の原因は貧困者の増加であることから，貧困問題の解決を図らないで，被保護者自体を減らそうとすると病院に行けず症状が悪化したり，最悪の場合餓死者が出るような悲惨な事件が起きる

こととなる。このことは、生活保護制度を廃止すれば被保護者はいなくなるが、貧困者がいなくなるわけではないことを考えれば明らかである。生活保護は社会の貧困状況を反映するモノサシでもある。

貧困者の増加原因が、わが国の経済状況の悪化や高齢社会であることは述べてきたが、これらの問題に対しての社会システムの不十分なことが大きな問題なのである。社会保険や労働政策を見ると、65歳から受給できる基礎年金は満額でも月額6万5008円（2015（平成27）年度）であるが、これではとても生活ができない。したがって多くの高齢者は貯えを切り崩して生活をしている。大病をして預貯金を使い切る場合や、もともと不安定な仕事で貯金が十分にできない場合は、年金だけでは生活できないことから最終的には生活保護に頼らざるを得ない。

また、労働者の給料の法律上の最下限である最低賃金についてもその額が十分なのかには議論がある。全国で一番高い額である東京の地域別最低賃金は888円（2014（平成26）年10月1日発効）であることから、週40時間×4週間で14万2080円が月収となる。小遣いのためや家計補助的な場合ではなく、主たる収入の場合、家族がいてこの給料での生活は厳しいように思われる。

このように、経済情勢の悪化や高齢者の増加による貧困問題に対して、社会保険・労働政策が十分対応できないため、被保護者が増加していると言えよう。つまり貧困問題は、個人の問題ではなく社会の問題として理解する必要がある。貧困を個人の問題として個人責任を強調することは、生活保護受給が恥ずかしいことかのような風潮をつくることとなり、生活保護への偏見が強調され、生活保護が必要な人が排除されることにもなりかねない。むしろ、現状では、生活困窮者に対しては、自治体による積極的な生活保護の受給推奨が必要と言える。

（2）貧困に陥った人々への援助

フルタイムで働いても収入が低く、生活困窮に陥るワーキングプアが増加している。この世帯に子どもがいると「子どもの貧困」に繋がる。したがって、「子どもの貧困」を子どもの問題だけに狭く理解するべきではない。その世帯自体の貧困と考える必要がある。

また、ホームレスや住居不安定者も増加している。河川敷や公園、駅などでブルーテントや段ボールで寝ている人々だけではなく、ネットカフェや漫画喫茶、サウナを転々とせざるを得ない人々もいる。この人々は、そこから仕事に出ることもあるが、失職し収入が無くなれば野宿せざるを得ない。このような状況が続けば、長期の生活困難の中で目先のことしか考えらなくなり、人間不信に陥り適切な人間関係を築けず社会で孤立する場合もある。「貧困の時間と質の相関関係」とも言えるものである。

社会的な援護を要する人々に対する社会福祉のあり方に関する検討会

「社会による排除・摩擦や社会からの孤立の現象は、いわば今日の社会が直面している支え合う力の欠如や対立・摩擦、あるいは無関心といったものを示唆しているとも言える。具体的な諸問題の関連を列記すると、以下の通りである。急激な経済社会の変化に伴って、社会不安やストレス、ひきこもりや虐待など社会関係上の障害、あるいは虚無感などが増大する」。「低所得の単身世帯、ひとり親世帯、障害者世帯の孤立や、わずかに残されたスラム地区が、地区ごと孤立化することもある。若年層などでも、困窮しているのにその意識すらなく社会からの孤立化を深めている場合もある。これらは通常「見えにくい」問題であることが少なくない」。(2000（平成12）年厚生労働省報告書より)

（3）生活保護法の仕組みと子どもへの援助
① 生活保護の構造

生活保護の目的は、憲法25条の生存権保障の具体化であり、生活保護法は「この法律は、日本国憲法第二十五条に規定する理念に基き、国が生活に困窮するすべての国民に対し、その困窮の程度に応じ、必要な保護を行い、その最低限度の生活を保障するとともに、その自立を助長することを目的とする」と規定している。これを、最低限度の生活保障（経済的保障）と自立の助長という。

この最低限度の生活とは、国が国民に対して一定限度以下の生活をさせてはならず、

表10-5　生活保護の原理・原則と扶助

【生活保護の原理】生活保護は全てこの原理により解釈され、運用されなくてはならない。
- 国家責任の原理：国の責任で生活に困窮する者の最低生活保障と自立助長を行う。
- 無差別平等の原理：貧困状態に至った原因は問わず、保護請求権は国民の全てに与えられている。
- 最低生活保障の原理：国が保障する最低生活は、健康で文化的な生活を維持する内容である。
- 補足性の原理：個人が可能な努力をしても生活を維持できないときに保護が行われる。

【生活保護の原則】生活保護制度を運用するにあたっての原則である。
- 申請保護の原則：国民は保護を請求（保護申請）することができ、保護は請求権の行使に基づき行われる。
- 基準及び程度の原則：保護の基準は、最低生活の需要を満たすもので、これを超えないものを厚生労働大臣が定める。
- 必要即応の原則：保護の種類、程度は要保護者の実際の必要に応じ有効、適切に定められる。
- 世帯単位の原則：保護の要否と程度は世帯を単位に定められる。

生活扶助	日々の暮らしにかかる食費、衣料費、光熱費、電話代、交際費等
住宅扶助	家賃、部屋代、地代、住宅維持費（修繕費）、更新料、敷金等
教育扶助	義務教育にかかる費用（学級費、教材費、給食費、通学費、クラブ活動費等）
介護扶助	介護サービスを受ける費用等（サービスの現物給付）
医療扶助	病気やケガをして医療を受けるときの費用（治療・手術・薬等の現物給付）、必要最小限の通院費
出産扶助	病院や助産施設で出産する費用
生業扶助	就職するための技能を修得する費用、就職支度費用、高校就学費（授業料、教科書、入学準備費、通学定期代、部活動費等）等
葬祭扶助	葬式、火葬、埋葬等の費用

一定限度以上の生活を保障するということであり，最低の生活で我慢させるということではない。そのために生活保護は，表10-5のような原理・原則と扶助を設けている。

② 自立助長とは何か

敗戦直後にできた旧生活保護法には自立助長の規定はなく，1950（昭和25）年の現行生活保護法において初めて規定されたものである。そこで，自立助長については法制定時より「異なる」説明が行われていたが，その理解によって生活保護法の目的である「自立助長」の意味が全く変わることとなった。

ひとつの考え方は，表10-6の生活保護法制定時の厚生省保護課長小山進次郎による自立助長の説明であり，もうひとつの考え方は，小山の上司である厚生省社会局長木村忠次郎の説明である。

同時期の厚生省社会局長と保護課長が自立助長について，「惰民防止」か否かという異なる見解を説明していたのである。これは自立の意味が「保護からの排除」か「社会福祉的支援」かということであり，前者であれば貧困者には厳しく対応し生活保護を受給させない方向となり，後者であれば保護受給をした上でその人にふさわしい自立を支援することになる。

（4）行政責任による生活保護の援助
① 行政責任に基づく支援

生活保護を実施するのは，地方自治体の福祉事務所であるが，生活保護は国が国民の生存権を保障するものであることから，国家責任として行われる。日本は国民主権の民主主義国家であることから，行政は国民の福祉のために存在し，行政の責任とし

表10-6　小山進次郎と木村忠次朗の自立助長の説明

【小山進次郎（1951）】
「法第1条の目的に『自立の助長』を掲げたのは，この制度を単に一面的な社会保障制度とみ，ただこれに伴い勝ちな惰民の防止をこの言葉で意味づけようとしたのではなく『最低生活の保障』と対応し社会福祉の究極の目的とする『自立の助長』を掲げることにより，この制度が社会保障の制度であると同時に社会福祉の制度である所以を明らかにしようとしたのである。」
「最適生活の保障と共に，自立の助長ということを目的の中に含めたのは，『人をして人たるに値する存在』たらしめるには単にその最低生活を維持させるというだけでは十分でない。凡そ人はすべてその中に何等かの自主独立の意味において可能性を包蔵している。この内容的可能性を発見し，これを助長育成し，而して，その人をしてその能力に合い相応しい状態において社会生活に適応させることこそ，真実の意味において生存権を保障する所以である。社会保障の制度であると共に，社会福祉の制度である生活保護制度としては，当然此処迄を目的とすべきであるとする考えに出でるものである。従って，兎角誤解され易いように惰民防止ということは，この制度がその目的に従って最も効果的に運用された結果として起こることではあらうが，少なくとも『自立の助長』という表現で第一義的に意図されている所ではない。自立の助長を目的に謳った趣旨は，そのような調子の低いものではないのである。」

【木村忠次郎（1950）】
「本法制定の目的が，単に困窮国民の最低生活の保障と維持にあるだけでなく，進んでその者の自立更生をはかることにあることは，国の道義的責務よりしても当然のことであるが，改正法においては第一条にその趣旨を明言してこの種の制度に伴い勝ちの惰民養成を排除せんとするものである。」

て国民の福祉を実行しなくてはならない。生活保護における行政責任とは，的確な保護費の支給と，生活保護援助・支援の体系化，組織化，継続性の確立と考えられる。

しかし，国民主権とはいえ福祉事務所のケースワーカー（以下，CW）は行政権力を背景とした支援者であり，一個人である被保護者との対等性，別の言い方をするならば，「給付者」と「受給者」との関係での対等性を維持することは難しい場合が多い。もちろん，理念としての対等性は前提ではあるが，どのように実質的対等性が保障されるべきかが課題である。

2 困難化，複雑化する住民の生活課題への対応

生活困窮に陥る経過は複雑であり，貧困状況が続くことにより，人としての尊厳が奪われることも少なくない。経済的困難だけではなく，生きる意欲の減退や社会からの孤立，適切な人間関係を保てずトラブルをくり返すなどの現実もある。

例として，被保護者の自殺率が全国の自殺率よりも高いことがあげられる（表10-7）。厚生労働省は，その原因を，被保護者には，精神疾患（うつ病，統合失調症，依存症）を有する者の割合が高いこととしているが，このことは，現代社会で一般に罹患する可能性の高いこれらの疾病患者の生活を生活保護が支えているということでもあり，現状の生活保護行政では自殺防止対策が十分ではないということでもある。

また，不登校の問題も同様である。筆者が調べた不登校調査では，小学校，中学校共に経済状況が厳しい家庭ほど不登校率が高いことがわかる（表10-8）。特に中学校では，被保護児童とその他の児童では4.8倍の差があり，被保護児童と準要保護児

表10-7　人口10万人に対する自殺者の割合（厚生労働省，2015d）

	生活保護受給者		（参考）全国	
	自殺者数（人）	自殺率（生活保護受給者10万対）	自殺者数（人）	自殺率（人口10万対）
平成21年	1045	62.4	32845	25.8
平成22年	1047	55.7	31690	24.7
平成23年	1187	58.6	30651	24.0
平成24年	1227	58.7	27858	21.8
平成25年	1225	57.6	27283	21.4

※自殺率は，人口（又は生活保護受給者）10万人あたりの自殺者数を示す。
資料：自殺者の概要資料（警察庁），厚生労働省保護課調べ（平成25年における生活保護受給者の自殺率の計算には，被保護者調査（年次）の暫定集計を用いた）

表10-8　板橋区の経済状況と不登校児発生率（池谷，2007）

	被保護児童	準要保護児童	その他の児童
小学校	0.28%	0.04%	0.00%
中学校	11.58%	3.19%	2.41%

童の間でも3.6倍の差がある。一方で，その他の児童と準要保護児童の差は1.3倍であった。

これらの人々への支援が，保護費を支給するという経済給付だけでは問題の解決にならないことは明らかである。生活保護の支援は比較的画一的判断が容易な経済給付と，被保護者個人ごとに異なる対人援助があるのである。

生活保護におけるケースワークとは？

CWによる個人の困難に対する個別支援にあたっては，被保護者個人の「困難さ」「つらさ」には基準がなく，CW等の援助者の判断次第の傾向がある。扶助費は被保護者が同じ状況であるならば，どのCWが計算しても同額となるが，対人援助は個別的，具体的内容になり，CWがどこまで相談援助を行うのかの基準がない。つまり，対人援助についてはその性質から法的に規定できず，法的権利性が曖昧ということでもある。

このことを小山（1951）は次のように述べる。

「この法律が社会保障法としての建前を採っていることと，もう1つは法律技術上の制約によりケースワークを法律で規定することが至難であることのために，この法律の上では金銭給付と現物給付とだけが法律上の保護として現れている。従って，現実には保護として行われ，且つ，被保護者の自立指導の上に重要な役割を演じているケースワークの多くが法律上では行政機関によって行われる単なる事実行為として取り扱われ法律上何等の意義も与えられていない。これはともすれば生活保護において第一義的なものは金銭給付や現物給付のような物質的扶助であるとの考えを生じさせ勝ちであるけれども，ケースワークを必要とする対象に関する限り，このように考えることは誤りだといわなければならない」

（5）生活保護自立支援プログラムの導入

社会保障審議会「生活保護制度の在り方に関する専門委員会」（厚生労働省，2004a）は，組織的，体系的に地域の実情に合わせた支援方法である自立支援プログラムの実施を提起した。そしてこれを受け，厚生労働省（2005a）は，自立支援プログラムの導入を推進していくこととし，次のような通知を出した。「今日の被保護世帯は，傷病・障害，精神疾患等による社会的入院，DV，虐待，多重債務，元ホームレス，相談に乗ってくれる人がいないため社会的なきずなが希薄であるなど多様な問題を抱えており，また，保護受給期間が長期にわたる場合も少なくない」。しかし，福祉事務所の実情は「これまでも担当職員が被保護世帯の自立支援に取り組んできたところであるが，被保護世帯の抱える問題の複雑化と被保護世帯数の増加により，担当職員個人の努力や経験等に依存した取り組みだけでは，十分な支援が行えない状況となっている」。「このような状況を踏まえ，経済的給付を中心とする現在の生活保護制度から，実施機関が組織的に被保護世帯の自立を支援する制度に転換することを目的として，自立支援プログラムの導入を推進していくこととしたものである」。そこで，2005（平成17）年4月より全国の福祉事務所で自立支援プログラムは，生活保護行政における重要な柱として実施されることとなった（表10-9参照）。

このように，自立支援プログラムは複雑な課題を持つ被保護者に対するCW個人

第1節　ソーシャルワークに関わる根本的な法律・制度

表10-9　自立支援プログラム概要（厚生労働省，2005）

基本方針
すべての被保護者は，自立に向けて克服すべき何らかの課題を抱えているものと考えられ，またこうした課題も多様なものと考えられる。このため，自立支援プログラムは，就労による経済的自立（以下「就労自立」という。）のためのプログラムのみならず，身体や精神の健康を回復・維持し，自分で自分の健康・生活管理を行うなど日常生活において自立した生活を送ること（以下「日常生活自立」という。），及び社会的な繋がりを回復・維持し，地域社会の一員として充実した生活を送ること（以下「社会生活自立」という。）を目指すプログラムを幅広く用意し，被保護者の抱える多様な課題に対応できるようにする必要がある。

定義
自立支援プログラムとは，「実施機関が管内の被保護世帯全体の状況を把握した上で，被保護者の状況や自立阻害要因について類型化を図り，それぞれの類型ごとに取り組むべき自立支援の具体的内容及び実施手順等を定め，これに基づき個々の被保護者に必要な支援を組織的に実施するものである。個々の担当職員の努力により培われた経験や他の実施機関での取り組みの事例等を具体的な自立支援の内容や手順等に反映させていくことにより，こうした経験等を組織全体として共有することが可能となり，自立組織対応や効率化に繋がるものと考えられる。」

生活保護における自立（社会福祉法第3条の理念を定めた自立概念で整理）
①経済的（就労）自立（就労による経済的自立）
②日常生活自立（身体や精神の健康を回復・維持し，自分で自分の健康・生活管理を行うなど日常生活において自立した生活を送ること）
③社会生活自立（社会的な繋がりを回復・維持し，地域社会の一員として充実した生活を送ること）

※社会福祉法第3条（福祉サービスの基本的理念）：福祉サービスは，個人の尊厳の保持を旨とし，その内容は，福祉サービスの利用者が心身ともに健やかに育成され，又はその有する能力に応じ自立した日常生活を営むことができるように支援するものとして，良質かつ適切なものでなければならない。

の判断による支援から体系的，継続的な支援を行政が組織的に行うものとなった。さらにこのことで，生活保護法制定時の「自立助長」を惰民養成防止と考えるのか否かという，社会局長木村忠二郎と保護課長小山進次郎の議論は，社会・援護局長通知として示され，整理された。つまり，自立助長とは惰民防止ではなく，生活保護を受給しながら，その人らしい自立を支援するということである。

（6）子どもの問題と自立支援プログラム

①被保護世帯の子どもの状況

　自立支援プログラムは，被保護者に対して，保護の廃止や停止などの不利益変更を背景にした指導指示ではなく，被保護者の同意，合意に基づいた支援である。
　本人の同意に基づいた，経済的自立支援・日常生活自立支援・社会生活自立支援と考えた場合，その支援対象者は大人だけではなく子どもも含まれることとなる。被保護世帯の子どもについては，親等の養育者が生活に追われていたり，病気や障害のために十分な養育ができない場合もある。また，生活保護により最低限度の生活は保障されているとはいえ，進学にあたっては十分な費用が支給されているとはいえない。

②子ども支援の自立支援プログラムの実施

　高校は義務教育ではないとはいえ，高校進学は一般的になっており，高校を卒業し

表10-10　高校進学率の全国平均（岡部, 2013）

年度	全国平均	被保護世帯
2005年	97.6%	78.9%
2006年	97.7%	82.0%
2007年	97.7%	84.5%
2008年	97.8%	90.0%
2009年	97.9%	90.7%
2010年	98.0%	92.3%
2011年	98.3%	92.4%

ないと就職等でも非常に不利になることは明らかである。

そこで，全国でいくつかの福祉事務所は「高校進学支援（自立支援）プログラム」を作成し実施を始めている。もちろん，今までも被保護世帯の子どもについて問題意識を持つCWはいたが，行政の組織的な支援とはされていなかった。福祉事務所が「高校進学支援（自立支援）プログラム」を作成し実施するということは，行政責任で被保護世帯の子どもを支援するということである。この結果，進学率が徐々に向上しているが，全国平均には届いていない（表10-10）。

これらの取り組みを行うことで学習環境に課題のある子どもたちを行政が把握できるようになった。例えば，生活保護で決まっている住宅扶助（家賃）では，都市部では自分の勉強部屋を持てる状況にない。このことは居間や家族の寝室に机があり，弟や妹がテレビを見たり，遅くまで勉強できないこと，また自分の勉強机が無い場合もあることなど勉強環境の不十分性がわかった。そこで，自立支援プログラムの新たな支援手段の開発として，一部の自治体では「学習の場」「基礎学力」確保のための学習塾への費用支給やボランティアによる学習支援（別途，社協による就学への貸付〔生活福祉資金〕等もある）も行われ始めている。

(7) 子どもへの経済的支援

1 生活保護による経済的支援

　生活保護法は13条に教育扶助を規定している。これは，義務教育に伴い必要な教科書その他の学用品，通学用品，学校給食，その他必要なものを扶助することとなっている。高校生については義務教育対象ではないため，教育扶助ではなく生活保護法17条の生業扶助の対象となる。これらの基準は表10-11の通りである。少しずつではあるが生活保護制度では小中学校の義務教育と高校の費用について整備されつつある。

2 就学援助制度

　低所得者世帯の子どもの支援については就学援助制度（教育委員会が所管である）がある。就学援助とは，学校教育法19条に定める「経済的理由によって，就学困難と認められる学齢児童又は学齢生徒の保護者に対しては，市町村は，必要な援助を与えなければならない」が根拠とされる。対象者は被保護者の他，市町村教育委員会が被保護者に準ずる程度に困窮していると認める者である。

　低所得者の増加により，就学援助対象者は増加傾向にある。特に就学援助制度は，生活保護を受給していない低所得者も活用できるため，全国では多くの人々が利用し，2012（平成24）年度には過去最高の15.64％となっている（図10-4）。しかし，就学援助の対象となるかどうかの収入基準は，自治体ごとに異なることから，利用しやす

表10-11 義務教育の教育扶助・就学援助，高等学校の生業扶助（2015年度）

教育扶助基準
- 対象：小学校／中学校
- 入学準備金：40,600円以内／47,400円以内
- 基準額（月額）：2,210円／4,290円
- 教材代：正規の教材として学校長又は教育委員会が指定するものの購入に必要な額
- 学校給食費：保護者が負担すべき給食費の額
- 通学のための交通費：通学に必要な最小限度の額
- 学習支援費（月額）：2,630円／4,450円
- 学級費等（月額）700円以内／790円以内

就学援助
- 対象　小学校／中学校

①学用品費，②体育実技用具費，③新入学児童生徒学用品費等，④通学用品費，⑤通学費，⑥修学旅行費，⑦校外活動費，⑧クラブ活動費，⑨生徒会費，⑩PTA会費，⑪医療費・一部通院費，⑫学校給食費，この他，スポーツ振興センター災害共済給付掛金，郊外における自転車通学のヘルメット等自治体により一部異なる。
※支給方法（月毎・学期毎・半年毎等）も自治体により異なるため，毎回（年度）の申請が遅れると支給も遅れることになる。なお学用品費等は上限額がある。

生業扶助基準
- 対象　高等学校
- 入学準備金：63,200円以内
- 基本額（月額）：5,450円
- 教材代：正規の授業で使用する教材の購入に必要な額
- 授業料：高等学校等（高等学校等就学支援金の支給に関する法律（平成22年法律第18号）第2条各号に掲げるものを除く。）に通学する場合は，同法の施行前に当該高等学校等が所在する都道府県の条例に定められていた都道府県立の高等学校における額以内の額
- 入学料及び入学考査料：高等学校等が所在する都道府県の条例に定める都道府県立の高等学校等における額以内の額。ただし，市町村立の高等学校等に通学する場合は，当該高等学校等が所在する市町村の条例に定める市町村立の高等学校等における額以内の額
- 通学のための交通費：通学に必要な最小限度の額
- 学習支援費（月額）：5,150円
- 学級費等1,960円以内

い自治体と利用しにくい自治体がある。また，就学援助を認定するにあたっての収入基準を，生活保護基準額の基準額に一定の係数（例えば生活保護基準額の1.1倍の基準率等）を掛けて算出する自治体が68％ある（文部科学省，2014a）。

しかし，政府は現在，生活保護の基準額（保護費）の減額を進めているため，現在就学援助を受けていても，翌年度は就学援助を受けられなくなる可能性のある人々が生じる。つまり，生活保護基準額が下がることにより，就学援助から排除される低所得世帯の子どもが生じる可能性があるのである。就学援助制度は義務教育の子どもがいる低所得世帯にとり重要な施策であるが，制度としての脆弱さも持っているように思われる。

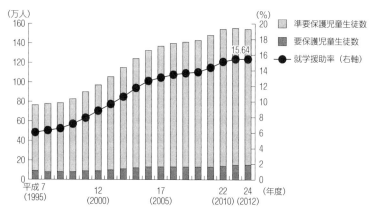

(出典)文部科学省「要保護及び準要保護児童生徒数について」
注)1.学校教育法第19条では,「経済的理由によって就学困難と認められる学齢児童又は学齢生徒の保護者に対しては,市町村は,必要な援助を与えなければならない。」とされており,生活保護法第6条第2項に規定する要保護者とそれに準ずる程度に困窮していると市町村教育委員会が認めた者(準要保護者)に対し,就学援助が行われている。
2.ここでいう就学援助率とは,公立小中学校児童生徒の総数に占める就学援助受給者(要保護児童生徒数と準要保護児童生徒数の合計)の割合。

図10-4　小学生・中学生に対する就学援助の状況(内閣府,2015)

第2節　ソーシャルワークの専門職に関わる法律・制度と倫理

1. 社会福祉士法及び介護福祉士法：1987(昭和62)年制定

「社会福祉士及び介護福祉士の資格を定めて,その業務の適正を図り,もって社会福祉の増進に寄与すること」を目的に施行された。2008(平成20)年には,近年の介護・福祉ニーズの多様化・高度化に対応し,人材の確保・資質の向上を図ることを背景に法の一部が改正され,定義,義務規定の見直し,各資格取得方法の検討,有資格者の任用活用の促進が明記された。

定義規定では,従来の福祉サービスを介した相談援助の他,他のサービス関係者との連絡・調整を行い,橋渡しを行うことが記され,義務規定では「誠実義務」と「資質向上の責務」が追記された。また,多職種との「連携」の規定は,福祉,医療等の地域の専門職と連携し,積極的に問題解決に取り組むよう見直された。また,「資質向上の責務」では,資格取得後の自らの知識及び技能の向上を推進している。

文部科学省の提示もあり,SSWrの採用条件として,「社会福祉士」「精神保健福祉士の有資格者」を揚げる自治体が多く見られる。「精神保健福祉士」は,社会福祉士,介護福祉士と並ぶ福祉系三大国家資格であり,1997(平成9)年に精神保健福祉士の

資格を定めて，その業務の適正を図り，精神保健の向上及び精神障害者の福祉の増進に寄与することを目的に精神保健福祉士法に定められたものである。

2．ソーシャルワーカーの倫理要綱

ソーシャルワーカーが目指すべき価値や専門職としての態度・姿勢を示すものとして，またソーシャルワークの定義を拠り所として「社会福祉士の倫理綱領」（表10-12）がある。なおソーシャルワークのグローバル定義を踏まえ，今後，国内のソーシャルワークの定義も定められる。倫理綱領はこれを踏まえ改訂される予定であり，動向を捉える必要がある。

表10-12　社会福祉士の倫理綱領（日本社会福祉士会，2005）

前文
　われわれ社会福祉士は，すべての人が人間としての尊厳を有し，価値ある存在であり，平等であることを深く認識する。われわれは平和を擁護し，人権と社会正義の原理に則り，サービス利用者本位の質の高い福祉サービスの開発と提供に努めることによって，社会福祉の推進とサービス利用者の自己実現をめざす専門職であることを言明する。
　われわれは，社会の進展に伴う社会変動が，ともすれば環境破壊及び人間疎外をもたらすことに着目する時，この専門職がこれからの福祉社会にとって不可欠の制度であることを自覚するとともに，専門職社会福祉士の職責についての一般社会及び市民の理解を深め，その啓発に努める。
　われわれは，ソーシャルワークの知識，技術の専門性と倫理性の維持，向上が専門職の職責であるだけでなく，サービス利用者は勿論，社会全体の利益に密接に関連していることを認識し，本綱領を制定してこれを遵守することを誓約する者により，専門職団体を組織する。
（ソーシャルワークの定義は割愛）

価値と原則
1　（人間の尊厳）社会福祉士は，すべての人間を，出自，人種，性別，年齢，身体的精神的状況，教的文化的背景，社会的地位，経済状況等の違いにかかわらず，かけがえのない存在として尊重する。
2　（社会正義）差別，貧困，抑圧，排除，暴力，環境破壊などの無い，自由，平等，共生に基づく社会正義の実現を目指す。
3　（貢献）社会福祉士は，人間の尊厳の尊重と社会正義の実現に貢献する。
4　（誠実）社会福祉士は，本倫理綱領に対して常に誠実である。
5　（専門的力量）社会福祉士は，専門的力量を発揮し，その専門性を高める。

倫理基準
1）利用者に対する倫理責任
1．（利用者との関係）社会福祉士は，利用者との専門的援助関係を最も大切にし，それを自己の利益のために利用しない。
2．（利用者の利益の最優先）社会福祉士は，業務の遂行に際して，利用者の利益を最優先に考える。
3．（受容）社会福祉士は，自らの先入観や偏見を排し，利用者をあるがままに受容する。
4．（説明責任）社会福祉士は，利用者に必要な情報を適切な方法・わかりやすい表現を用いて提供し，利用者の意思を確認する。
5．（利用者の自己決定の尊重）社会福祉士は，利用者の自己決定を尊重し，利用者がその権利を十分に理解し，活用していけるように援助する。
6．（利用者の意思決定能力への対応）社会福祉士は，意思決定能力の不十分な利用者に対して，常に最善の

方法を用いて利益と権利を擁護する。
7．（プライバシーの尊重）社会福祉士は，利用者のプライバシーを最大限に尊重し，関係者から情報を得る場合，その利用者から同意を得る。
8．（秘密の保持）社会福祉士は，利用者や関係者から情報を得る場合，業務上必要な範囲にとどめ，その秘密を保持する。秘密の保持は，業務を退いた後も同様とする。
9．（記録の開示）社会福祉士は，利用者から記録の開示の要求があった場合，本人に記録を開示する。
10．（情報の共有）社会福祉士は，利用者の援助のために利用者に関する情報を関係機関・関係職員と共有する場合，その秘密を保持するよう最善の方策を用いる。
11．（性的差別，虐待の禁止）社会福祉士は，利用者に対して，性別，性的指向等の違いから派生する差別やセクシュアル・ハラスメント，虐待をしない。
12．（権利侵害の防止）社会福祉士は，利用者を擁護し，あらゆる権利侵害の発生を防止する。

２）実践現場における倫理責任
1．（最良の実践を行う責務）社会福祉士は，実践現場において，最良の業務を遂行するために，自らの専門的知識・技術を惜しみなく発揮する。
2．（他の専門職等との連携・協働）社会福祉士は，相互の専門性を尊重し，他の専門職等と連携・協働する。
3．（実践現場と綱領の遵守）社会福祉士は，実践現場との間で倫理上のジレンマが生じるような場合，実践現場が本綱領の原則を尊重し，その基本精神を遵守するよう働きかける。
4．（業務改善の推進）社会福祉士は，常に業務を点検し評価を行い，業務改善を推進する。

３）社会に対する倫理責任
1．（ソーシャル・インクルージョン）社会福祉士は，人々をあらゆる差別，貧困，抑圧，排除，暴力，環境破壊などから守り，包含的な社会を目指すよう努める。
2．（社会への働きかけ）社会福祉士は，社会に見られる不正義の改善と利用者の問題解決のため，利用者や他の専門職等と連帯し，効果的な方法により社会に働きかける。
3．（国際社会への働きかけ）社会福祉士は，人権と社会正義に関する国際的問題を解決するため，全世界のソーシャルワーカーと連帯し，国際社会に働きかける。

４）専門職としての倫理責任
1．（専門職の啓発）社会福祉士は，利用者・他の専門職・市民に専門職としての実践を伝え社会的信用を高める。
2．（信用失墜行為の禁止）社会福祉士は，その立場を利用した信用失墜行為を行わない。
3．（社会的信用の保持）社会福祉士は，他の社会福祉士が専門職業の社会的信用を損なうような場合，本人にその事実を知らせ，必要な対応を促す。
4．（専門職の擁護）社会福祉士は，不当な批判を受けることがあれば，専門職として連帯し，その立場を擁護する。
5．（専門性の向上）社会福祉士は，最良の実践を行うために，スーパービジョン，教育・研修に参加し，援助方法の改善と専門性の向上を図る。
6．（教育・訓練・管理における責務）社会福祉士は教育・訓練・管理に携わる場合，相手の人権を尊重し，専門職としてのよりよい成長を促す。
7．（調査・研究）社会福祉士は，すべての調査・研究過程で利用者の人権を尊重し，倫理性を確保する。

第3節　子どもと家庭に関わる法律・制度と諸問題

1．子どもの権利に関わる基本法

(1) 児童の権利に関する条約（Convention on the Rights of the Child）

　児童を「保護の対象」としてではなく，「権利の主体」とした条約として，1989年

表10-13 児童の権利条約における4つの権利（ユニセフ）

生きる権利：病気などで命をうばわれないこと，病気やけがをしたら治療を受けられることなど。
育つ権利：教育を受け，休んだり遊んだりできること。考えや信じることの自由が守られ，自分らしく育つことができることなど。
守られる権利：あらゆる種類の虐待や搾取などから守られること，障がいのある子どもや少数民族の子どもなどは特に守られることなど。
参加する権利：自由に意見をあらわしたり，集まってグループをつくったり，自由な活動をおこなったりできることなど。

11月20日に第44回国連総会において採択（わが国では1990年9月21日署名，1994年4月22日批准）された（「児童の権利に関する宣言」の採択30周年記念日でもある）。国際人権規約において定められている児童の人権の尊重及び確保の観点から，必要となる具体的な事項が規定されている。その後，2000年5月には，「武力紛争における児童の関与に関する児童の権利に関する条約の選択議定書」と「児童の売買，児童買春及び児童ポルノに関する児童の権利に関する条約の選択議定書」の2つの選択議定書が採択され，日本はそれぞれの選択議定書を2004年8月，2005年1月に批准した。児童の権利条約で定めている権利は，大きく表10-13のように子どもの権利を守るように定めている。なお近年，リベンジポルノ等のプライベートな性的画像公開を防ぐために「私事性的画像記録の提供等による被害の防止に関する法律」が施行（2014（平成26）年11月）された。

児童を権利の主体とする道のり

児童の権利に関する歴史としては，1924年の「ジュネーブ宣言」から始まる。ここでは，戦争が児童に及ぼした悲しい過去の反省から，社会は子どもに対して最善の努力を尽くす義務があることを認め，発達保障や児童救済の優先などを国際連盟が採択した。その後，大戦後の1959年11月20日に「児童の権利に関する宣言」が国連総会で採択された。さらに20年を経て1979年を国際児童年とし，国連人権委員会は，「児童の権利に関する条約」を作成するための作業部会を設置し，採択へと至った。

（2）児童福祉法

戦後に困窮する子どもの保護，救済を目的とし，また次代を担う子どもの健全な育成を図るために1947（昭和22）年に制定（施行1948（昭和21）年）された。第1条第1項に「すべて国民は，児童が心身ともに健やかに生まれ，且つ，育成されるよう努めなければならない」，また，同第2項に「すべて児童は，ひとしくその生活を保障され，愛護されなければならない」と規定されており，時代の変化と社会のニーズに合わせて改正をくり返しながらも，現在まで児童福祉の基盤として位置づけられてい

る。
　わが国における児童の福祉に関する歴史としては，1951（昭和26）年に「児童憲章」が出された。児童福祉法が戦災孤児，浮浪児の対策を優先せざるを得ない状態であったため，大人と社会が児童福祉の責任を宣言しようという声が高まり，すべての児童に対する積極的な福祉の確保を宣言した。

児童福祉法の定める施設等

○児童福祉施設：「助産施設，乳児院，母子生活支援施設，保育所，幼保連携型認定こども園，児童厚生施設，児童養護施設，障害児入所施設，児童発達支援センター，情緒障害児短期治療施設，児童自立支援施設及び児童家庭支援センター」（法第7条）
○児童相談所：児童に関する相談，判定，指導，一時保護の実施機関として「都道府県は，児童相談所を設置しなければならない」（法第12条）とした。
○上記以外の施設として新たに，放課後等デイサービス（この他，児童発達支援と医療型児童発達支援があるが就学規定はない）が定められ，「学校教育法第1条に規定する学校（幼稚園及び大学を除く。）に就学している障害児につき，授業の終了後又は休業日に児童発達支援センターその他の厚生労働省令で定める施設に通わせ，生活能力の向上のために必要な訓練，社会との交流の促進その他の便宜を供与すること」があげられた（法第6条）。

2．子どもの権利侵害を防止するための法律

（1）児童虐待の防止等に関する法律（児童虐待防止法）：2000（平成12）年制定

　児童に対する虐待の禁止，児童虐待の予防及び早期発見その他の児童虐待の防止に関する国及び地方公共団体の責務，児童虐待を受けた児童の保護及び自立の支援のための措置等を定めることにより，児童虐待の防止等に関する施策を促進し，もって児童の権利利益の擁護に資することを目的として施行された。

　この法律において，「児童虐待」とは，保護者（親権を行う者，未成年後見人その他の者で，児童を現に監護するものをいう）が，その監護する児童（18歳に満たない者をいう）に対して行う表10-14の4種類に分類される行為を指す。日本の児童虐待に関する相談対応件数はこれまでで最多の件数となっている（表10-15）。

　児童虐待防止法においては，学校等の役割について，「学校，児童福祉施設，病院その他児童の福祉に業務上関係のある団体及び学校の教職員，児童福祉施設の職員，医師，保健師，弁護士その他児童の福祉に職務上関係のある者は，児童虐待を発見しやすい立場にあることを自覚し，児童虐待の早期発見に努めなければならない」としている（表10-16）。

表10-14 児童虐待の定義（厚生労働省ホームページより）

身体的虐待	殴る，蹴る，叩く，投げ落とす，激しく揺さぶる，やけどを負わせる，溺れさせる，首を絞める，縄などにより一室に拘束する　など
性的虐待	子どもへの性的行為，性的行為を見せる，性器を触る又は触らせる，ポルノグラフィの被写体にする　など
ネグレクト	家に閉じ込める，食事を与えない，ひどく不潔にする，自動車の中に放置する，重い病気になっても病院に連れて行かない　など
心理的虐待	言葉による脅し，無視，きょうだい間での差別的扱い，子どもの目の前で家族に対して暴力をふるう（ドメスティック・バイオレンス：DV），きょうだいに虐待行為を行う　など

表10-15 全国207か所の児童相談所における児童虐待相談対応件数の推移（厚生労働省ホームページより）

年度	16年	17年	18年	19年	20年	21年	22年	23年	24年	25年
件数	33,408	34,472	37,323	40,639	42,664	44,211	56,384*	59,919	66,701	73,765
対前年比	125.7%	103.2%	108.3%	108.9%	105.0%	103.6%	—	—	111.3%	110.6%

＊平成22年度の件数は，東日本大震災の影響により，福島県を除いて集計した数値である。

表10-16 児童虐待の早期発見，虐待被害防止対策，安全確保の義務と役割

①学校及び教職員は，児童虐待の早期発見のための努力義務
②児童虐待を発見した者は，速やかに福祉事務所又は児童相談所へ通告しなければならない義務
③児童虐待の被害を受けた児童生徒に対して適切な保護が行われるようにすること
④児童相談所等の関係機関等との連携強化に努めること

虐待をする父親像

千葉県教育庁（2007）が作成した「教職員のための児童虐待対応マニュアル」（平成19年3月作成）では，「加害者は，収入や地位，職業，学歴に関係なく存在し」，「一見理知的な紳士でも，人当たりが良く誠実そうでも，家庭の中では信じられない暴力を振るっていることがあり」，「どこへ行くにも家族と一緒で，子煩悩な父親に見えても，実際は単に妻や子の自由な行動を妨げ束縛しているだけの場合もある」。「暴力を受け続けている被害者は，肉体的にも精神的にも深く傷つき，感情が麻痺したり，無力感，絶望感に打ちのめされて」おり，「恐怖や世間体，あきらめや依存心等が，加害者から逃げることを妨げて」いると示している。

（2）配偶者からの暴力の防止及び被害者の保護等に関する法律（DV防止法）：2001（平成13）年制定

今まで家庭内に潜在してきた女性への暴力について，女性の人権擁護と男女平等の

実現を図るため，夫やパートナーからの暴力の防止，及び被害者の保護・支援を目的として施行された。

2015（平成27）年1月3日（施行）の3回目の改正では，従来より配偶者暴力防止法の対象とされていた「法律婚または事実婚の配偶者からの暴力（婚姻関係を解消した後も引き続き暴力を受ける場合を含む）」に加えて，「生活の本拠を共にする交際相手からの暴力（生活の本拠を共にする交際をする関係を解消した後も引き続き暴力を受ける場合を含む）」についても，法の適用対象となった点である。

警察庁発表のDV防止法に関する現況としては，配偶者からの身体に対する暴力または生命等に対する脅迫を受けた被害者の相談等を受理した件数は，2014（平成26）年には59,072件で前年より9,539件（19.3％）増加し，法施行以後最多となっている。図10-5では，2001（平成13）年は，配偶者暴力防止法の施行日以降の認知件数であり，2014（平成26）年1月3日以降，生活の本拠を共にする交際（婚姻関係における共同生活に類する共同生活を営んでいないものを除く）をする関係にある相手方からの暴力事案についても計上している。

また，DV防止法に関して，学校として対応すべきは「子への接近禁止命令」の際である。被害者がその未成年の子どもと同居しており，加害者がその子どもを連れ戻すなど，子どものために被害者と加害者が会うことを余儀なくされる事態を防止するため，裁判所は必要な場合は被害者の申し立てにより，子どもについても接近禁止命令を出すことができる。期間は，被害者の接近禁止命令の有効期間（6か月間）と同様となり，15歳以上の場合は，子ども本人の同意が必要である。児童生徒への保護命令が発令された場合，警察から学校へ，協力要請と安全のための指導がなされる。学校は，安全確保のために，保護者（保護命令の申立人）等から，加害者等の動向に関する必要な情報を入手できる体制を整えておく必要がある。

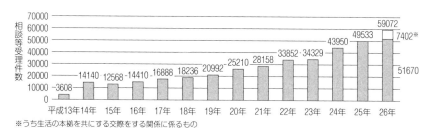

図10-5　配偶者からの暴力事案等の認知状況（警察庁「平成26年度中のストーカー事案及び配偶者からの暴力事案等の対応状況について」より）

DVの影響

井上（2005）によると，DVは「異性関係において男性から女性に加えられる暴力のみが対象となる」とし，「家族構造・機能，家族システムから暴力の問題を考えている」ファミリーバイオレンスに対して，性差別的社会構造の問題と捉えている。千葉県教育庁（2007）によると，「DVの起こっている家庭では，子どもはDVの目撃者であると共に，巻添えとなって暴力の被害者になったり，DVを受けたことにより，自尊感情の低下，無力感や絶望感，感情麻痺や体調不良となった母親からの虐待など，安定した養育環境が維持できず，子どもに様々な影響が生じる可能性が高い」と示している。法務省法務総合研究所（2008）によると，「配偶者暴力と児童虐待は並存する場合が多く，配偶者暴力がより深刻かつ危険なものであればあるほど，行われる児童虐待の中身もより悪質なものになることがこれまでの研究から明らか」とされている。

（3）児童買春，児童ポルノに係る行為等の規制及び処罰並びに児童の保護等に関する法律：1999（平成11）年制定

児童に対する性的搾取及び性的虐待が児童の権利を著しく侵害することの重大性に鑑み，あわせて児童の権利の擁護に関する国際的動向を踏まえ，児童買春，児童ポルノに係る行為等を規制し，及びこれらの行為等を処罰すると共に，これらの行為等により心身に有害な影響を受けた児童の保護のための措置等を定めることにより，児童の権利を擁護することを目的（第1条）とし施行された。

その一部を改正する法律案が2014（平成26）年6月18日に可決した。主な改正点は，いわゆる三号ポルノの定義を「衣服の全部又は一部を着けない児童の姿態であって，殊更に児童の性的な部位（性器等若しくはその周辺部，臀（でん）部又は胸部をいう）が露出され又は強調されているものであり，かつ，性欲を興奮させ又は刺激するもの」に改めること。また，自己の性的好奇心を満たす目的で，児童ポルノを所持した者（自己の意思に基づいて所持するに至った者であり，かつ，当該者であることが明らかに認められる者に限る）は，1年以下の懲役または100万円以下の罰金に処するものとすること。同様の目的で，これに係る電磁的記録（インターネット等）を保管した者（自己の意思に基づいて保管するに至った者であり，かつ，当該者であることが明ら

表10-17 児童買春と児童ポルノの定義（第2条より抜粋）（法務省，2015a）

児童買春	児童等に対償を供与し，又はその供与の約束をして，当該児童に対し，性交等（性交若しくは性交類似行為をし，又は自己の性的好奇心を満たす目的で，児童の性器等（性器，肛門又は乳首をいう。以下同じ。）を触り，若しくは児童に自己の性器等を触らせることをいう。以下同じ。）をすることをいう。
児童ポルノ	写真，電磁的記録（電子的方式，磁気的方式その他人の知覚によっては認識することができない方式で作られる記録であって，電子計算機による情報処理の用に供されるものをいう。以下同じ。）に係る記録媒体その他の物であって，児童による性交又は性交類似行為に係る児童の姿態等児童の姿態を視覚により認識することができる方法により描写したものをいう。

かに認められる者に限る）も，同様とすることとなった（表10-17）。

児童ポルノ事犯の増加

　警察庁（2015）によると，児童ポルノ事犯は深刻な情勢であり，検挙件数は過去最多を記録し，被害児童は，2014年上半期に事件を通じて新たに特定した者の数が過去最多となっている。また，抵抗するすべを持たない低年齢児童の被害者が多数を占める児童ポルノは，75％が強姦・強制わいせつの手段によって製造されている。またインターネット関連では，児童ポルノを掲示板サイトへ掲載した事犯や，出会い系サイト等を通した児童買春の際に撮影した事犯など，児童ポルノ事犯の大部分が関連（82.7％）している。被害者については，特定できた児童のうち，34.0％が，非出会い系サイトの利用がきっかけで，ポルノ画像が作成される被害に遭った。29.0％については，親族や教師，友人・知人などの身近な人物が画像の作成に関与している。児童の権利を守るために，児童ポルノの根絶に向けた対策を強化し，社会全体の取り組みが必要である。

（4）犯罪被害者等基本法：2004（平成16）年制定

　第11条から第23条までにおいて，次のとおり，国及び地方公共団体が行う基本的政策を定めている。

　①相談及び情報の提供等，②損害賠償の請求についての援助等，③給付金の支給に係る制度の充実等，④保健医療サービス及び福祉サービスの提供，⑤犯罪被害者等の再被害防止及び安全確保，⑥居住及び雇用の安定，⑦刑事の関する手続への参加の機会を拡充するための制度の整備等，⑧保護，捜査，公判等の過程における配慮等，⑨国民の理解の増進，⑩調査研究の推進等，⑪民間の団体に対する援助，⑫意見の反映及び透明性の確保。

　政府は，基本法にのっとり，総合的かつ長期的に講ずべき犯罪被害者等のための施策の大綱等を盛り込んだ犯罪被害者等基本計画を策定することとされ，平成17年に第1次基本計画が策定されている。2015（平成27）年には第2次犯罪被害者等基本計画の見直しが行われることになっており，その中で，支援等のための体制整備への取組として「学校内における連携及び相談体制の充実」として，スクールカウンセラーに加え，スクールソーシャルワーカー等の配置など教育相談体制の充実等に取り組むことなども盛り込まれることになっている。

（5）総合法律支援法：2004（平成16）年制定

　裁判その他の法による紛争の解決のための制度の利用をより容易にすると共に，弁護士その他の他人の法律事務を取り扱うことを業とする者のサービスをより身近に受けられるようにするための総合的な支援の実施及び体制の整備に関し，基本となる事項を定めると共に，その中核となる日本司法支援センターの組織及び運営について定め，より自由かつ公正な社会の形成に資することを目的とし，施行（2004年6月）された。

　2006年4月に「日本司法支援センター」（法テラス）が設立された。法テラスは，

表10-18 法テラスによる子どもへの法律援助

①行政手続代理等：児童虐待若しくは学校又は保護施設における体罰、いじめその他の事由により、人権救済を必要としている子どもについての行政機関（主に児童相談所）との交渉代理や、虐待を行う親との交渉代理、児童虐待について刑事告訴手続の代理等の弁護士費用等の援助
②訴訟代理等：虐待する養親との離縁訴訟、扶養を求める調停や審判手続の法的代理の弁護士費用の援助

※①、②とも、貧困、遺棄、無関心、敵対その他の理由により、親権者及び親族からの協力が得られない場合に限られる。また学校等における体罰やいじめ、虐待する養親との離縁訴訟等については、親権者等に解決の意思がある場合は民事扶助制度を利用することとなる。

全国各地の裁判所本庁所在地や弁護士過疎地域などに拠点事務所を設けて、様々な法律サービスを提供している（表10-18）。生活保護受給者等においては無料法律相談等も行っている。法テラスのホームページでは「キッズページ」が開設され、ネットトラブルを例にあげ、どのようなところに相談したらよいかなどを説明しているほか、気軽に問い合わせできる法テラス・サポートダイヤル、メールでも24時間受け付けている。

3．少年を健全育成するための法律

（1）少年法：1948（昭和23）年制定

　少年の健全な育成を期し、非行のある少年（表10-19参照）に対して性格の矯正及び環境の調整に関する保護処分を行うと共に、少年の刑事事件について特別の措置を講ずることを目的（第1条）として施行された。触法少年に対する行政機関による保護処分について1922年に制定された旧少年法（大正11年法律42号）を戦後、GHQの指導の下に全部改正して成立したものである。

表10-19 少年非行情勢の用語の整理（警察庁生活安全局少年課（警察庁）より筆者が作成）

用語	内容	関連法
犯罪少年	罪を犯した少年をいう	少年法第3条第1項第1号
触法少年	14歳に満たないで刑罰法令に触れる行為をした少年をいう	少年法第3条第1項第2号
刑法犯少年	刑法犯の罪を犯した犯罪少年をいい、犯行時及び処理時の年齢がともに14歳以上20歳未満の少年をいう	刑法
ぐ犯少年	少年（20歳未満の者）のうち、将来、犯罪行為をするおそれがあると特に判断される少年をいう	少年法第3条第1項第3号
非行少年	犯罪少年、触法少年、ぐ犯少年を併せていう	少年法第1条「非行のある少年」
不良行為少年	非行少年には該当しないが、飲酒、喫煙、深夜はいかいその他自己又は他人の徳性を害する行為をしている少年をいう	少年警察活動規則第2条第6号

※「少年」とは、20歳に満たない者をいい、「成人」とは、満20歳以上の者をいう。また、「保護者」とは、少年に対して法律上監護教育の義務ある者及び少年を現に監護する者をいう。

2001（平成13）年4月，少年犯罪の厳罰化，少年審判の事実認定の適正化，被害者への配慮を行うため，①刑事罰対象年齢を16歳以上から14歳以上に引き下げる，②16歳以上の少年が故意で人を死亡させた場合，原則として検察官に送致（逆送）して刑事裁判にかける，③重大事件については，審判に検察官を出席させることができる，④家裁は被害者や家族から申し出があれば，意見の陳述を聴取し，審判の結果などを被害者らに通知する，などの少年法改正が施行された。

2014（平成26）年中における刑法犯少年の検挙人員は4万8,361人と，2004（平成16）年から11年連続の減少となった。しかし，少年2名を自動車で跳ね飛ばし，1名を殺害，もう1名に重傷を負わせた事件（愛知）を始め，同級生の後頭部を殴打した上，首を絞めて殺害した事件（長崎）や，集団で少女に暴行を加えて死亡させた事件（愛媛）など，少年による凄惨な事件が発生したほか，再犯者率の上昇，少年非行の低年齢化が続いているなど，少年非行を取り巻く情勢は，引き続き厳しい状況にある。

少年法の理念は，非行のある少年を健全に育成することであり，事件を起こした少年に対して教育を受けさせることによって，少年の更生を図り，犯罪を抑止し社会の安全を維持することである。しかしながら，現在の流れは，さらに少年法の厳罰化の流れが生じてきていると言われることもある。

（2）子ども・若者育成支援推進法：2009（平成21）年制定

子ども・若者育成支援施策の総合的な推進や，社会生活を円滑に営む上での困難を有する子ども・若者を支援するための地域ネットワークづくりの推進を図ることを目的とし，施行（2010（平成22）年4月1日）された。

この法律の背景には，①有害情報の氾濫等，子ども・若者をめぐる環境の悪化，②ニート，ひきこもり，不登校，発達障害等の子ども・若者の抱える問題の深刻化，③従来の個別分野における縦割り的な対応では限界がある等があげられている（表10-20参照）。

社会参加が難しい子どもや若者を支援するため，これまでは行政が教育・福祉・雇用などバラバラに対応していたが，総合相談センターを設置することで，「たらい回し」を防ぎ，関係機関のネットワーク化を目指している。地方自治体には，子ども・若者支援地域協議会（第19条）の設置のほか，「子ども・若者計画」の策定を求めているが，努力義務にとどまっている（図10-6参照）。

表10-20 ひきこもりとニートの定義（内閣府，2014）

○**ひきこもり**：事や学校に行かず，かつ家族以外の人との交流をほとんどせずに，6か月以上続けて自宅にひきこもっている状態にある者。ふだんは家にいるが，自分の趣味に関する用事の時だけ外出する者（46万人）という広義のひきこもりを含めば69.6万人と推計されている。

○**若年無業者**（ニート：Not in Education,Employment or Training；イギリスの労働政策において出てきた用語）：就学，就労，職業訓練のいずれも行っていない若者。日本では，15～34歳の非労働力人口のうち，通学，家事を行っていない者をいう。

第3節 子どもと家庭に関わる法律・制度と諸問題

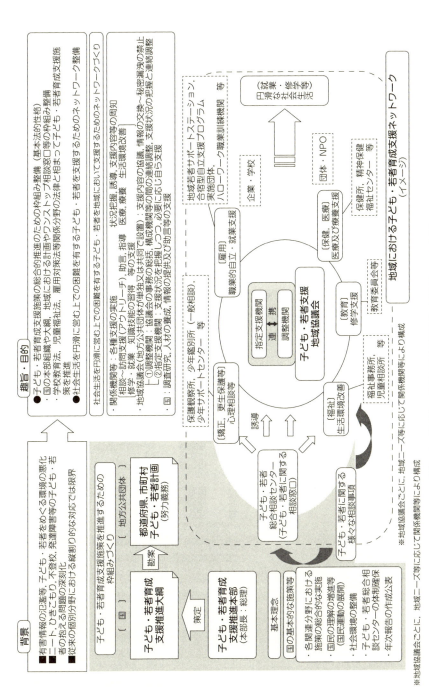

図10-6 子ども・若者育成支援推進法（内閣府，2010より）

(3) 子ども・子育て関連3法

　2012（平成24）年8月に「子ども・子育て関連3法」が可決・成立し，2015（平成27）年度より施行された。子ども・子育て関連3法とは，「子どもに関する諸施策と相まって，子ども及び養育者に必要な支援を行い，一人ひとりの子どもが健やかに成長することができる社会の実現に寄与すること等を目的とする，「子ども・子育て支援法（平成24年法律第65号）」と「就学前の子どもに関する教育，保育等の総合的な提供の推進に関する法律の一部を改正する法律（平成24年法律第66号）」と「子ども・子育て支援法及び就学前の子どもに関する教育，保育等の総合的な提供の推進に関する法律の一部を改正する法律の施行に伴う関係法律の整備等に関する法律（平成24年法律第67号）」を指す。

　今回の改正では，幼保連携型認定こども園を，学校及び児童福祉施設の両方の法的位置づけを持つ単一の施設として，認可や指導監督等を一本化することなどにより，二重行政の課題などを解消し，その設置の促進を図ることとしている。また，地域子育て支援拠点における子育て支援などの総合的な事業の相談・援助を行う。

4．支援を必要としている児童に関する法律

(1) 障害を理由とする差別の解消の推進に関する法律：2013（平成25）年制定

　障害を理由とする差別の解消の推進に関する基本的な事項，行政機関等及び事業者における障害を理由とする差別を解消するための措置等を定めることによって，差別の解消を推進し，それによりすべての国民が，相互に人格と個性を尊重し合いながら共生する社会の実現に資することを目的とし，施行（2016（平成28）年4月1日）された。

　この法律では，障害者基本法の基本的な理念にのっとり，障害者基本法第4条の「差別の禁止」の規定を具体化するものとして位置づけられている。また第8条に「事業者における障害を理由とする差別の禁止」が定められており，公共機関や民間企業に対し，障害を理由とした不当な差別的取り扱いを禁じ，過重負担にならない限りは，施設のバリアフリー化を進めるなどの「合理的配慮」を求める内容が規定されている。また，国に指導・勧告権があるとして，虚偽報告した企業への罰則規定も設けられている。今後，政府は，施行までに，何が差別に当たるか，基本方針を策定することになっているが，学校教育上の合理的配慮は，インクルーシブ教育（本章第4節2．(2)を参照）にて紹介する通りである。

(2) 生活困窮者自立支援法：2013（平成25）年制定

　生活困窮者自立相談支援事業の実施，生活困窮者住居確保給付金の支給，その他の生活困窮者に対する自立の支援に関する措置を講ずることにより，生活困窮者の自立の促進を図ることを目的とし，施行（2015（平成27）年4月）された。この法律において「生活困窮者」とは，現に経済的に困窮し，最低限度の生活を維持することがで

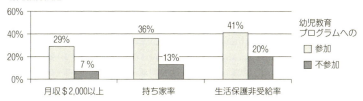

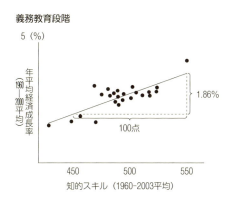

※OECD諸国では，知的スキルの上昇と年平均成長率の間に相関関係がある。

図10-7　幼児教育・義務教育の必要性（下村博文「2020年　教育再生を通じた日本再生の実現に向けて」ホームページより）

きなくなるおそれのある者をいう。

　新たな支援制度では，生活困窮者が抱える多様な課題に対する相談を包括的に受けとめる相談窓口を設置すると共に，公私の幅広い関係者の連携をもとに，就労に向けた支援を中心に，住宅の確保や家計相談支援，子どもへの学習支援等が計画的に行われることとされている。学習支援等の事業では児童等の悩みや進学などの助言を行い，児童の学習習慣・生活習慣の確立や学習意欲の向上を図ることを目的としている。

（3）子どもの貧困対策の推進に関する法律：2013（平成25）年制定

　貧困の状況にある子どもが健やかに育成される環境を整備すると共に，教育の機会均等を図るため，子どもの貧困対策を総合的に推進することを目的とし，施行（2014（平成26）年1月）された。基本的概念として，子どもの貧困対策は，子どもの将来がその生まれ育った環境によって左右されることのない社会を実現することを旨として推進されなければならない（図10-7）。また，子どもの貧困対策は，国及び地方公共団体の関係機関相互の密接な連携の下に，総合的な取り組みとして行わなければならないとしている。

子どもの貧困についての現状は、厚生労働省の報告によると、2012年の日本の子どもの貧困率は16.3％（2010年OECD加盟34か国中25位）であり、子どもがいる現役世帯のうち大人が1人の貧困率は54.6％（2010年OECD加盟34か国中33位）、生活保護世帯の子どもの高等学校等進学率は90.8％（全体98.6％）（2013年厚生労働省／文部科学省）となっており、世代を超えた「貧困の連鎖」の課題を抱えている（貧困率とは、経済協力開発機構（OECD）の指標に基づく「相対的貧困率」をいう）。

このような背景から、政府は、子どもの貧困対策を総合的に推進するための大綱を定め、「子どもの貧困対策に関する基本的な方針」「子どもの貧困率、生活保護世帯に属する子どもの高等学校等進学率等子どもの貧困に関する指標及び当該指標の改善に向けた施策」「教育の支援に関する事項」「生活の支援に関する事項」「保護者に対する就労の支援に関する事項」「経済的支援に関する事項」及び「調査及び研究に関する事項」を定めた。教育の支援面では、福祉面の相談に応じるSSWr増員や高校生への奨学給付金の増額、児童養護施設などで暮らす子どもの学習支援が盛り込まれている。

（4）東京電力原子力事故により被災した子どもをはじめとする住民等の生活を守り支えるための被災者の生活支援等に関する施策の推進に関する法律案：2013（平成25）年制定

2011年3月11日に発生した東北地方太平洋沖地震に伴う東京電力株式会社福島第一原子力発電所の事故により、「放出された放射性物質が広く拡散していること、放射性物質による放射線が人の健康に及ぼす危険について科学的に十分解明されていないこと等のため、被災者が健康上の不安を抱え、生活上の負担を強いられており、その支援の必要性が生じていること、その支援に関し、特に子どもへの配慮が求められていることについて、被災者の不安の解消及び安定した生活の実現に寄与するため、子どもに特に配慮して行う被災者の生活支援等に関する施策の基本となる事項を定め、施策を推進すること」を目的とし、施行された。

特に被災した子どもに関する支援（第8条～第11条関係）では、国は、支援対象地域及び支援対象地域以外の地域で生活する被災者、支援対象地域以外の地域から帰還する被災者並びに避難指示区域から避難している被災者の主体的な生活を支援するため、①食の安全及び安心の確保に関する施策、②子どもの学習等の支援に関する施策、③就業の支援に関する施策、④家族と離れて暮らすこととなった子どもに対する支援に関する施策等必要な施策を講ずることが定められている。

5．滞日外国人に関わる法律と諸問題

（1）外国人と在留資格

日本で暮らす外国人（表10-21参照）は、基本的に法務省が定める在留資格を持っている。在留資格は出入国管理及び難民認定法で定められており、日本に滞在する事

表10-21　外国人の定義と主な在留資格（法務省，2015b）

外国人とは「日本の国籍を有しない者のうち，出入国管理及び難民認定法（昭和26年政令第319号）の規定による仮上陸の許可，寄港地上陸の許可，通過上陸の許可，乗員上陸の許可，緊急上陸の許可及び遭難による上陸の許可を受けた者以外の者」をいう（外国人登録法第2条）。
※一般的には，難民以外で日本国籍を持たないものをさす。外国人支援においては，この定義に基づいた人のみが支援の対象ではなく，日本国籍を持つ母親が外国籍ゆえに生活自体は多文化環境におかれている子ども等も含む。

種類	有する地位と対象
永住者	法務大臣が永住を認める者
日本人の配偶者等	日本人の配偶者若しくは民法（明治29年法律第89号）第817条の2の規定による特別養子又は日本人の子として出生した者
永住者の配偶者等	永住者の在留資格をもって在留する者若しくは特別永住者（以下「永住者等」と総称する。）の配偶者又は永住者等の子として本邦で出生しその後引き続き本邦に在留している者
定住者	法務大臣が特別な理由を考慮し一定の在留期間を指定して居住を認める者
特別永住者	第二次世界大戦前から日本に住み，サンフランシスコ講和条約で日本国籍でなくなった後も日本でくらす台湾・朝鮮半島出身者・子孫。

　由により，種類や更新までの期間が異なる。在留資格は全部で27種類あるが，定住する外国人の場合，表10-21にあげられた在留資格が主なものとなる。このほか難民も定住者と捉えられるが，2013（平成25）年度に難民認定を受けたのは6人，難民認定は受けなかったが人道的な配慮により在留が認められた者は151人で計157人であり，数は少ない（法務省，2014）。

　法務省（2014）によれば，2013年末における在留外国人数は206万6,445人で，人口の1.62％を占める。また，少なくとも夫婦いずれかが外国人の結婚は全体の約3.7％，子どもの出生においては3.1％を占め（厚生労働省，2015e），現在約20人から30人に1人の子どもは，少なくともいずれかが外国人の親の元で育つとされる。

　外国人家族と一言でいっても，その状況は様々である。例えば，東海地方の日系ブラジル人やペルー人，横浜の中国人のように，両親ともに外国人の家族の場合，比較的同国人のコミュニティやネットワークに支えられて生活を営むことも多い。しかし，国際結婚の7割を占める女性側が外国人の夫婦では，必ずしも同国人が集住してコミュニティを形成しているわけではなく，様々な社会資源との繋がりが弱いことも多い。教育やしつけという，育った文化の影響を強く受ける子育てを，多くの場合母親が担う実情があるため，日本に特有の年中行事や，学校に関する親の役割や人付き合いをこなすことは，外国人の母親にとって（もちろん父親にとっても）簡単なことではない。子どもの年齢に応じて起きる子育て家庭の課題への細やかな支援が必要とされる。

　また，外国人家族は貧困やひとり親家庭，ドメスティックバイオレンス（以下，DV）や虐待など，子どもの発達に負の影響を与えうる家族問題，そして福祉課題を抱えやすい集団であることが，いくつかの統計で示されている。2012年度における外

国人世帯の生活保護受給世帯数は約4万5000世帯であり，母子世帯の受給率は日本人よりも高い（厚生労働省，2015f）。東京都児童相談センター（2013）において，全相談のうち最も多い相談は障害相談（30.5％）だが，外国人の相談では養護相談が53.5％を占めており，日本人よりも養護相談の比率が高い。また，母子生活支援施設の入所者の約10％は外国人である。母子生活支援施設の入所者の多くがDVの被害を経験しているという実情を踏まえると，外国籍母親のひとり親家庭が，社会経済的な問題に加えてDVや養育問題などの問題を抱え，かつ社会的なネットワークに乏しく，厳しい生活に直面していることが窺える。

(2) 外国人家族と社会保障・福祉制度

国民健康保険や健康保険，国民年金及び厚生年金，医療や障害に対する支援制度を始めとする労働，教育等の制度の対象になるかどうかは，在留資格あるいは在留期間に対し適用の可否が決まる（表10-22）。

留意すべき点として，外国人の母親が離婚した場合は「日本人の配偶者」という在留資格を失い，別の在留資格を現在の在留資格の更新期日前に取得しなければオーバーステイとなり，社会保障制度の対象から外れることになる。また，日本人の母親から生まれた子どもは両親が離婚しても日本国籍となるが，父親が日本人で母親が外国人で離婚した場合，父親による認知を受けなければ日本国籍とはならない。また，まれに日本人の夫によるDVから避難をしている外国人の妻が，子どもや自分自身の在留資格を更新できずオーバーステイとなったり，子どもの出生届を出さなかったことで無国籍児童となったりすることもある。法務省より，DV被害者の場合にはオーバーステイであっても状況を勘案の上で，適切な支援を行う旨の通達が出ている（法務省，2008）。そのため，家族の在日年数その他の総合的な状況に基づいて在留資格を取得できることもあるが，そうしたシステムの情報へのアクセスが十分にできる女性ばかりではないことも理解しておく必要がある。

法的には対象とされる立場にある在留資格を持っていても，生活の困窮により保険

表10-22　外国人家族と社会保障・福祉制度

社会保障・福祉制度	対象の有無／適用の可否
保険・年金加入	在留期間が3か月以上ある在留資格の外国人は加入可能。
生活保護	外国人対象外，但し，定住者，日本人の配偶者など，定住を意味する在留資格を持つ外国人は，準用という形で適用される。
労働災害保険	国籍，在留資格にかかわらず適用される。
母子保健	健康診査は住民対象のサービスのため在留カードを持ち住民登録をしている人が対象ではあるが，子どもの福祉という観点で国籍，在留資格にかかわらず適用される。
教育	法律上就学の義務はないが，国籍，在留資格にかかわらず就学できる。
養育医療	国籍，在留資格にかかわらず適用される。

※外国籍では社会福祉協議会の教育支援金（生活福祉資金の一部）の利用はできない。

や年金に未加入であったり，通院を控えたりするケース，あるいは日本語の説明や治療方法に対応できないゆえに社会保障制度や福祉サービスの利用に繋がらないということも起きる。親が外国人の場合，派遣会社での労働者であるために頻繁に住所を変更していたり，母国や日本で結婚や離婚をしていたりすることで法的立場や生活基盤が不安定な人もおり，生活歴を丁寧にアセスメントする必要がある。支援では，制度に関する知識のみならず，「最初に受けた説明以上にお金がかかってしまうのではないか」「保険に加入することに対して会社が嫌がり，解雇されるのではないか」「医師の説明が理解できないせいで望まない治療をされてしまうのではないか」といった，外国人が抱える不安や文化的な相違も踏まえることが求められる。

仮に在留資格上社会保障サービスの対象ではない場合でも，支援する術が無いわけではない。困窮している人に対する特別診療券（無料定額診療事業）や，数か所の病院により運用されている外国人対象の互助会制度等を活用できる。また，公的制度以外の様々なサービス，例えば通訳や書類作成，治療の説明と言った言葉へのサポートを行う NPO，在留資格の取得を支援する団体等のサービスの活用も重要である。

(3) 子どもの非行に関わる問題

外国にルーツを持つ子どもの不就学や学業不振が教育現場では指摘されており（日本社会福祉士会，2012），表10-23のような対応も求められている（法務省法務総合研究所，2013）。外国人児童の逸脱行動の背景には，日本の習慣や言葉に不自由な親と生活しており，自分のルーツが親の母国でもなく，日本でも「自分は他の日本人とは違う」と感じ，家庭にも学校にも「ここが自分の居場所だ」と思える場所を見いだせないといった葛藤も影響を与えている。法的な対応や支援を行うのみならず，心理的・社会的に脆弱な環境で暮らす外国人の子どもが抱える葛藤を理解し，未来に明るい希望を思い描けるような支援が SSWr に求められている。なお強盗・同致死傷，強姦・同致死傷，覚せい剤取締法違反といった重大犯の場合，在留期間の更新が不許可になるケースも多い（2013年は約半数が不許可）。

表10-23　外国人非行少年が抱える課題への対応（法務省法務総合研究所，2013）

- ・来日外国人非行少年は，日本語能力，教育状況，就労状況，生活状況等において日本人以上に困難を抱えやすい。
- ・不安定な家庭環境に育つ者も少なくなく，保護者の監護・生活環境の調整等の面でも問題が認められる。
- ・来日外国人非行少年の再非行防止については，日本人少年と共通の配慮に加え，これとは異なる視点からの処遇や支援，文化の相違を踏まえた指導や地域社会との連携が重要である。
- ・日本語教育は，非行に対する内省を促すためにも有効である。また，基本的生活習慣の違いにより誤解を招くようなこともみられるため，基本的生活訓練を行うことが重要である。

※外国人非行少年については，基本的な処遇のシステムは日本人少年に対する処遇と変わることはない。少年院では，平成5年より来日外国人非行少年の処遇を行う生活訓練課程が設けられ，現在13施設に設置されている。日本語能力が低い者に対しては日本語教育を行っており，学習態度，規範意識，対人関係といった他の共通項目の指導が処遇に効果を上げている。

第4節　教育に関わる法律・制度と諸問題

1．教育基本法：1947（昭和22）年制定

　日本国憲法の精神（主に第23条：学問の自由の保障，第26条：ひとしく教育を受ける権利）を受け，新しい教育の目的の達成を目指し施行され，2006（平成18）年には，世界情勢の変化や教育上の今日的な課題の解決に向けて法の改正が行われた。

　改正では教育の目的及び理念を明確にし，新たに「公共の精神」の尊重，「豊かな人間性と創造性」や「伝統の継承」が規定された。その第1条（教育の目的）では「教育は，人格の完成を目指し，平和で民主的な国家及び社会の形成者として必要な資質を備えた心身ともに健康な国民の育成を期して行われなければならない」としている。また，教育の目標には男女や障害の有無に限らず，平等な教育の機会が提供されること，平和の実現や社会参加，国際貢献といったより踏み込んだ内容が盛り込まれている。教育基本法に関わる3法の改正（学校教育法，地方教育行政の組織および運営に関する法律，教育職員免許法および教育公務員特例法の改正）では，義務教育のあり方や教員の資格に関する規定の変更，国と地方行政の役割分担，必要な財政措置の規定などが明記され，社会全体で子どもたちを育てていくという趣旨が強調された。なお同年の学校教育法の改正では，グローバル社会を生き抜く子どもの育成を目指した教育の国際化や様々な学習歴を有する者の大学及び専修学校専門課程への入学資格の拡大化が行われた。

2．特別支援教育

（1）特別支援教育制度化に至るまでの過程

　文部科学省は，2005（平成17）年12月の中央教育審議会による「特別支援教育を推進するための制度の在り方について（答申）」の提言等を踏まえ，2006（平成18）年に学校教育法等の一部改正及び学校教育法施行規則の一部改正等を行った。この改正で養護学校を特別支援学校という名称に変更すると共に，小中学校等において特別支援教育を推進するための規定がなされた。これにより，障害のある子どもの教育について障害の種類や程度に応じて特別な場で指導を行うことに重点を置く「特殊教育」から，一人ひとりの教育的ニーズを把握し，適切な指導及び必要な支援を行うことを目指した「特別支援教育」への転換が図られ，2007（平成19）年より特別支援教育がスタートした。この流れには2005（平成17）年に施行された発達障害者支援法も大きく関わると言えよう。特別支援教育の理念は，「障害のある子どもの自立や社会参加に向けた主体的な取組を支援するという視点に立ち，子ども一人一人の教育的ニーズを把握し，そのもてる力を高め，生活や学習上の困難を改善又は克服するため，適切

表10-24　発達障害に関わる定義等

発達障害者支援法	自閉症，アスペルガー症候群その他の広汎性発達障害，学習障害，その他これに類する脳機能の障害であってその症状が通常低年齢において発現するもの（第2条） ※総則第1条で発達障害を有するために日常生活または社会生活に制限を受ける者に対し，発達支援を行うことが規定され，「発達支援」とは，心理機能の適正な発達を支援し，及び円滑な社会生活を促進するために行う発達障害の特性に応じた医療的，福祉的及び教育的援助と定義した。
文部科学省	『自閉症』とは3歳位までに現れ，①他人との社会的関係の形成の困難さ，②言葉の発達の遅れ，③興味や関心が狭く特定のものにこだわることを特徴とする障害であり，高機能自閉症とは，自閉症のうち，知的発達の遅れを伴わないものをいう。アスペルガー症候群とは，知的発達の遅れを伴わず，かつ，自閉症の特徴のうち言葉の発達の遅れを伴わないものである。『学習障害』とは，基本的には全般的な知的発達に遅れはないが，聞く，話す，読む，書く，計算する又は推論する能力のうち特定のものの習得と使用に著しい困難を示すものである。『注意欠陥多動性障害』とは，7歳ぐらいまでに現れ，年齢あるいは発達に不釣り合いな注意力，及び／又は衝動性，多動性を特徴とする行動の障害で，社会的な活動や学業の機能に支障をきたすものである。
DSM-5	これまでの，『自閉症』『高機能自閉症』『アスペルガー症候群』『広汎性発達障害』等の診断名は，『自閉症スペクトラム』にまとめられた。また，その診断基準の定義もこれまでの3つの項目から2つの項目に，重症度スケールが用いられるようになるなどの変更がある。その他，『注意欠陥多動性障害』は，『注意欠如／多動症（注意欠如／多動性障害）』，『学習障害』は，『限局性学習症（限局性学習障害）』へと診断名が変更になった。

※WHO（世界保健機構）による国際疾病分類ICD-10も改訂される予定であり，今後，この改訂は診断だけでなく，教育・福祉制度への影響も考えられるため，タイムリーに情報をキャッチしていく必要がある。

な指導及び必要な支援を行うこと」である。その対象は，これまでの特殊教育の対象の障害に加えて，知的な遅れのない発達障害も含めた特別な支援を必要とする子ども（幼児児童生徒）であり（2006年，学校教育法施行規則の一部改正により，第73条21において"通級"による指導の対象に「自閉症者」「注意欠陥多動性障害者」「学習障害者」が加わった），対象となる子どもがいるすべての学校において実施されるものである。なお2012（平成24）年に公表された文部科学省の調査では，通常の学級に在籍する発達障害の可能性のある特別な教育的支援を必要とする子どもは6.5％（1クラスに2～3名程度）と示されており，300名程度の学校で20名ほど存在することになる（p.305一口メモ参照）。

ところで，発達障害の定義は表10-24の通りであるが，2013年の「米国精神医学会による精神疾患の分類や診断基準」の改訂（DSM-5）により，これまでの診断名やその枠組に変更が見られた。

（2）共生社会の形成に向けたインクルーシブ教育と合理的配慮

2011（平成23）年には「障害者の権利に関する条約」批准へ対応するため，障害者基本法第16条を「国及び地方公共団体は，障害者がその年齢及び能力に応じ，かつ，その特性を踏まえた十分な教育が受けられるようにするため，可能な限り障害者である児童及び生徒が障害者でない児童生徒と共に教育を受けられるよう配慮しつつ，教育の内容及び方法の改善及び充実を図る等必要な施策を講じなければならない」と改正し，共生社会の形成に向けたインクルーシブ教育の考え方を鮮明にした。

表10-25 インクルーシブ教育に関わる報告（中央教育審議会初中分科会報告2012年）

共生社会の形成に向けたインクルーシブ教育システム構築のための特別支援教育の推進（報告）
1）特別支援教育は，共生社会の形成に向けてインクルーシブ教育システム構築のために必要不可欠なものであり，特別支援教育に関連して，障害者理解を推進することにより，周囲の人々が，障害のある人や子どもと共に学び合い生きる中で,公平性を確保しつつ社会の構成員としての基礎を作っていくことが重要である。次代を担う子どもに対し，学校において，これを率先して進めていくことは，インクルーシブな社会の構築につながる。
2）教職員に加えて特別支援教育支援員の充実，さらに SC，SSWr，ST，OT，PT 等の専門家の活用を図ることにより，障害のある子どもへの支援を充実させることが必要である。

合理的配慮等環境整備検討ワーキンググループ報告―学校における「合理的配慮」の観点―
1）合理的配慮とは「障害のある子どもが，他の子どもと平等に『教育を受ける権利』を享有・行使することを確保するために，学校の設置者及び学校が必要かつ適当な変更・調整を行うことであり，障害のある子どもに対し，その状況に応じて，学校教育を受ける場合に個別に必要とされるもの。
2）合理的配慮とは「教育内容・方法」，「支援体制」，「施設・設備」の3つの観点に基づいて具体的に提供されるもの。
3）合理的配慮の決定・提供については，「均衡を失した」または「過度の」負担を課さないものとされている。
4）国，都道府県，市町村は，必要な財源を確保し，インクルーシブ教育システムの構築に向けた取組として，「基礎的環境整備」の充実を図っていくことが求められている。
5）連続性のある多様な学びの場の活用と教職員の確保の重要性についても取り上げられている。

　インクルーシブ教育には，「障害者の権利に関する条約」（第24条の2）で障害のある人に必要とされる「合理的配慮（reasonable accommodation）」が提供されることが求められており，「合理的配慮」の否定は，障害を理由とする差別に含まれるとされていることに留意する必要がある。また「配慮」という言葉には「思いやり」や「心配り」といった印象だけを抱きやすいが，「インクルーシブ教育に関わる報告」の中では観点について明示されている（表10-25）。さらに「合理的配慮」の決定後も，一人ひとりの発達の程度，適応の状況等を勘案しながら柔軟に見直すことを保護者と共通理解していくことも重要である。

（3）特別支援教育の実際

　学校教育法施行令の一部改正後の障害のある児童生徒の就学先決定までの通常の流れでは，まず就学時健診等で特別支援教育の必要性について気づきがあった場合，市町村教育委員会の特別支援教育（就学相談担当）の部署等で相談が進められる。その際，本人・保護者の意見を最大限尊重し，本人・保護者と市町村教育委員会，学校等が教育的ニーズと必要な支援について十分に合意形成を図り，最終的には市町村教育委員会が就学先を決定することが適当である。本人・保護者はスムーズな学校生活を送るために，就学前に就学先の校長と面談し，本人の実態に合った教育について学校と話し合いを進めていく。

　学校現場では，校長のリーダーシップのもと，特別支援教育に関する校内委員会を設置し，組織的にかつPDCAサイクル（Plan ⇒ Do ⇒ Check ⇒ Action ⇒ Plan ⇒…）により特別支援教育を推進していくことが求められている。対象となる児童生徒には，就学前の機関や医療機関等との連携を図りつつ子どもの実態把握を行い，教育的ニー

ズを明確にし，保護者の参画のもとに担任や特別支援教育コーディネーターが中心となって組織的に個別の教育支援計画・個別の指導計画を作成する。両計画とも，作成・実施・評価・修正しながら，適切に活用していく。指導計画が包含される場合，教育支援計画を指導計画として扱うことができる（文部科学省，2003）。
　　　　○個別の教育支援計画：乳幼児期から学校卒業までの長期的な視点に立って，連携機関を含めた一貫した教育を行うための計画
　　　　○個別の指導計画：一人ひとりに応じた日々の教育を具体的に進めるための計画
　　　　特別支援教育を学校として組織的・実効的に進めていくためには，全体を統括し関係機関との調整を行っていく特別支援教育コーディネーターの存在が重要になる。

3．キャリア教育

(1) キャリア教育の流れ

　キャリア教育が重要性を増してきた背景には，情報消費社会（高橋，2006）の浸透による職業観の変化・多様化，急激なグローバリゼーションによる雇用形態の変化，流動化などがある。はっきりした職業モデルが見えない中，自らの進路を決定するにあたって目的意識が希薄であったり，とりあえず進学するといった先送り思考を呈したりする若者の増加を懸念し，これらの問題を予防する対策の１つとしてキャリア教育の概念が導入された。1999（平成11）年に文部科学行政関連の審議会報告等において初めてキャリア教育という用語が用いられて以来，毎年議論が重ねられ，2006（平成18）年12月に改正された教育基本法では，第２条（教育の目標）第２号において「個人の価値を尊重して，その能力を伸ばし，創造性を培い，自主及び自律の精神を養うとともに，職業及び生活との関連を重視し，勤労を重んずる態度を養うこと」が規定された。翌年，2007（平成19）年には，学校教育法第21条（義務教育の目標）において，第１号で「社会の形成者等」，第４号で「産業等への理解」，第10号「職業についての基礎的な知識と技能，勤労を重んずる態度及び個性に応じて将来の進路を選択する能力を養うこと」が定められ，キャリア教育推進の法的根拠となっている。こうして新学習指導要領の中では随所にキャリア教育の目的や内容がそれぞれの教科との関連において位置づけられた。
　2011（平成23）年の中央教育審議会答申で，「キャリア」の意味するところを「人が，生涯の中で様々な役割を果たす過程で，自らの役割の価値や自分と役割との関係を見いだしていく連なりや積み重ね」とし，「社会の中で自分の役割を果たしながら，自分らしい生き方を実現していく過程を「キャリア発達」と定義している。そしてキャリア教育を「児童生徒一人ひとりの社会的・職業的自立に向け，必要な基盤となる能力や態度を育てることを通して，キャリア発達を促す教育」としている。

(2) キャリア教育の実際

　新しい小学校学習指導要領では，総則や道徳，総合的な学習の時間，特別活動の目

表10-26　キャリア教育のプログラム（例）／活動概要

小学校	・低学年：児童が地域で出会う身近な働く人の様子に興味・関心を持たせるプログラム ・中学年：学区内にある商店街などの協力を得て，仕事の様子を観察したり，働く人に質問したり，実際に販売する側に立たせてもらったりして体験的な要素が取り入れられるプログラム ・高学年：日本の産業のしくみを理解する過程で，農業，漁業，工業等，様々な職業に携わる人に焦点を当てながら，自動車工場の見学など近隣の企業の協力を得ながら職業観の醸成を図るプログラム
中学校	義務教育の出口が見えてきているため，高校進学の部分に焦点が当てられやすいが，多くの学校が中学2年生で実施する職業体験学習（2日から5日程度）を軸に，将来の生き方と現実的な進路を考える中で，日々の授業，課外活動，委員会活動等に繋げている。職業体験学習の充実は日常生活への積極性に繋がるとの報告もある。
高等学校	・自己理解の深化と自己受容，選択基準としての職業観・勤労観の確立，将来設計の立案と社会的移行の準備，進路の現実吟味と試行的参加を職業的発達課題の軸として，普通科では総合的な学習の時間を活用して2年生までに全員がインターンシップを体験し，職業の実際を知ると共に学校生活と関連づけて主体的に進路選択をできるようにする活動など ・専門学科では専門科目と普通科目の関わりを考えさせ，普通科目の必要性を問う内容が，総合学科では「産業社会と人間」で，学びの意義について考えさせる取り組みなど

標に「自己の生き方について考える」「自己を生かす能力を養う」といった記述が盛り込まれ，これまで以上に小学校におけるキャリア教育の推進が求められている。

様々なキャリア教育プログラム（表10-26）を体験した子どもたちの感想には，「やってみると意外に難しいことがわかった」や「一日中この仕事を続けていてすごいなと思った」「お客さんが笑顔で買ってくれてうれしかった」など，実感を伴うものが多く見られる。また，職業体験前の子どもの顔と終えた後の子どもの顔には明らかな変化（しっかりした顔つきになる）が見られるとの報告もあり，学校の教室では伝えきれない大切な感覚を養っていると言える。こうした他者から学ぶ経験が「自己の生き方について考える」「自己を生かす能力を養う」ことに繋がっていると考える。

（3）義務教育後の支援体制

2014（平成26）年の特別支援教育体制整備調査によれば，中学校で約90％である個別の指導計画作成状況は，高等学校では30％台（ただし，高等学校では2006年の3％台から2014年は33％と30％上昇）になっている。このデータから，義務教育段階できめ細やかになされていた支援内容が高等学校に移行されていない割合が高いことがわかる。さらに通常の学級に在籍する特別な教育的支援を必要とする児童生徒に対する全国実態調査（2009年3月現在）によれば，高等学校進学者中の発達障害等困難のある生徒の割合は全日制1.8％に対して定時制14.1％，通信制15.7％となっており，定時制，通信制等の高等教育が発達障害のある生徒の受け皿になっている可能性がうかがえる。

発達障害者支援法第8条及び障害者に関する権利条約第24条5項の規定等からも，大学をはじめ高等教育機関において発達障害のある学生への支援体制整備は喫緊の課題であると言える。

発達障害のある学生へのキャリア支援に関しては，松久ら（2013）が，大学の実践例（特別支援プログラム，スタディスキル，ソーシャルスキルなど）をあげ，一人ひとりの個性に応じた支援や，サポートセンターによる入試から卒業，就労までの一貫した支援の重要性を示している。高等教育においても，文部科学省がモデル校を募集しての調査研究が進められているところであるが，研究の報告はいまだ少ないことが指摘されている。

発達の困難性の減少は教育の成果？　成長の成果？

前述の2012年に公表された調査結果のうち，知的発達に遅れはないものの学習面，各行動面で著しい困難を示すとされた児童生徒の学校種別，学年別集計では，小学1年生の時に9.8％だった割合が中学3年生では3.2％まで減少している。このことは，特別支援教育が一人ひとりのニーズに応じて適切な支援が継続して行われてきた成果ともいえるが，多動性が年齢と共に収まってくることや周囲の子どもたちが当該児童生徒への関わり方に慣れてくること等も要因として推察される。大部分の生徒が高等学校等へ進学している現状を考えると，約3.2％の困難さを示す生徒は高等学校でも同様かそれ以上の困難さを抱える可能性は否定できない。中学校から高等学校への個に応じた支援内容の十分な情報伝達が必要不可欠である。また，個別の教育支援計画に基づいて行われてきた支援（例えば，文字の拡大，試験時間の延長など）は，受験においても配慮されることを知っておくことは重要である。

4．学校生活における諸問題

（1）不登校

不登校とは，「年度間に連続又は断続して30日以上欠席した児童生徒のうち，何らかの心理的，情緒的，身体的，あるいは社会的要因・背景により，児童生徒が登校しないあるいはしたくともできない状況にあること（ただし，病気や経済的理由によるものを除く）」をいう。

平成13年度の国公私立の小中学校の不登校児童生徒数が13万9千人と過去最高を更新したことを受けて文部科学省では，2002（平成14）年9月に「不登校問題に関する調査研究協力者会議」を設置し，2003（平成15）年3月に文部科学省初等中等教育局長通知がなされた。その中で，「不登校はどの子どもにも起こりうる問題としてとらえること」「その要因・背景は多様であることから，教育の役割は大きいとしながらも学校と教育委員会等の関係者が連携して指導及び家庭への支援の充実を図るための改善を図ること」という2つの視点を重視していた。さらに不登校の対応にあたっては，①将来の社会的自立に向けた支援，②連携ネットワークによる支援，③将来の社会的自立のための学校教育の意義・役割，④働きかけることや関わりを持つことの重要性，⑤保護者の役割と家庭への支援の5つの視点を示し，スクールカウンセラー（以下，SC）等心理の専門家を活用した支援，教育支援センター（適応指導教室）の整

備や出席の扱い，高校入試における配慮などの点で柔軟な対応が求められた。通知から10年が経ち，不登校児童生徒数は，徐々に減少し，2012（平成24）年度には112,689人（1.09%）となるなど，対策の効果が現れてきているように見える（図10-8）。

しかし，長期欠席者の理由の種別には「病気」「経済的理由」「不登校」「その他」があり（つまり，「病気」「経済的理由」は不登校に含まれない），その割合は自治体によってかなり差がある（2013（平成25）年度の問題行動等調査によれば，長期欠席者のうち不登校が占める割合は中学校で60%～93%と幅があり，60%程度を不登校とカウントした自治体は病気またはその他の割合が多くなっている）ため，単純な増減で不登校の現状を捉えたり，施策の効果を論じたりするべきではないと考える。また小学校に至っては，長期欠席者の40%程度が不登校としてカウントされており，同じ割合が病気として捉えられている。中学校になって急に病気の割合が変わるとは考えにくいので，小学校で不登校と判断する際の基準について，より理解が深まる研修及び周知方法が求められている。

学齢期の児童では，不適切な養育環境や家庭の経済状況が要因となって不登校状態（または遅刻の常態化）が顕在化してくる場合が多く，不登校の理解と共に福祉機関との連携によって，より早期に適切な支援を進めていくことが重要となっている。多くの自治体ではSSWr派遣拡充によるチーム支援の充実，小学校と中学校の連携強化やカウンセラー配置の拡大，幼稚園・保育園と小学校の連携の充実などで小学校での不登校への対応の充実，未然防止を図ろうとしている。しかし，図10-8に示されているように小学校での不登校は276人に1人の割合であり，小学校では担任を受け持つと自分のクラス以外の児童への関わりは中学校に比べてうすくなるため，不登校への理解はあまり深まらず，遅刻や欠席が増えてきた時の対応にも差が出やすくなるのは否めない。この時，横浜市では，不登校の状態になった児童の様々な背景を理解し，迅速に対応していくために，担任を持たずに授業時間数が軽減された教諭が児童

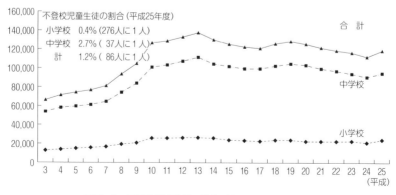

図10-8　不登校児童生徒の推移（文部科学省，2014d）

指導と特別支援教育のリーダーとして配置されるような制度を導入している（平成26年度に全校配置）。

(2) いじめ

2012年7月，滋賀県大津市で前年に起きた「いじめが要因の自殺」の問題が社会的に大きく取り上げられたことを契機に2013（平成25）年6月には「いじめ防止対策推進法」が可決され，同年9月に施行となった。法では，学校にいじめの防止に向けた基本方針を策定すること及び学校いじめ防止対策委員会設置の義務，自治体には，いじめ防止基本方針を策定する努力義務，学校が設置する学校いじめ防止対策委員会の中に必要に応じてSCやSSWrなどの専門家を加えることなどが示されている。また，いじめ防止等に関する措置の中では，いじめが犯罪行為として取り扱われるべきものであると認めた際に，所轄警察署と連携を図ることなどが示されている。さらに子どもが，いじめが要因で自殺未遂をした場合のような重大事態が生じた場合には学校及び市町村教育委員会は市長に報告する義務などを規定している。

いじめを未然防止の視点で捉えると特定の加害者探しをして指導していくだけではいじめは減少しないことが明らかになっている。国立教育政策研究所で過去2回（1985～1987年，1998～2003年までの6年間にわたり，半年に1回ずつ計12回実施）実施された追跡調査では，常習的な被害者・加害者はほとんど存在しないことが明らかにされた。過去にいじめを受けた側の大部分はいじめる側になることが同じ集団の中でくり返され，約8割の子どもがいじめた側にいたことがあるということがわかったのである。国立教育政策研究所総括研究官の滝充は「いじめの芽を完全に摘むことは難しく，いじめは『いつでも，どこでも，どの子にも起こり得る』と考えて，からかいなどのささいな行為が深刻ないじめへと発展しないよう，居場所づくり・絆づくりによって未然防止に取り組むべき」としている。

いじめ「根絶」横浜メソッド

横浜市では2013（平成25）年12月に「横浜市いじめ防止基本方針」を公表し，法に基づいた基本的ないじめ防止対策を推進すると共に学校の具体的な取り組みをサポートすべく，『いじめ「根絶」横浜メソッド』（横浜市教育委員会，2014）を提示している。その基本方針の「いじめの措置」の中では，加害児童生徒への関わりについて「加害児童生徒に対しては，当該児童生徒の人格の成長を旨とする教育的配慮のもと，毅然とした態度で指導する。被害児童生徒に対しては事情や心情を聴取し，児童生徒の状態に合わせた継続的なケアを行う。加害児童生徒に対しては，事情や心情を聴取し，再発防止に向けて適切に指導すると共に，児童生徒の状態に応じた継続的な指導及び支援を行うことが必要である。これらの対応について，教職員全員の共通理解，保護者の協力，関係機関・専門機関との連携の下で取り組む」と示しており，関係機関・専門機関と連携した加害児童生徒への継続的な指導・支援が明記されているところが特徴の1つとなっている。

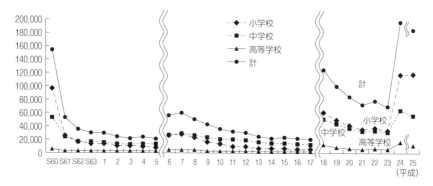

※センセーショナルな問題が生じると一時的にいじめ件数が跳ね上がるが，2〜3年すると認知件数は減少するなど対策の効果のように見受けられたが，実態は社会の関心の希薄化，いじめの潜在化が関連し，8〜10年後に再び同様な事件がくり返されたことなどから抜本的な対策の見直しがなされ，いじめ防止対策推進法の成立に至ったといえる。

図10-9　いじめの認知（発生）件数の推移

（3）暴力行為・非行

　文部科学省（2014d）の問題行動等調査によれば，暴力行為の発生件数は図10-10の通りである。暴力行為が急激に増加する学校では，特定の子どもが暴力行為をくり返している場合が見られ，校内暴力が全国的に吹き荒れていた頃の様態とは異なり，暴力行為の個別化が進んでいる可能性もあることを理解しておく必要がある。暴力行為を抑制するためには，学校としての基本的なルールが子どもにも教師にも浸透していること，小中学校で一貫していることや，保護者や地域の理解や協力が基盤となっていることが重要である。器物破損行為には，保護者の理解と協力のもと，壊した行為に対する責任について子どもと共に考えていく横浜市の「器物損壊にかかる指導プログラム及び費用弁済システム」が効果を上げている。

　また，犯罪行為や虞犯行為（犯罪行為に巻き込まれる恐れのある行動をすること）をくり返す子どもに対しては，警察等の関係機関と連携した毅然とした対応や少年相談保護センター等による早期からの相談体制が重要である。暴力行為をくり返す中高生の中には，小学校の時から対人関係に困難さを抱えていて特別支援教育の対象であったにもかかわらず見過ごされていた，または適切な支援が受けられなかったために重篤化していたケースもある。また，幼少期の虐待が遠因となって愛着に関わる問題を抱えている子どもであることも少なくないため，改めて小学校における特別支援教育の重要性，児童指導体制の強化が指摘されている。

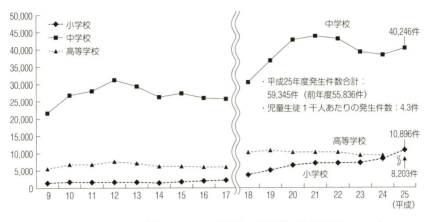

図10-10　小・中・高等学校における，暴力行為の発生件数（文部科学省，2014d）

第5節　心身の健康に関わる法律・制度と諸問題

1．学校保健安全法：1958（昭和33）年制定

　学校における児童生徒等及び職員の健康の保持増進を図るために施行され（学校保健法；2009年に現行法），健康相談や健康診断，感染症の予防等，学校における安全管理に関し必要な事項を定めている。感染症予防に関しては，学校保健安全法施行規則の一部改正（2012（平成24）年4月施行）も行われるなど，近年の医療の進歩や流行状況の変化等を踏まえた指針が示されている（表10-27参照）。さらに事故・加害行為・災害時の学校の責務や安全の確保，学校安全計画の策定や，危険等発生時対処要領の作成等についても明記されている。

　ところで，東日本大震災では，津波が来た際に避難ができた学校とできなかった学校があり，その分かれ目は，津波の危機管理マニュアルの存在や，その防災教育に取り組んでいたか否であったと言われている（笠井，2013）。

表10-27　学校において予防すべき感染症（文部科学省，2013b）

第1種感染症	エボラ出血熱，重症急性呼吸器症候群（SARS），鳥インフルエンザ等
第2種感染症	結核，麻しん（2007年に高校・大学等），髄膜炎菌性髄膜炎（2011年に飛沫感染し高校生死）等
その他の感染症	インフルエンザ菌感染症（発症後5日間出席停止），感染性胃腸炎（ノロウイルス感染症）

※第3種にコレラなどがある。

クライシス・レスポンス・チーム（CRT）

「二次被害の拡大防止と心の応急処置」を行う初期対応に特化した学校に駆けつけるCRTは、学校と教育委員会だけでは対応困難な事件を中心に都道府県・精神保健福祉センターが司令部になって出動する。山口県、長崎県、静岡県、和歌山県、大分県等で積極的に行われており、医師、臨床心理士、保健師など多職種の官民の専門家で構成されている。CRTの活動は、校長をはじめとする教職員への助言やサポートが中心となり、遺族への誠実な対応、保護者への説明、報道への対応など、学校の対応をサポートしたり、心配な子どもには心の応急処置としてカウンセリングを行ったり、子どもへの関わり方を保護者に説明したりする。CRTの活動は最大3日間となっているため、教育委員会がSC等を確保し、3日目に引き継ぎを行うことにもなっている。なお、外部型のCRTに対し、京都が始めた教育委員会・内部型のCST（教育委員会職員と密接な連携のもと他職種チーム派遣を行うシステム）や、危機対応時にSCやSSWrをチームで派遣するシステム（CST等）もあり、その場合は職員派遣はあらかじめ3日間に限定されてはいない。

2. 健康増進法：2002（平成14）年制定

わが国における高齢化の進展や疾病構造の変化に伴い、国民の健康の増進の重要性が増大している。このような中、それまで存在した「健康日本21」を中核とする国民の健康づくり・疾病予防をさらに積極的に推進するため、施行（2003年）された。

「健康日本21」では、従来の疾病予防の中心であった「二次予防（健康診査等による早期発見・早期治療）」や「三次予防（疾病が発症した後、必要な治療を受け、機能の維持・回復を図ること）」に留まることなく、「一次予防（生活習慣を改善して健康を増進し、生活習慣病等の発病を予防すること）」に重点を置いた対策を推進していくことを打ち出した。それによって、壮年期死亡の減少や、健康寿命の延伸及び生活の質の向上の実現を目指してきた。具体的には、がん・循環器疾患・糖尿病・COPD（慢性閉塞性肺疾患）といった主要な生活習慣病の発症予防と重症化予防の徹底にむけて目標の設定を行っている。

ただ近年、厚生労働省（2010）の調査で、低所得者ほど朝食を欠かしたり運動習慣がなかったりするなど、生活習慣に問題のある人の割合が高くなる傾向等が明らかになっており、生活習慣に様々な社会的背景が絡んでいることがわかっている。児童生徒の健康に関しては、「健康日本21」の健康の増進に関する基本的な方向として、「次世代の健康」を推進していくとされており、①健康な生活習慣（栄養・食生活、運動）を有する子どもの割合の増加、②適正体重の子どもの増加、が目標となっている（表10-28、図10-11参照）。

表10-28 子どもの健康に関する調査結果

朝食欠食率 (日本スポーツ振興センター, 2010)	小中学校共に減少傾向であるが,男子においては,「食欲がない」「時間がない」といった理由から欠食率が増加している。
運動面 (文部科学省, 2014b)	運動やスポーツを週に3日以上している小学5年生は男子62%,女子36%となっており,1週間の総運動時間が長いほうが体力合計点が高いことから,さらに運動時間を増加させていくことを推奨している。適正体重の子どもの増加に関しては,子どもの肥満は将来の肥満や生活習慣病に結びつきやすいとの報告があることから,肥満傾向にある子どもの減少を目指している。
子どもの体重の平均値 (文部科学省, 2015a)	1998年～2006年度あたりをピークに,その後減少傾向となっている。また,肥満傾向児の出現率の推移は,2006年度以降減少傾向にあったが,2011年度以降はほぼ横ばいとなっているという。 なお,東北地方においては,従来よりも肥満傾向児の出現率が高かったり,男子は女子に比べ肥満傾向児の出現率が相対的に高いといった傾向が指摘されており,対象に応じた対策を講じていく必要がある。

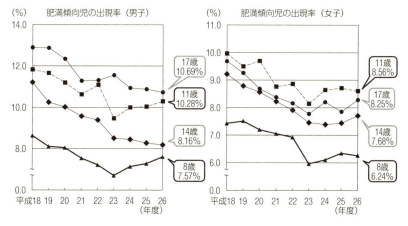

図10-11 肥満傾向児の出現率（文部科学省, 2015a）

3．精神保健福祉法

　精神障害者の医療及び保護を行い，その社会復帰の促進及びその自立と社会経済活動への参加の促進のために必要な援助を行い，並びにその発生の予防その他国民の精神的健康の保持及び増進に努める法律である（精神保健及び精神障害者福祉に関する法律；精神衛生法として1950（昭和25）年制定・施行）。一部改正が2013（平成25）年に行われているが，その中で，精神障害者の保護者に関する規定が削除され，保護者の同意によって入院が決定される医療保護入院も，家族のいずれかが同意をすれば入院できることになった。例えば，未成年者が医療保護入院をする場合に，従来であ

れば親権者である両親が同意することが必須条件であったが，改正以降は，成人したきょうだいの同意でも入院できるようになった。

現在，精神科病院の管理者に，医療保護入院者の退院後の生活環境に関する相談及び指導を行う者として精神保健福祉士等を設置したり，地域援助事業者（入院者本人や家族からの相談に応じ必要な情報提供等を行う相談支援事業者）と連携して退院に向けて支援を行っていくことが義務づけられた。今後，SSWrが，精神科病院に入院している児童・生徒の学校復帰等に関与する場合は，上記の医療機関や地域の関係者と連携を行い社会復帰に寄与していくことも求められるだろう。

また，精神障害者への理解については，厚生労働省（2004b）が2004年に精神保健福祉医療福祉の改革ビジョンを提示しているが，その中で「こころのバリアフリー宣言」を出して，精神疾患や精神障害者についての国民の理解を深めることを目指している。児童・生徒を対象に早期からメンタルヘルスリテラシーを高めることが偏見を軽減するために重要であるとのいくつかの知見もあるため，今後も学校等でそれら精神障害者理解を促す取り組みも必要になるだろう。

4．ストレスと精神疾患

近年，わが国では，企業を中心に人員削減，正規労働者の非正規労働化，8時間労働制の名実ともの破壊，ゆとりを一切排除した超過密作業システム，連続・長時間夜勤の交代システム，成果主義賃金・人事制度・競争強制，IT社会の連日24時間，週7日勤務といった目まぐるしい労働形態が進んでいる。そのような職場で働く労働者の中に，精神に不調をきたし，休職や離職を余儀なくされる人が出てきている。厚生労働省（2012a）の労働者健康状況調査結果の概況によると，「仕事や職業生活に関して強い不安，悩み，ストレスがある」とする労働者は，全体で60.9％を占めていた。

それら現代社会のストレスの最悪の結果として自殺に至ることもある。わが国の自殺者数は，1998年に前年から一挙に8000人余り増加して3万人を超え，その後も高い水準が続いている。この日本の状況に対処するために2006（平成18）年に施行されたのが自殺対策基本法であった。厚生労働省（2015h）によると，自殺は，10〜14歳において第2位の死因（100名），15〜39歳において第1位の死因になっている（15〜19歳は433名）。中・高生の自殺原因・動機については，警察庁（2014）によると，学校問題，健康問題，家庭問題の順で多いとされ，学校問題に至っては約4割を占めている。しかし，その詳細では，近年マスメディアでも取り上げられることが多いいじめが死因としてあげられていたのは過去6年間にわたって3件から11件で，平均すると全体の2％弱となっている。いじめは子どもの自殺と直結して語られることが多いが複合的な要因の中の1つに過ぎない可能性も留意し，軽々と決めつけないことが重要である。

この自殺の原因の現状を踏まえ，内閣府（2012）は，「自殺総合対策大綱」を閣議

第5節　心身の健康に関わる法律・制度と諸問題

決定し,「児童生徒が命の大切さを実感できる教育だけでなく,生活上の困難・ストレスに直面したときの対処方法を身に付けさせるための教育を推進する」ことや,「児童生徒の自殺が起きた場合の実態把握についての記述を詳細にしたほか,いじめ問題への対処について指導する」といった重点施策を盛り込んだ。また,文部科学省(2013c)は「学校における心の健康づくり推進体制の整備」として,養護教諭による健康相談体制の充実や,SCやSSWrの配置で教育相談体制を充実させること,労働安全衛生管理体制の整備などに取り組むようになっている。

わが国の自殺者数

2014年1月の警察庁発表では,2013年の自殺者は2万7195人で,4年連続で減少しているものの,依然欧米の先進諸国と比較して非常に高い水準にある。自殺者数の内訳を見ると,この間,男性,特に中高年男性が大きな割合を占める状況は変わっていないが,様々な取り組みの結果,その自殺死亡率は着実に低下してきており,高齢者の自殺死亡率の低下も顕著である。一方で,若年層では概ね年間300人前後の横ばいで推移しているが子どもの数が減っている分,自殺死亡率が高まっていることが新たな課題の1つになっている。さらに文部科学省(2014c)から「子供に伝えたい自殺予防―学校における自殺予防教育導入の手引」が発行された。展開例として,自殺予防教育として,①自殺の深刻な実態を知る,②心の危機のサインを理解する,③心の危機に陥った自分自身や友人への関わり方を学ぶ,④地域の援助機関を知る,といった内容を盛り込んだ授業を学級活動,総合的な学習の時間,道徳,各学校の特設の時間等で行っていくことが推奨されている。

5．労働安全衛生法：1972（昭和47）年制定,並びにメンタルヘルス

　労働安全衛生法とは,職場における労働者の安全と健康を確保すると共に,快適な職場環境の形成と促進を目的として施行された。職域におけるメンタルヘルス対策については,1984年の過労自殺労災認定が端緒となり,1985年からメンタルヘルスケア研修が開催され,その後1988（昭和63）年に労働安全衛生法の改定に基づき事業場における労働者の健康保持増進のための指針が公示され進み始めた。

　近年では,2014（平成26）年の労働安全衛生法の改正によって,労働者の心理的な負担の程度を把握するための,医師,保健師等による検査（ストレスチェック）の実施を2015年12月から事業者に義務づけることになった（ストレスチェック実施者養成研修を受けた精神保健福祉士も実施可能)。ストレスチェックを実施した場合には,事業者は,検査結果を通知された労働者の希望に応じて医師による面接指導を実施し,その結果,医師の意見を聴いた上で,必要な場合には,作業の転換,労働時間の短縮その他の適切な就業上の措置を講じなければならないことが明言化された。教員のメンタルヘルス対策においては,国の施策に先行して,例えば東京都教育委員会は数年前から定期健康診断時におけるメンタルヘルスに関するチェックシート等の実施の取り組みを行うなど,メンタルヘルスに対する早期自覚を促してきた（文部科学省,

図10-12　教職員の精神疾患による病気休職者数等の推移
（平成25年度公立学校教職員の人事行政状況調査一部改編）

表10-29　脳・心臓疾患の時間外労働時間数（1か月平均）
　　　　別労災支給決定件数（厚生労働省，2015g）

	平成24年度	（右内自殺）	平成25年度	（右内自殺）
45時間未満	0	0	0	0
45時間以上～60時間未満	0	0	0	0
60時間以上～80時間未満	20	4	31	16
80時間以上～100時間未満	116	50	106	50
100時間以上～120時間未満	69	28	71	28
120時間以上～140時間未満	50	14	21	8
140時間以上～160時間未満	16	9	22	8
160時間以上	31	9	34	13
その他	36	9	21	10
合計	338	123	306	133

2012a）。しかしながら，全国の教育職員919,717人（2013（平成25）年5月1日時）において，病気休職者数8,408人のうち，精神疾患による病気休職者数5,078人（全教育職員のうち0.55％）は，2007（平成19）年度以降，5千人前後で推移しており，依然として高水準である（文部科学省，2015b；図10-12）。各教育委員会で労働安全衛生法上の安全衛生委員会を設置していたり，復職支援プログラムを実施していたりすることもある。

　ところで，過重労働や睡眠不足とメンタルヘルス不全との関連性が科学的に認められてきたことからも労働時間は大いに重要な指標である（表10-29）。しかし，嫌がらせやいじめといった対人関係上の問題も精神障害の労災支給決定に関与していること

第5節 心身の健康に関わる法律・制度と諸問題

表10-30 精神障害の出来事別決定及び支給決定件数一覧（一部抜粋）（厚生労働省，2015g）

	平成24年度		平成25年度	
	全件数	支給決定件数	全件数	支給決定件数
仕事内容・仕事量の大きな変化を生じさせる出来事があった	125	59	127	55
1か月以上に80時間以上の時間外労働を行った	59	32	64	34
（ひどい）嫌がらせ，いじめ，又は暴行を受けた	99	55	115	55
上司とのトラブルがあった	213	35	231	17
セクシュアルハラスメントを受けた	45	24	52	28

表10-31 校内における教職員の健康管理支援（文部科学省，2012b に一部追記）

1) 平成20年4月1日より，すべての学校において，医師による面接指導を実施することができる体制を整備することが求められている。
2) 週40時間を超える労働が月100時間を超え，かつ，疲労の蓄積が認められる教職員については，教職員の申出を受けて，遅滞なく，医師による面接指導を行う必要がある。
3) 上記に該当しない教職員でも，健康への配慮が必要な者については面接指導等を行うよう努める必要がある。
●教育委員会等が事業者として関わりながらも，教職員50人以上の学校で選任・設置を要するもの（10〜49人は衛生推進者）
・**衛生委員会**（月1回程度の開催）：校長，産業医，衛生管理者等で構成し，教職員の健康管理（長時間労働の健康障害防止対策），教職員に対する安全衛生教育計画の策定等
・**産業医**：健康診断等を通じて教職員の健康管理，教職員の勤務実態点検等
・**衛生管理者**：空調設備，温度・採光などの"環境衛生"，教職員の勤務実態等点検と心身の健康指導等

もあり，労働時間と人間関係についてはアセスメントしていく必要があると言えよう（表10-30）。「労働者の心の健康の保持増進のための指針」として厚生労働省は，自分自身でメンタルヘルスをケアしていくという「セルフケア」，管理職による労働者へのケアを行っていく「ラインによるケア」，事業場内外の専門職等によるケアである「事業場内産業保健スタッフ等によるケア」「事業場外資源によるケア」の4つのケアを提示している（厚生労働省，2006）。なお文部科学省（2012b）でも各学校等における安全衛生委員会設置を求めており，精神保健を専門とするSSWrの関わりは今後の重要事項の1つと言えよう（表10-31）。

教師の休暇・休職と復職プログラム

〈休暇と休職〉
病気休暇：最長90日間。給与は原則100％支給（賞与等は異なる場合がある）
病気休職：病気休暇に引き続いた場合病気休暇期間を含む最長3年間。1年目は原則80％の給与，2年目以降は地方職員共済組合傷病手当金（1.6か月，その後6か月は傷病手当金附加金）から80％程度の給料
＊給料は諸手当などを除いた基本給
＊病気休暇中も診断書や校長許可等のやりとりが必要で病気休暇前にはその審査が求められるため，その準備も必要で，復職リハビリ前，復職前にも審査会が行われる。それでも病気が改善しない場合などは，精神疾患の場合であれば初診日から1年半後であれば障害年金を受給できる可能性が出てくる。主治医とよく相談することが必要となる。

〈復職プログラム（1〜3か月）の段階（文部科学省，2013d）〉
第1段階：通勤し職場に慣れることを目的とした内容（文書整理等の簡易な作業等）
第2段階：仕事の内容に慣れることを目的とした内容（校務補助，授業参観等）
第3段階：子どもとの対応に慣れるなど復職に向けて具体的な準備をする内容（授業補助等から徐々に通常勤務に近い内容の業務を行う）

ハラスメント問題

近年のメンタルヘルス関連問題として，職場におけるハラスメントがあげられることも増えている。今まで対策が講じられてきたセクシュアルハラスメントに加え，パワーハラスメントや職場のいじめといった相談件数が増加傾向にあり，労働者の尊厳や人格を傷つける行為が職員のメンタルヘルスを悪化させ，職場全体の士気や生産性を低下させるだけでなく，裁判なども各地で起きている。パワーハラスメントとは，「同じ職場で働く者に対して，職務上の地位や人間関係などの職場内の優位性を背景に，業務の適正な範囲を超えて，精神的・身体的苦痛を与える又は職場環境を悪化させる行為」を指し，精神的な攻撃（脅迫・名誉棄損・侮辱・ひどい暴言）や，人間関係からの切り離し（隔離・仲間外し・無視）等があげられる。実際，精神障害に関する事案の労災補償状況（2013年度）として，請求件数は1409件で，過去最多となっている。支給決定は436件であるが，出来事別の支給決定件数としては，「仕事内容・仕事量の（大きな）変化を生じさせる出来事があった」と「（ひどい）嫌がらせ，いじめ，又は暴行を受けた」がそれぞれ55件，「悲惨な事故や災害の体験，目撃をした」49件の順に多くなっていた。現在，厚生労働省（2012b）では，「職場のパワーハラスメントの予防・解決に向けた提言」を出して，予防・解決に向けて取り組んでいるところである。

第11章

ソーシャルワーク演習

●学習ポイント
演習ツールの活用において、
・養成校のスクールソーシャルワーク実習演習担当教員は、学習内容をより意義のあるものとする活用
・学生は、各設定内容を理解できるかの実習の事前学習の確認としての活用
・社会人学生や実務者は、実務に繋げる形の検討材料としての活用

　学習過程に合わせた"知識学習と演習学習"の組み合わせによる演習・研修プログラミングのために設けられたのが本章である。スクールソーシャルワーク（以下，SSW）について学習することは、その活動領域の幅広さから2日間や15回程度の講義で尽くせることはない。だからこそ、実習や実践のために最低限度の学習を修めるために効率的・効果的なプログラミングが求められるのである。なお初任の教員は個人的に強調したい点に加え、本書の演習内容と照らした留意点の運用を検討いただけると幸いである。

　本書の内容としては、第1章から第10章までが基本的な、演習・研修の知識内容であり、かつ研修検討ツールである（一口メモだけで十分に演習も可能である）。本章はそれに絡める形で活用いただきたい演習のための関連ツールである。特に本章第4節（第4章に当たる演習事例）は、各章に関わる事例が多いことからも法制度について詳述した第10章と併せ、様々に活用をいただきたい。図11－1は1回90分を想定し

講義開始	第1章〜第10章 講義	第1章〜第10章 演習	第11章 第1節〜10節＋第4節 演習	振り返り	課題
	⇒ 15〜30分程度 ⇒	⇒ 10〜15分程度 ⇒	⇒ 30分〜45分 ⇒	⇒ 10分程度 ⇒	

図11－1　授業・研修における第11章の活用の仕方

た授業・研修プログラミングの参考例である。
　ところで，本章は演習担当教員用の章であるが，学生や現場スーパーバイザー（以下，SVr）によるスーパービジョン（以下，SV）の自己研鑽学習教材として活用もできるため，学習ポイントに示したように演習ツールを活用いただきたい。

第1節　第1章の演習ポイント

　第1章はソーシャルワーカーとしての根幹となる"ソーシャルワークの定義"からSSWを捉え，検討する章である。

◉ 演習内容
　　以下から学習者（グループ・クラス）ごとに演習する事項を選択してください。
　1）「人権」「社会正義」とは何か，差別や偏見を持たないとはどういうことか，説明してください。また自らの差別や偏見意識について議論してください。
　2）SSWの社会的意義（学生の場合，SSWのカッコよさ等）とは何か，説明してください。
　3）ソーシャルワークの定義から，SSWにてミクロからマクロレベルのソーシャルワークをすべき理由（学生の場合，そもそもミクロ，メゾ，マクロとは何かを）を説明してください。

◉ 実務者・SVr用　演習内容
　4）本書の目次を参考に，自らが研鑽すべき事柄（盲点）を踏まえたSSWr養成プログラムを作成してください。
　〔留意点〕
　　1-1）人の価値や権利に上下はないのに，子ども中心支援主義の視点が出てきた経緯を確認する。児童ソーシャルワークとSSWの明らかな差を確認する。
　　1-2）差別や偏見の視点から，ソーシャルワーカー資格を持っていない人がSSWrである場合，実務能力にかかわらず不適切と蔑視しないかの確認など，自分が知らず知らずに差別や偏見を持ち得ているという事実認識とそれを持ちえた過程の自己覚知をする。人材の足りない地域のスクールソーシャルワーカー（以下，SSWr）育成の視点を養う。
　　4）学習者と指導者が考えるSSW学習強調点の違いを理解するために学習者の学習希望点を確認することも大切である。なお趣旨の変わらぬ範囲で学生のニーズに合わせたプログラムの微調整は大切である。

第2節　第2章の演習ポイント

　第2章は，教育行政の理解と教育行政から捉えたSSWやSSWrを理解・検討する章である。

◉ 演習内容
　以下から学習者（グループ・クラス）ごとに演習する事項を選択してください。
1）教育行政の機構と教育委員会の機構の概要を言えるようにしてみましょう。その上で，教育委員会が政治的中立性を保つ必要がある理由を検討してください。
2）教育の目的や教育行政からSSWrに求められる資質と現在の自らの資質とについて一致している点を確認し，グループ内で共有してください。
3）自分が住んでいる，またはこれまでに住んだことのある都道府県教育委員会のSSWr配置状況を確認してください。またSSWrの配置形態等から捉えた活用の有用性とは何か，スクールカウンセラー（以下，SC）との違いも踏まえて検討してください。

◉ 実務者・SVr用　演習内容
4）SSWrに関する事業が機能するためにSVrまたはチーフクラスSSWrがすべきことは何か，また事業におけるSWr側の限界とは何かについて検討してください。

〔留意点〕
2）SSWrの資質の検討については，自治体ごとに職務内容や配置形態が変わることなどを考慮に入れ，多角的な点から確認する。
4）科学的観点も踏まえた"すべき事項"を検討する。またソーシャルワーカー資格所有者以外の者を雇用した場合のマニュアル作成と実務経験者の自治体による職務の違いなど多角的にすべきことと限界を検討する。

第3節　第3章の演習ポイント

　第3章は，ミクロからマクロレベルまでのSSWの観点から，個人と環境との相互作用，そして相互作用における子ども等の発達過程への影響について理解・検討する章である。

◉ 演習内容
　以下から学習者（グループ・クラス）ごとに演習する事項を選択してください。
1）ミクロからマクロレベルの視点によるSSWの機能や技術の違いから，トータルに各視点が求められる理由を検討してください。
2）第3章第2節3．の事例から脳と発達の関連性についてどのような健全育成の環境が必要か学習者同士で意見を交換してください。
3）エリクソン（Erikson, E. H.）の発達過程を参考に自らの生育歴（アイデンティティの危機と同一化）を振り返り，自らの成長に最も寄与した出来事を紹介してください。
4）第5章のタッピングアプローチによりストレス軽減ができるか体験してくださ

い。軽減できたら環境との相互作用の意味を議論してください。

◉ **実務者・SVr 用　演習内容**

5）脳機能と発達過程の特性より，子どもが学校生活で呈する問題行動・困惑について検討してください。システム論的に生物－心理－社会的側面の確認をしてもいいでしょう。拠点校配置型の自治体の場合，検討事項に対応するインクルーシブ教育で求められる学習環境の配慮について学習者同士で意見を交換してください。

〔留意点〕

3）発達過程の振り返りは，学生の場合，ネガティブな点でなくポジティブな点を振り返り，社会人の場合（チーフクラス，SVr はとりわけ），自己の発達課題等を見つめる機会とする。

4）EFT-Y 3 を実施する場合，公表できるストレス内容を学習者同士確認する点に留意する。個人だけでない環境との相互作用でストレス軽減できる意味の検討が大切である。

5）子どもの認知機能・言語機能などの発達特性と脳機能の特性を関連させた視点が理解できることを目標とする。インクルーシブ教育においては，ひび割れた窓ガラスをそのままにし，そこへ合理的配慮の必要な子どもが遊びで叩き怪我をした場合も学校側の責任が問われるなど，施設の安全配慮義務を含めた学習環境が確認できるとよい。指導者が専門であれば，生物－心理の側面を，①薬物（麻薬）接種⇒ドーパミン↑（多幸感）⇒統合失調症様症状（幻覚・妄想）（※大麻はドーパミン↓で陰性症状），②DV（ストレス過多）⇒セロトニン↓⇒うつ病様症状（養育関心↓／睡眠障害），③頭をなでて称賛やタッピングタッチ（触れる関わり）⇒オキシトシン↑⇒心身の安定など，各諸説から社会への関わりを検討してもよい。

第4節　第4章の演習ポイント

第4章は，ミクロからマクロレベルまでの SSW におけるアセスメントと支援の観点について理解・検討する章である。

◉ **演習内容**

以下から学習者（グループ・クラス）ごとに演習する事項を選択してください。

1）自らが住む（または養成校のある）地域の（教育，児童福祉，保健福祉，司法・警察に関する機関）のアセスメントをしてください。

2）ミニ演習事例から自ら（自分たち）が SSWr であったらどのような相談援助を行うかミクロからマクロレベルまでの内容を検討してください。1つのレベルに絞った検討でもかまいません。

3）演習事例から包括的なアセスメント表を作成してください。また支援計画内容

も検討してください。

● 実務者・SVr用　演習内容
4）人のアセスメントをする前になぜ自分のアセスメントが必要か検討してください。

〔留意点〕
4-1）実務者の場合，よくある事例（自己覚知の有無による実務者の失敗例・成功例）を紹介することで（個人情報には留意），受講生の学習内容に現実性が増すと共に事例の紹介者が学習者の場合，本人のアセスメント方法の学習を深めることができる。可能なら防衛機制との関連等を示せるとよい。

4-2）自己と向き合えているかどうかの確認をする程度にし，自己洞察に重点を置き，プライベートな部分には入り過ぎない。ここでは，自己洞察が重要で，学生の課題や問題については講義・研修で扱う内容ではない（プライベートについては学生なら保健室，社会人なら合致した機関等に任せる）。誤っても学習者同士の支援とならないよう注意すること。万が一，社会人の場合で，学習中に自責・他責する傾向が出た場合，そのネガティブな言動が心身の体調管理の自己理解が必要なサインである旨を丁寧に説明し理解してもらう。

1．ミニ演習事例

以下に8件の演習事例（作話）を紹介する。

■事例1　小学4年男児　万引き・盗癖・家出・発達障害（ADHD/LD）〔家族構成：実母・養父・妹（小3）〕

妹が就学後，本児が妹と万引きや家のお金を持ち出すことをくり返すようになった。盗みが発覚するたびに養父から身体的虐待を受けていたが，しばらくすると親から叱られることを恐れ2人で家出をくり返すようになった。実母と養父は自分たち2人の生活を重視しており，食事を与えない等のネグレクトや，しつけと称して虐待をくり返していた。このため児童相談所により，2人は施設入所となった。妹は安心できる環境下では盗みはなく安定しており，妹の問題行動は環境に起因していたと思われる。しかし，兄は幼いころから多動傾向が強く，就学後は集中・学習の困難が顕著になっており，施設入所後も問題行動が多発した。そのため精神科に受診したところADHDという診断を受け服薬を開始したが，本児の器質的要因（発達障害）と虐待の影響から，問題行動の改善には周囲の連携した支援と理解が不可欠と判断される。

■事例2　小学5年女児　家出・売春・発達障害（自閉症スペクトラム）〔家族構成：実母・兄〕

小学校高学年になり家出をくり返すようになった。周囲は家出の原因を学校でのいじめと捉えていたが，突然泣き崩れる，べたべたと寄りかかる，言われたことを全く覚えていないなどの状況があり，SSWrが面接を重ねたところ，アルコール依存及び家出中に不特定多数の男性と性的関係を持っていたことが判明した。その背景には母子関係の不調やネグレクトによる愛着障害があると思われたが，コミュニケーションスキルの未熟さや興味の幅の狭さ，一度インプットされると修正ができないなど，ベースには本児自身の発達特性が関与しているように思われる。

■事例3　小学6年男児　暴力・発達的課題・兄弟の課題〔家族構成：父・弟〕
　父親は実母と離婚後，2度の再婚をしたが，離婚（3度目の離婚は，先の4月）。本児は，入学時より虚言や多動行動があり，その都度，教員が指導をしてきた。学校外では近所の商店で，兄弟での万引きが幾度かあったが，警察への通報までには至らなかった。継母との関係が悪かった弟は，児童相談所との相談で一昨年度の2月より施設で暮らしている。本児は4年次より情緒不安定を理由に特別支援学級へ入級。学校内での生活はある程度落ち着いていたが，5年の2学期から複数の友人への暴言や暴力が目立ってきた。6年になると，以前より気分による授業離脱（特に音楽）が増え，4月下旬に授業時間になっても教室に戻らない本児を担任が注意すると，担任を蹴り飛ばした。父親にも連絡したが，本児は「すみません」とくり返すだけであった。数日は反省の様子が見られたが，暴言や授業離脱は変わらなかった。校内でもケース会議をし，本児の話をよく聞くことに努めてきた。すると，最近になり個食が日常的であること，新しい身体の怪我は父親から受けたものだったことを話始めた。

■事例4　中学2年女子　リストカット・大量服薬・自殺企図〔家族構成：実母・養父・弟〕
　知的能力も高く，友人も多く，学校ではまじめで特に問題ない子どもと捉えられていたが，大量服薬による自殺未遂で思春期病棟へ入院。周囲は気づかなかったが腕には無数の深く新しいリストカット痕があった。入院後，性被害の開示があり，養父からの性的虐待が判明。実母（長期の水商売経験あり）は黙認。さらに家庭内で養父が覚せい剤を日常的に使用していたことも発覚した。進学したいという気持ちを考慮し，関係機関が連携し環境調整と精神科の受診を継続しながら学校へ戻る計画を立てる。

■事例5　中学2年女子　不登校・家族の精神疾患・定時制・家族－学校連携〔家族構成：母親〕
　中学2年の2学期に不登校が目立ち始めた女子生徒F美さん。うつ病にて通院治療中の母親には不安と負担が募り，睡眠をとれない状態にまで悪化が進んだ。母親の通院先の精神保健福祉士（以下，PSW）がF美さんについての相談を受ける中，母親に付き添ってきたF美さんと面接でき，彼女が小学校時代に父親が統合失調症で入院し，うつ病も患い自死した時の衝撃を消化できずにずっと抱えていることや，その後の母親の発病に影響を受けて生活リズムが乱れてしまい，学校生活を送ることが困難であること，解決方法が見つからないことから絶望感を覚えていることなどを確認した。母親からこれまでのF美さんの生育歴も確認した。
　PSWが母親と学校の許可を得て，学校長と担任教員，そして母親と一緒に面談を行い，母親の情報を基にF美さんの生い立ちを伝えた。PSWが毎回，学校との連携を取れる保証がないことから，医療機関や家族支援機関との連携調整役としてSSWrへの依頼に繋がった。相談を受けた市のSSWrは母親の通院に付き添うF美さんを待ち受け，偶然出会ったかのように話しをした結果，F美さんには軽い幻聴があること，いじめられているという被害念慮が強くあることが判明し，PSWとの連携で通院による服薬とカウンセリングの開始に繋げた。しかし，薬の影響もあり，登校時間に間に合うように起床できずに不登校気味となり，進路への悲観や学習環境不良から病気の母親に当たるようになり暴言が目立ち始めた。
　この時，SSWrが実施したケース会議では，すでに家を出て住み込みで土建業に働く兄が母とF美さんにとってキーパーソンになるであろうこと，今暮らす公営住宅は母方祖母名義であるが，祖母が死亡し変更しようとした名義が母親の年金収入等によって適わず転居が求められることが判明したこと。さらに，母親の病状が悪化し，F美さんは自分の生活に影響が出ることを嫌がり，母親と別居したいと考えていること，しかし母もF美さんもどこかアンビバレンツを抱え，何か良い解決方法を探していることなどが共有された。結果として，親子の別居が困難なこと，転居の際に生活保護を受給しながら居住環境を整え，兄に週2日母親のケアを手伝ってもらうことを決めた。
　F美さんがなんとか中学を卒業し，定時制高校に進学を果たすところまで支援できたが，母親のケア，昼間のアルバイト，定時制高校通学などの両立の難しさから，17歳時に家出や飲酒，リ

ストカットを重ね，定時制高校を中退となった。

■事例6　中学3年女子　居所不明・不登校・いじめ・子育て・保健センターとの連携〔家族構成：母親・義父・妹〕
　中学3年の2学期に他市から転入の手続きを取った女子生徒E子さん。役所での手続きには父親だけが来て，転居に伴う転入として通常の処理を終えた。その後，やはり父親だけが転入先の中学に出向き管理職員と面談する中で，E子さんが転入前の中学校で数年に渡り不登校（原因は，からかいによるいじめ。現在，トラウマから登校を拒否）であること，父親は義理の父親にあたること，母親の再婚による転居に加えE子さんの妹を出産した直後であることがわかった。学校では前籍校の管理職員や担任に連絡し，E子さんの安否の確認が中学校入学以来できていないことがわかった。

保健師の活動

　保健センターでは「赤ちゃん訪問」の依頼をハガキで受け付けている。母子手帳が他市発行のものであっても，転入手続きの際に役所から現住の自治体の赤ちゃん訪問のお知らせと手続きの葉書等が渡される。自治体によって違うが，母子手帳に添付されているハガキに希望日等を記入し郵送するようになっている。よって，担当保健師へそのハガキが届いているか，出生届けが出ているかの確認（子育て支援課による住民基本台帳確認）が可能である。緊急性の高い場合は，保健センターの保健師と助産師が家庭訪問することも可能である。

■事例7　高校2年女子　発達障害・性的虐待〔家族構成：母親・父親・姉〕
　Kさんは小さい時から触覚過敏で人から触られることを拒否していた。母親はわが子を抱くこともできないことに精神的苦痛を感じていた。父親は時に姉と異なり，Kさんへ叩きながらの指導を行っていた。Kさんは「発達障害」と診断され，中学校のカウンセラーの勧めで母親はペアレントトレーニングを受けるようになり，一時，母子関係は良好に向かった。しかし，ある日，Kさんが，母親に初めて甘えて身体的接触を積極的に求めたことがあったが，逆に母親は恐怖を感じ，それを拒否してしまった。その後Kさんは母にだけ攻撃的になった。
　高校生になって，Kさんは同じ学校の男子生徒と付き合うようになったが，父親に男性との交際を厳しく注意された。そんな矢先，たまたま校則違反をしたことがきっかけになり，父親に携帯を取り上げられた上，卒業まで友だちと出かけない約束をさせられた。さらに毎日下校時は父が迎えに来るまで学校の外に出ることを禁止された。おとなしく言うことを聞かないとキレる父親なので，Kさんは父との約束を守っていた。
　さらに2年生に進級してから，Kさんは父親がマッサージしてやるといって身体をさわってくることを，歳の離れた姉に相談したところ，姉も同じ体験をしていたことを知った。そこで，このことを母に話したら「そんなことは人に言わないように」と取り合ってくれなかったので，学校の相談室のSSWrに訴えてきた。

■事例8　高校3年男子　貧困・自立更生計画〔家族構成：父親〕
　高校3年のA君の家庭は，生活保護を受給していたが，不正受給が発覚して福祉事務所から指導が入る。しかし，保護者が不正受給の返済に無頓着なため，ケースワーカーからA君がアルバイトで早く返済をするように言われる。この時，ケースワーカーは受給された生活保護費が子どものA君のためには使われていないこと，A君が自力で（アルバイトで）学費を含む生活費を工面していたことを知らなかった。SSWrは，不登校気味のA君の相談を受け，親にアルバイト代金さえも使われてしまうことがしばしばあると聞く。A君は家庭環境のストレスで絶

望感を感じ，希望の進路もあきらめかけていた。

アルバイトを収入認定させない

2014（平成26）年生活保護法改正により「自立更生計画（書）」（章末資料①参照）において，アルバイトなどの就労収入のうち，「就労や早期の保護脱却」に資する経費を収入として認定しない（今まではアルバイトで得た収入は基礎控除や未成年者控除などを行った上で収入認定をしていた）とされた。福祉事務所に事前に承認を得てから，具体的な自立更生計画（当該費用の金額・アルバイトなどの期間予定・当該収入の管理方法など）を担当のケースワーカーに提出するものである。卒業後自立するための引っ越し費用や，資格を取るための専門学校入学金を貯金することができ，かつ役所に認められたお金のため保護者が好き勝手に使うこともできない。なお生活保護受給の費用を一切子どもに用いない場合などは児童相談所への通報，安全に暮らせる場所探しや世帯分離（単に住所を変えるだけでなく同一住所でも生計を別とする等）の手続きなどの検討の他，学校の管理職・担任・本人と児童相談所との繋ぎ役を行うことの検討も必要である。

（参考例）
コンビニでアルバイト　　60000円
控除や認定除外する額　　59320円

内訳：基礎控除　　　　19600円
　　　未成年控除　　　11600円
　　　交通費　　　　　 6120円
　　　参考書代　　　　 2000円
　　　大学入学金貯金　20000円

収入認定額　　　　　　　680円

2．アセスメント事例

以下に，包括的アセスメントの事例を章末資料②のシートに即して紹介する。

■事例9　小学6年男児　非行・虐待〔家族構成：父親〕

本児に関する基本情報			
ふりがな	○○○	生年月日	○○年　○月　○　日〔性別：男〕
氏名	A男	〔ジェノグラム〕	
住所	〒○○○-○○○○　○○○		
電話番号	○○○○-○○-○○○○		
本児の健康【心身の状態・病歴・障害／検査結果】 ・幼少時から兄弟で過ごすことが多く，発達課題をクリアせずに成長している。 ・やや小柄だが，身体的発達についての遅れは見られない。 ・5年次に右手親指を破傷。5針縫う。 ・身長140cm／体重40kg			
		家族の発達課題に関する所見 ・父親は両親に溺愛されて育ち，思うようにいかないことに対しては力で解決しようとする。暴力以外での物事の解決法について理解が必要である。	
本児の欠席日数〔担任〕			
1年次：10日〔○○〕	2年次：12日〔○○〕		3年次：8日〔□□〕

4年次：18日〔□□〕	5年次：4日〔△△〕	6年次：4日（9月末現在）〔△△〕
交流学級		

本児の生活歴【本児の意向】
- 入学時から，虚言や多動行動があり，近所のコンビニでの万引きも兄弟でくり返していた。
- 気分により授業離脱があったが，学校の行事等には積極的に参加していた。
- 5年次の2学期から友人への暴言や暴力も目立ち始め，6年になり対教師暴力へと発展。
- 本人は，父との生活の継続を希望し，中学では，普通学級への進学を願っている。

本児の家庭生活の状況【保護者の意向】
- 本児が2歳の時に実母と離別。その後，父親は2度の結婚と離婚を経験している。実母は音信不通。2人目の継母と本児の関係は良好だったが，年子の弟と継母の仲は悪く，児童相談所との協議の結果，本児が4年次の2月より弟は施設入所となる。
- 春からは父親と2人の生活になったが，独りでの食事が続いている。
- 父親も本児との生活の継続を望んでいる。

本児の学校生活の状況【担任・学校側の意向】
- 気に入らないことがあると，教師や友人に対して暴言を吐いたり，時には小さな物を投げたりする。4月，授業離脱をした教師に対し，蹴り飛ばすという行為があった。
- 本児の素行や父親の養育能力の低さを心配している。
- 本児の本音を聞き，問題行動の軽減に努めたいと思っている。
- 里親制度等も利用し，アットホームな家庭で生活させたい思いもある。
- 本児の将来を見据え，これ以上問題行動が悪化しないことを強く望んでいる。

各事象に関するアセスメント項目

児童虐待に関する所見
- 5年次の右手親指の傷は，父親から物を投げられて負ったものと後になり判明。
- 現在は，身体的外傷等は見られない。
- 父親も児童相談所での指導を受け入れ，暴力を振るわないことを約束している。

いじめに関する所見
- 同性の友人に対して，暴言や暴力でのトラブルが目立つ。友人やその保護者も「いじめ」とは捉えていないが，認識次第ではいじめの加害者になりかねない。

不登校に関する所見
- 父親も中学時に不登校を経験。
- 遅刻や授業離脱も目立つが，学校にはほぼ毎日登校。

発達支援（学習状況含む）に関する所見【対人関係・認知・衝動・記憶・集中・運動・成績】
- 3年次より，情緒不安定により特別支援学級に在籍。
- 音楽の授業を「うるさい」と嫌い，離脱や友人・物に当たる行為が特に目立つ。
- 漢字の読み書きは3年修了程度だが，他の教科はどうにかついていけている。
- 成人男性とのコミュニケーションにぎこちなさが見られる。

学校風土に関する所見
- 小規模校。
- 歴史のある学校であり，地域との繋がりも深い。
- 不登校児童はおらず，学年を問わず児童間の仲も良い。
- 転校・転入者も極めて少ない。
- 教職員間の関係も良好で，十分な教職員数が確保されている。

地域・社会環境に関する所見
- 自然に恵まれた環境である。
- 親類が近くに住んでいる方が多い。
- 地域の伝統文化継承のために，定期的に住民の協力を得て授業を行っている。

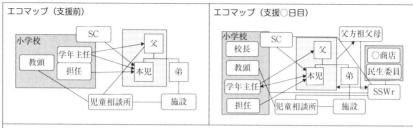

特記事項
外部機関からの情報提供等
・児童相談所より：父親と定期的な面談を設定したが，仕事を理由に 3 か月ほど連絡が取れていない。
・進学予定の中学校より：中学 2 年を中心とした不良グループと本児が，休日の昼間に一緒にいるのが見かけられた。

第 5 節　第 5 章の演習ポイント

　第 5 章は，ミクロからマクロレベルまでの SSW における介入方法（相談援助技術）について理解・検討する章である。

● 演習内容

　以下から学習者（グループ・クラス）ごとに演習する事項を選択してください。
1 ）予防開発的援助（学校コーチング）と問題解決援助（行動療法系アプローチ）の違いと演習（前者：成長促進の循環過程・対象と技術の分類・知情意の特性分類，後者：行動療法の各技法の紹介と演習）
2 ）SSWr を紹介するパンフレットまたは研修計画を作成してください。この時，SSWr を説明するためにいじめ，不登校，虐待，特別支援等について，わかりやすい事例研修も検討してください。
3 ）自然災害等（学校危機）における子ども，家庭，学校，地域（教育委員会）の状況及び SSWr がすべき相談援助について，各自治体の学校危機・防災マニュアルから検討してください。

● 実務者・SVr 用　演習内容

4 ）多職種ケース会議の基本を踏まえ司会役割を演じてください。
〔留意点〕
　　1-1 ）学生が，これまでの伝統的なアプローチをおおよそ理解している前提で応用領域の理論，アプローチ，モデルを学習する（理解していない場合は宿題・事前課題にしてもよい）。
　　1-2 ）行動療法の演習では，防衛機制を演じるクライアント役に対して，認知（行動）療法の技法（論理療法など）を活用するとより学習効果と実践効果が高くなる。
　　2-1 ）パンフレットは，A 4 サイズ 1 枚程度でグループで作成する。この時，子ども・

家庭向けと教師・他機関向けの2通りのどちらかを選択する。わかりやすい表現となっているか，ソーシャルワークの本論を外れていないか確認する。
2-2）パンフレットはインターネットに掲示されているものや，養成校地域の自治体が作成したものを参考にしてもよい。
4）司会にはケース報告者が孤立しないようにどれだけ配慮できるかがケース会議を展開させるために求められるクライエント中心の視点である。

第6節　第6章の演習ポイント

　第6章は，ミクロからマクロレベルまでのSSWにおけるスーパービジョンについて理解・検討する章である。

● 演習内容

　以下から学習者（グループ・クラス）ごとに演習する事項を選択してください。
1）2～3人組となり，そのうち1人の学習者がSSWの専門性において向上すべき点を話し，それに対するSV（支持・教育・管理）をその他の学習者が実施してください。この時，3機能のうちどの機能のSVに偏ってしまうかを話し役（SVe）が捉えるようにしてください。3人組の1人を観察者としてもよい。
2）SVrに求められるSVとは何か，その包括性を踏まえ，SSWr個人，SSWrチーム，教育委員会等のそれぞれに対してどのようなアプローチの専門性が今の自分に必要か検討してください。
3）SVrが関与すべきSVシステムに関わるマニュアルを検討し作成してください。この時，他職種のSSWrがわかるように配慮してください。

● 実務者・SVr用　演習内容
4）SVrに対する苦情等を踏まえ，SVrとしてどのようにミクロからマクロまでのSVならびにコンサルテーションを実施すべきか検討してください。
〔留意点〕
　1）教育的・管理的機能における権限の活用がハラスメントにならないよう言動（上から目線・一方的批判）に注意する必要がある。振り返りのためにICレコーダー等の活用も必要である。
　4）ロールプレイで演習する場合，演習内容1）を踏まえて実施すると自己の特性を捉えた検討に繋がる。

第7節　第7章の演習ポイント

　第7章は，SSWに関わる様々な専門職（関係機関）等について理解・検討する章である。

第11章　ソーシャルワーク演習

● 演習内容

　以下から学習者（グループ・クラス）ごとに演習する事項を選択してください。

1）第7章にある各専門職（機関）の特性を確認してください。この時，グループ内で最も理解の不足している他職種（機関）の領域を抽出し，その理由について検討してください。また，アセスメントの第4章，法制度の第10章，他章と併せて確認してください。

2）上記を踏まえ，子ども，家庭，学校，地域における生活問題や課題に合った関係機関・専門職の把握ができているか確認してください。この時，SSWrの活動領域と隣接する他専門職（機関：司法・警察，児童福祉，保健所，児童相談所等の福祉事務所系管轄，教育から選択）とどの様に連携するか，役割や機能の分化をどのように捉えるかについて検討してください。

3）下記の演習事例10～12を読み，事例の具体的方向性以上の結果を導けるよう，検討してください。

● 実務者・SVr用　演習内容

4）SSWrという立場を理解してもらえず，関係機関に拒絶されてしまっている時，例えば，①児童家庭支援センターから虐待案件は一切関わらないでほしい，また②役所から住民基本台帳の情報提供は個人情報保護の観点からできないと言われながらも学校から相談を受けた場合，または③新たに導入されたSSWのシステムのせいで自分たちの活動領域が脅かされるのではないかと思っているスクールカウンセラーや主任児童委員の方々のいる場合等，どのようにSSWrが関わっていくべきかを検討してください。

〔留意点〕

　　全体を通して，検討した機関が実際にこちらが思うような支援を職務範囲にしているか曖昧な場合，実際の確認が必要である。

　1）教育，児童福祉，保健福祉，司法更生保護をグループ毎に分けて特性を確認してもよい。

　3）少なくとも"事例の具体的方向性"を導けるような社会資源を理解している必要がある。

■事例10　通信制高校2年男子　対話苦手・絵画と手芸得意・成績全般的に並以下

　人と話すことは苦手であるが，絵画や手芸などは得意なK君の将来を心配して担任の先生が対人関係や仕事観を育ててくれる社会資源がないかSSWrに相談してきた。本人は対人関係について向上したい気はあるようである。まずは学校または家庭まで一度来てくれる関係機関（社会資源のこと）のほうが本人は理解し参加しやすいと担任は考えているとのことだった。SSWrは本人との面談を希望するが，まず担任が紹介できる機関についてK君に話し，興味のある場合，必要ならばSSWrとの面談もできるだろうとのことだった。

　　⇒具体的方向性　文化系プログラムを持つ場に参加し，他の若者と交流を深めてコミュニケーションに自信をつけ，進路の方向性の検討，学校内における芸術系の部活動の所属，後輩の指導等

第7節　第7章の演習ポイント

■事例11　高校1年男子　対話苦手・虐待経験あり
　M君は1年生の3学期に進級が難しいことがわかった。児童養護施設に入所している関係上，中退した場合，早期に退所しなければならないこともあるとの情報が施設から学校側に伝えられた。もとから物静かでコミュニケーションが苦手なM君は自分の置かれている状況に困惑しており，周りの大人からは「今後どうするんだ？働くのか？」と一方的に聞かれ，何も答えられない状況である。この状態に担任及び児童養護施設の児童指導員も困惑していた。SSWrとは繋がっていない。

⇒具体的方向性　困惑の理由の理解，進級の有無における意思確認（本児との中退の検討等），学校・施設等との協議

■事例12　定時制高校4年女子　ADHD診断あり・緊張すると固くなり対話は難しくなる
　Nさんは，卒業後の進路について，無試験で入学できる専門学校か職業訓練校かで悩んでおり決められずにいた。また以前入学希望を出した専門学校の試験当日，慣れない場所に行くことが苦手で道に迷い受験できなかった。今回の受験に対しても不安が大きくなっているようだ。配置型のSSWrが参加するケース会議で進路指導主幹教諭から緊急対応を要するケースとして相談が挙がってきたが，SSWrのほうは別の緊急案件を抱えており関わることが難しいことから，教諭より連携できる機関は他にないかとのことであった。なお本校では丁寧な生徒対応にて以前もSSWrが関われない時の機関紹介で丸投げせずに機関連携する力量のある先生が多い。

⇒具体的方向性　機関紹介，通学訓練とその動機づけ（例：学校まで何度か見学に行き，学校理解のために職員に質問をする等），進学先合格

■事例13　小学4年男子　要体協・生活保護・本児の学習・生活の困難・母親の精神不安定
　児童相談所（以下，児相）に学校側から学校生活困難なA君の相談依頼があった（要，学習支援員〔通常クラスでの授業に参加することが困難な知的レベル〕・生活介助員〔時に排泄の介助〕；服装・持ち物の欠如含む，これらにより不登校）。SSWrから，長期間精神科通院（通院歴あり）していない母親の情報提供があった。母親は，自殺企図及び学校への過度なクレームをしたり（不登校前後から1か月以上を通じて週3～4回1時間以上に及ぶ学校側への叱責とその後の自宅での自殺企図の繰り返し；担任の変更要求；給食費の支払い拒否等），親権者は祖母であり自分ではないとの主張をしていた。SSWrSVの助言を得た市教育委員会は，要保護児童対策地域協議会を管轄する子ども支援課に依頼し，児相を招いての協議会開催となった。議論すべき事項についてあらかじめSSWrSV及び新任SSWr，校長，担任，指導主事と確認することとなった。なお新任SSWrは児相依頼だけでなく，要対協に切り替えて会議を持つ意味について理解していない。

⇒具体的方向性　本児の療育手帳取得検討及び特別支援学校転学の検討，母親の精神保健福祉手帳取得及び障害年金の受給と通院検討，所得状況・戸籍の確認，就学援助・生活保護申請の検討，新任SSWrへの要対協での会議の意義の説明等。これらを提案し実現していくにあたり，まずはSSWrが母親との信頼関係を構築する必要があるとの判断が出た場合，SSWrの面接や家庭訪問時における，母親と相性の合う教員やSSWrSVによる同行支援の検討

329

第8節　第8章の演習ポイント

　第8章は，実践から実践研究に関わる社会調査の基本と必要性について理解・検討する章である。

● 演習内容
　　以下から学習者（グループ・クラス）ごとに演習する事項を選択してください。
　1）ミクロからマクロレベルにおいて社会調査がどのような役割を持つかを検討してください。具体的イメージのない場合，いじめ調査や学校生活満足度調査等から検討してください。
　2）SSWのアプローチや役割とそれらがもたらす効果（結果）について，因果関係を仮定し，その妥当性についてグループ毎に議論してください。
　3）SSWrのイメージをKJ法でカテゴリー化，プロセス化してください。

● 実務者・SVr用　演習内容
　4）SSWr事業評価となり得るSSWr及び教育委員会用の調査項目で最も重要な事項を想定し3つ作成してください。
　　〔留意点〕
　　　3）2）を踏まえて，年数の長い人ほど，ミクロレベルの活動を意識している（SSWr年数⇒ミクロレベルのケース数）など俯瞰できるとなおよい。
　　　4）単なる調査項目作成でなく，事実的なSSWr活用事業評価の実態とそれを客観的に捉えるべく調査項目を作成し，実際に活用できるレベルにまで精度を高めることが求められる。

第9節　第9章の演習ポイント

　第9章は，SSW実習における流れと実習に必要な事務手続きについて理解・検討する章である。

● 演習内容
　　以下から学習者（グループ・クラス）ごとに演習する事項を選択してください。
　1）実習における倫理事項と，心身の健康管理におけるセルフマネジメントの必要性の関連性について検討してください。
　2）なぜSSW実習へ行くのかグループ内で話し合い，学習希望内容と実習評価内容とを照らし合わせ，自分に求められる実習計画を作成してください。
　3）実習記録における考察部分について，主観的な感想や考えと違う点が求められる理由について考察してください。

● 実務者用　演習内容
4)"自らのニーズ及び社会人の場合,所属する機関や自治体"と照らし合わせ,どのような自治体（県レベル・市区レベル,学校規模数）,どのようなSSWr体制（幼小中高支援,配置形態,人数,支援職務内容）の場で実習することが望ましいのか養成校実習担当教員と議論してください。

● SVr用　演習内容
5) SSW実習を受け入れるにあたり,どのような実習プログラムや指導方法,実習の場を提供すべきか,教育委員会のスタンス,所属しているSSWrの特性を捉えて検討してください。この時,実習内容の理想と現実を埋める手立てについても検討してください。

〔留意点〕
2) 自らに否定的な学校経験がある場合,SSW実習へ行くことを感情的に選択することがある。そのような時,教師や学校,保護者といった他者を攻撃対象とすることがあるが,本人には自分の課題は他者を攻撃しても乗り越えることはできないと理解してもらうことが必要である。支援する側と支援される側の違いは,しっかりと自分の過去や問題と向き合えていることでもある。大学生になってもリストカットなどをしている場合,まずは自分の問題に向き合うことが必要。
3) 考察については,見学実習などが可能であれば,その時の記録で考察するほうがより実際の学習として役立つ。社会人においても"考察"を苦手に感じる人も多いことから,ボランティアの感想と専門職としての考察（因果関係等の仮説検証でも大いに役立つ能力）の違いをしっかり学習できることが望ましい。
4) 実習計画作成にて実務と照らし合わせた明確な目的意識となるよう考えや思いの明確化が必要となる。
5) 実習生と現場実習先指導者とのSSW実習内容の協議を行うセッションを練習してもよい。

第10節　第10章の演習ポイント

第10章は,SSWに関わる法制度や児童を取り巻く課題や問題の状況について理解・検討する章である。

● 演習内容
以下から学習者（グループ・クラス）ごとに演習する事項を選択してください。
1) 2名組でSSWに関係する法律とその目的をすべて言い合う,または子ども支援の法律,家庭支援の法律と学校支援の法律を分けて視覚的にわかりやすく図示してください。
2)「いじめ」「不登校」の背景に何があるのか,家庭や学校における課題・問題の影響について法制度を捉えながら,検討してください。

3）教職員メンタルヘルスについて，なぜ休職率の中で精神疾患の割合が高いのか検討してください。また休職中から復職後までの支援展開についても検討してください。

● 実務者・SVr 用　演習内容

4）自治体における傾向（貧困率，外国籍率，高校進学率，不登校率等）に合わせた年度初めの研修プログラミングを検討してください。

〔留意点〕

1）法制度は年々変わりゆくものであるため，日々の確認が必要である。本演習時の変更点を学生に調べてきてもらうことも1つである。

2）いじめ・不登校の要因は本人だけでなく，その出自，経済性，また学校の支援体制など様々なことが関係している。グループごとに家庭と学校それぞれの課題や問題を検討することもできる。法制度理解のため，それらを法制度の不備から確認する作業としてもよい。

3）SV 実施時に提案できる内容となるようにしていく。

章末資料❶ 自立更生計画書（参考モデル）

自立更生計画書

私の就労収入について，高等学校等卒業後の自立という目的のために必要とする経費を除外することを求め，自立更生計画書を提出します。

1．高校卒業後の予定，自立に向けた生活設計

2．必要とする経費（いずれかを選択）
　　　□自動車運転免許等の就労に資する技能を修得する経費
　　　　　具体的に（
　　　□就労に資する資格を取得することが可能な専修学校，各種学校または大学に就学するために必要な経費（事前に必要な入学料等に限る）
　　　　　具体的に（
　　　□就労や就学に伴って，直ちに転居の必要が見込まれる場合の転居に要する費用
　　　　　具体的に（
　　　□国や地方公共団体により行われる（委託事業を含む）貸付資金の償還金
　　　　　具体的に（

3．計画に必要とする総額，月当たり必要とする額
　　総額（　　　　　　　　円），月当たり（　　　　　　　　円）

4．自立更生計画書を提出するにあたり以下の通り確認します。（チェック必要）
　　　□経費を算出する根拠となる資料を添付します。
　　　□本取扱いにより生じた金銭は別に管理し，入金状況，積立額などを定期的に報告します。
　　　□別管理に使用する口座については，開設後，直ちに届けます。

以上，承認願います。

○○○○○福祉事務所長　様
　　　　　平成　年　月　日
　　　　　　　　　住所　○○○○○○○○○○○○○○
　　　　　　　　　　　　　　　　　申請者（当該高校生など）
　　　　　　　　　　　　　　　　　世帯主　○○○○○

第11章　ソーシャルワーク演習

章末資料❷　包括的アセスメントシート

本児に関する基本情報	
ふりがな	生年月日　平成　　年　　月　　日〔性別：　　〕
氏名	〔ジェノグラム〕
住所　〒	
電話番号	
本児の健康【心身の状態・病歴・障害／検査結果】	
	家族の発達課題に関する所見

本児の欠席日数〔担任〕		
1年次：　　　日〔　　〕	2年次：　　　日〔　　〕	3年次：　　　日〔　　〕
4年次：　　　日〔　　〕	5年次：　　　日〔　　〕	6年次：　　　日〔　　〕
交流学級		
本児の生活歴【本児の意向】		
本児の家庭生活の状況【保護者の意向】		
本児の学校生活の状況【担任・学校側の意向】		

各事象に関するアセスメント項目
児童虐待に関する所見
いじめに関する所見
不登校に関する所見
発達支援（学習状況含む）に関する所見【対人関係・認知・衝動・記憶・集中・運動・成績】
学校風土に関する所見
地域・社会環境に関する所見

エコマップ（支援前）	エコマップ（支援　　日目）

特記事項 外部機関からの情報提供等

章末資料❸ 各種法令による子ども・若者の年齢区分

法律の名称	呼称等	年齢区分
少年法	少年	20歳未満の者
刑法	刑事責任年齢	満14歳
児童福祉法	児童	18歳未満の者
	乳児	1歳未満の者
	幼児	1歳から小学校就学の始期に達するまでの者
	少年	小学校就学の始期から18歳に達するまでの者
児童手当法	児童	18歳に達する日以後の最初の3月31日までの間にある者
母子及び寡婦福祉法	児童	20歳未満の者
学校教育法	学齢児童	満6歳に達した日の翌日以後における最初の学年の初めから，満12歳に達した日の属する学年の終わりまでの者
	学齢生徒	小学校又は特別支援学校の小学部の課程を終了した日の翌日以降における最初の学年の初めから，満15歳に達した日の属する学年の終わりまでの者
民法	未成年者	20歳未満の者
	婚姻適齢	男満18歳，女満16歳〔未成年者は，父母の同意を得なければならない。〕
労働基準法	年少者	18歳未満の者
	児童	15歳に達した日以後の最初の3月31日が終了するまでの者
勤労青少年福祉法	勤労青少年	〔法律上は規定なし〕 ※第8次勤労青少年福祉対策基本方針（平成18年10月厚生労働省）において，「おおむね35歳未満」としている。
道路交通法	児童	6歳以上13歳未満の者
	幼児	6歳未満の者
	第二種免許，大型免許を与えない者	21歳未満の者
	中型免許を与えない者	20歳未満の者
	普通免許，大型特殊免許，大型二輪免許及び牽引免許を与えない者	18歳未満の者
	普通二輪免許，小型特殊免許及び原付免許を与えない者	16歳未満の者
子どもの読書活動の推進に関する法律	子ども	おおむね18歳以下の者
未成年者喫煙禁止法	未成年者	20歳未満の者
未成年者飲酒禁止法	未成年者	20歳未満の者
風俗営業等の規制及び業務の適正化等に関する法律	年少者	18歳未満の者
児童買春，児童ポルノに係る行為等の処罰及び児童の保護等に関する法律	児童	18歳未満の者
インターネット異性紹介事業を利用して児童を誘引する行為の規制等に関する法律	児童	18歳未満の者
青少年が安全に安心してインターネットを利用できる環境の整備等に関する法律	青少年	18歳未満の者
(参考)		
児童の権利に関する条約	児童	18歳未満の者

（内閣府〔2014〕平成26年版　子ども・若者白書〔全体版〕）

引用・参考文献

■第1章
文部科学省　2003「通常の学級に在籍する特別な教育的支援を必要とする児童生徒に関する全国実態調査」調査結果（今後の特別支援教育の在り方について〔最終報告〕資料）
文部科学省　2013　OECD 国際教員指導環境調査（TALIS2013）ポイント
　　http://www.mext.go.jp/component/b_menu/other/__icsFiles/afieldfile/2014/06/30/1349189_2.pdf（2014年1月1日取得）
内閣府　2014　子供の貧困対策に関する大綱について
　　http://www8.cao.go.jp/kodomonohinkon/pdf/taikou_gaiyou.pdf（2015年2月1日取得）
日本精神保健福祉士協会　2013　生涯研修制度共通テキスト　日本精神保健福祉士協会
日本社会福祉士会　2005　社会福祉士の倫理綱領
　　http://www.jacsw.or.jp/01_csw/05_rinrikoryo/index.html（2015年2月1日取得）
日本社会福祉士会　2014a　ソーシャルワークのグローバル定義
　　http://www.jacsw.or.jp/06_kokusai/IFSW/files/SW_teigi_japanese.pdf（2015年2月1日取得）
日本社会福祉士会　2014b　「ソーシャルワークのグローバル定義」新しい定義案を考える改訂の10ポイント
　　http://www.jacsw.or.jp/06_kokusai/IFSW/files/SW_teigi_kaitei.pdf（2015年2月1日取得）
日本社会福祉士会　2014c　生活支援アセスメントシート領域別シート②（滞日外国人支援）記入のポイント
　　http://www.jacsw.or.jp/15_TopLinks/seikatsu_konkyu/files/assessment/03.pdf（2015年2月1日取得）
日本社会福祉士養成校協会　2014　スクール（学校）ソーシャルワーク教育課程認定に関する規程第6条第6項に規定する科目の教育内容，教員要件，スクール（学校）ソーシャルワーク実習の指定施設，実習指導者の要件及び認定審査申請等の諸様式等の改正について（通知）
認定社会福祉士認証・認定機構　2015　認定社会福祉士制度（パンフレット）
　　http://www.jacsw.or.jp/ninteikikou/contents/01_kiko/files/nintei_panf.pdf（2015年4月20日取得）
白澤政和　2009　相談援助の理論と方法Ⅰ　中央法規　Pp.8-18.
東京社会福祉士会　2015　ソーシャルワークの新定義講演会 報告その1　NEWS 4月
〈参考URL〉
Illinois Association of School Social Work　"What is a School Social Work？／What do School Social Workers Do?"
　　http://iassw.org/about/about-school-social-work/（2015年1月1日取得）
International Network for School Social Work　"SCHOOL SOCIAL WORK"
　　http://internationalnetwork-schoolsocialwork.htmlplanet.com/School%20social%20work.html（2015年1月1日取得）

■第2章
Agresta, J.　2004　Professional role perceptions of school social workers, psychologists, and counselors. *Children & Schools*, 26(3), 151-163.
小島栄次　1957　学校社会事業について―社会事業の概念の問題と関連して　三田学会雑誌, 50(10/11), 963-988.
文部科学省　2005　児童生徒の問題行動等　生徒指導上の諸問題に関する調査
　　http://www.mext.go.jp/a_menu/shotou/seitoshidou/kyouiku/shiryo/07080209/005.htm（2015年3月1日取得）

村椿智彦・富家直明・坂野雄二　2010　実証的な臨床心理学教育における科学者実践家モデルの役割　心理科学部研究紀要，6，59-68．
Rossi, P. H., Lipsey, M. W., & Freeman, H. E　2004　*Evaluation: A systematic approach.* Sage Publications.　大島　巌・平岡公一・森　俊夫・元永拓郎（監訳）　2005　プログラム評価の理論と方法―システマティックな対人サービス・政策評価の実践ガイド　日本評論社
東京都　2014　平成27年度教育庁主要施策
山野則子（編著）　2015　エビデンスに基づく効果的なスクールソーシャルワーク―現場で使える教育行政との協働プログラム　明石書店
米川和雄　2009　学校コーチング入門　ナカニシヤ出版

〈参考URL〉
文部科学省　「教育支援センター（適応指導教室）整備指針（試案）」
　　http://www.mext.go.jp/b_menu/shingi/chukyo/chukyo3/siryo/06042105/001/006/001.htm#top（2015年3月1日取得）

■第3章
Atkinson, R. C., Atkinson, R. L., Bem, D. J., Nolen-Hoeksema, S., & Smith, E. E.　2000　*Hilgard's introduction to psychology.* Wadsworth.　内田一成（監訳）　2002　ヒルガードの心理学　ブレーン出版
ベネッセ教育開発研究センター　2009　第2回子ども生活実態基本調査報告書
　　http://berd.benesse.jp/shotouchutou/research/detail1.php?id=3333
　　（平成27年2月8日取得）
Bronfenbrenner, U.　1994　Ecological models of human development. In *International Encyclopedia of Education.* Vol. 3, 2nd Ed. Oxford: Elsevier. Pp.1643-1647.
Erikson, E. H., & Erikson, J. M. 1998 *The life cycle completed.* W.W. Norton.　村瀬孝雄・近藤邦夫（訳）　2001　ライフサイクル，その完結　みすず書房
福田憲明　2002　第3章　学校アセスメント　村山正治・鵜養美昭（編）　実践！スクールカウンセリング　金剛出版　Pp.49-62.
Germain, C. B.・小島蓉子（編訳）　1992　エコロジカル・ソーシャルワーク―カレル・ジャーメイン名論文集　学苑社
早寝早起き全国協議会（編）　2010　早寝早起き朝ごはんガイド（小〔高学年〕・中学生指導向け）
　　http://www.hayanehayaoki.jp/　（平成27年2月8日取得）
本田恵子（編）　2014　脳科学を活かした授業改善のポイントと実践例　梧桐書院
本田恵子・植山起佐子・鈴村眞理　2010　包括的なスクールカウンセリングの理論と実践―子どもの課題の見立て方とチーム連携のあり方　金子書房
伊藤亜矢子　2001　特集スクールカウンセリング　学校風土とスクールカウンセリング　臨床心理学1（2），153-159.
いとう総研資格取得支援センター　2008　見て覚える！社会福祉士国試ナビ2009　中央法規　Pp.227-228.
岩崎久志　2001　教育臨床への学校ソーシャルワーク導入に関する研究　風間書房　Pp.113-115.
岩田泰子　1998　児童虐待　臨床精神医学講座　児童青年期精神障害11　中山書店　Pp.327-338.
門田光司　2002　学校ソーシャルワーク入門　中央法規　Pp.51-57.
Kliegman, R. M., Stanton, B. M., Geme, J. S., Schor, N., & Behrman, B. E.　2011　*Nelson Textbook of Pediatrics.* 19th ed. Philadelphia: Saunders.
小杉正太郎（編）　2002　ストレス心理学―個人差のプロセスとコーピング　川島書店　Pp.31-53.
厚生労働省　2011　乳幼児身体発育調査報告書
　　http://www.mhlw.go.jp/stf/houdou/2r9852000001t3so-att/2r9852000001t7dg.pdf（2015年9月1日取得）
Mahler, M. S., Pine, F., & Bergman, A. 1975 *The psychological birth of the human infant.* Hutchinson.　高橋雅士・織田正美・浜畑　紀（訳）　2001　乳幼児の心理的誕生―母子共生と固体化　黎明書房
松山　真　2009　新・社会福祉士養成講座7　相談援助の理論と方法Ⅰ　中央法規　Pp.89-128.

文部科学省（編）　2006　データからみる日本の教育　国立印刷局
日本学校ソーシャルワーク学会（編）　2008　スクールソーシャルワーカー養成テキスト　中央法規　Pp.79-89.
日本小児保健協会　2011　平成22年度幼児健康度調査報告書
　　http://plaza.umin.ac.jp/～jschild/（平成27年2月8日取得）
太田義弘　1995　ソーシャル・ワークにおけるアセスメント—その意義と方法　ソーシャルワーク研究，20（4），260-266.
Parten, M. B. 1932 Social participation among preschool children. *Journal of Abnormal and Social Psychology*, 27, 243-269.
Richmond, M. E.　1922　*What is social case work?: An introductory description*. Russell Sage Foundation. 小松源助（訳）　1991　ソーシャルケースワークとは何か　中央法規出版
外林大作・下山晴彦・大塚雄作・遠藤利彦・齋木　潤・中村知靖（編）　2000　誠信　心理学辞典　誠信書房
鈴木隆男　2001　発達心理学の基礎Ⅰ　Pp.4-6．
竹内通夫・加藤仁実　1999　ピアジェの発達理論と幼児教育　あるむ
滝沢武久　2011　ピアジェ理論からみた思考の発達と心の教育　幼年教育出版
〈参考URL〉
川崎医療福祉大学　「人とのかかわりのレベルシートについて」
　　http://www.kawasaki-m.ac.jp/mw/teacch/2010/pdf/sheet.pdf（2015年8月1日取得）

■第4章
American Psychiatric Assosiation　1994　DSM-Ⅳ　高橋三郎・大野　裕・染矢俊幸（訳）　1996　DSM-Ⅳ　精神疾患の診断・統計マニュアル　医学書院
Anderson, S. L., Tomoda, A., Vincow, E. S. et al.　2008　Preliminary evidence for sensitive periods in the effect of childhood sexual abuse on regional brain development. *The Journal of Neuropsychiatry & Clinical Neurosciences*, 20（3），292-301.
安藤輝次　2012　形成的アセスメントの実際—中学社会科・高校地歴科を例にして　奈良教育大学教育実践開発研究センター研究紀要，21, 55-64.
旭出学園教育研究所　2015　S-M 社会生活能力検査の活用と事例　日本文化科学社
Ascione, F. R.　2005　*Children and animals: Exploring the roots of kindness and cruelty*. Purdue University Press. 横山章光（訳）　2006　子どもが動物をいじめるとき—動物虐待の心理学　ビイング・ネット・プレス
安住ゆう子　2014　子どもの発達が気になるときに読む心理検査入門　合同出版
Bartlett, H. 1970 *The common base of social work practice*. National Association of Social Workers. 小松源助（訳）　2009　社会福祉実践の共通基盤　ミネルヴァ書房
Biestek, F. P. 1961 *The casework relationship*. Allen and Unwin. 原田和幸・尾崎　新・福田俊子（訳）　2006　ケースワークの原則—援助関係を形成する技法　誠信書房
Bromley, J., Hare, D. J., Davision, K., & Emerson, E.　2004　Mothers supporting children with autistic spectrum disorders: Social support, mental health status and satisfaction with services. *Autism*, 8（4），409-423.
Choi, J., Jeong, B., Rohan, M. L.,Polcari, A. M. et al.　2011　Preliminary evidence for white matter tract abnormalities in young adults exposed to parental verbal abuse. *Biol Psychiatry*, 65（3），227-234.
傳田健三　2002　子どものうつ病—見逃されてきた重大な疾患　金剛出版
傳田健三　2004　小・中学生の抑うつ状態に関する調査—Birleson 自己記入式抑うつ評価尺度（DSRS-C）を用いて　児童青年精神医学とその近接領域，45, 424-436.
傳田健三　2007　子どものうつ病（特集子どもの心Ⅰ）—よくみる子どもの心の問題　思春期の問題　母子保健情報，55, 69-72.
土井高徳　2014　思春期の子に，本当に手を焼いたときの処方箋33　小学館
Fraser, M. W.　2004　*Risk and resilience in childhood*. 2 nd ed. National Association of Social Workers Press. 山県文治・岩間伸之・門永朋子（訳）　2009　子どものリスクとレジリエンス

―子どもの力を活かす援助　ミネルヴァ書房
福島　章　2000　子どもの脳が危ない　PHP
外国人ローヤリングネットワーク（編）2015　外国事件Beginners　現代人文社
神奈川県教育委員会　2013　スクールソーシャルワーカー活用ガイドライン2―スクールソーシャルワークの視点に立った支援の充実に向けて
　　http://www.pref.kanagawa.jp/uploaded/attachment/722103.pdf（2015年4月1日取得）
願興寺礼子・吉住隆弘　2014　心理検査の実施の初歩　ナカニシヤ出版
法務省　2014　平成25年末現在における在留外国人数について（確定値）
　　http://www.moj.go.jp/nyuukokukanri/kouhou/nyuukokukanri04_00040.html（2015年1月1日取得）
石毛　博　2007　累非行性の形成要因に関する調査研究　犯罪心理学研究, 45（2）, 1-15.
石井正人・井原正則・上條弘次・関根健児・高井重憲・馬場　望・藤木秀行・松原拓郎・村中貴之・茂手木克好　2011　少年事件ビギナーズ―少年事件実務で求められる知識・理論を詰め込んだ入門書　現代人文社
石川正興（編）2013　子どもを犯罪から守るための多機関連携の現状と課題―北九州市・札幌市・横浜市の三政令市における機関連携をもとに　成文堂
河村茂雄　2007　データが語る①学校の課題　図書文化
河村茂雄・粕谷貴志・鹿島真弓・小野寺正己（編）2008　Q-U式脱中1ギャップ「満足型学級」育成の12か月学級づくり（中学校）　図書文化
小林麻衣子　2013　児童生徒・教師「いじめについてのアンケート」結果報告
　　http://npo-ghp.or.jp/wp-content/uploads/2014/02/ijime_enquete.pdf（2014年7月7日取得）
厚生労働省　2014　平成25年国民生活基礎調査
　　http://www.mhlw.go.jp/toukei/saikin/hw/k-tyosa/k-tyosa13/（2015年1月1日取得）
松本俊彦　2015　嗜癖的な自傷を呈する子どもの認知行動療法　精神療法, 41（2）, 59-65.
文部科学省　2001　出席停止制度の運用の在り方について（通知）
　　http://www.mext.go.jp/a_menu/shotou/seitoshidou/04121502/013.htm（2015年9月1日取得）
文部科学省　2006　学校等における児童虐待防止に向けた取組の推進について
文部科学省　2010a　平成25年度児童生徒の問題行動党生徒指導上の諸問題に関する調査について
　　http://www.mext.go.jp/b_menu/houdou/26/10/_icsFiles/afieldfile/2014/10/16/1351936_01_1.pdf（2015年9月1日取得）
文部科学省　2010b　第一章　家計負担の現状と教育投資の水準　平成21年度文部科学白書
　　http://www.mext.go.jp/b_menu/hakusho/html/hpab200901/detail/1296707.htm（2015年1月1日取得）
文部科学省　2013　学校において生じる可能性がある犯罪行為等について
　　http://www.mext.go.jp/a_menu/shotou/seitoshidou/1335369.htm（2015年9月18日取得）
文部科学省　2014　児童生徒の問題行動等生徒指導上の諸問題に関する調査
文部科学省国立教育政策研究所生徒指導研究センター　2011　生徒指導資料第4集　学校と関係機関等との連携―学校を支える日々の連携　東洋館出版社
中山万里子　2013　いじめの経験およびいじめの対策への意識に関する調査　白鷗大学教育部論文集, 7（1）, 143-188.
日本社会福祉士会　2014　生活支援アセスメントシート領域別シート②（滞日外国人支援）記入のポイント
　　http://www.jacsw.or.jp/15_TopLinks/seikatsu_konkyu/files/assessment/03.pdf（2015年2月1日取得）
西日本新聞　2008　幼い脳, 悲しい防衛本能　性的虐待, 言葉の暴力で萎縮（11月23日朝刊）
太田義弘　1995　ソーシャル・ワークにおけるアセスメント―その意義と方法　ソーシャルワーク研究, 20（4）, 260-266.
小澤美代子　2006　続上手な登校刺激の与え方　ほんの森出版
Prifitera, A., Saklofske, D. H., & Weiss, L. G.　2005　WISC-Ⅳ clinical use and interpretation. Elsevier Academic Press.　上野一彦・バーンズ亀山静子（訳）2012　WISC-Ⅳの臨床的利用と解釈　日本文化科学社

斎藤　環　2014　「ひきこもり」救出マニュアル　筑摩書房
杉山登志郎　2007　子ども虐待という第四の発達障害　学研教育出版
杉山登志郎　2011　発達障害のいま　講談社
Suzuki, H., & Tomoda, K.　2015　Roles of attachment and self-esteem: Impact of early life stress on depressive symptoms among Japanese institutionalized children. *BMC Psychiatry*, 15, 8.
田中英高　2013　起立性調節障害がよくわかる本　講談社
友田明美　2012　新版いやされない傷　診断と治療者
友田明美　2014　児童虐待と"癒されない傷"―虐待被害者の脳科学研究
　　http://www.rease.e.u-tokyo.ac.jp/act/handout/140712/tomoda.pdf（2015年10月1日取得）
Tomoda, A., Polcari, A., Anderson, C. M. et al.　2012　Reduced visual cortex gray matter volume and thickness in young adults who witnessed domestic violence during childhood. *PloS One*.
　　http://journals.plos.org/plosone/article?id=10.1371/journal.pone.0052528（2015年10月1日取得）
Tomoda, A., Sheu, Y., Suzuki, H. et al.　2011　Exposure to parental verbal abuse is associated with increased gray matter volume in superior temporal gyrus, *Neuroimage*, 54（1）, S280-286.
Tomoda, A., Suzuki, H., Rabi, K., et al.　2009　Reduced prefrontal cortical gray matter volume in young adults exposed to harsh corporal punishment, *NeuroImage*, 47（2）, T66-71.
東京西多摩保健所　2011　保健衛生担当者向け地域診断支援マニュアル「やってみよう！　地域診断」
　　http://www.fukushihoken.metro.tokyo.jp/nisitama/tiiki/tiikisindan.files/tiikisindan-maniaru.pdf（2015年1月1日取得）
東京都　2014　いじめ問題に関する研究報告書
　　http://www.kyoiku-kensyu.metro.tokyo.jp/09seika/reports/files/bulletin/h25/materials/h25_02.pdf（2014年2月1日取得）
露口健司　1996　学校の組織風土と組織文化に関する研究動向レビュー　九州大学教育経営教育行政学研究紀要, **3**, 91-98.
山崎晃資・牛島定信・栗田　広・青木省三（編）　2004　現代児童青年精神医学　永井書店
安田典子・廣常秀人・福永知子・武田雅俊　2005　児童期統合失調症　上島国利（監修）保坂　隆（編）児童精神障害　メジカルビュー社
安武　繁（編）　2012　研修医・コメディカルスタッフのための保健所研修ノート第2版　医師薬出版
横浜市　2009　平成21年版横浜市男女共同参画年次報告書　p.41.
　　http://www.city.yokohama.lg.jp/seisaku/danjo/nenjihoukoku/21/p34-41.pdf（2015年9月1日取得）
米田弘枝　2015　虐待についての現状と課題―DVの視点から　福祉心理学研究, **12**（1）, 27-31.

■第5章
有田秀穂・中川一郎　2009　「セロトニン脳」健康法　講談社
旭出学園教育研究所（編）　2015　S-M式社会生活能力検査の活用と事例―社会適応性の支援に活かすアセスメント　日本文化科学社
馬場幸子（編）　2013　学校現場で役立つ「問題解決型ケース会議」活用ハンドブック―チームで子どもの問題に取り組むために　明石書店
Beck, J. S. 1995 *Cognitive therapy: Basics and beyond*. Guilford　伊藤絵美・神村栄一・藤澤大介（訳）2004　認知療法実践ガイド基礎から応用まで―ジュディス・ベックの認知療法テキスト　星和書店
ブレンダ　2007　すべての望みを引き寄せる法則―夢を叶えるタッピング　春秋社
千葉浩彦　1999　解決志向行動療法―相談のエッセンスとその展開可能性　川島書店
藤森和美　2009　学校安全と子どもの心の危機管理　誠心書房
福島喜代子　2004　ソーシャルワークにおけるSSTの方法　相川書房
ガイアックス　2014　スクールガーディアン　中高校生のソーシャルメディア利用実態調査
　　http://www.gaiax.co.jp/news/press/2014/0724/（2014年3月1日取得）
東　豊　1986　構造派の治療技法, 家族療法に関する一考察　家族療法の理論と実際Ⅰ　星和書店
本田恵子　2007　キレやすい子へのソーシャルスキル教育　ほんの森出版

本田恵子　2014a　インクルーシブ教育で子どもを伸ばす―脳科学を活かした授業改善のポイントと実践例　梧桐書院
本田恵子　2014b　先生のためのアンガーマネージメント―対応が難しい児童生徒に巻き込まれないために　ほんの森出版
本田恵子　2015a　平成26年度　奈良県と早稲田大学の連携事業調査・報告書
本田恵子　2015b　教育学部のとりくみ　鎌田　薫（監）早稲田大学・震災復興研究論集編集委員会（編）　震災後に考える―東日本大震災と向き合う92の分析と提言　早稲田大学出版部　Pp.598-614.
本田恵子・鈴村眞理・植山起佐子　2010　包括的スクールカウンセリングの理論と実践　金子書房
伊藤絵美　2005　認知療法・認知行動療法カウンセリング初級ワークショップ　星和書店
神村栄一　2014　認知行動療法実践レッスン－エキスパートに学ぶ12の極意　金剛出版
加藤哲文　2011　学校支援に活かす行動コンサルテーション　加藤哲文・大石幸二（編）学校支援に活かす行動コンサルテーション実践ハンドブック―特別支援教育を踏まえた生徒指導・教育相談への展開　学苑社　Pp.8-23.
加藤哲文・大石幸二（編）　2004　特別支援教育を支える行動コンサルテーション―連携と協働を実現するためのシステムと技法　学苑社
加藤哲文・大石幸二（編）　2011　学校支援に活かす行動コンサルテーション実践ハンドブック―特別支援教育を踏まえた生徒指導・教育相談への展開　学苑社
河合伊六（監）　2006　リハビリテーションのための行動分析学入門　医歯薬出版
Kearney, C. A.　2007　*When children refuse school: A cognitive-behavioral therapy approach, therapist guide*. 2nd ed. London: Oxford University Press.　佐藤容子・佐藤　寛（監訳）　2014　不登校の認知行動療法―セラピストマニュアル　岩崎学術出版社
Kearney, C. A.　2011　*Silence is not golden: Strategies for helping the shy child*. London: Oxford University Press.　大石幸二（監訳）　2014　親子でできる引っ込み思案な子どもの支援　学苑社
国立教育政策研究所　2011　「キャリア教育」資料集　研究・報告書・手引編〔平成24年度版〕
　　http://www.nier.go.jp/shido/centerhp/24career_shiryoushu/1-1.pdf〔2015年5月1日取得〕
厚生労働省　2007　要保護児童対策地域協議会スタートアップマニュアル
厚生労働省　2008　行動変容ステージモデル
　　https://www.e-healthnet.mhlw.go.jp/information/exercise/s-07-001.html〔2015年5月1日取得〕
厚生労働省　2012　要保護児童対策地域協議会実践事例集
厚生労働省　2015　要保護児童対策地域協議会の設置・運営状況（平成24年度実績）　p.10.
久保紘章・副田あけみ　2005　ソーシャルワークの実践モデル―心理社会的アプローチからナラティブまで　川島書店
久野能弘　2001　行動療法用語案内　こころの科学, **99**, 99-109.
栗原慎二・井上　弥　2013　アセスの使い方・活かし方　ほんの森出版
Lazarus, R. S., & Folkman, S.　1984　*Stress, appraisal, and coping*. New York: Springer Publishing.　本明　寛・春木　豊・織田正美（監訳）　1991　ストレスの心理学―認知的評価と対処の研究　実務教育出版
前田ケイ　1999　SSTウォーミングアップ活動集―精神障害者のリハビリテーションのために　金剛出版
松田英子　2010　夢と睡眠の心理学―認知行動療法からのアプローチ　風間書房
三重県教育委員会　2014　学校における危機管理の手引
Miltenberger, R. G.　2001　*Behavior modification*. 2nd ed. Belmont: Wadsworth.　園山繁樹・野呂文行・渡部匡隆・大石幸二（訳）　2006　行動変容法入門　二瓶社
三木安正（監修）　2014　新版S-M式社会生活能力検査　日本文化科学社
文部科学省　2007　学校の危機管理マニュアル―子どもを犯罪から守るために
文部科学省　2012a　東日本大震災における学校等の対応等の関する調査研究報告書　p.29.
文部科学省　2012b　学校防災マニュアル（地震・津波災害）作成の手引き
文部科学省　2014　東日本大震災を受けた防災教育・防災管理等に関する有識者会議　最終報告
　　http://www.mext.go.jp/b_menu/shingi/chousa/sports/012/toushin/__icsFiles/afieldfile/2012/07/31/1324017_01.pdf〔2015年3月3日取得〕

引用・参考文献

森　慶輔　2006　期待するサポートと実行されたサポートのずれが公立中学校教員の精神的健康と職務満足感に及ぼす効果　昭和女子大学大学院生活機構研究科紀要, 15, 57-72.
森　慶輔　2007　学校内サポートが中学校教員の心理的ストレスに及ぼす影響（2）サポートのずれに焦点を当てて　学校メンタルヘルス, 10, 65-74.
森　清　2015　自分らしい最期を生きる―セルフスピリチュアルケア入門　教文館
本明　寛　1988　Lazarus のコーピング（対処）理論　看護研究, 21(3), 225-230.
村上慎一　2008　初任教員のストレス及びその対処法と，メンタルヘルスとの関わりに関する研究　日本教育心理学会総会発表論文集, 50, 641.
長野県教育委員会　2012　学校危機管理マニュアルの手引き
中川一郎　2004　タッピング・タッチ―こころ・体・地球のためのホリスティック・ケア　朱鷺書房
中川一郎　2012　心と体の疲れをとるタッピングタッチ　青春出版社
奈良県　2014　刑務所出所者等の円滑な雇用に向けて
　www.pref.nara.jp/secure/117024/sasso.pdf（2015年9月18日取得）
日本社会事業大学（製作）・山下英三郎（監修）　2012　修復的対話―対立から対話への模索　日本社会事業大学社会事業研究所
日本テレビ　2014　中3男子が自殺未遂，いじめ認める報告書（10月30日掲載）
　http://news24.jp/articles/2014/10/30/07262404.html（2015年9月18日取得）
西尾祐吾　1997　社会福祉におけるケース・カンファレンスの手法　武庫川女子大学大学院臨床教育学研究科研究誌, 3, 185-196.
西尾祐吾（編著）　1998　保健・福祉におけるケース・カンファレンスの実践　中央法規出版
大石幸二・大橋　智　2011　行動コンサルテーションを用いるための準備　加藤哲文・大石幸二（編）学校支援に活かす行動コンサルテーション実践ハンドブック―特別支援教育を踏まえた生徒指導・教育相談への展開　学苑社　Pp.41-56.
奥田健次　2010　特集　発達障害の未来を変える―小児科医に必要なスキル　Ⅳ．新しいアプローチ　概念と実際　行動療法　小児科診療, 73(4), 645-650.
奥田健次　2012　メリットの法則―行動分析学・実践編　集英社新書
長田久雄（編）　2002　看護学生のための心理学　医学書院
尾関友佳子　1990　大学生のストレス自己評価尺度―質問紙構成と質問紙短縮について　比較文化研究, 1, 9-32.
尾関友佳子　1993　大学生用ストレス自己評価尺度の改訂―トランスアクショナルな分析に向けて　久留米大学大学院比較文化研究科年報, 1, 95-114.
Ross, E. K.　1969　*On death and dying*. Routledge. 鈴木　晶（訳）2001　死ぬ瞬間―死とその過程について　中央公論新社
坂上　香　2012　ライファーズ―罪に向き合う　みすず書房
坂野雄二（編）　2005　認知行動療法　ここのろ科学　121号
坂野雄二（監）　2012　60のケースから学ぶ認知行動療法　北大路書房
更科幸一　2011　自分も人も大事にするタッピングタッチ　月刊学校教育相談, 25(1), 22-26.
更科幸一　2014　豊かであたたかい心を互いに育みあう教育実践　川合　正（編）「動ける子」にする育て方　晶文社　Pp.214-223.
サトウタツヤ・鈴木朋子・荒川　歩　2012　心理学史　学文社
芝野松次郎　2001　ソーシャルワークと行動療法　こころの科学, 99, 59-68.
島宗　理　2004　教師のためのルールブック　インストラクショナルデザイン　米田出版
Sparrow, S. S., Cicchetti, D. V., & Balla, D. A.　2005　*Vineland-II adaptive behavior scales*. Pearson. 辻井正次・村上　隆（監）2005　Vineland-II 適応行動尺度　日本文化科学社
菅沼憲治　2005　認知行動療法の基礎理論②論理療法　こころの科学, 121, 42-50.
館　直彦　2013　ウィニコットを学ぶ―対話することと創造すること　岩崎学術出版社
竹原幸太　2010　学校における修復的実践の展望　細井洋子・高橋則夫・西村春男（編）修復的正義の今日・明日―後期モダニティにおける新しい人間観の可能性　成文堂
栃木県教育委員会　2013　学校における防災関係指導資料―東日本大震災から学んだ地震への備え及び竜巻への対応
梅本克夫・大山　正　1994　心理学史への招待―現代心理学の背景　サイエンス社

梅永雄二（編）2008 「構造化」による自閉症の人たちへの支援―TEACCHプログラムを生かす 教育出版
山上敏子（編）2001 こころの科学 行動療法，99 日本評論社
山上敏子 2007 方法としての行動療法 金剛出版
山下英三郎 2011 修復的アプローチ―海外での取り組み報告書 日本社会事業大学社会事業研究所
米川和雄 2006 EFT（Emotional Freedom Technique）の効果検討 桜美林国際学論集，**11**，113-128．
米川和雄 2008 高校生のピアコーチ養成プログラムの介入効果検討―学校ソーシャルワークにおける環境的アプローチの一過程 学校ソーシャルワーク研究，**3**，67-80．
米川和雄 2009 学校コーチング入門 ナカニシヤ出版
米川和雄 2010 高校生のピアコーチ活用における学校環境改善の効果報告 学校ソーシャルワーク研究，**5**，81-91．
米川和雄 2012 教職員のメンタルヘルス（第4章） 大西 良（編） 精神保健福祉士のためのスクールソーシャルワーク入門 へるす出版
米川和雄・津田 彰 2009 高校生の『生きる力』を育むプログラム開発の試み―自己受容と学校生活スキル育成を目指して 子どもの健康科学，**9**，29-38．
米川和雄・津田 彰 2010 高校生のピアコーチによる中学生の生きる力育成―中高一貫校におけるピアコーチ養成・活用システム構築の取り組み キャリア教育研究，**29**(1)，13-24．

〈参考 URL〉
厚生労働省 「うつ病の認知療法・認知行動療法 治療者用マニュアル 平成21年度厚生労働省こころの健康科学研究事業」
http://jact.umin.jp/pdf/cognitive_medical.pdf（2015年1月1日取得）

■第6章

Kadushin, A. 1976 *Supervision in social work*. New York: Columbia University Press.
Hawkins, P., & Shohet, R. 2007 *Supervision in the helping professions*. Open University Press. 国重浩一・バーナード紫・奥村朱矢（訳）2012 心理援助職のためのスーパービジョン―効果的なスーパービジョンの受け方から，良きスーパーバイザーになるまで 北大路書房
門田光司 他 2014 わが国でのスーパービジョン体制の動向調査 スクールソーシャルワーカーのスーパービジョン研究（科研費基盤研究Bスクールソーシャルワーカーの専門性向上のためのスーパービジョン・プログラムの開発），141-149．
公益社団法人日本精神保健福祉士協会 2013 生涯研修制度共通テキスト 第2版
村田久行 2010 援助者の援助―支持的スーパービジョンの理論と実際 川島書店
Proctor, B. 1988 Supervision: A co-operative exercise in accountability. In M. Marken & M. Payne (Eds), *Enabling and ensuring*. Leicester: Leicester National Youth Bureau and Council for Education and Training in Youth and Community Work.
佐藤三四郎 2008 精神保健福祉士の専門性と倫理 精神保健福祉士養成セミナー編集委員会（編） 増補新版精神保健福祉論 へるす出版
助川征雄・相川章子・田村綾子 2012 福祉現場で役立つスーパービジョンの本―さらなる飛躍のための理論と実践例 河出書房
植田寿之 2007 スーパービジョンとコンサルテーション 仲村優一・他（監修） エンサイクロペディア社会福祉学 中央法規 Pp.650-653．

■第7章

法務省 2012 「更生保護」とは
http://www.moj.go.jp/hogo1/soumu/hogo_hogo01.html#05（2015年4月1日取得）
石井正人・井原正則・上條弘次・関根健児・高井重憲・馬場 望・藤木秀行・松原拓郎・村中貴之・茂手木克好 2011 少年事件ビギナーズ―少年事件実務で求められる知識・理論を詰め込んだ入門書 現代人文社
神奈川県中央児童相談所 2013 一時保護所・思春期生活支援の取り組み
http://www.pref.kanagawa.jp/cnt/f387/p5521.html（2015年3月1日取得）

国立教育政策研究所　2010　生徒指導の役割連携の推進に向けて生徒指導主事に求められる具体的な行動〈中学校編〉
　　http://www.nier.go.jp/shido/centerhp/21kinou.cyugaku/pdf/zentai.pdf（2015年9月1日取得）
高知県　2011　資料1　要保護児童とは，どんな子ども達で，どんな問題を持っている子ども達なのか
　　http://www.pref.kochi.lg.jp/soshiki/060401/files/2011072000155/2011072000155_www_pref_kochi_lg_jp_uploaded_attachment_54440.pdf#（2014年10月27日取得）
厚生労働省　2011　社会的養護の課題と将来像
　　http://www.mhlw.go.jp/bunya/kodomo/syakaiteki_yougo/dl/08.pdf（2015年9月1日取得）
厚生労働省　2014　子ども家庭福祉の動向と課題
黒沢　香・村松　励　2012　非行・犯罪・裁判　新曜社
文部科学省　1964　（別添）要保護および準要保護児童生徒の認定要領
　　http://www.mext.go.jp/b_menu/hakusho/nc/t19640203001/t19640203001.html（2014年10月27日取得）
内閣府　2010　ユースアドバイザー養成プログラム（改訂版）
日本学校ソーシャルワーク学会（編）　2008　スクールソーシャルワーカー養成テキスト　Pp.166-173.
日本精神保健福祉士協会　2014　第10回認定スーパーバイザー養成研修〈基礎編〉研修資料
滋賀県社会福祉協議会　2015　地域で始めたい！　子どもの学習支援居場所づくり活動
東京都児童相談センター　2009　みんなの力で防ごう児童虐待―虐待相談のあらまし
　　http://www.fukushihoken.metro.tokyo.jp/jicen/others/insatsu.files/09minnanochikara.pdf（2015年4月1日取得）
山科醍醐子どものひろば（編）　2013　子どもたちとつくる貧困とひとりぼっちのないまち　かもがわ出版
横浜市　2012　平成23年度児童相談所事業概要
幸重忠孝　2015　子どもの貧困への地域での取り組み　人間と教育，86, 86-91.

〈参考URL〉
法務省　「内部部局」
　　http://www.moj.go.jp/soshiki_naibu_index.html（2015年4月1日取得）
法務省　「再犯防止対策―犯罪者・非行少年の処遇」
　　http://www.moj.go.jp/hisho/seisakuhyouka/hisho04_00033.html（2015年4月1日取得）
検察庁　「少年事件について（図1　少年非行の処理）」
　　http://www.kensatsu.go.jp/gyoumu/shonen_jiken.htm（2015年4月1日取得）
子どもの視点から少年法を考える情報センター　「少年法ってなに？　どう改正されたの？」
　　http://www.kodomonoshiten.net/kaiseiQ&A.htm（2015年4月1日取得）
厚生労働省　「児童虐待関係の最新の法律改正について」
　　http://www.mhlw.go.jp/seisaku/2011/07/02.html（2015年7月7日取得）
厚生労働省　「児童虐待の防止等に関する法律及び児童福祉法の一部を改正する法律要綱」
　　http://www.mhlw.go.jp/bunya/kodomo/dv-boushikaisei19-youkou.html（2015年7月7日取得）
厚生労働省　「児童相談所運営指針」
　　http://www.mhlw.go.jp/bunya/kodomo/dv11/01.html（2015年4月1日取得）
厚生労働省　「児童虐待の防止等に関する法律」
　　http://law.e-gov.go.jp/htmldata/H12/H12HO082.html（2015年4月1日取得）
文部科学省　養護教諭の職務内容等について
　　http://www.mext.go.jp/b_menu/shingi/chousa/shotou/029/shiryo/05070501/s007.htm（2015年9月1日取得）
裁判所　「裁判手続少年事件Q＆A」
　　http://www.courts.go.jp/saiban/qa_syonen/index.html（2015年4月1日取得）
東京都児童相談センター・児童相談所
　　http://www.fukushihoken.metro.tokyo.jp/jicen/ji_annai/annai.html（2015年8月6日取得）

■第9章
阪田憲二郎　2008　記録技法　ソーシャルワーク演習教材開発研究会（編）　ソーシャルワーク演習

ワークブック　みらい　Pp.67-77.
米川和雄　2013　ソーシャルワーカーのための社会調査の基礎―入門から社会福祉士国家試験対策まで　北大路書房

■第10章
浅井春夫・松本伊知朗・湯澤直美（編）　2008　子どもの貧困　明石書店
千葉県教育庁　2007　教職員のための児童虐待対応マニュアル
布川日佐史（編）　2006　生活保護自立支援プログラムの活用　山吹書店
鳶　咲子　2013　子どもの貧困と教育機会の不平等　明石書店
ホームレス総合相談ネットワーク　2009　路上からできる生活保護申請ガイド
法務省　2008　「配偶者からの暴力の防止及び被害者の保護に関する法律」及び「配偶者からの暴力の防止及び被害者の保護のための施策に関する基本的な方針」に係る在留審査及び退去強制手続きに関する措置について（通達）
法務省　2014　平成26年版　出入国管理
法務省　2015a 児童買春，児童ポルノに係る行為等の処罰及び児童の保護等に関する法律の一部を改正する法律案
　　http://www.moj.go.jp/keiji1/keiji11_00008.html（2015年2月22日取得）
法務省　2015b　在留資格一覧表及び在留期間一覧表　別表第二（第二条の二，第十九条関係）
法務省法務総合研究所　2008　配偶者暴力及び児童虐待に関する総合的研究　研究部報告, 40.
法務省法務総合研究所　2013　来日外国人少年の非行に関する研究（第2報告）
　　http://www.moj.go.jp/housouken/housouken03_00071.html（2015年1月1日取得）
法律知識普及会（著）・神田　将（監）・生活と法律研究所（編）　2013　生活保護の受け方がわかる本―やさしく案内　最後の頼り　自由国民社
池谷秀登　2007　不登校児対策PT 平成19年度まとめ（不登校児童・生徒と貧困）　板橋区教育委員会
池谷秀登（編）　2013　生活保護と就労支援　山吹書店
井上眞理子　2005　ファミリー・バイオレンス　晃洋書房
石川　稔・森田　明（編）　1995　児童の権利条約―その内容・課題と対応　一粒社
笠井　尚　2013　災害への対処と危機管理　篠原清昭（編）　教育のための法学　ミネルヴァ書房　Pp.210-223.
警察庁　2014　平成25年中における自殺の状況．
　　http://www.npa.go.jp/safetylife/seianki/jisatsu/H25/H25_jisatunojoukyou_02.pdf（2015年3月1日取得）
警察庁　2015　平成26年上半期の児童ポルノ事犯の検挙件数
　　http://www.npa.go.jp/safetylife/syonen/no_cp/statistics.html（2015年2月22日取得）
木村忠二郎　1950　改正生活保護法の解説　時事通信社
厚生労働省　2004a　生活保護制度の在り方に関する専門委員会　報告
厚生労働省　2004b　精神保健福祉医療福祉の改革ビジョン「こころのバリアフリー宣言」
　　http://www.ncnp.go.jp/nimh/keikaku/vision/barrierfree.html（2015年3月1日取得）
厚生労働省　2005　平成17年度における自立支援プログラムの基本方針について（平成17年3月31日　社会・援護局長通知（社援発第0331003号））
厚生労働省　2006　労働者の心の健康の保持増進のための指針
　　http://www.mhlw.go.jp/houdou/2006/03/h0331-1.htm（2008年10月27日取得）
厚生労働省　2010　国民健康・栄養調査．
　　http://www.mhlw.go.jp/stf/houdou/2r98520000020qbb.html（2015年3月1日取得）
厚生労働省　2011　児童虐待関係の最新の法律改正について
　　http://www.mhlw.go.jp/seisaku/2011/07/02.html（2015年2月22日取得）
厚生労働省　2012a　平成24年労働者健康状況調査結果の概況
　　http://www.mhlw.go.jp/toukei/list/dl/h24-46-50_05.pdf（2015年3月1日取得）
厚生労働省　2012b　職場のパワーハラスメントの予防・解決に向けた提言
　　http://www.mhlw.go.jp/stf/houdou/2r98520000025370.html（2015年3月1日取得）

厚生労働省　2014　世帯類型別の保護世帯数と構成割合の推移（平成26年3月3日　社会・援護局関係主管課長会議資料）

厚生労働省　2015a　被保護世帯数，被保護人員，保護率の年次推移（平成27年3月9日　社会・援護局関係主管課長会議資料）

厚生労働省　2015b　保護開始・廃止人員と失業率の推移（平成27年3月9日　社会・援護局関係主管課長会議資料）

厚生労働省　2015c　年齢階層別被保護人員の年次推移　（平成27年3月9日　社会・援護局関係主管課長会議資料）

厚生労働省　2015d　生活保護受給者の自殺者数　（平成27年3月9日　社会・援護局関係主管課長会議資料）

厚生労働省　2015e　「日本における人口動態—外国人を含む人口動態統計」の概況平成26年度　人口動態統計特殊報告
　　http://www.mhlw.go.jp/toukei/saikin/hw/jinkou/tokusyu/gaikoku14/index.html（2015年1月1日取得）

厚生労働省　2015f　平成24年度　被保護者調査

厚生労働省　2015g　平成25年度「脳・心臓疾患と精神障害の労災補償状況」
　　http://www.mhlw.go.jp/stf/houdou/0000049293.html（2015年5月1日取得）

厚生労働省　2015h　平成26年人口動態統計月報年計（概数）の概況
　　http://www.mhlw.go.jp/toukei/saikin/hw/jinkou/geppo/nengai14/（2015年9月9日取得）

厚生労働省大臣官房統計情報部　2013　平成24年人口動態統計
　　http://www.mhlw.go.jp/toukei/saikin/hw/jinkou/kakutei12/（2015年3月1日取得）

厚生労働省社会保障審議会　2013　ひとり親家庭への支援施策の在り方に関する専門委員会　中間まとめ

小山進次郎　1951　改訂増補生活保護法の解釈と運用　中央社会福祉協議会

釧路市福祉部生活福祉事務所編集委員会（編）　2009　希望をもって生きる　全国コミュニティサポートセンター

桑原洋子　2006　社会福祉法要説　第5版　有斐閣

松久眞実・金森裕治・今枝史雄・楠　敬太・鵜川晃史　2013　発達障害のある学生への就労を見据えたキャリア支援に関する実践的研究（第Ⅰ報）—高等教育機関における実践を通して　大阪教育大学紀要　第Ⅳ部門，第61巻，第2号，51-62.

文部科学省　2003　個別の教育支援計画について
　　http://www.mext.go.jp/b_menu/shingi/chousa/shotou/018/toushin/030301h.htm（2014年10月27日取得）

文部科学省　2012a　教職員のメンタルヘルス対策取組事例集
　　http://www.mext.go.jp/b_menu/shingi/chousa/shotou/088/shiryo/__icsFiles/afieldfile/2012/02/24/1316629_002.pdf（2015年3月1日取得）

文部科学省　2012b　学校における労働安全衛生管理体制の整備のために—教職員が教育活動に専念できる適切な職場に向けて
　　http://www.mext.go.jp/a_menu/kenko/hoken/__icsFiles/afieldfile/2012/08/23/1324759_1.pdf（2015年5月1日取得）

文部科学省　2013a　共生社会の形成に向けたインクルーシブ教育システム構築のための特別支援教育の推進（2015年2月28日取得）
　　http://www.mext.go.jp/b_menu/shingi/chukyo/chukyo3/044/houkoku/1321667.htm（2015年1月1日取得）

文部科学省　2013b　学校において予防すべき感染症

文部科学省　2013c　平成25年度版　自殺対策白書「学校における心の健康づくり推進体制の整備」

文部科学省　2013d　教職員のメンタルヘルス対策について（最終まとめ）
　　http://www.mext.go.jp/component/b_menu/shingi/toushin/__icsFiles/afieldfile/2013/03/29/1332655_03.pdf（2015年5月1日取得）

文部科学省　2014a　生活扶助基準の見直しに伴う就学援助制度への影響

文部科学省　2014b　全国体力・運動能力，運動習慣等調査

http://www.mext.go.jp/a_menu/sports/kodomo/zencyo/1266482.htm（2015年3月1日取得）
文部科学省　2014c　子供に伝えたい自殺予防—学校における自殺予防教育導入の手引き児童生徒の自殺予防に関する調査研究協力者会議
http://www.mext.go.jp/component/b_menu/shingi/toushin/__icsFiles/afieldfile/2014/09/10/1351886_02.pdf（2015年3月1日取得）
文部科学省　2014d　平成25年度「児童生徒の問題行動等生徒指導上の諸問題に関する調査」について
http://www.mext.go.jp/b_menu/houdou/26/10/__icsFiles/afieldfile/2014/10/16/1351936_01_1.pdf（2015年9月18日取得）
文部科学省　2015a　学校保健統計調査
http://www.mext.go.jp/component/b_menu/other/__icsFiles/afieldfile/2015/01/23/1354493_1.pdf（2015年3月1日取得）
文部科学省　2015b　平成25年度公立学校教職員の人事行政状況調査について
http://www.mext.go.jp/a_menu/shotou/jinji/1354719.htm（2015年3月1日取得）
内閣府　2010　子ども・若者育成支援推進法
http://www8.cao.go.jp/youth/suisin/pdf/s_gaiyo.pdf（2015年2月22日取得）
内閣府　2012　自殺総合対策大綱—誰も自殺に追い込まれることのない社会の実現を目指して
http://www8.cao.go.jp/jisatsutaisaku/taikou/index_20120828.html（2015年3月1日取得）
内閣府　2013　増加する就学援助の子ども　平成25年度子ども・若者白書
内閣府　2014　子どもの貧困対策に関する大綱について
http://www8.cao.go.jp/kodomonohinkon/pdf/taikou_gaiyou.pdf（2015年2月28日取得）
内閣府　2015　平成27年版「子供・若者白書」(全体版)
日本弁護士連合会（編）　2006　こどもの権利ガイドブック　明石書店
日本社会福祉士会　2005　社会福祉士の倫理綱領
http://www.jacsw.or.jp/01_csw/05_rinrikoryo/index.html（2015年2月1日取得）
日本社会福祉士会（編）　2009　新社会福祉士援助の共通基盤（上・下）　中央法規
日本社会福祉士会（編）　2012　滞日外国人支援の実践事例から学ぶ多文化ソーシャルワーク　中央法規
日本司法福祉学会（編）　2012　司法福祉　生活書院
日本スポーツ振興センター　2010　児童生徒の食生活実態調査
http://www.jpnsport.go.jp/anzen/anzen_school/tyosakekka/tabid/1490/Default.aspx（2015年3月1日取得）
岡部　卓　2013　貧困の世代間継承にどう立ち向かうか—生活保護制度における教育費保障の観点から　貧困研究, 11, 30-31.
岡本正子・二井仁美・森　実（編）　2009　教員のための子ども虐待理解と対応　生活書院
社会福祉士養成講座編集委員会（編）　2010a　新・社会福祉士養成講座9　地域福祉の理論と方法　中央法規
社会福祉士養成講座編集委員会（編）　2010b　新・社会福祉士養成講座16　低所得者に対する支援と生活保護制度—公的扶助論　中央法規
社会福祉士養成講座編集委員会（編）　2013　新・社会福祉士養成講座14　障害者に対する支援と障害者自立支援制度　中央法規
高橋　勝　2006　情報・消費社会と子ども　明治図書出版
髙橋重宏・山縣文治・才村　純（編）　2002　社会福祉基礎シリーズ6　児童福祉論
髙橋重宏・山縣文治・才村　純（編）　2007　こども家庭福祉とソーシャルワーク　有斐閣
東京都児童相談センター　2013　東京都児童相談所事業概要（平成25年）
http://www.fukushihoken.metro.tokyo.jp/jicen/others/insatsu.files/2013jigyou1.pdf（2015年1月1日取得）
若穂井　透　2006　少年法改正の争点　現代人文社
横浜市教育委員会　2014　いじめ「根絶」横浜メソッド　学研教育みらい

〈参考URL〉
厚生労働省　「生活困窮者自立支援法」
http://www.mhlw.go.jp/stf/seisakunitsuite/bunya/0000057342.html（2015年2月28日取得）

厚生労働省 「児童虐待の定義」
http://www.mhlw.go.jp/stf/seisakunitsuite/bunya/kodomo/kodomo_kosodate/dv/about.html
（2015年2月22日取得）

文部科学省 「特別支援教育について」
http://www.mext.go.jp/a_menu/shotou/tokubetu/004/008/001.htm（2014年10月27日取得）

日本社会福祉士会 「社会福祉士会とは」
http://www.jacsw.or.jp/01_csw/（2015年1月1日取得）

下村博文 「2020年　教育再生を通じた日本再生の実現に向けて」
http://www.kantei.go.jp/jp/singi/kyouikusaisei/dai21/siryou2.pdf（2015年1月1日取得）

ユニセフ 「子どもの権利条約」
http://www.unicef.or.jp/kodomo/kenri/#kenri2（2015年2月22日取得）

■第11章
市川和彦　2015　保育者・支援者との"触れる関わり"が障がい児者に及ぼす影響―主に自閉症スペクトラム児者（ASD）における人間関係能力発達の視点から考える各アプローチの包括的理解　会津大学短期大学部研究年報, 72, 55-70.

内閣府　2014　平成26年版　子ども・若者白書（全体版）

内藤裕史　2011　薬物乱用・中毒百科　丸善

南光進一郎 他　2012　精神医学・心理学・精神看護学辞典　照林社

索 引

■あ
アウトリーチ　209

■い
生きる力促進モデル　125
いじめのアセスメント　96
インクルーシブ教育　302
インパクト理論　33

■う
WISC-Ⅳ　115
うつ病　107, 108
ヴント（Wundt, W.）　57

■え
エコマップ　61
エコロジカルソーシャルワーク　45
SNS　165
エモーショナル・フリーダム・テクニック　163
エリクソンの心理社会的発達理論　58
エンパワメント　3

■お
応用行動分析　133
Open Dialogue　140
オペラント　131

■か
解決志向行動療法　138
外国人の定義　297
外国籍・外国に繋がる児童生徒のアセスメント　114
学習障害（LD）　105
家族療法　139
学校コーチング　125
学校種　31
学校心理士　202

学校保健安全法　309
家庭裁判所　233
家庭裁判所調査官　233
管理的機能　176

■き
基礎資料的接近型　238
木村忠次郎　276
虐待のアセスメント　112
キャリア教育　147, 303
Q-U　119
給与形態　38
教育支援センター　26
教育センター　26
教育相談員　198
教育的機能　176
教育扶助基準　281
教員研修　150
教師の休暇・休職　316
強迫性障害　109
記録の文体　249

■く
虞犯少年　232
クライシス・レスポンス・チーム　310
CRAFT　140
グループスーパービジョン　178

■け
KJ法　241
ケース会議　151
ケースワーク　121
ケースワークの変遷　122

■こ
更生保護　230
更生保護施設　234

350

行動療法　130
公認心理師　203
コーピング　47
子ども家庭支援センター　75, 220
子ども・子育て関連3法　294
子どもの貧困対策の推進に関する法律　4, 295
子ども・若者育成支援推進法　292
個別スーパービジョン　178
コミュニケーションスキル　142
コミュニティソーシャルワーク　169
小山進次郎　276
コンサルテーション　180

■さ
在留資格　296

■し
ジェノグラム　61
支援対象　38
自殺者　313
支持的機能　176
システマティック・トリートメント・セレクションモデル　125
システムスーパービジョン　179
実習記録　247, 262
実習計画　247
児童虐待の防止等に関する法律（児童虐待防止法）　4
指導主事　197
児童相談所　75, 217
児童の権利に関する条約　284
児童ポルノ　290
児童養護施設　75, 228
自閉症スペクトラム　105
司法　230
司法面接　113
ジャーメイン（Germain, C. B.）　45
社会正義　3
社会福祉士及び介護福祉士法　4
社会福祉調査　237
社会福祉法　268
社会福祉六法　268
就学援助　271
集団的責任　3

修復的アプローチ　159
熟練者　39
主任児童委員　75, 225
準備ツール　39
障害を理由とする差別の解消の推進に関する法律　294
少年院　234
少年鑑別所　233
少年法　291
触法少年　232
叙述体記録　249
自立更生計画（書）　324
自立支援プログラム　279
事例研究　239
事例検討　239
人権　3
身体的虐待　112
心理検査　118
心理的虐待　112
心理療法の変遷　123

■す
スーパーバイザー属性　40
スーパーバイザーへの苦情　190
スーパーバイジーの専門性　188
スーパービジョンの機能　176
スーパービジョンの形態　178
スーパービジョンの定義　187
スクールカウンセラー　11
スクールサイコロジスト　11
スクールソーシャルワーカー活用事業　13
スクールソーシャルワーカー活用事業実施要領　5
スクールソーシャルワーク教育課程　6
スクールソーシャルワーク実習　243
スクールソーシャルワーク実習個人表　259
ストレスチェック　313
スピリチュアルケア　164

■せ
生活困窮者自立支援法　4, 294
生活保護の原理・原則　275
生活保護法　268, 271
性教育　103

351

索 引

生業扶助基準　281
精神疾患のアセスメント　108
性的虐待　112, 323
性的問題のアセスメント　101
生徒指導提要　5
誓約書　260
窃盗・盗癖のアセスメント　99
説明体記録　249
セルフアセスメント　68

■そ
ソーシャルアクション　23, 172
ソーシャルスキル　142
ソーシャルワーカー比率　38
ソーシャルワークのグローバル定義　2
素行障害　99
ソリューション・フォーカスト・アプローチ　140

■た
滞日外国人　296
多職種ケース会議　154
タッピングタッチ　161

■ち
地域生活定着支援センター　234
地域福祉計画　269
地域若者サポートステーション　209
地方教育行政法　24
注意欠陥多動性障害（ADHD）　105

■つ
付添人　233
罪にあたるいじめの態様　97

■て
DV防止法　287
デートDV　102

■と
統合失調症　109
動物虐待　98
特別支援教育　300
特別支援教育コーディネーター　201

独立型社会福祉士　229
ドラゴンボール方式　129
トランスセオレティカルモデル　124
トワイライトステイ　216

■に
ニート　292
日本国憲法　267
認知行動療法　136, 137
認定医療社会福祉士　185
認定医療社会福祉士におけるスーパービジョンの観点　185
認定社会福祉士　7
認定社会福祉士におけるスーパービジョンの観点　184
認定精神保健福祉士　7
認定精神保健福祉士におけるスーパービジョンの観点　186

■ね
ネグレクト　112

■の
脳機能　144

■は
パーテンの子どもの遊びの発達過程　60
バイスティックの7原則　68
配置型　37
配置形態　37
派遣型　37
発達障害　106
発達障害者支援法　4
発達に関わる諸課題のアセスメント　104
パニック障害　108
ハラスメント　316
犯罪少年　232
犯罪被害者支援センター　234
犯罪被害者等基本法　290

■ひ
ピアサポート　146
ピアジェの認知発達理論　60
ピアスーパービジョン　178

PCIT　140
ひきこもり　292
非行少年の処遇　232
非行のアセスメント　97
ひとり親家庭　269
被保護世帯類型　273

■ふ
ファシリテーション　151
フォルクマン（Folkman, S.）　164
福祉事務所　75, 204
不登校のアセスメント　93
不登校のプロセス　95
フロイト（Freud, S.）　57
フロイトの心理性的理論　58
プログラム評価　32

■ほ
防衛機制　47
防災　171
法テラス　291
法務省　233
保健師　323
保護観察官　234
保護観察所　234
保護司　234

■ま
マーラーの母子関係における乳幼児期心理発達理論　59
学びのピラミッド　145
麻薬　101

■め
メリット（Marian, M.）　166
メンタルヘルス　169

■も
問題解決型ケース会議　158
問題解決的接近型　238

■や
薬物問題のアセスメント　99
夜尿・失禁のアセスメント　111
山科醍醐こどものひろば　216

■よ
養護教諭　200
要保護児童対策地域協議会　75, 223
要約体記録　249
横浜メソッド　307

■ら
ライブスーパービジョン　178
ライフスキル　142
ラザラス（Lazarus, R. S.）　164

■り
リストカットのアセスメント　110
理論構成的接近型　238
臨床心理士　202
臨床発達心理士　202
倫理　27

■れ
レスポンデント　131

■ろ
労働条件　38
ロジャーズ（Rogers, C. R.）　121

執筆者一覧（執筆順）

米川和雄（編者）
……1章／2章7節／3章1節，3節／4章／5章1節1・2・5，2節2，3節1・2・4／6章6節／7章1節1・3／8章／9章1節，2節，3節5・6／11章

齋藤大輔（文部科学省初等中等教育局）
……2章1節

坂田　篤（清瀬市教育委員会）
……2章2節

久能由弥
……2章3節

伊藤安人（練馬区教育委員会事務局）
……2章4節

宮生和郎（横浜市子安小学校）
……2章5節／10章4節

山野則子（大阪府立大学地域保健学域）
……2章6節

大西　良（長崎国際大学人間社会学部）
……3章1節1・2，4節／4章5節

成田奈緒子（文教大学教育学部）
……3章2節

福島惠美（一般社団法人茨城県社会福祉士会）
……4章2節，4節，5節／10章1節1〜4，2節／11章4節2

中野佳子（足立区こども支援センターげんき）
……4章3節／11章4節1

宮古紀宏（西九州大学子ども学部）
……4章3節

大塚淳子（帝京平成大学健康メディカル学部）
……4章4節

土屋佳子（武蔵大学・福島県教育委員会）
……4章4節／5章3節7／7章2節7

大谷洋子（横浜市西部児童相談所）
……4章5節／7章2節5／11章4節1

入海英里子（自由学園）
……4章5節／5章2節5／7章2節4

岡安朋子（横浜市教育委員会事務局）
……4章5節

車　重徳（興学社高等学院）
……4章6節

笹田夕美子（浜松市発達医療総合福祉センター）
……5章1節3

矢野善教（渋谷区教育センター）
……5章1節4

大石幸二（立教大学現代心理学部）
……5章1節4

植村太郎（神戸労災病院　精神科・心療内科）
……5章1節6

本田恵子（早稲田大学教育学部）
……5章2節1，3節5・6

高木政代（足立区教育委員会）
……5章2節3

岩﨑久志（流通科学大学人間社会学部）
……5章2節4／9章3節1〜5

馬場幸子（東京学芸大学総合教育科学系）
……5章2節4

中川祥子（三重県四日市市教育委員会）
……5章2節5

更科幸一（自由学園）
……5章2節5

大久保貴世（一般財団法人インターネット協会）
……5章2節6

中島　淳（JUN 教育事務所）
……5章3節3

比嘉昌哉（沖縄国際大学総合文化学部）
……6章1節，2節

岩金俊充（いわかね社会福祉士事務所）
……6章3節／11章7節

齊藤栄樹（介護老人保健施設リハビリパークみやび）
……6章4節1・2

岩永　靖（九州ルーテル学院大学人文学部）
……6章4節3

福山和女（ルーテル学院大学大学院総合人間学研究科）
……6章5節

菊池やす子（水戸市総合教育研究所）
……7章1節2

星　茂行（葛飾区立総合教育センター）
……7章1節4・5

北見万幸（横須賀市福祉部生活福祉課）
……7章2節1

谷口仁史（NPO 法人スチューデント・サポート・フェイス）
……7章2節2

幸重忠孝（幸重社会福祉士事務所）
……7章2節3

瀬戸口詳愛（練馬区子ども家庭支援センター）
……7章2節6

新井直江（練馬区主任児童委員）
……7章2節8

望月弘子（練馬区主任児童委員）
……7章2節8

大島登志子（練馬区主任児童委員）
……7章2節8

木寅典恵（練馬区主任児童委員）
……7章2節8

蔦谷賢人（東京都船形学園）
……7章2節9

川口正義（独立型社会福祉士事務所　子どもと家族の相談室 寺子屋お〜ぷん・どあ）
……7章2節10

池谷秀登（帝京平成大学現代ライフ学部）
……10章1節5

齋藤知子（帝京平成大学現代ライフ学部）
……10章3節1〜4

南野奈津子（昭和女子大学人間社会学部）
……10章3節5

大岡由佳（武庫川女子大学文学部）
……10章5節

丸山里奈（NPO 法人ストレス対処法研究所）
……11章4節1

篠原健太郎（NPO 法人ワーカーズコープ）
……11章7節

編者紹介

米川和雄（よねかわ・かずお）
　久留米大学大学院心理学研究科後期博士課程単位取得満期退学　博士（心理学）
　特定非営利活動法人エンパワーメント理事長
　練馬区学校教育支援センター・足立区こども支援センターげんき　SSW スーパーバイザー
　東京都社会福祉事業団東京都船形学園スーパーバイザー
　認定社会福祉士スーパーバイザー
　現在　帝京平成大学現代ライフ学部人間文化学科　講師
　　　（社会福祉士，精神保健福祉士，2級キャリア・コンサルティング技能士，臨床発達心理士，専門社会調査士）

〈主著・論文〉
　学校コーチング入門―スクールソーシャルワーカー・スクールカウンセラーのための予防的援助技術―　ナカニシヤ出版　2009年
　高校生のピアコーチ活用における学校環境改善の効果報告　学校ソーシャルワーク研究　第5号，80-89．2010年
　ソーシャルワーカーのための社会調査の基礎　北大路書房　2013年

スクールソーシャルワーク実践技術
認定社会福祉士・認定精神保健福祉士のための実習・演習テキスト

2015年12月10日　初版第1刷印刷	定価はカバーに表示
2015年12月20日　初版第1刷発行	してあります。

編　　者　　米　川　和　雄
発　行　所　　㈱北大路書房
〒603-8303 京都市北区紫野十二坊町12-8
　　　　　電　話　(075) 4 3 1 - 0 3 6 1 (代)
　　　　　FAX　(075) 4 3 1 - 9 3 9 3
　　　　　振　替　0 1 0 5 0 - 4 - 2 0 8 3

ⓒ2015　　印刷・製本／亜細亜印刷㈱
検印省略　落丁・乱調はお取り替えいたします。

ISBN978-4-7628-2912-3 Printed in Japan

・ JCOPY 〈㈳出版者著作権管理機構 委託出版物〉
本書の無断複写は著作権法上での例外を除き禁じられています。
複写される場合は，そのつど事前に，㈳出版者著作権管理機構
(電話 03-3513-6969,FAX 03-3513-6979,e-mail: info@jcopy.or.jp)
の許諾を得てください。